¡Anda!

CURSO INTERMEDIO
VOLUME 1

AUDREY L. HEINING-BOYNTON
The University of North Carolina at Chapel Hill

JEAN W. LELOUP
State University of New York College at Cortland

GLYNIS S. COWELL
The University of North Carolina at Chapel Hill

WITH

Megan M. Echevarría
University of Rhode Island

María del Carmen Caña Jiménez
The University of North Carolina at Chapel Hill

Antonio Gragera
Texas State University

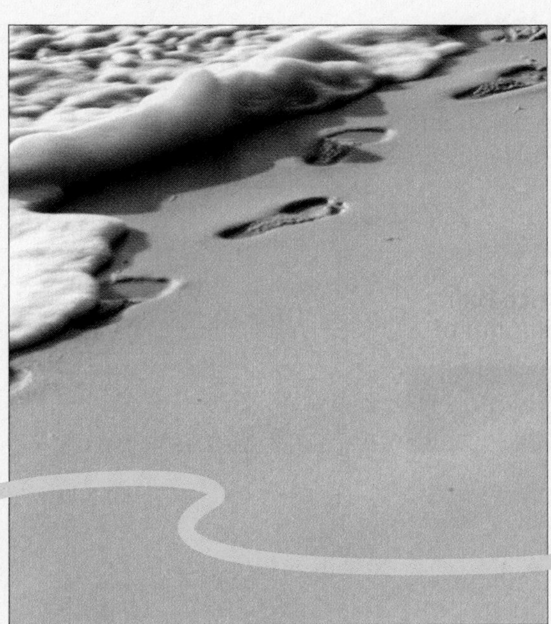

Prentice Hall
UPPER SADDLE RIVER LONDON SINGAPORE
TORONTO TOKYO SYDNEY HONG KONG MEXICO CITY

Executive Editor: *Bob Hemmer*
Editorial Assistant: *Katie Spiegel*
Senior Marketing Manager: *Denise Miller*
Marketing Coordinator: *Bill Bliss*
Development Editor: *Janet García-Levitas*
Development Editor for Assessment: *Melissa Marolla Brown*
Senior Managing Editor (Production): *Mary Rottino*
Associate Managing Editor (Production): *Janice Stangel*
Production Supervision: *Nancy Stevenson*
Composition/Full-Service Project Management: *Natalie Hansen and Sandra Reinhard, Black Dot Group*
Media/Supplements Editor: *Meriel Martínez*
Senior Media Editor: *Samantha Alducin*
Editorial Coordinator/Assistant Developmental Editor: *Jennifer Murphy*
Senior Operations Supervisor: *Brian Mackey*
Operations Specialist: *Cathleen Petersen*
Interior and Cover Design: *Lisa Delgado, Delgado and Company, Inc.*
Art Manager: *Gail Cocker-Bogusz*
Illustrators: *Andrew Lange; Eric Larsen*
Electronic Art: *Annette Murphy*
Manager, Rights and Permissions: *Zina Arabia*
Manager, Visual Research: *Beth Brenzel*
Manager, Cover Visual Research & Permissions: *Karen Sanatar*
Image Permission Coordinator: *Jan Marc Quisumbing*
Photo Researcher: *Francelle Carapetyan*
Publisher: *Phil Miller*
Cover Image: *Pete Turner / Image Bank / Getty Images, Inc.*
Printer/Binder: *Courier Kendallville*
Cover Printer: *Phoenix Color Corp.*

This book was set in 10/12 Janson Text.

Credits and acknowledgments borrowed from other sources and reproduced, with permission, in this textbook appear on pages A67–68.

Library of Congress Cataloging-in-Publication Data
Heining-Boynton, Audrey L.
Anda! : curso intermedio / Audrey L. Heining-Boynton, Jean W. LeLoup, Glynis S. Cowell ; with Megan M. Echevarria, Maria del Carmen Caña Jiménez, Antonio Gragera.
— 1st ed.
v. <1>
Includes index.
ISBN 0-205-67154-3
1. Spanish language—Textbooks for foreign speakers—English. I. LeLoup, Jean Willis. II. Cowell, Glynis S. III. Title.
PC4129.E5H4285 2010
468.2'421—dc22

2008048816

10 9 8 7 6 5 4 3 2 1

Prentice Hall
is an imprint of

www.prenhall.com/anda

ISBN 10: 0-205-67154-3

ISBN 13: 978-0-205-67154-0

DEDICATION

To David
–Audrey

To Jeffrey, Kitty, and Linda
–Jean

To John, Jack, and Kate
–Glynis

BRIEF CONTENTS

Preliminar A PARA EMPEZAR 2

1 ASÍ SOMOS 30

2 EL TIEMPO LIBRE 66

3 HOGAR, DULCE HOGAR 104

4 ¡CELEBREMOS! 140

5 VIAJANDO POR AQUÍ Y POR ALLÁ 178

6 ¡SÍ, LO SÉ! 218

Appendix 1 • Inductive Grammar Answers A1
Appendix 2 • Vocabulary from *¡Anda! Curso elemental* A3
Appendix 3 • Grammar from *¡Anda! Curso elemental* A17
Appendix 4 • Verb Charts A38
Appendix 5 • Spanish–English Glossary A47
Appendix 6 • English–Spanish Glossary A57
Credits A67
Index A69

FIRST

	Capítulo Preliminar A Para empezar	Capítulo 1 Así somos	Capítulo 2 El tiempo libre
Vocabulary sections		1 El aspecto físico y la personalidad 3 Algunos estados 5 La familia	1 Algunos deportes 3 Algunos pasatiempos
Review grammar	Selected elementary topics, see page 3.	• Direct and indirect object pronouns, personal *a*, and reflexive pronouns • **Preterit** (regular and irregular verbs)	• Formal *(Ud./Uds.)* and informal *(Tú)* **commands** • **Present subjunctive** (regular, irregular, and stem-changing verbs)
Grammar sections		2 Verbs similar to ***gustar*** 4 **Present perfect indicative**	2 *Nosotros/as* **commands** 4 The subjunctive in **noun clauses:** expressing hopes, desires, and requests
Culture	**Notas culturales:** El español: lengua de millones **Perfiles:** ¿Quién habla español? **Notas culturales:** La influencia del español en los Estados Unidos	**Notas culturales:** ¿Hay un latino típico? **Perfiles:** Familias hispanas **Vistazo cultural:** Los hispanos en los Estados Unidos	**Notas culturales:** La Vuelta al Táchira **Perfiles:** Campeones famosos del mundo hispano **Vistazo cultural:** Deportes y pasatiempos en la cultura mexicana
Escucha		**Estrategia:** Anticipating and predicting content to assist in guessing meaning	**Estrategia:** Listening for the gist
¡Conversemos!		**Estrategias comunicativas:** Greetings and farewells	**Estrategias comunicativas:** Expressing pardon, requesting clarification, and checking comprehension
Escribe		**Estrategia:** Process writing (Part 1): Organizing ideas (*Product:* personal profile)	**Estrategia:** Process writing (Part 2): Linking sentences (*Product*: blog commentary)
Laberinto peligroso		**Lectura:** *¿Periodistas en peligro?* **Estrategia:** Pre-reading techniques (schemata, cognates, predicting and guessing) **Video:** *¿Puede ser?*	**Lectura:** *Búsquedas* **Estrategia:** Scanning and skimming; reading for the gist **Video:** *¿Qué te ocurre, Celia?*

SEMESTER

Capítulo 3 Hogar, dulce hogar	Capítulo 4 ¡Celebremos!	Capítulo 5 Viajando por aquí y por allá	Capítulo 6 ¡Sí, lo sé!
1 Los materiales de la casa y sus alrededores 3 Dentro del hogar: la sala, la cocina y el dormitorio	1 Las celebraciones y los eventos de la vida 3 La comida y la cocina 4 Más comida	**1 Los viajes** **2 Viajando por coche** **4 Las vacaciones** **5 La tecnología y la informática** **7 Las acciones relacionadas con la tecnología**	**Reviewing strategies**
• **Preterit** (stem-changing verbs) • **Imperfect**	• The **preterit** and the **imperfect** • *Hacer* w/ time expressions	• *Por* and *para* • The **preterit** and the **imperfect** (cont.)	Recycling of **Capítulo Preliminar A** to **Capítulo 5**
2 Uses of definite and indefinite articles 4 Subjunctive in **noun clauses:** expressing feelings, emotions, and doubts 5 *Estar*+ past participle as an adjective to express result	2 **Past perfect (pluperfect)** 5 **Present perfect subjunctive**	3 Relative pronouns: *que* and *quien* 6 Subjunctive in **adjective clauses:** indefinite and nonexistent antecedents	
Notas culturales: El mejoramiento de la casa **Perfiles:** La importancia de la casa y de su construcción **Vistazo cultural:** Las casas en España	**Notas culturales:** El Día de los Muertos **Perfiles:** Grandes cocineros del mundo hispano **Vistazo cultural:** Tradiciones de Guatemala, Honduras y El Salvador	**Notas culturales:** El fin del mundo y los glaciares en cinco días **Perfiles:** Viajando hacia el futuro **Vistazo cultural:** Un viaje por mundos diferentes en Nicaragua, Costa Rica y Panamá	**Cultura**
Estrategia: Listening for the main ideas	**Estrategia:** Listening for details	**Estrategia:** Listening for specific information	
Estrategias comunicativas: Extending, accepting, and declining invitations	**Estrategias comunicativas:** Asking for and giving directions	**Estrategias comunicativas:** Asking for input and expressing emotions	
Estrategia: Process writing (Part 3): Supporting details (*Product:* ideal house description)	**Estrategia:** Process writing (Part 4): Sequencing events (*Product:* magazine article on celebrations)	**Estrategia:** Peer editing (*Product:* peer-edited writing sample)	
Lectura: *Planes importantes* **Estrategia:** Establishing a purpose for reading; determining the main idea **Video:** *Una nota misteriosa*	**Lectura:** *Colaboradores, competidores y sospechosos* **Estrategia:** Identifying details and supporting elements **Video:** *¿Mágica o malvada?*	**Lectura:** *Cómplices, crónicas, mapas y ladrones* **Estrategia:** Using a dictionary **Video:** *¿Somos sospechosos?*	Recap of Episodios 1–5

PREFACE

Why *¡Anda!* ?

andar *vi* to walk; to move; to travel around; **¡Anda!** *excl* Come on! That's it!

In survey after survey, and focus group after focus group, Spanish instructors tell us that they are finding it increasingly difficult to accomplish everything they want in their elementary Spanish courses. Contact hours are decreasing. Class sizes are increasing. And students' lives are busier than ever. At the same time, course goals have become more and more ambitious. Instead of focusing only on grammar and vocabulary, instructors have made it clear that they want to give their students a thorough exposure to Hispanic culture and an opportunity to develop and practice communication skills. But there simply isn't enough time to do all of this as well as most would like, and the available elementary Spanish texts do little to address the problem. As a result, some instructors end up galloping through their text in order to cover all the grammar and vocabulary, omitting interesting cultural topics and limiting student speaking time. Others have made the awkward choice to use a text designed for first-year Spanish over three or even four semesters.

Based on this extensive research, you now have another option: ***¡Anda!***

¡Anda! has been developed to provide a practical response to the challenges today's Spanish instructors are facing. Its innovations center around three key areas:

1 Realistic goals with a realistic approach
2 Focus on student motivation
3 Tools to promote success

¡Anda! is ready to go! More of what you need… less of what you don't!

Realistic goals with a realistic approach

¡Anda! is the first college-level Spanish program conceived from the outset as a four-semester sequence of materials. The ***¡Anda!*** program is divided into two halves, ***¡Anda! Curso elemental*** and ***¡Anda! Curso intermedio,*** each of which can be completed in one academic year.

Each volume's scope and sequence has been carefully designed, based on advice from hundreds of instructors at a wide variety of schools. Each volume introduces a realistic number of new vocabulary words and grammar concepts. As a result, students have adequate time throughout the course to focus on communication, culture, and skills development, and to master the vocabulary and grammar concepts to which they are introduced.

Each volume of *¡Anda!* has been structured to foster preparation, recycling, and review within the context of a multi-semester sequence of courses. The ten regular chapters in each volume are complemented by *two preliminary* chapters and *two recycling* chapters.

Capítulo Preliminar A	Capítulo Preliminar B
Capítulo 1	Capítulo 7
Capítulo 2	Capítulo 8
Capítulo 3	Capítulo 9
Capítulo 4	Capítulo 10
Capítulo 5	Capítulo 11
Capítulo 6 (recycling)	Capítulo 12 (recycling)

- *Preliminary Chapter A* is designed with **ample vocabulary and grammar** to get students up and running and to give them a **sense of accomplishment** quickly. Many students will already be familiar with most, if not all, of this vocabulary and grammar from their previous study of Spanish. It also has students reflect on the question "why study Spanish?"
- *Preliminary Chapter B* is a **review** of Preliminary A through Chapter 5 and allows those who join the class midyear or those who need a refresher to get up to speed at the beginning of the second half of the book.
- *Chapters 1–5* and *7–11* are **regular** chapters.
- *Chapters 6 and 12* are **recycling** chapters. No new material is presented. Designed for in-class use, these chapters recycle and recombine previously presented vocabulary, grammar, and culture, giving students more time to practice communication without the burden of learning new grammar or vocabulary.

Each regular chapter of *¡Anda!* has been developed with the goal of providing a realistic approach for the achievement of realistic goals.

- New material is presented in manageable amounts, or **chunks,** allowing students to assimilate and practice without feeling overwhelmed.
- Each chapter contains a **realistic** number of new vocabulary words.
- Vocabulary and grammar explanations are interspersed, each **introduced at the point of need.**
- Grammar explanations are clear and concise with many supporting examples, followed by practice activities.
- Practice begins with **mechanical** exercises, for which there are correct answers, progresses through more **meaningful,** structured activities in which the student is guided but has some flexibility in determining the appropriate response, and ends with **communicative** activities in which students are manipulating language to create personalized responses.

Focus on student motivation

Many of the innovative features of *¡Anda!* have been designed to help instructors generate and sustain interest on the part of their students, whether they be of traditional college age or adult learners:

- Chapters are organized around themes that reflect **student interests** and tap into students' **real-life experiences.**

- Basic **vocabulary** has been selected and tested through ***¡Anda!'s*** development for its relevance and support, while additional words and phrases are offered throughout the chapters so that **students can personalize** their responses and acquire the vocabulary that is most meaningful to them.
- Activities have been designed to foster active participation by students. The focus throughout is on giving students opportunities to speak and on allowing instructors to **increase the amount of student "talk time"** in each class period. The majority of activities **elicit students' ideas and opinions,** engaging them to respond to each other on a variety of levels. Abundant pair and group activities encourage peer editing and help to create a comfortable arena for language learning.
- **All of the material** for which students entering this class would be responsible is provided, including elementary grammar and vocabulary Appendices that give students a ready reference for what they learned during first-year Spanish.
- Each activity is designed to begin with **what the student already knows.**
- A **high-interest mystery story** (*Laberinto peligroso*) runs through each chapter. Two episodes are presented in each regular chapter—one as the chapter's reading selection, the other in a corresponding video segment.
- Both **"high" and "popular" culture** are woven throughout the chapters to enable students to learn to recognize and appreciate cultural diversity as they explore behaviors and values of the Spanish-speaking world. They are encouraged to think critically about these cultural practices and gifts to society.

Tools to promote success

The ***¡Anda!*** program includes many unique features and components designed to help students succeed at language learning and their instructors at language teaching.

Student learning support

- Explicit, systematic **recycling boxes with page references** help students link current learning to previously studied material in earlier chapters or sections of ***¡Anda! Curso intermedio.*** Recycling boxes with page references to elementary vocabulary and grammar direct the student to ***¡Anda! Curso elemental*** or to an appendix in ***¡Anda! Curso intermedio*** where this material is repeated for those who used a different elementary program.
- Integrated—process strategies Listening (*Escucha*), Reading (*Lectura*), Writing (*Escribe*), and Speaking (*¡Conversemos!*)—help students process the material and become self-sufficient learners.
- **Periodic review and self-assessment boxes** (*¿Cómo andas?*) help students gauge their understanding and retention of the material presented. A final assessment in each chapter (*Y por fin, ¿cómo andas?*) offers a comprehensive review. **Scoring rubrics** are also available in *Chapter 6* and *Chapter 12* to assist both students and instructors with assessment.
- **Student notes** provide additional explanations and guidance in the learning process. They offer learning strategies (*Estrategia*) and additional information (*Fíjate*).
- An **English Grammar Guide,** available separately, explains the grammatical concepts students need in order to understand the Spanish grammar presentations in the text. Animated English grammar tutorials are also available within *MySpanishLab*™.

- ***MySpanishLab*™** offers students a wealth of online resources and a supportive environment for completing homework assignments. When enabled by the instructor, a "Need Help" box appears as students are doing online homework activities, providing links to English and Spanish grammar tutorials, e-book sections, and additional practice activities—all directly relevant to the task at hand. Hints, verb charts, a glossary, and many other resources are available as well.
- A **Workbooklet,** available separately, allows students to complete the activities that involve writing without having to write in their copy of the textbook itself.

Instructor teaching support

One of the most important keys to student success is instructor success. The ***¡Anda!*** program has all of the support that you have come to expect and, based on our research, it offers many other enhancements.

- The **Annotated Instructor's Edition** of ***¡Anda! Curso intermedio*** offers a wealth of materials designed to help instructors teach effectively and efficiently. Strategically placed annotations explain the text's methodology and function as **a built-in course in language teaching methods.**
- Additional cultural annotations that correspond to the *Vistazo cultural* section are located in the *Instructor's Resource Manual.*
- **Estimated time indicators** for presentational materials and practice activities help instructors create lesson plans.
- Other annotations provide additional activities and suggested answers.
- **The annotations are color-coded** and labeled for ready reference and ease of use.
- A treasure trove of **extra activities,** known as the **Electronic Activities Cache,** allows instructors to choose additional materials for in-class use.

Highlights of *¡Anda! Curso intermedio*

Culture is deeply integrated throughout, providing students with an authentic glimpse into Hispanic cultures through interesting readings and photos that spur cross-cultural comparison and discovery. ***¡Anda! Curso intermedio*** includes three different cultural sections in each chapter: *Notas culturales*, *Perfiles*, and *Vistazo cultural.*

¡Anda! Curso intermedio moves students to higher levels of speaking proficiency by adding detailed conversational strategies in *¡Conversemos!*. This section focuses on language functions, helping students put the language to use in a natural, conversational way. In Chapters 6 and 12 scoring rubrics allow both students and instructors to assess speaking proficiency.

¡Anda! Curso intermedio takes recycling a step further with the *Repaso* boxes, which offer brief review summaries of concepts from Elementary Spanish. They also reference the **Elementary Spanish Vocabulary and Grammar Appendices** at the end of the text, where full explanations can be found. Icons placed throughout the text also guide students to the appendix pages that are relevant to what they are doing at that point.

For ***¡Anda! Curso intermedio,*** ithe authors have created the *Letras* Literary Supplemental Reader, which gives instructors the option of including authentic literature in their Intermediate course. The readings correspond to the chapter themes and include short stories, poems, plays, and novel excerpts written by writers from various parts of the Spanish-speaking world, including the United States. All readings are accompanied by process-oriented activities and strategies that focus on literary terminology to ensure that students are reading as effectively as possible.

The authors' approach

Learning a language is an exciting, enriching, and sometimes life-changing experience. The development of the ***¡Anda!*** program is the result of many years of teaching and research that guided the authors independently to make important discoveries about language learning, the most important of which center on the student. Research-based and pedagogically sound, ***¡Anda!*** is also the product of extensive information gathered first-hand from numerous focus group sessions with students, graduate instructors, adjunct faculty, full-time professors, and administrators in an effort to determine the learning and instructional needs of each of these groups.

The importance of the National Foreign Language Standards in *¡Anda!*

The ***¡Anda!*** program is based on the *National Foreign Language Standards.* At the core of the program are the five organizing principles (the 5C's) of the Standards for language teaching and learning: **Communication, Cultures, Connections, Comparisons,** and **Communities.** Each chapter opener identifies for the instructor where and in what capacity each of the 5C's is addressed. The **Weave of Curricular Elements** of the *National Foreign Language Standards* provides additional organizational structure for ***¡Anda!*** Those components of the **Curricular Weave** are: **Language System, Cultural Knowledge, Communication Strategies, Critical Thinking Skills, Learning Strategies, Other Subject Areas,** and **Technology.** Each of the Curricular Weave elements is omnipresent and, like the 5C's, permeates all aspects of each chapter of ***¡Anda!***

- The *Language System*, which consists of components such as grammar and vocabulary, is at the heart of each chapter.
- The *Comunicación* sections of each chapter present vocabulary and grammar at the point of need and maximum usage. Streamlined presentations allow the learner to be immediately successful in employing the new concepts.
- *Cultural Knowledge* is approached thematically, making use of the chapter's vocabulary and grammar. Cultural presentations begin with the two-page chapter openers and always start with what the students already know about the cultural theme/concept from their home, local, regional, or national cultural perspectives.
- *Communication and Learning Strategies* are abundant with tips for both students and instructors on how to maximize studying and in-class learning of Spanish, as well as how to use the language outside the classroom.
- *Critical Thinking Skills* take center stage in ***¡Anda!*** Questions throughout the chapters, in particular tied to the cultural presentations, provide students with opportunities to answer more than discrete point questions. The answers students are able to provide do indeed require higher-order thinking, but at a linguistic level completely appropriate for an intermediate language learner.
- With regard to *Other Subject Areas*, ***¡Anda!*** is diligent in incorporating **Connections** to other disciplines via vocabulary, discussion topics, and suggested activities.

- Finally, *Technology* is taken to an entirely new level with ***MySpanishLab***™ and the *Laberinto peligroso* DVD. The authors and Prentice Hall believe that technology is a means to the end, not the end in itself. Therefore, focus is not on the technology *per se*, but on how that technology can deliver great content in better, more efficient, more interactive, and more meaningful ways.

By embracing the ***National Foreign Language Standards*** and as a result of decades of experience teaching Spanish, the authors believe that:

- A **student-centered classroom** is the best learning environment.
- Instruction must **begin where the learner is,** and all students come to the learning experience with prior knowledge that needs to be tapped.
- All students can learn in a **supportive environment** where they are encouraged to take risks when learning another language.
- **Critical thinking** is an important skill that must constantly be encouraged, practiced, and nurtured.
- **Learners** need to **make connections** with other disciplines in the Spanish classroom.

With these beliefs in mind, the authors have developed hundreds of creative and meaningful language-learning activities for the text and supporting components that employ students' imagination and engage the senses. For both students and instructors, they have created an instructional program that is **manageable, motivating,** and **clear.**

The Authors

Audrey Heining-Boynton

Audrey Heining-Boynton is a Professor of Education and Spanish at The University of North Carolina at Chapel Hill, where she has taught Spanish and education courses for many years. She has won many teaching awards including the prestigious ACTFL Anthony Papalia Award for Excellence in Teacher Education, the Foreign Language of North Carolina Teacher of the Year Award, and The UNC ACCESS Award for Excellence in Working with LD and ADHD Students. Dr. Heining-Boynton is a frequent presenter at national and international conferences; has published more than seventy articles, curricula, textbooks, and manuals; and has won nearly $4 million in grants to help create language programs in North and South Carolina. Dr. Heining-Boynton has also held many important positions: President of the American Council on the Teaching of Foreign Languages (ACTFL 2005, The Year of Languages), President of the National Network for Early Language Learning, Vice President of the Michigan Foreign Language Association, board member of the Foreign Language Association of North Carolina, committee chair for Foreign Language in the Elementary School (FLES) for the American Association of Teachers of Spanish and Portuguese (AATSP), and elected Executive Council member of ACTFL.

Jean LeLoup

Jean LeLoup is Professor of Spanish at the State University of New York (SUNY), College at Cortland, as well as the Coordinator of Adolescence Education and Graduate Studies in the Department of International Communications & Culture. She holds a Ph.D. in Foreign Language Education and an M.A. in Spanish Literature from The Ohio State University, as well as an M.S.Ed. in Counseling from the University of Missouri-St. Louis. Prior to joining the faculty at SUNY Cortland, she taught Spanish and was a guidance counselor at the secondary level in the St. Louis, Missouri, area. Dr. LeLoup is the co-founder/moderator of a listserv called the Foreign Language Teaching Forum (FLTEACH), and presents and publishes on the integration of culture and the use of technology in foreign language instruction. Dr. LeLoup has won many professional awards including the ACTFL/FDP-Houghton Mifflin Award for Excellence in Foreign Language Instruction Using Technology with IALL, the SUNY Chancellor's Awards for Excellence in Teaching and for Faculty Service, and several awards from the New York State Association of Foreign Language Teachers for outstanding publications and service to the profession. She has been a Fulbright Fellow and has also been program director of two grants from the National Endowment for the Humanities. She is presently Distinguished Visiting Professor of Spanish at the United States Air Force Academy.

Glynis Cowell

Glynis Cowell is the Director of the Spanish Language Program in the Department of Romance Languages and Literatures and an Assistant Dean in Academic Advising, General College and Arts and Sciences, at The University of North Carolina at Chapel Hill. She has taught first-year seminars, honors courses, and numerous Spanish language courses. She team-teaches a graduate course on the theories and techniques of teaching foreign languages. Dr. Cowell received her M.A. in Spanish Literature and her Ph.D. in Curriculum and Instruction, with a concentration in Foreign Language Education, from The University of North Carolina at Chapel Hill. Prior to joining the faculty at UNC-CH in August 1994, she coordinated the Spanish Language Program in the Department of Romance Studies at Duke University. She has also taught Spanish at Davidson Community College in North Carolina. At UNC-CH she has received the Students' Award for Excellence in Undergraduate Teaching as well as the Graduate Student Mentor Award for the Department of Romance Languages and Literatures.

Dr. Cowell has directed teacher workshops on Spanish language and cultures and has presented papers and written articles on the teaching of language and literature, the incorporation of information technology in language teaching, and teaching across the curriculum. She is the co-author of two other college textbooks.

The development story

At the beginning of the 21st century, it was clear that things had changed in language classes all across the country. At most institutions, there were more students per classroom than ever before. There were more schools where language classes met three or fewer times per week than there were with classes meeting four or five times per week. More students were working than ever before: The American Council on Education reported that 78% of students worked while they were enrolled in college and that the average time worked was nearly thirty hours a week. At the same time, research shows that language instructors were clearly trying to do a better job of exposing students to the target culture, to spend more time practicing communication skills, and to establish a balance of four-skills practice. In short, with less time and fewer resources on the one hand and a desire to broaden the scope of language study on the other, something had to give. But what?

In 2004, 2005, and 2006, the authors and their editors surveyed hundreds of Spanish instructors. This is what we learned:

- When asked about the grammatical scope and sequence, 85% of instructors said that the most important thing to them was to have a text that had realistic goals about what students could accomplish in one year.
- When asked about the basis they used for making text decisions, 77% said that the text should be "based on good pedagogical practices."
- When asked if they would like to slow down the pace of grammar instruction to allow more time for communicative practice and coverage of cultural topics, 74% said yes.
- When asked if they would like to spread the traditional grammar syllabus over four semesters of instruction, 65% said yes.

With this information in hand, we developed a plan for a textbook series and supplements package that would address these salient preference issues. To refine the plan, we enlisted the help of many instructors at a wide variety of schools (their names are listed on the following pages). They gave us feedback on the plan through online surveys and traditional manuscript reviews. They attended focus groups on their local campuses or in other locations. Nine instructors attended a two-day reviewer conference in New Orleans to help us make decisions on issues where consensus had not yet been reached. The scope and sequence, the chapter structure, the mystery story, the page design, even the cover and the title—all benefited greatly from the many valuable suggestions made by these instructors.

Along the way, we also consulted students. Some 359 of them gave us feedback on their preference for art styles.

The results are for you to judge, but of one thing we are sure: The entire development of ***¡Anda!*** was driven by instructors and students and dedicated to providing contemporary solutions for the needs of today's language students and teachers.

To the many instructors and coordinators who dedicated countless hours helping us understand their and their students' needs, we are grateful. You will see your comments and suggestions reflected throughout the text. Thanks to you all!

Faculty reviewers

Matt Alba, *BYU–Idaho*
Pilar Alcalde, *University of Memphis*
Geraldine Ameriks, *University of Notre Dame*
Mary Jo Arns-Radaj, *Normandale Community College*
Barbara Ávila-Shah, *SUNY–Buffalo*
Robert Baum, *Arkansas State University*
Roberto Batista, *Valencia Community College*
Rosa Bird, *University of Central Oklahoma*
Aymara Boggiano, *University of Houston*
Mary Boutiette, *North Hennepin Community College*
José Bravo de Rueda, *North Carolina A&T State University*
Karen Brunschwig, *University of La Verne*
Linda Burk, *Manchester Community College–Manchester Connecticut*
Elizabeth Calvera, *Virginia Tech*
Lisa Calvin, *Indiana State University*
Paul Cankar. *Austin Community College*
Karen Cardenas, *South Dakota State University*
June Carter. *University of South Carolina Spartanburg*
Carole Champagne, *University of Maryland–Eastern Shore*
Carrie Clay, *Anderson University*
Denise Cloonan-Cortez de Andersen, *Northeastern Illinois University*
Robert Colvin, *BYU–Idaho*
Rosa Commisso, *Kent State University*
Xuchitl Coso, *Georgia Perimeter College*
James C. Courtad, *Central Michigan University*
Julio de la Llata. *Austin Community College*
Susann Davis, *Western Kentucky University*
Aida Díaz, *Valencia Community College*
Christopher J. Donahue, *Bloomsburg University*
Carolyn Durham, *North Carolina A&T State University*
Carmen M. Durrani, *Concord University*
Jami Eller, *Western Kentucky University*
Maria Elva Echenique, *University of Portland*
Luz Escobar, *Southeastern Louisiana University*
Mary Fatora-Tumbaga, *Kauai Community College*
Ana Laura Fairchild, *Colorado State University*
Erin Fernández Mommer, *Green River Community College*
Carmen Ferrero, *Moravian College*
Jennifer Flatt, *UWC–Marinette*
José Manuel García. *Florida Southern College*
José M. García Sánchez, *Eastern Washington University*
Andrea Giddens, *North Carolina A&T State University*
Pamela Gill, *Gaston College*
Julie Glosson, *Union University*
Yolanda González, *Valencia Community College*
Kenneth Gordon, *Winthrop University*
Hannelore Hahn, *College of Saint Elizabeth*
Mary Harges. *Southwest Missouri State University*
Amarilis Hidalgo de Jesús, *Bloomsburg University*
Ann Hills, *University of La Verne*
Kristi Hislope. *North Georgia College & State University*
Polly J. Hodge, *Chapman University*
Karen Holleman, *Hope College*
Michelle Horner Grau, *Christopher Newport University*
Alexis Indenbaum, *Reading Area Community College*
Lourdes Jiménez, *St. Anselm College*
Stacey Margarita Johnson, *Southwest Tennessee Community College*
Carmen Fernández Klohe, *St. John's University*
Jacoba Koene, *Anderson University*
Felipe Antonio Lapuente, *The University of Memphis*
Sonia Lenk, *Western Kentucky University*
Ronald P. Leow, *Georgetown University*
Amalia Llombart, *University of Redlands*
James J. López, *University of Tampa*
Jorge O. López R., *University of Tennesse at Martin*
Margaret Lyman, *Bakersfield College*
Domenico Maceri, *Allan Hancock College*
Carlos Madan, *SUNY Plattsburgh*
Eder Maestre, *Western Kentucky University*
Elena Mangione-Lora, *University of Notre Dame*
Kathleen March, *University of Maine*
Ivan Mino, *Tarrant Community College–Southeast*
Mary Chris Mohn, *University of Evansville*
Joshua Mora, *Wayland Baptist University*
Eileen Morales, *North Carolina A&T State University*
Markus Muller, *California State University–Long Beach*
Daniel Nappo. *University of Tennessee at Martin*
Polly Nelson, *Lord Fairfax Community College*
William Nowak, *University of Houston–Downtown*
Milagros Ojermark, *Diablo Valley College*
Ruth Owens, *Arkansas State University*
Robert A. Parsons, *University of Scranton*
Edward Pasko. *Purdue University Calumet*
Peggy Patterson, *Rice University*
Inmaculada Pertusa, *Western Kentucky University*
Michelle Petersen, *Arizona State University*
Todd Phillips, *Austin Community College*
Mirta Pimentel, *Moravian College*
Harriet Poole. *Lake City Community College*
Marcie Pratt. *Black Hills State University*
Dale Omundson. *Anoka-Ramsey Community College*
Teresa Phillips, *Gardner-Webb University*
Cheryl Reagan, *Sussex County Community College*
Robert Rice, *Austin Community College*
John T. Riley, *Fordham University*
Francisco Ronquillo, *Albuquerque–TVI*
Cecilia Ryan, *McNeese State University*
Sandra Rosenstiel. *University of Dallas*
Elizabeth Sánchez, *University of Tulsa*
María-Luisa Sánchez, *Frostburg State University*
Edgard Sankara, *LaGrange College*
Barbara Schmidt-Rinehart, *Ashland University*
Virginia Shen, *Chicago State University*
Eugenia Simien, *Southeastern Louisiana University*
David A. Smallwood, *Southeast Missouri State University*
Maggie Smallwood, *Clemson University*

Anita Smith, *Pitt Community College*
Benjamín Smith, *Minnesota State University–Moorhead*
Antonio Sobejano-Moran, *SUNY–Binghamton*
Oscar U. Somoza. *University of Denver*
Jeffrey Stahley, *Wilmington College*
Stuart Stewart, *Southeastern Louisiana University*
Michael Tallon, *University of the Incarnate Word*
Sue Ann Thompson. *Butler University*
Richard Tooke, *South Dakota State University*
Stephanie Traynor, *Widener University*
Victoria Uricoechea, *Winthrop University*
Rene Vacchio, *Austin Community College*
Antonio Varela, *University of Toledo*
Mary-Anne Vetterling, *Regis College*
Olga Vilella, *St. Xavier University*
Francisco Vivar. *The University of Memphis*
Gloria F. Waldman, *York College–CUNY*
Delma Wood, *Castleton State College*
Olivia Yanez, *College of Lake County*

Student reviewers

We asked students to give us comprehensive feedback on the art that is used in Spanish textbooks. A total of 359 students from the following 21 colleges and universities responded to questions about the kinds of art they like, what they dislike, and what they find useful for each of the major sections of the text (e.g., grammar, vocabulary, and culture). The results are what you see in ***¡Anda!***

Colleges and universities

Citrus College
Clemson University
Coastal Carolina Community College
Florida Atlantic University
Florida Community College at Jacksonville
Georgia Perimeter College
Harper College
Rowan Cabarrus Community College
South Plains College
The University of North Carolina at Chapel Hill
The University of Texas at Austin
Tidewater Community College
University of Cincinnati
The University of California, Los Angeles
University of Evansville
University of Central Florida
University of Florida
University of Louisiana at Monroe
University of Nevada, Reno
University of Texas at El Paso
Western Kentucky University

Students

Brenna, Kacy Cunningham, Grace M. Lear, Elyse Magdule, Jay Jacobson, Katey Jayne, Jenny Russo, Tabitha Potter, Alex Luft, Manuel Hernandez, Kelly De Stefano, Griselda Luna, Shaun Davis, Lamore Hanchard, Tiffany Lumpkin, James Shelton, Ryan Furkin, Yonel Roche, Nicole Holman, Riley O'Connell, Zenyth Propst, Katie Tucker, Jason L. Seward, Carolyn Buck, Brian Dunne, Jessica Hatter, Samantha Williams, Mike Williams, Elizabeth Clary Jocys, Kellie Shanahan, Tiffany Mills, Kate Lepley, Tara Schmidt, Danielle King, Jared Anderson, Josh Beasley, Kelli Clements, John Ponce, Miso Jang, Casey Cowan, Amiee, Jesse Belcher, Michael Lynch, Tim Falconbury, Ryan Cremeans, Latonya Sholar, Christopher Campbell, Beard, Erik Belford, Ashley Skinner, Dylan Nielson, Michael Dickson, Tim Powers, Morgan Crosby, Saera Kim, Nathaniel Baker, Jade Wallace, Kristen Moore, Armando Delima, Traci Bird, Megan Guffee, Michelle, Erin Hunter, Lindsey Wheeler, Emmalyn Cochran, Julia Young, Crystal Washington, Trevor Seigler, Nick Johnson, Paul Loiodice, Kelly Dwight, Kristian Morales, Warren Giese, Lauren Johnson, Jacklyn Johns, Haneen Sayyad, Brittney Green, Randall Lee, Andy Robling, Ashley, Felicia Blackwood, Venessa Chandra, Jon Tuminski, Andrea Newsome, Jessica Collins, Thomas Russell, Everet Macias, Carrie Gray, Tamara Clarke, Sarah Harrington, Susie, Grace Aaron, Shelley Lewis, Margie, Haley, Joseph Fisher, Kelley Daoust, Rebecca Brown, Eric Dean, Anna Woodlock, Audrey Clark, Travis Greene, Emily Schultz, Jessica D. Taylor, Douglas Glenn, Ashley Pate, Anna Browning, Melisa Gonzales, Kara Murphy, Natalie Hood-Kramer, Jessica Johnson, Jayson Vignola, Gretchen Pegram, Tanya Aboul-Hosn, Brittney Martin, Matt Harlow, Leah Gibson, Clint Darter, Nkechinyere Nwoko, John H. Gagnon, Bernadette, Rachel, Larry James Reeder II, Ny'Sheria Sims, Nicholas Robino, Deanna Caniff, Michael Baker, Elizabeth Morgan, Brooke Swinson, Ian King, Seaqn Kaye, Mekisha F. Smith, David Hahn, Susan, Keri Britcher, Jean Henn, Bonnie Swift, Lisa Carrizales, Cori, April Michaud, Gailen Field, Stephanie Hoock, Nicole Rivera, Kristin Durant, Maria Melanie Meyer, Mallory Erford, Chris Banks, Sam Srour, Kate Glover, Madison Dunn, Jillian Murphy, Jose Quintanilla, Stephanie Lenk, Matthew Hoag, Femi, Laura Anderson, Jared Zirkle, Laura Yoder, Genna Offerman, Leigh Cash, Amy Creighton, Susannah Federowicz, Candice Mccarty, Mary Beth Whitmire, Annie Quach, Robert Burnside, Bryttne Lowden, Emily Hankinson, Sarah Gerald, Sarah Baber, Lawrence Lander, Amanda Carrington, Mariah Jimenez, Jordana Fyne, Thomas Giannini, Pamela Okeke, Dominique Brown, John Norton, Patrick S. Lockett, Jill Meinrath, Jenny Seifert, Jennifer Pritchett, Christine Reppa, Joshua Gorney, Vishal, Joseph Marker, June Clark, Jenny Forwark, Tara Hush, Whitney Schlotman, Daniel Zainfeld, Matthew Cross, Katiria Robles, Magdalena J.

Semrau, Neal Ward, Barry Lacina, Katie K, Shawntavia Smith, Kati Payne, Brian Carter, Deanne Grantham, Sarah Hendrix, Kira Seward, Christin Huether, Chelsea Harp, Meaghan Jones, Rachel Blakely, Nicholas Emerick, Ramiro Tey, Rebecca Adams, Danielle King, Martina Blatterspiel, Greg Longstreth, Sarah Longtin, Jessica Torres, Sarah, Kimberly Deuble, Rachel Hopkins, Sara Tapia, Katherine Chudy, Sarah Kopp, Carmen Gilbert, Lynn Greco, Jen Robinson, Laura Busch, Mandie K. Rios, Sean Santoscoy-Mckillip, Lindsay Dewitt, Raquel Krauss, John Stroud, Stephanie Humphrey, Elaine Ellis, Carrie Ziegenmeyer, Bryan J Sykes, Tracy Delzeith, Matt Cherry, Yadira Anglin, Filipp Lassman, Lauren Barker, Terrilyon, Angela Schuch, Betsy Ortiz, Heinz Landeck, Nash T. Bermudez, Curt Neichter, Arielle Goldberg, Kelli Walker, Yeong Oh, Brandon Cody Goehring, Jessica Irving, Alfonso Ontiveros, Jessica Davis, Marcus Donahue, Ashley Moeller, Kyle Milos, Toni Mcnair, Candace Lau, Jenifer, Jenessa Cottrell, Jessica Pollock, Ronni Rancich, Charla Mcdaniel, Laura Scullin, David Emery, Alex Montgomery, Kelly Mccafferty, Michael Lara, Angela Sehon, Alleene Strickland, Erika Maldeney, Jessica Elizondo, Jason Boone, Kellen Voss, Jessica Elley, Sara Bochiardy, Stephen Hopper, Garrett George, Mistoria Brown, Ian Singer, Christine Yau, Victoria Ng, Racquel Rolle, Jeremy Jacob, Matthew Korte, Josh Duran

Teacher annotations

The teacher annotations in ***¡Anda! Curso intermedio*** fall into several categories:

- **Methodology:** A deep and broad set of methods notes designed for the novice instructor.
- **Section goals:** Set of student objectives for each section.
- **National Standards:** Information containing the correlation between each section and the National Standards as well as tips for increasing student performance.
- **Planning ahead:** Information provided on materials that will be needed to proceed with certain activities in the chapter.
- **Warm-up:** Suggestions for setting up an activity or how to activate students' prior knowledge relating to the task at hand.
- **Suggestion:** Teaching tips that provide ideas to help with the implementation of activities and sections.
- **Note:** Additional information that instructors may wish to share with students beyond what is presented in the text.
- **Expansion:** Ideas for variations of a topic that may serve as wrap-up activities.
- **Cultural background:** Information on people, places, and things that aid in the completion of activities and sections by providing background knowledge.
- **Additional activity:** Independent activities related to the ones in the text that provide further practice with the concepts.
- **Heritage language learners:** Suggestions for the Heritage language learners in the classroom that provide alternatives and expansions for sections and activities based on prior knowledge and skills.
- **Audioscript:** The text corresponding to all the audio activities in the chapter.
- **Recap of *Laberinto peligroso:*** A synopsis of the both the *Lectura* and *Video* sections for each episode of *Laberinto peligroso.*

A Guide to Student Icons

Accompanying the activity instructions, this pair icon indicates that the activity is designed to be completed in groups of two.

This group icon indicates that an activity is designed to be completed in groups of three or more.

The ear indicates that an activity involves listening and that the audio is provided for you either on the Companion Website (CW) or, if you are using *MySpanishLab*™, in the eBook.

Activities that ask you to write have been duplicated in a separate *Workbooklet* so that you don't have to write in your text if you don't want to. This icon indicates that an activity has been reproduced in the *Workbooklet*.

The activity references below this icon tell you which activities in the *Student Activities Manual* (SAM) are related to that particular section of the textbook. You may have the printed SAM or the electronic version in *MySpanishLab*™.

One of two video icons, this icon tells you where to find the *Laberinto peligroso* video: on DVD, VHS (instructors only), or *MySpanishLab*™.

The other video icon, this one tells you where to find the *Vistas culturales* video: on DVD, VHS (instructors only), or *MySpanishLab*™.

This icon means that the activity that it accompanies requires you to use the Internet.

The numbers accompanying this icon indicate which English grammar points are related to the Spanish grammar topic that you are studying. The *English Grammar Guide* is available to users of **¡Anda!**

A Guide to Instructor Icons

10:00 This icon indicates approximately how many minutes instructors should allow to present a chunk of new material or to complete an exercise or activity. Obviously, these are meant only as a guide to help instructors plan their classes.

This icon indicates that the Electronic Activities Cache, the online supplementary activity source, contains related activities that you can choose to download, copy, and distribute in class.

This icon indicates that there is a PowerPoint presentation available on the topic under discussion.

This icon indicates that there is relevant material in the Instructor's Resource Manual. The text below the icon tells you where to find it.

This icon indicates that there is a transparency available for your use. The text below gives the transparency number for easy location.

This icon refers to the supplement called the Testing Program. It includes the ready-made tests (Tests A and B) and the modules available for that chapter if you prefer to create your own tests.

The complete program

¡Anda! Curso intermedio is a complete teaching and learning program that includes a variety of resources for students and instructors, including an innovative offering of online resources.

For the student

Text

The ***¡Anda! Curso intermedio*** student text is available as a complete version, consisting of two preliminary chapters and twelve regular chapters. Also available is Volume 1, consisting of Preliminary A and Chapters 1 through 6.

Student Activities Manual

The printed *Student Activities Manual* is available both in a complete version and in a separate volume corresponding to Volume 1 of the student text. The contents of the Student Activities Manual are also available online.

Answer Key to Accompany Student Activities Manual

An Answer Key to the Student Activities Manual is available separately, giving instructors the option of allowing students to check their own homework. The Answer Key includes answers to all Student Activities Manual activities.

Letras Supplemental Literary Reader

Letras is a supplemental literary reader with selections corresponding to the chapter themes. This reader covers different genres, authors, and styles. Pre-, during and post-activities accompany the selections.

English Grammar Guide

The *English Grammar Guide*, available separately, explains the grammatical concepts students need in order to understand the Spanish grammar presentations in the text. Animated English grammar tutorials are also available within *MySpanishLab*™.

Workbooklet

Also available is a *Workbooklet* that allows students to complete writing activities without having to write in their copy of the textbook itself.

Audio CDs to Accompany Text

A set of audio CDs contains recordings of the vocabulary, the *Escucha* section recordings, and recordings for the *Lectura* section of each episode of *Laberinto peligroso*. The set also contains audio material for the listening activities in the *¡Conversemos!* section of the student text. These recordings are also available online.

Audio CDs to Accompany Student Activities Manual

A second set of audio CDs contains audio material for the listening activities in the *Student Activities Manual*. These recordings are also available online.

Video on DVD

The entire *Laberinto peligroso* video is available on DVD. Also available is the award-winning *Vistas culturales* video, which contains nineteen 10-minute vignettes with footage from every Spanish-speaking country. Each of the accompanying narrations, which employ vocabulary and grammar designed for Spanish language learners, was written by a native of the featured country or region. All the video materials are also available online.

For the instructor

Annotated Instructor's Edition

The *Annotated Instructor's Edition* offers a wealth of materials designed to help instructors teach effectively and efficiently.

- Strategically placed annotations explain the text's methodology and function as a built-in course in language teaching methods.
- Estimated time indicators for presentational materials and practice activities help instructors create lesson plans.
- Other annotations provide additional activities and suggested answers.
- The annotations are color-coded and labeled for ready reference and ease of use.

Instructor's Resource Manual

The *Instructor's Resource Manual* contains complete lesson plans for all chapters as well as helpful suggestions for new instructors and those who are unfamiliar with the U.S. educational system. It also provides videoscripts for all episodes of the *Laberinto peligroso* video, audioscripts for listening activities in the *Student Activities Manual*, and cultural annotations corresponding to the *Vistazo cultural* section of the text. The *Instructor's Resource Manual* is available to instructors online at the ***¡Anda! Curso intermedio*** Instructor Resource Center.

Testing Program

The Testing Program is closely coordinated with the vocabulary, grammar, culture, and skills material presented in the student text. For each chapter of the text, a bank of testing activities is provided in modular form; instructors can select and combine modules to create customized tests tailored to the needs of their own classes. Two complete, ready-to-use tests are also provided for each chapter. The tests and testing modules are available to instructors online at the ***¡Anda! Curso intermedio*** Instructor Resource Center.

Testing Audio CDs

A special set of audio CDs, available to instructors only, contains recordings corresponding to the listening comprehension portions of the Testing Program.

Electronic Activities Cache

Supplemental in-class activities corresponding to the themes, grammar, and vocabulary taught in each chapter are available online for instructors to use with their class.

Transparencies

A robust, full-color set of overhead transparencies is available.

Grammar PowerPoints

Each grammar point of ***¡Anda! Curso intermedio*** is accompanied by a PowerPoint grammar presentation for use in or out of class.

Instructor Resource Center

Several of the supplements listed above—the Instructor's Resource Manual, the Testing Program, Electronic Activities Cache, and the Workbooklet—are available for download at the access-protected ***¡Anda! Curso intermedio*** Instructor Resource Center (www.pearsonhighered.com). An access code will be provided at no charge to instructors once their faculty status has been verified.

Online resources

MySpanishLab™

MySpanishLab™ is a new, nationally hosted online learning system created specifically for students in college-level language courses. It brings together—in one convenient, easily navigable site—a wide array of language-learning tools and resources, including an interactive version of the ***¡Anda! Curso intermedio*** *Student Activities Manual*, an electronic version of the ***¡Anda! Curso intermedio*** student text, and all materials from the ***¡Anda! Curso intermedio*** audio and video programs. Readiness checks, chapter tests, and tutorials personalize instruction to meet the unique needs of individual students. Instructors can use the system to make assignments, set grading parameters, listen to student-created audio recordings, and provide feedback on student work. Instructor access is provided at no charge. Students can purchase access codes online or at their local bookstore.

COMPANION WEBSITE

The open-access companion website includes an array of activities and resources designed to reinforce the vocabulary, grammar, and cultural material introduced in each chapter. It also provides audio recordings for the student text and *Student Activities Manual*, links for Internet-based activites in the student text, and additional web exploration activities for each chapter. All contents of the companion web site are also included in *MySpanishLab*™.

ACKNOWLEDGMENTS

The first edition of ***¡Anda! Curso intermedio*** is the result of careful planning between ourselves and our publisher and ongoing collaboration with students and you, our colleagues. We look forward to continuing this dialogue and sincerely appreciate your input. We owe special thanks to the many members of the Spanish-teaching community whose comments and suggestions helped shape the pages of every chapter—you will see yourselves everywhere. We gratefully acknowledge and thank in particular our reviewers for this first edition.

We are especially grateful to those who have collaborated with us in the writing of ***¡Anda! Curso intermedio.*** In addition to contributors such as Megan M. Echevarría, María del Carmen Caña Jiménez, and Antonio Gragera, there are others whom we wish to recognize and thank.

We owe many thanks to Anastacia Kohl for her superb work on the *Student Activities Manual*. We also thank Taryn Ferch, Yolanda González, and María Mónica Montalvo for bringing their experience and contributions to the instructor annotations. Thank you also to Sharon D. Robinson for the Service Learning and Experiential Learning Activities and to Denise Cloonan Cortez de Andersen for the Native Speaker ancillary. Special thanks are also due to Jeffrey K. Longwell for all of his work on the Testing Program, to Susan Griffin for writing the activities in the Electronic Activities Cache, to Dina Fabery for her work on the *Instructor's Resource Manual* and the Sample Syllabi and Lesson Plans, and to Gladys Colón for her work on the PowerPoint presentations. Additional thanks to the many talented contributors for the development of the web site materials to accompany the first edition.

All of the previously mentioned contributors have played an important part in this program, but equally important are the contributions of the highly talented individuals at Pearson Prentice Hall. We wish to express our gratitude and deep appreciation to the many people at Prentice Hall who contributed their ideas, tireless efforts, and publishing experience to the first edition of ***¡Anda! Curso intermedio.*** First of all, a very special thank you to Bob Hemmer, Executive Editor, who has guided and supported us through every aspect of this exciting project. His intelligence, talent, and complete commitment to ***¡Anda!*** have helped us to realize our vision. Additionally, we are especially indebted to Janet García-Levitas, our Development Editor, for all of her hard work, suggestions, attention to detail, and dedication to the text. Her tireless efforts, support, and cheerful spirit helped us to achieve the final product we had envisioned. It has been a joy to work with her again.

Special thanks are due to Samantha Alducin, Senior Media Editor, for helping us produce such a superb video and for managing the creation of ***¡Anda!*** materials for *MySpanishLab*™. Thanks also to a/t Media Productions for their work on *Laberinto peligroso.* We would also like to thank Melissa Marolla Brown, Development Editor for Assessment, for the diligent coordination between the text, *Student Activities Manual*, and Testing Program; and Meriel Martínez, Media Editor, and Jennifer Murphy, Assistant Development Editor, for their efficient and meticulous work in managing the preparation of the other supplements. Thanks to Katie Spiegel, Editorial Assistant, for her hard work and efficiency in obtaining reviews and attending to many administrative details.

We are very grateful to Kristine Suárez, who led the market development efforts for ***¡Anda!*** Her terrific work helped to connect us to the needs of students and instructors. Thanks too to Denise Miller, Senior Marketing Manager, and Bill Bliss, Marketing Coordinator, for their creativity and efforts in coordinating all marketing and promotion for this first edition. Many thanks are also due to Nancy Stevenson, Senior Production

Editor, who masterfully guided ***¡Anda!*** through the many stages of production; to our Art Manager, Gail Cocker-Bogusz, and to Annette Murphy for the creative reproductions of realia. We are particularly indebted to Andrew Lange for the amazing illustrations that translate our vision. All students will enjoy his artwork as they learn. Thanks to Lisa Delgado for her gorgeous interior and cover designs. We thank our partners at Black Dot Group for their careful and professional editing and production services.

We would like to sincerely thank Phil Miller, Publisher; Mary Rottino, Senior Managing Editor; and Janice Stangel, Associate Managing Editor, for their support and commitment to the success of ***¡Anda!*** We are also very grateful to Glen and Meg Turner of Burrston House for the special care and attention they gave our project during the early development stage.

We also thank our colleagues and students from across the country who inspire us and from whom we learn.

And finally, our love and deepest appreciation to our families for all of their support during this journey: David; Jeffrey; John, Jack, and Kate.

Audrey L. Heining-Boynton
Jean W. LeLoup
Glynis S. Cowell

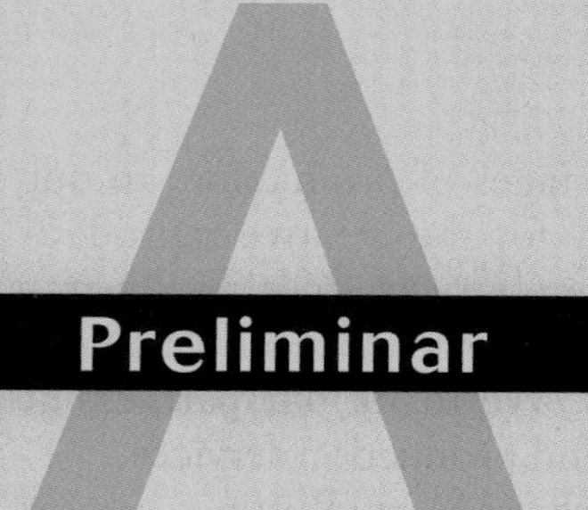

Preliminar

Para empezar

Los 10 países con la mayor cantidad de hispanohablantes	
País	Número de hablantes
México	108.700.891
Colombia	44.379.598
EE.UU.	44.300.000
España	40.448.191
Argentina	40.301.927
Perú	28.674.757
Venezuela	26.023.528
Chile	16.284.741
Ecuador	13.755.680
Guatemala	12.728.111

You are about to continue your exciting journey of acquiring the Spanish language and learning more about Hispanic cultures.

	OBJETIVOS	CONTENIDOS	
Comunicación	• To describe yourself and others • To share information on familiar topics employing a wide array of verbs • To express your likes and dislikes	1 Gender of nouns 2 Singular and plural nouns 3 Definite and indefinite articles 4 Descriptive adjectives 5 Possessive adjectives 6 Present tense of regular verbs 7 Some irregular verbs 8 Stem-changing verbs 9 Reflexive constructions 10 A review of *ser* versus *estar* 11 The verb *gustar*	4 5 6 7 11 13 14 18 21 24 27
Cultura	• To give at least two reasons why it is important to study and be able to communicate in Spanish • To name the continents and countries where Spanish is spoken	**Notas culturales** *El español: lengua de millones* **Perfiles** *¿Quién habla español?* **Notas culturales** *La influencia del español en los Estados Unidos*	 10 18 28

PREGUNTAS

1 How might Spanish play a role in your future?
2 What are your goals for this course?
3 What do you need to do to realize your goals?

Learning a language is a skill much like learning to ski or to play a musical instrument. Developing these skills takes practice and commitment.

Learning another language involves many steps and considerations. Research indicates that successful language learners are willing to take risks and experiment with the language. To acquire a high level of Spanish proficiency, you need to keep trying and risk making mistakes, knowing that practice will garner results.

Why are **you** studying Spanish? Many of you realize the importance of being able to communicate in languages in addition to English. ***¡Anda! Curso intermedio*** will guide you through a review of basic concepts and provide you with the additional key essentials for becoming a successful Spanish language learner. Our goal is the same as yours: to prepare you to use and to enjoy Spanish throughout your adulthood in your professional and personal lives.

Comunicación

Estrategia

Each of you comes to this course with a variety of different Spanish learning experiences. This preliminary chapter is designed to provide you with a quick review of a few basic Spanish grammar concepts. If you need additional practice, go to *MySpanishLab™*.

REPASO

1. El masculino y el femenino

El abuelo y las tías

You will remember that in Spanish, all nouns (people, places, things, and ideas) have a gender; they are either **masculine** or **feminine.** Review the following rules, and remember that if a noun does not belong to any of the following categories, you must memorize the gender as you learn that noun.

1. Most words ending in **-a** are feminine.

   la palabra, la computadora, la casa, la pintura

   Some exceptions: **el día, el mapa,** and words of Greek origin ending in **-ma** such as **el problema, el programa,** and **el drama.**

2. Most words ending in **-o** are masculine.

   el libro, el número, el párrafo, el hermano

   Some exceptions: **la foto** (*photo*), **la mano** (*hand*), **la moto** (*motorcycle*)

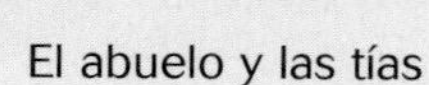

Fíjate

La foto and *la moto* are shortened forms for *la fotografía* and *la motocicleta.*

3. Words ending in **-ción** (equivalent to the English *-tion*) and **-sión** (equivalent to the English *-sion*) are feminine.

   la televisión, la discusión, la información, la lección

4. Words ending in **-dad** or **-tad** (equivalent to the English *-ty*) are feminine.

   la ciudad, la libertad, la universidad, la comunidad

A-1 ¿Recuerdas?

Indiquen si las siguientes palabras son masculinas **(M)** o femeninas **(F)**. **¡OJO!** Hay algunas excepciones. Túrnense (*Take turns*).

Fíjate

Words that look alike and have the same meaning in both English and Spanish, such as *identidad* and *diccionario*, are known as *cognates*. Use cognates to help you decipher meaning and to form words.

1. ___ recepción
2. ___ drama
3. ___ sistema
4. ___ año
5. ___ brazo
6. ___ diccionario
7. ___ tía
8. ___ manzana
9. ___ mano
10. ___ identidad
11. ___ nacionalidad
12. ___ avión
13. ___ bolso
14. ___ blusa
15. ___ senadora

Estrategia

Make educated guesses about the meaning of unknown words, and you will be a more successful Spanish learner!

SAM A-2 to A-3

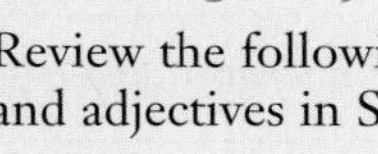

Guide G 2, 3

REPASO

2. El singular y el plural

Review the following simple rules to pluralize singular nouns and adjectives in Spanish.

Raúl tiene dos primas y Jorge tiene una prima.

1. If the word ends in a vowel, add **-s.**
   casa → casas   año → años   pie → pies
2. If the word ends in a consonant, add **-es.**
   usted → ustedes   lección → lecciones   joven → jóvenes
3. If the word ends in **-z,** change the **z** to **c** and add **-es.**
   lápiz → lápices   feliz → felices

Fíjate

Remember that in Spanish, written accents on vowels are used to distinguish word meaning or when a word is "breaking" a pronunciation rule. Words ending in a vowel or in the consonants *n* or *s* are stressed on the next-to-the-last syllable, and all the rest are stressed on the last syllable. Any words not following these rules need written accent marks. For example, words ending in *-sión* and *-ción* need the accent mark to enforce the stress on the last syllable, but these words lose their accent mark in the plural because they no longer "break" the pronunciation rule. The same reasoning applies to *joven* → *jóvenes* but in reverse.

A-2 Les toca a ustedes

Indiquen la forma plural de las siguientes palabras. Túrnense.

1. el día
2. la semana
3. el joven
4. la discusión
5. la computadora
6. la mesa
7. la profesora
8. la puerta
9. la televisión
10. el gobernador
11. el abuelo
12. el lápiz
13. la ciudad
14. el autobús
15. la calle

A-4 to A-6

Guide G 1

REPASO

3. Los artículos definidos e indefinidos

Remember that like English, Spanish has two kinds of articles, **definite** and **indefinite.** The **definite article** in English is *the;* the **indefinite articles** are *a*, *an*, and *some*.

- In Spanish, articles and other adjectives mirror the gender (*masculine* or *feminine*) and number (*singular* or *plural*) of the nouns they accompany. For example, an article referring to a singular masculine noun must also be singular and masculine. Note the forms of the articles in the following charts.

Eduardo tiene una hermana. La hermana de Eduardo se llama Adriana.

Los artículos definidos

el estudiante	*the student* (male)	los estudiantes	*the students* (males/males and females)
la estudiante	*the student* (female)	las estudiantes	*the students* (females)

Los artículos indefinidos

un estudiante	*a/one student* (male)	unos estudiantes	*some students* (males/males and females)
una estudiante	*a/one student* (female)	unas estudiantes	*some students* (females)

1. **Definite articles** are used to refer to **the** person, place, thing, or idea.

   La clase es pequeña este año. — *The class is small this year.*

2. **Indefinite articles** are used to refer to **a** or **some** person, place, thing, or idea.

   Ella tiene **una** tía chilena y **unos** tíos dominicanos. — *She has a Chilean aunt and some Dominican aunts and uncles.*

A-3 Vamos a practicar

Túrnense para añadir el artículo definido **(el/la)** y el artículo indefinido **(un/una)** a las siguientes palabras.

1. ________ hermano
2. ________ grupos
3. ________ fiestas
4. ________ playa
5. ________ queso
6. ________ cuadernos
7. ________ suéter
8. ________ diente
9. ________ parques
10. ________ senadora
11. ________ actriz
12. ________ pan
13. ________ camas
14. ________ aventura
15. ________ pájaros

REPASO

4. Los adjetivos descriptivos

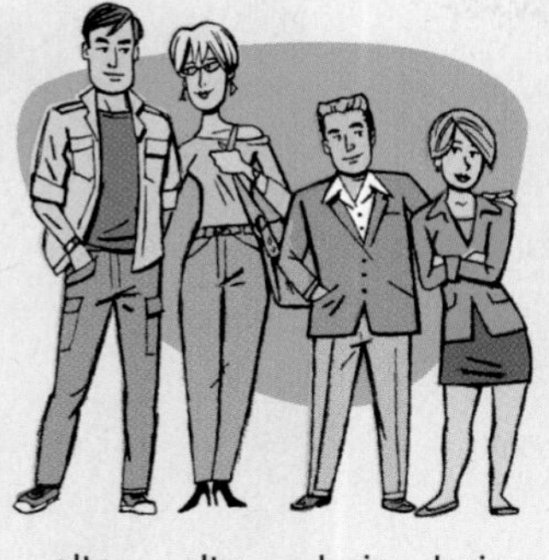

alto alta bajo baja

guapo guapa

delgado delgada gordo gorda

débil fuerte

inteligente joven mayor

pobre rico rica

You will recall that **descriptive adjectives** are words that describe people, places, things, and ideas. In English, adjectives usually come before the words (nouns) they describe (e.g., *red* car), but in Spanish, they usually follow the word (e.g., **coche** ***rojo***).

1. Adjectives in Spanish agree with the noun they modify in number (*singular* or *plural*) and in gender (*masculine* or *feminine*).

> **Fíjate**
>
> When the word *y* comes directly before a word beginning with *i* or *hi,* it changes to *e: padres e hijos.* Likewise, when *o* comes immediately before a word beginning with *o* or *ho* it changes to *u: setenta u ochenta.*

Javier es un **chico** cómico.	*Javier is a funny boy.*
Isabel es una **chica** cómica.	*Isabel is a funny girl.*
Javier e Isabel son unos **chicos** cómicos.	*Javier and Isabel are (some) funny children.*

2. A descriptive adjective can also directly follow the verb **ser**. When it does, it still agrees with the noun to which it refers, which is the subject in this case.

Javier es cómico.	*Javier is funny.*
Isabel es cómica.	*Isabel is funny.*
Javier e Isabel son cómicos.	*Javier and Isabel are funny.*

¡Anda! Curso elemental. Capítulo Preliminar A, El verbo *ser*, Capítulo 1, Los adjetivos descriptivos; El verbo *tener*, Apéndice 3.

A-4 ¿Cómo son?

Describan a las siguientes personas usando por lo menos **dos** adjetivos descriptivos. Túrnense.

MODELO *Eva Longoria Parker es baja y muy guapa.*

Estrategia

Now that you have read the first review grammar points, review the vocabulary on the family as well as some descriptive adjectives that you have learned in your previous Spanish classes. You may also wish to quickly review the forms of *ser* and *tener* before you do the next activities.

Eva Longoria Parker

PERSONA	DESCRIPCIÓN:	PERSONA	DESCRIPCIÓN:	PERSONA	DESCRIPCIÓN:
1. Hernán Crespo		3. Shakira		5. Yao Ming y Shaquille O'Neal	
2. Juanes		4. Oprah Winfrey		6. Hector Elizondo	

A-5 ¿Cuáles son sus cualidades?

Piensa en las cualidades de tu mejor amigo/a y las de una persona que no te gusta mucho. Escribe **tres** oraciones que describan a estas personas y comparte tu lista con un/a compañero/a.

MODELO

MI MEJOR AMIGO/A	LA PERSONA QUE NO ME GUSTA
1. *Es simpático/a.*	1. *No es paciente.*

A-6 ¿Es cierto o falso?

Describe a **cinco** personas famosas. Tu compañero/a va a reaccionar a tus descripciones diciendo **Es verdad** (*It's true*) o **No es verdad** (*It's not true*). Si tu compañero/a no está de acuerdo con tus descripciones, debe corregirlas.

MODELO E1: *LeBron James es alto, fuerte, simpático, inteligente y muy rico.*

E2: *Sí, es verdad. LeBron James es alto, fuerte, simpático, inteligente y muy rico.*

¡Anda! Curso elemental, Capítulo 1, La familia, Apéndice 2.

Estrategia

When you are working with a partner, listen carefully to help him or her. Give your partner encouragement when he or she expresses something correctly and creatively; help with corrections when needed.

A-7 ¿Cómo eres?

Ahora vas a conocer a tus compañeros de clase.

Paso 1 Descríbete a ti mismo/a a un/a compañero/a y luego descríbele miembros de tu familia.

MODELO *Me llamo Katie. Soy joven, muy inteligente y alta. También soy cómica. Tengo dos hermanas. Las dos son inteligentes. Mi hermana Emily es alta y muy guapa. Mi otra hermana, Rebecca, es guapa también…*

Paso 2 Escribe una lista de sus semejanzas y de sus diferencias.

MODELO *Tasha y yo somos jóvenes, altas y muy inteligentes. Nuestras familias son cómicas, simpáticas y pacientes. Tasha no tiene hermanos…*

Paso 3 Ahora circula por la clase y preséntate a otros miembros de la clase, compartiendo la información sobre tu familia y tú. Habla con por lo menos **cinco** estudiantes que no conozcas.

Notas culturales

El español: lengua de millones

¿Por qué estudiamos español? Bueno, hay muchas razones. El español es lengua oficial de veintiún países del mundo:

Argentina, Bolivia, Chile, Colombia, Costa Rica, Cuba, Ecuador, El Salvador, España, Guatemala, Guinea Ecuatorial, Honduras, México, Nicaragua, Panamá, Paraguay, Perú, Puerto Rico, La República Dominicana, Uruguay, Venezuela

También figura como lengua importante en muchos otros países como Andorra, Belice, las Islas Filipinas, Gibraltar y Marruecos. Así, ¡el español es una lengua importante en cuatro continentes! Y por supuesto, la presencia del español en los Estados Unidos es enorme. Hay más de cuarenta y cuatro millones de hispanos viviendo en este país de una población total de 303.1 millones de personas. Con esta población, los EE.UU. es uno de los países con mayor número de hispanohablantes del mundo. Con tantos vecinos hispanohablantes en el mundo y en tu propio país, ¿por qué *no* estudiarías español?

Preguntas

1. ¿En qué países se habla español como lengua oficial? ¿En qué continentes figura el español como lengua importante?
2. Describe la presencia del español en los EE.UU.
3. ¿Por qué es importante para ti estudiar español?

El mundo hispanohablante

A-10 to A-11

Guide 4, 17

REPASO

5. Los adjetivos posesivos

Review the following chart about expressing possession.

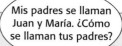

Mis padres se llaman Juan y María. ¿Cómo se llaman tus padres?

Los adjetivos posesivos

mi, mis	*my*	**nuestro/a/os/as**	*our*
tu, tus	*your*	**vuestro/a/os/as**	*your*
su, sus	*his, her, its, your* (form.)	**su, sus**	*their, your* (form.)

Please note:

1. Possessive adjectives agree in form with the person, place, or thing possessed, *not with the possessor.* They agree in number (*singular* or *plural*), and in addition, **nuestro** and **vuestro** indicate gender (*masculine* or *feminine*).
2. The possessive adjectives **tu** and **tus** (*your*) refer to someone with whom you are familiar and/or on a first-name basis. **Su** and **sus** (*your*) are used to describe people you would call *Ud./Uds.* (that is, people you treat more formally and with whom you are perhaps not on a first name basis). Use **su/sus** (*their*) also when expressing possession with *ellos* and *ellas*.

mi hermano	*my brother*	**mis** hermanos	*my brothers/siblings*
tu primo	*your cousin*	**tus** primos	*your cousins*
su tía	*her/his/your aunt*	**sus** tías	*her/his/your aunts*
nuestra familia	*our family*	**nuestras** familias	*our families*
vuestra mamá	*your mom*	**vuestras** mamás	*your moms*
su hija	*your/their daughter*	**sus** hijas	*your/their daughters*

Nuestros abuelos tienen dos hijos. — *Our grandparents have two sons.*
Sus hijos son José y Andrés. — *Their sons are José and Andrés.*

3. In Spanish, you can also show possession expressing the equivalent of the English (*of*) *mine, yours, his, hers, ours, theirs*.

Singular		**Plural**		
Masculine	Feminine	Masculine	Feminine	
mío	**mía**	**míos**	**mías**	*mine*
tuyo	**tuya**	**tuyos**	**tuyas**	*yours* (fam.)
suyo	**suya**	**suyos**	**suyas**	*his, hers, yours* (form.)
nuestro	**nuestra**	**nuestros**	**nuestras**	*ours*
vuestro	**vuestra**	**vuestros**	**vuestras**	*yours* (fam.)
suyo	**suya**	**suyos**	**suyas**	*theirs, yours* (form.)

Fíjate

Possessive adjectives can also become pronouns when they replace a noun. *El mío funciona bien* means *Mine (pronoun) works well*, with *mine* referring to refrigerator.

Study the examples below.

Mi refrigerador funciona bien.	**El refrigerador mío** funciona bien.	**El mío** funciona bien.
Nuestros sofás cuestan mucho.	**Los sofás nuestros** cuestan mucho.	**Los nuestros** cuestan mucho.
¿Cuánto cuestan **tus** lámparas?	¿Cuánto cuestan **las lámparas tuyas**?	¿Cuánto cuestan **las tuyas**?
Sus muebles son caros.	**Los muebles suyos** son caros.	**Los suyos** son caros.

Note that the third person forms (**suyo/a/os/as**) can have more than one meaning. To avoid confusion, you can use:

article + *noun* + de + *subject pronoun:*

el coche suyo = el coche de él/ella/Ud./ellos/ellas/Uds.

his/her/your/their/your (plural) *car*

¡Anda! Curso elemental, Capítulo 1, La familia; Capítulo 3, La casa, Apéndice 2.

A-8 Tu familia

Hablen de sus familias o de una de las familias que aparecen en las fotos. También hablen de sus casas usando **los adjetivos posesivos.** Túrnense.

MODELO *En mi familia somos cuatro personas. Mi padre se llama Ben y mi madre Dorothy. En algunas fotos hay muchas personas en las familias, pero mi familia es pequeña. La casa de la foto es blanca y la mía es azul. Mi casa es pequeña, pero la suya es grande...*

A-12 to A-14

7, 11, 13, 14

REPASO

6. Presente indicativo de verbos regulares

You will remember that Spanish has three groups of verbs that are categorized by the ending of the **infinitive.** Remember that an infinitive is expressed in English by the word *to: to have, to be,* and *to speak* are all infinitive forms of English verbs. Spanish infinitives end in **-ar, -er,** or **-ir.** Look at the following charts.

VERBOS QUE TERMINAN EN *-ar*

bailar	*to dance*	**lleg**ar	*to arrive*
cantar	*to sing*	**necesit**ar	*to need*
cocinar	*to cook*	**prepar**ar	*to prepare; to get ready*
comprar	*to buy*	**pregunt**ar	*to ask (a question)*
contestar	*to answer*	**regres**ar	*to return*
enseñar	*to teach; to show*	**termin**ar	*to finish; to end*
esperar	*to wait for; to hope*	**tom**ar	*to take; to drink*
estudiar	*to study*	**trabaj**ar	*to work*
hablar	*to speak*	**us**ar	*to use*

A las 6:30, Mario **espera** el autobús y **regresa** a su apartamento.

VERBOS QUE TERMINAN EN *-er*

aprender	*to learn*	**corr**er	*to run*
beber	*to drink*	**cre**er	*to believe*
comer	*to eat*	**deb**er **(+ inf.)**	*should; must*
comprender	*to understand*	**le**er	*to read*

VERBOS QUE TERMINAN EN *-ir*

abrir	*to open*	**describ**ir	*to describe*	**recib**ir	*to receive*
compartir	*to share*	**escrib**ir	*to write*	**viv**ir	*to live*

1. To express ongoing activities or actions, use the present tense.

   Mario **lee** en la biblioteca. { *Mario reads in the library.* / *Mario is reading in the library.* }

2. You can also use the present tense to express future events.

   Mario **regresa** mañana. *Mario is coming back tomorrow.*

3. Remember that to form the present indicative, drop the **-ar**, **-er**, or **-ir** ending from the infinitive and add the appropriate ending. Follow this simple pattern with regular verbs.

	hablar	**comer**	**vivir**
yo	hablo	como	vivo
tú	hablas	comes	vives
él, ella, Ud.	habla	come	vive
nosotros/as	hablamos	comemos	vivimos
vosotros/as	habláis	coméis	vivís
ellos/as, Uds.	hablan	comen	viven

A-9 Vamos a practicar

Tomen **diez** papelitos *(small pieces of paper)* y en cada papelito escriban un sustantivo *(noun)* y un pronombre personal (**yo, tú, él,** etc.) diferente. Luego, tomen **cinco** papelitos y escriban un **verbo** en el **infinitivo** en cada uno de los papelitos. Túrnense para escoger un papelito de cada categoría y dar la forma correcta de cada verbo y sustantivo/pronombre juntos. Cada persona debe dar la forma correcta de por lo menos **cinco** verbos.

MODELO INFINITIVE: *preguntar*
PRONOUN OR NOUN: *mi madre*
E1: *mi madre pregunta*

A-10 Dime quién, dónde y cuándo

Mira las tres columnas, y con un bolígrafo conecta cada pronombre con una actividad y con un lugar para crear **cinco** oraciones. Luego, comparte tus oraciones con un/a compañero/a.

MODELO nosotros/ver una película/el cine
Nosotros vemos una película en el cine.

PRONOMBRE	ACTIVIDAD	LUGAR
yo	comer el almuerzo	la clase de inglés
nosotros(as)	leer muchas novelas	el centro comercial
ellos(as)	necesitar una calculadora	la cafetería
ella	comprar un libro	la clase de matemáticas
tú	usar un diccionario bilingüe	el cine
Uds.	comprar un suéter	la clase de español
él	ver una película	la librería

Necesito un apartamento para este semestre. ¿Qué hago?
¿Por qué no pones un anuncio en el periódico?

A-15 to A-16

13, 14

REPASO

7. Algunos verbos irregulares

You will recall that not all verbs follow the same pattern as regular verbs in the present tense. What follows are the most common irregular verbs that you have learned.

	dar (*to give*)	**conocer** (*to know; to be acquainted with*)	**estar** (*to be*)	**hacer** (*to do; to make*)	**poner** (*to put; to place*)
yo	doy	conozco	estoy	hago	pongo
tú	das	conoces	estás	haces	pones
él, ella, Ud.	da	conoce	está	hace	pone
nosotros/as	damos	conocemos	estamos	hacemos	ponemos
vosotros/as	dais	conocéis	estáis	hacéis	ponéis
ellos/as, Uds.	dan	conocen	están	hacen	ponen

	salir (*to leave; to go out*)	**traer** (*to bring*)	**ver** (*to see*)	**ir** (*to go*)	**ser** (*to be*)
yo	salgo	traigo	veo	voy	soy
tú	sales	traes	ves	vas	eres
él, ella, Ud.	sale	trae	ve	va	es
nosotros/as	salimos	traemos	vemos	vamos	somos
vosotros/as	salís	traéis	veis	vais	sois
ellos/as, Uds.	salen	traen	ven	van	son

Estrategia

Memorizing information is easier to do when the information is arranged in chunks. You will remember that the *yo* forms of some present tense verbs end in *go,* such as *salgo, traigo,* and *pongo.* Reviewing the information as a chunk of *go* verbs may make it easier to remember.

	decir (*to say; to tell*)	**oír** (*to hear*)	**venir** (*to come*)	**tener** (*to have*)
yo	digo	oigo	vengo	tengo
tú	dices	oyes	vienes	tienes
él, ella, Ud.	dice	oye	viene	tiene
nosotros/as	decimos	oímos	venimos	tenemos
vosotros/as	decís	oís	venís	tenéis
ellos/as, Uds.	dicen	oyen	vienen	tienen

Estrategia

Organize these review verbs in your notebook. Note whether the verb is regular or irregular, what it means in English, if any of the forms have accents, and if any other verbs follow this pattern. You might want to highlight or color code the verbs that follow a pattern. This strategy will serve you well when you begin to learn new verbs in *Capítulo 1.*

A•11 La ruleta

Escuchen mientras su profesor/a les explica el juego de *la ruleta*.

1. traer
2. querer
3. decir
4. poner
5. hacer
6. ver
7. conocer
8. venir
9. oír
10. dar
11. poder
12. salir

A•12 Otras combinaciones

Completa los siguientes pasos.

Paso 1 Escribe una oración con cada (*each*) verbo, combinando elementos de las tres columnas.

MODELO (A) nosotros, (B) (no) hacer, (C) en el gimnasio
Nosotros hacemos ejercicio en el gimnasio.

A	B	C
Uds.	(no) hacer	estudiar matemáticas
mamá y papá	(no) ver	películas cómicas
yo	(no) conocer	en el gimnasio
tú	(no) poner	muchos libros a clase
el/la profesor/a	(no) querer	la mesa para la cena
nosotros/as	(no) salir	bien el arte de México
ellos/ellas	(no) traer	de casa los sábados

Paso 2 En grupos de tres, lean las oraciones y corrijan (*correct*) los errores.

Paso 3 Escriban juntos (*together*) **dos** oraciones nuevas y compártanlas (*share them*) con la clase.

¡Anda! Curso elemental, Capítulo 2, La formación de preguntas y las palabras interrogativas, Apéndice 3.

A•13 Firma aquí

Completen los siguientes pasos.

Paso 1 Circula por la clase haciéndoles preguntas a tus compañeros de clase, usando las siguientes frases. Los compañeros que responden **sí** a las preguntas deben firmar el cuadro.

MODELO venir a clase todos los días
E1: *Bethany, ¿vienes a clase todos los días?*
E2: *No, no vengo a clase todos los días.*

Estrategia

Now that you have focused on talking about yourself, you can talk about other people: the things your siblings, your roommate, your parents, or your significant other do. This will give you practice using other verb forms, and you can be creative in your answers!

E1: *Gayle, ¿vienes a clase todos los días?*
E3: *Sí, vengo a clase todos los días.*
E1: *Muy bien. Firma aquí, por favor.* 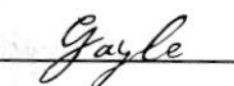

¿Quién...?	Firma
1. ver una película todas las noches	
2. hacer la tarea todos los días	
3. salir con los amigos los jueves por la noche	
4. estar cansado/a hoy	
5. conocer Puerto Rico	
6. poder estudiar con muchas personas	
7. querer ser cantante	
8. venir a clase todos los días	

Paso 2 Comparte los resultados con la clase.

MODELO *Joe ve una película todas las noches. Chad y Toni están cansados hoy...*

¡Anda! Curso elemental, Capítulo 2, Los deportes y los pasatiempos, Apéndice 2.

A-14 Entrevista

Completen los siguientes pasos.

Paso 1 Hazle estas preguntas a un/a compañero/a. Luego, túrnense.

1. ¿Qué deportes y pasatiempos te gustan? ¿Con quién haces ejercicio?
2. ¿Cuándo ves la televisión? ¿Cuál es tu programa favorito?
3. ¿Qué persona famosa te gusta? ¿Por qué?
4. ¿Con quién sales los fines de semana? ¿Qué hacen ustedes?
5. ¿Qué quieres ser (o hacer) en el futuro?

Paso 2 Compartan un poco de lo que aprendieron con la clase.

MODELO *Mi compañero sale los fines de semana con sus amigos y no hace ejercicio...*

Fíjate

Part of the fun of learning another language is getting to know other people. Your instructor structures your class so that you have many opportunities to work with different classmates. *¡Anda!* also provides activities that allow you to get to know each other better and encourage you to share that information with other members of the class.

PERFILES

SAM A-17

¿Quién habla español?

La actriz hondureña America Ferrera habla inglés y español y es famosa por "Ugly Betty".

La nicaragüense Violeta Chamorro fue presidenta (1990–1996), y trabaja como periodista y activista.

El arquitecto español Santiago Calatrava hace edificios y esculturas famosos.

El panameño Rubén Blades canta música salsa y es un activista social y político.

SAM A-18 to A-22

REPASO

8. Los verbos con cambio de raíz

In your previous Spanish classes, you learned a variety of common irregular verbs that are known as **stem-changing verbs.** Please review the following charts.

°Cierro la ventana, pido una pizza y empiezo a estudiar!

Change e → ie			
cerrar (*to close*)			
Singular		**Plural**	
yo	cierro	nosotros/as	cerramos
tú	cierras	vosotros/as	cerráis
él, ella, Ud.	cierra	ellos/as, Uds.	cierran

Other verbs like **cerrar** (**e → ie**) are:

comenzar	*to begin*	**mentir**	*to lie*	**perder**	*to lose; to waste*
empezar	*to begin*	**recomendar**	*to recommend*	**preferir**	*to prefer*
entender	*to understand*	**pensar**	*to think*	**querer**	*to want; to love*

Change e → i			
pedir (*to ask for*)			
Singular		**Plural**	
yo	pido	nosotros/as	pedimos
tú	pides	vosotros/as	pedís
él, ella, Ud.	pide	ellos/as, Uds.	piden

Other verbs like **pedir** (**e** → **i**) are:

repetir *to repeat*

seguir* *to follow; to continue (doing something)*

servir *to serve*

*Note: The **yo** form of **seguir** is **sigo.**

Change o → ue			
encontrar (*to find*)			
Singular		**Plural**	
yo	encuentro	nosotros/as	encontramos
tú	encuentras	vosotros/as	encontráis
él, ella, Ud.	encuentra	ellos/as, Uds.	encuentran

Other verbs like **encontrar** (**o** → **ue**) are:

almorzar *to have lunch*

costar *to cost*

dormir *to sleep*

mostrar *to show*

morir *to die*

poder *to be able to*

recordar *to remember*

volver *to return*

Another common stem-changing verb that you learned is **jugar.**

Fíjate

The verb *jugar* is the only verb that falls into the *u-ue* category.

Change u → ue			
jugar (**u** → **ue**) (*to play*)			
Singular		**Plural**	
yo	juego	nosotros/as	jugamos
tú	juegas	vosotros/as	jugáis
él, ella, Ud.	juega	ellos/as, Uds.	juegan

To summarize…

1. What is a rule that you can make regarding all four groups (**e** → **ie, e** → **i, o** → **ue,** and **u** → **ue**) of stem-changing verbs and their forms?
2. With what group of stem-changing verbs would you place each of the following verbs?

demostrar *to demonstrate*

devolver *to return (an object)*

encerrar *to enclose*

perseguir *to chase*

Check your answers to the preceding questions in Appendix 1.

Fíjate

Some Spanish verbs, like English verbs, have prefixes (parts that are attached to the beginning of the verb). The verb *tener* has prefixes that form other verbs such as *obtener* (to obtain), *contener* (to contain), *mantener* (to maintain), and those verbs are formed just like *tener* (*obtengo, contienes, mantiene,* etc.) The verbs *seguir* and *volver* are the roots for other verbs such as *conseguir* (to get) and *devolver* (to return).

A 15 ¡Preparados, listos, ya!

Escuchen mientras su profesor/a les explica esta actividad.

MODELO cerrar

tú	E1: *cierras*	yo	E4: *cierro*
nosotros	E2: *cerramos*	Uds.	E5: *cierran*
ella	E3: *cierra*	ellos	E6: *cierran*

Estrategia

When working in pairs or groups, it is imperative that you make every effort to speak only Spanish. Because you will be learning from each other, use the following expressions as ways of interacting with each other and making suggestions, helpful comments, and corrections:

(No) Estoy de acuerdo. I agree. / I don't agree. ***Creo que es...*** I think it is... ***¿No debería ser...?*** Shouldn't it be...?

A 16 ¿Conoces bien a tu compañero/a de clase?

Túrnense para hacerse las preguntas de esta entrevista.

¡Anda! Curso elemental, Capítulo Preliminar A, La hora; Capítulo 2, Las materias y las especialidades, Apéndice 2.

1. ¿Entiendes a tu profesor/a cuando habla español?
2. ¿A qué hora comienzas la tarea los lunes?
3. ¿Prefieres estudiar por la noche o por la mañana?
4. ¿Pierdes tus lápices o bolígrafos frecuentemente?
5. Generalmente, ¿con quién almuerzas?

A 17 Firma aquí

Completen los siguientes pasos.

Paso 1 Circula por la clase haciéndoles preguntas a tus compañeros de clase, usando las siguientes frases. Los compañeros que responden **sí** a las preguntas deben firmar el cuadro.

MODELO siempre perder la tarea

E1: *Ashley, ¿siempre pierdes la tarea?*
E2: *No, no pierdo la tarea. Soy muy organizada.*
E1: *Alex, ¿siempre pierdes la tarea?*
E3: *Sí, siempre pierdo mi tarea.*
E1: *Muy bien. Firma aquí, por favor.* Alex

¿Quién...?	Firma
1. siempre perder la tarea	
2. almorzar en *McDonalds* a menudo	
3. querer visitar Centroamérica	
4. siempre entender al/a la profesor/a de español	
5. jugar muy bien al tenis	
6. preferir dormir hasta el mediodía	
7. querer ser cantante	
8. volver tarde a casa a menudo	

Paso 2 Comparte los resultados con la clase.

MODELO *Alex siempre pierde la tarea y David quiere visitar Costa Rica...*

SAM A-23 to A-25

Guide 25, 26

REPASO

9. Las construcciones reflexivas

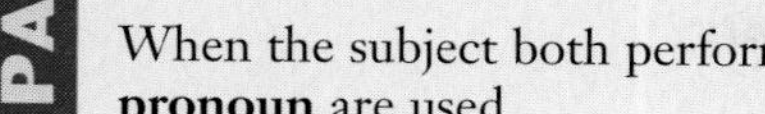

When the subject both performs and receives the action of the verb, a **reflexive verb** and **pronoun** are used.

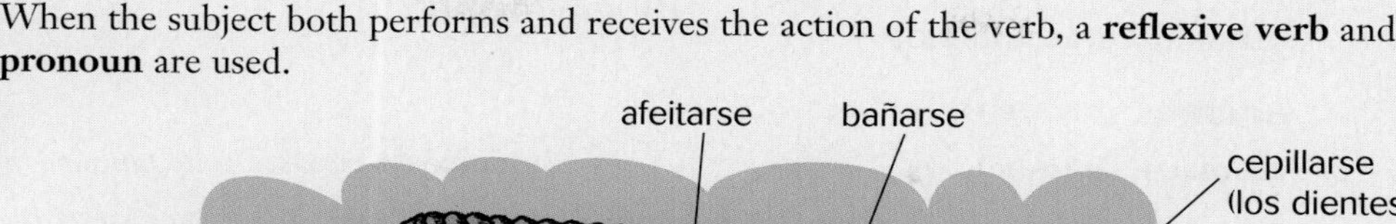

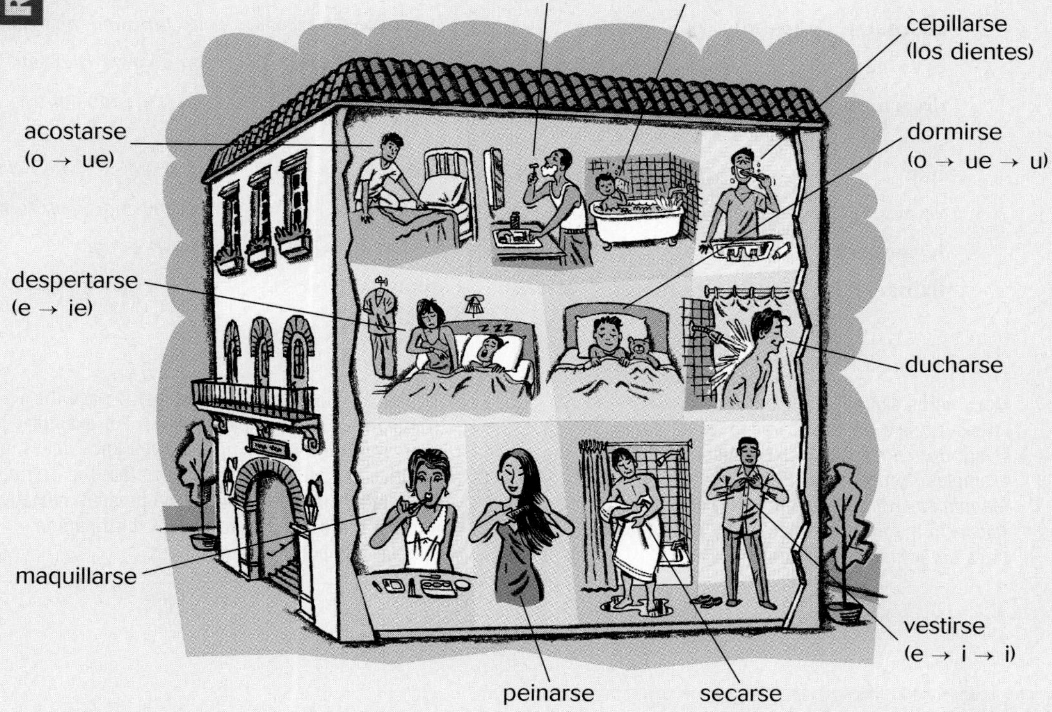

Reflexive pronouns

Siempre **me** divierto	en las fiestas.	*I always enjoy myself at parties.*
Siempre **te** diviertes	en las fiestas.	*You always enjoy yourself at parties.*
Siempre **se** divierte	en las fiestas.	*He/She always enjoys himself/herself at parties.*
Siempre **nos** divertimos	en las fiestas.	*We always enjoy ourselves at parties.*
Siempre **os** divertís	en las fiestas.	*You (all) always enjoy yourselves at parties.*
Siempre **se** divierten	en las fiestas.	*They/you (all) always enjoy themselves/yourselves at parties.*

Reflexive pronouns:

1. precede a conjugated verb.
2. can be attached to infinitives and present participles (**-ando, -iendo**).

Me voy a levantar.
Voy a levantar**me**.
} *I am going to get up.*

¿**Se** van a levantar esta mañana?
¿Van a levantar**se** esta mañana?
} *Are they going to get up this morning?*

¡**Nos** estamos levantando!
¡Estamos levantándo**nos**! } *We are getting up!*

Algunos verbos reflexivos

acordarse de (o-ue)	*to remember*	**ponerse (la ropa)**	*to put on (one's clothes)*
callarse	*to become/to keep quiet*	**ponerse (nervioso/a)**	*to become (nervous)*
divertirse (e-ie-i)	*to enjoy oneself; to have fun*	**quedarse**	*to stay; to remain*
irse	*to go away; to leave*	**quitarse (la ropa)**	*to take off (one's clothes)*
lavarse	*to wash oneself*	**reunirse**	*to get together; to meet*
levantarse	*to get up; to stand up*	**sentarse (e-ie)**	*to sit down*
llamarse	*to be called/named*	**sentirse (e-ie-i)**	*to feel*

Fíjate

Many verbs can be used both reflexively or non-reflexively: e.g., *ir* to go; *irse* to leave; *dormir* to sleep; *dormirse* to fall asleep. Also consider examples such as *Manolo lava el coche* versus *Manolo se lava.* Why is the verb not reflexive *(lavar)* in the first sentence? Why is it reflexive *(lavarse)* in the second sentence?

Estrategia

Remember that stem-changing verbs have the irregularities given in parentheses. For example, when you see *divertirse (e-ie-i)* you know that this infinitive is a stem-changing verb, that the first *e* in the infinitive changes to *ie* in the present indicative, and that the *e* changes to *i* in the third person singular and plural of the preterit.

A-18 El juego de la pelota

En grupos de cuatro a seis estudiantes, van a tirar (*throw*) una pelota de papel. Turnándose, una persona del grupo nombra uno de los verbos reflexivos y un sujeto, y luego le tira la pelota a un/a compañero/a. Si el/la compañero/a dice la forma correcta, gana un punto y tiene que continuar el juego.

MODELO E1: *ducharse... yo,* (tira la pelota)
E2: *me ducho*
E2: *vestirse... mi madre* (tira la pelota)
E3: *mi madre se viste*
E3: *acordarse... tú,* (tira la pelota)...

A-19 Mímica

Hagan mímica (*charades*) en grupos de cuatro. Túrnense para escoger un **verbo reflexivo** para representar al grupo. El grupo tiene que adivinar qué verbo es. Sigan jugando hasta que cada estudiante represente **cuatro** verbos diferentes.

A-20 Un día en la vida de Maria

Paso 1 Ordena las siguientes actividades diarias de forma cronológica. Después, con un compañero/a, escribe **tres** oraciones detalladas sobre el día de María.

1. 

2. 

3. 

4. 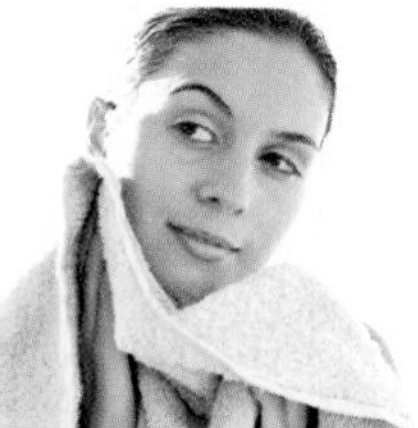

5. 

6. 

¡Anda! Curso elemental, Capítulo Preliminar A, La hora, Apéndice 2.

Paso 2 Ahora escribe por lo menos **ocho** actividades que haces normalmente y a qué hora las haces. Usa verbos reflexivos. Después, comparte tu lista con un/a compañero/a.

A-21 ¿Cuál es tu rutina diaria?

Circula por la clase para entrevistar a varios/as compañeros/as según el modelo.

MODELO E1: *¿A qué hora te despiertas?*
E2: *Me despierto a las siete.*
E1: *Yo no. Me despierto a las siete y media.*

1. ¿A qué hora te despiertas y a qué hora te levantas?
2. ¿Prefieres ducharte o bañarte?, ¿A qué hora?
3. ¿Qué haces para divertirte?
4. ¿A qué hora te acuestas?
5. ¿...? (*Crea tu propia pregunta.*)

A 22 ¿Conoces bien a tus compañeros?

Trabajen en grupos de cuatro para hacer esta actividad.

Paso 1 Un/a compañero/a debe salir de la sala de clase por un minuto. Los otros estudiantes escriben **cinco** preguntas sobre la vida diaria del compañero, usando los verbos reflexivos.

MODELO *¿A qué hora te despiertas? ¿Te duchas todos los días?*

Paso 2 Antes de entrar el/la compañero/a, el grupo de estudiantes debe adivinar cuáles van a ser las respuestas a esas preguntas.

MODELO *Probablemente nuestro compañero se despierta a las siete.*

Paso 3 Entra el/la compañero/a y los otros le hacen las preguntas.

Paso 4 Comparen las respuestas del grupo con las del compañero. ¿Tienen razón? Pueden repetir la actividad con los otros miembros del grupo.

SAM
MSL

A-26 to A-28

REPASO

10. Repaso de *ser* y *estar*

Son las ocho y media. ¿Dónde está Beto?

You learned two Spanish verbs that mean *to be* in English. These verbs, **estar** and **ser,** are contrasted below.

1. **Estar** (estoy, estás, está, estamos, estáis, están) is used:
   - **to describe non-inherent physical or personality characteristics, or to indicate a state**

     Elena **está** enferma hoy. — *Elena is sick today.*

     Leo y Ligia **están** cansados. — *Leo and Ligia are tired.*
   - **to describe the location of people or places**

     El cine **está** en la calle 8. — *The movie theatre is on 8th Street.*

     Estamos en el restaurante. ¿Dónde **estás** tú? — *We're at the restaurant. Where are you?*
   - **with the present participle (-ando, -iendo) to create the *present progressive***

     ¡**Están** bailando mucho! — *They are dancing a lot!*

     Estamos esperándola. — *We are waiting for her.*
2. **Ser** (soy, eres, es, somos, sois, son) is used:
   - **to describe inherent physical or personality characteristics**

     Guillermo **es** inteligente. — *Guillermo is intelligent.*

     Las casas **son** pequeñas. — *The houses are small.*
   - **to explain who or what someone or something is**

     La Dra. García **es** profesora de literatura. — *Dr. García is a literature professor.*

     Mary **es** mi hermana. — *Mary is my sister.*

- **to tell time or to tell when or where an event takes place**

¿Qué hora **es**?	*What time is it?*
Son las nueve.	*It's nine o'clock.*
Mi clase de español **es** a las ocho y **es** en Peabody Hall.	*My Spanish class is at eight o'clock and is in Peabody Hall.*

- **to tell where someone is from and to express nationality**

Somos de Cuba. **Somos** cubanos.	*We are from Cuba. We are Cuban.*

Compare the following sentences and answer the questions below.

Su hermano **es** simpático.
Su hermano **está** enfermo.

1. Why do you use a form of **ser** in the first sentence?
2. Why do you use a form of **estar** in the second sentence?

 Check your answers to the preceding questions in Appendix 1.

- You will learn several more uses for **estar** and **ser** by the end of ***¡Anda! Curso intermedio.***

A-23 ¡A jugar!

Vamos a practicar **ser** y **estar.**

Paso 1 Hagan una lista con dos columnas. Escriban **ser** en una columna y **estar** en la otra. Su profesor/a les va a dar tres minutos para escribir todas las oraciones que puedan con **ser** y **estar.**

Paso 2 Cuando terminen, formen grupos de cuatro para comprobar (*check*) sus oraciones. ¿Cuántas tienen correctas?

A-24 ¿Quiénes son Pilar y Eduardo?

Pilar y Eduardo son estudiantes bilingües en una universidad de los Estados Unidos.

Paso 1 Túrnense para completar el siguiente párrafo con la forma correcta de **estar** o **ser** para conocerlos mejor.

(1) ______ las siete y media de la mañana. Pilar (2) ______ cansada y un poco enferma pero tiene que darse prisa porque su clase de periodismo (3) ______ a las ocho. Por suerte (*Luckily*) su apartamento no (4) ______ muy lejos de la universidad. Eduardo (5) ______ otro estudiante de la misma universidad. Toma la misma clase que Pilar, pero no la conoce. (6) ______ un hombre alto, inteligente y muy simpático. Le gusta estudiar. Sus abuelos (7) ______ de Perú y él (8) ______ tratando de mantener y respetar su cultura. Hoy no se siente muy bien; (9) ______ un poco enfermo. Los estudiantes ya (10) ______ en la clase. Pilar y Eduardo (11) ______ corriendo para llegar a tiempo. Los dos (12) ______ muy puntuales y no les gusta llegar tarde.

Paso 2 Expliquen por qué usaron (*you used*) **ser** or **estar** en el párrafo del **Paso 1.**

MODELO 1. *Son*, telling time

A 25 Quiero conocerte mejor

Túrnense para hacerse y contestar las siguientes preguntas.

1. ¿De dónde eres?
2. ¿Cómo eres?
3. ¿Cómo estás hoy?
4. ¿A qué hora son tus clases?
5. ¿Cómo es tu casa?
6. ¿Dónde está tu casa?
7. ¿De qué color es tu casa?
8. ¿Dónde está tu residencia?
9. ¿Cómo es tu residencia?
10. ¿Cuál es tu color favorito?
11. Describe a la persona más importante para ti.
12. ¿Dónde está él/ella ahora?

Estrategia

Concentrate on spelling all words correctly. For example, make sure you put accent marks where they belong with forms of *estar* and other words that take accent marks. If necessary, review the rules regarding accent marks on page 5 of this chapter in the student note. If you are a visual learner, try color-coding the words that have accents or writing the accents in a different color to call attention to that form of the verb.

A 26 Somos iguales

Completen los siguientes pasos.

Paso 1 Dibujen tres círculos, como los del modelo, y entrevístense para averiguar en qué son similares y en qué son diferentes. En el círculo del centro, escriban oraciones usando **ser** y **estar** sobre lo que tienen en común. En los otros círculos, escriban en qué son diferentes.

Soy alto.
Nuestro color favorito es el azul. Somos inteligentes.
Soy baja.

MODELO E1: *¿Cuál es tu color favorito?*
E2: *Mi color favorito es el azul.*
E1: *Mi color favorito es el azul también.*
(E1/E2 writes: *Nuestro color favorito es el azul.*)

Paso 2 Comparen sus dibujos (*drawings*) con los dibujos de sus compañeros de clase. ¿Qué tienen en común?

A-29 to A-30

REPASO

11. El verbo *gustar*

¡Me gusta este vestido!
25,000.00

You will remember that the verb **gustar** is used to express likes and dislikes. **Gustar** functions differently from other verbs you have studied so far.

- The person, thing, or idea that is liked is the *subject* (S) of the sentence.
- The person (or persons) who like(s) another person, thing, or idea is the *indirect object* (IO).

Fíjate

Remember that *mi* means my and *mí* means me.

Consider the examples below.

	IO	S			IO	S	
(A mí)	**me**	gusta la playa.	*I like the beach.*	(A nosotros/as)	**nos**	gusta la playa.	*We like the beach.*
(A ti)	**te**	gusta la playa.	*You like the beach.*	(A vosotros/as)	**os**	gusta la playa.	*You (all) like the beach.*
(A él)	**le**	gusta la playa.	*He likes the beach.*	(A ellos/as)	**les**	gusta la playa.	*They like the beach.*
(A ella)	**le**	gusta la playa.	*She likes the beach.*	(A Uds.)	**les**	gusta la playa.	*You (all) like the beach.*
(A Ud.)	**le**	gusta la playa.	*You like the beach.*				

Note the following:

1. The construction **a + pronoun** (*a mí, a ti, a él,* etc.) or **a + noun** is optional most of the time. It is used for clarification or emphasis. Clarification of **le gusta** and **les gusta** is especially important since the indirect object pronouns **le** and **les** can refer to different people (*him, her, you, them, you all*).

   A él le gusta la música clásica. (clarification) — *He likes classical music.*

   A Ana le gusta la música clásica. (clarification) — *Ana likes classical music.*

2. Use the plural form **gustan** when what is liked (the subject of the sentence) is plural.

   Me gusta **el traje.** → Me gusta**n los trajes.**

   I like the suit. — *I like the suits.*

3. To express the idea that one likes *to do* something, **gustar** is followed by an infinitive. In that case you always use the singular **gusta,** even when you use more than one infinitive in the sentence:

   Me gusta ir de compras por la noche. — *I like to go shopping at night.*

   A Juan **le gusta ir** de compras y **salir** con sus amigos. — *Juan likes to go shopping and to go out with friends.*

In summary:

1. To say you like or dislike one thing, what form of **gustar** do you use?
2. To say you like or dislike more than one thing, what form of **gustar** do you use?
3. Which words in the examples mean *I? You? He/She? You (all)? They? We?*
4. If a verb is needed after **gusta/gustan,** what form of the verb do you use?

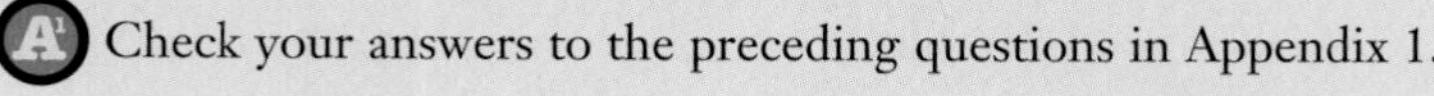
Check your answers to the preceding questions in Appendix 1.

A 27 ¿Qué te gusta?

Completen los siguientes pasos.

Paso 1 Decidan si les gustan las siguientes cosas. Túrnense.

MODELO los lunes
E1: *No me gustan los lunes.*
E2: *A mí tampoco me gustan los lunes.*

Fíjate

To express "me too", you use *también;* to express "me neither", use *tampoco.*

1. la cafetería
2. los viernes
3. vivir en una residencia
4. las ciencias
5. aprender idiomas
6. cocinar comida mexicana
7. bailar la salsa
8. las novelas de Ernest Hemingway

¡Anda! Curso elemental, Capítulo 2, La formación de preguntas y las palabras interrogativas, Apéndice 3.

Paso 2 Ahora hazles preguntas de las categorías del **Paso 1** a otros compañeros de clase.

MODELO E1: *¿Te gusta el español?*
E2: *Sí, me gusta el español.*
E1: *¿Les gustan los lunes?*
E2 & E3: *No, no nos gustan los lunes.*

Estrategia

Remember, if you answer negatively, you will need to say *no* twice.

SAM A-31

Notas culturales

La influencia del español en los Estados Unidos

Desde la época de los conquistadores, el español ha tenido una influencia muy fuerte en los EE.UU., y esta influencia sigue hoy en día. Muchas ciudades y lugares geográficos se reconocen por sus nombres hispanos del tiempo colonial: El Álamo, El Paso, Las Vegas, Boca Ratón, Santa Fe, San Francisco y Los Ángeles, por mencionar algunos. También, hay varios estados con nombres derivados de la lengua o herencia española: Colorado, Montana, Florida, California y Nevada. La población hispanohablante de los EE.UU. es

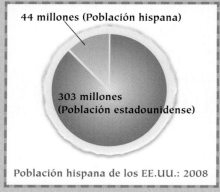

44 millones (Población hispana)

303 millones (Población estadounidense)

Población hispana de los EE.UU.: 2008

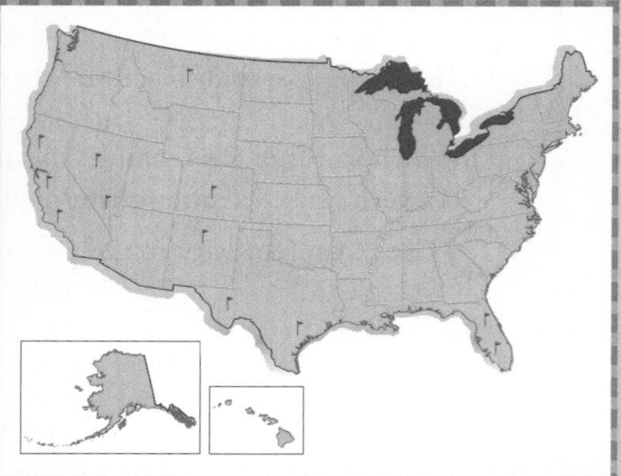

cada día más numerosa y tiene un gran poder económico también. Por eso, hay muchas emisoras de radio (¡más de 680!) y varias cadenas de televisión (como Telemundo, Univisión, América TeVe, Mega TV, etc.) con programación en español que compiten por la atención del público.

Preguntas

1. ¿Dónde se ve la influencia del español en la geografía de los EE.UU.?
2. ¿Qué poder económico tienen los hispanohablantes en los EE.UU.? ¿Por qué?
3. ¿Cuántas emisoras de radio para hispanohablantes hay en los EE.UU.? ¿Qué significa esto?

Y por fin, ¿cómo andas?

Each of the coming chapters of ***¡Anda! Curso intermedio*** will have three self-check sections for you to assess your progress. One *¿Cómo andas?* (*How are you doing?*) section will appear approximately halfway through each chapter. At the end of the chapter you will find *Y por fin, ¿cómo andas?* (*Finally, how are you doing?*). Use the checklists as a measure of all that you have learned in the chapter. Place a check in the *Feel confident* column of the topics you feel you know; a check in the *Need to Review* column of those that you need to practice more. Be sure to go back and practice those concepts that you determine you personally need to review. Practice is key to your success!

Having completed this chapter, I now can…

	Feel Confident	Need to Review
Comunicación		
• use articles and adjectives correctly. (pp. 6, 7, 11)	❑	❑
• communicate on familiar topics using the present tense. (pp. 13, 14, 18)	❑	❑
• use **ser** and **estar** to express meaningful ideas. (p. 24)	❑	❑
• express likes and dislikes. (p. 27)	❑	❑
Cultura		
• give at least two reasons why it is important to study Spanish. (p. 10)	❑	❑
• name the continents and countries where Spanish is spoken. (p. 18)	❑	❑

Estrategia

The *¿Cómo andas?* and *Por fin, ¿cómo andas?* sections are designed to help you assess your understanding of specific concepts. In *Capítulo Preliminar A*, there is one opportunity for you to reflect on how well you understand the concepts. Beginning with *Capítulo 1*, you will find three opportunities in each chapter to stop and reflect on what you have learned. These checklists help you become accountable for your own learning and determine what you need to review. Use them also as a way to communicate with your instructor about any concepts you still need to review. Additionally, you might use your checklist as a way to guide your studies with a peer group or peer tutor. If you need to review a particular concept, more practice is available at the *¡Anda! Curso intermedio* web site.

¿Cómo eres? ¿Cómo es tu familia? ¿Cómo te ven otras personas? Todos tenemos características personales y físicas que compartimos y que nos diferencian. ¡Vamos a explorarlas!

Así somos

	OBJETIVOS	CONTENIDOS	
Comunicación	• To describe yourself and others in detail • To share information about your family • To speak and write about past events • To indicate what someone *has* done • To use verbs like **gustar** to express feelings and reactions • To anticipate and predict content and guess meaning when listening to a conversation • To employ appropriate expressions when greeting and saying good-bye • To use the strategy of *mapping* to organize ideas before writing	1 Physical aspects and personality	32
		Repaso Direct and indirect object pronouns and reflexive pronouns	34
		2 Verbs similar to *gustar*	38
		Escucha **Estrategia**: Anticipating and predicting content to assist in guessing meaning	41
		3 Some states	43
		Repaso Preterit	44
		4 Present perfect indicative	46
		5 Family	50
		¡Conversemos! **Estrategias comunicativas:** Greetings and farewells	54
		Escribe **Estrategia:** Process writing (Part 1): Organizing ideas	56
Cultura	• To examine stereotypes and the idea of a "typical Latino" • To discuss well-known families • To describe famous Hispanic families and family events	**Notas culturales** *¿Hay un latino típico?*	40
		Perfiles *Familias hispanas*	53
		Vistazo cultural *Los hispanos en los Estados Unidos*	58
		Letras *A Julia de Burgos* (Julia de Burgos)	*See Literary Reader*
Laberinto peligroso	• To use pre-reading techniques of predicting and guessing, as well as using schemata and cognates to aid in comprehension of a text • To meet the three protagonists in the continuing mystery story, *Laberinto peligroso* • To learn from the video more about how the lives of the protagonists intertwine	**Episodio 1**	
		Lectura: *¿Periodistas en peligro?* **Estrategia:** Pre-reading techniques: Schemata, cognates, predicting, and guessing	60
		Video: *¿Puede ser?*	62

Una familia con varias generaciones

PREGUNTAS

1 ¿Cómo son las personas que aparecen en la foto?
2 Compara esta familia con la tuya.
3 ¿Cómo eres tú?

Comunicación

- Describing oneself and others
- Expressing likes and dislikes
- Sharing past events

VOCABULARIO 1 El aspecto físico y la personalidad

SAM 1-1 to 1-3

¡Anda! Curso elemental, Capítulo 1, Los adjetivos descriptivos, Apéndice 3; Capítulo 2, Emociones y estados; Capítulo 9, El cuerpo humano, Apéndice 2.

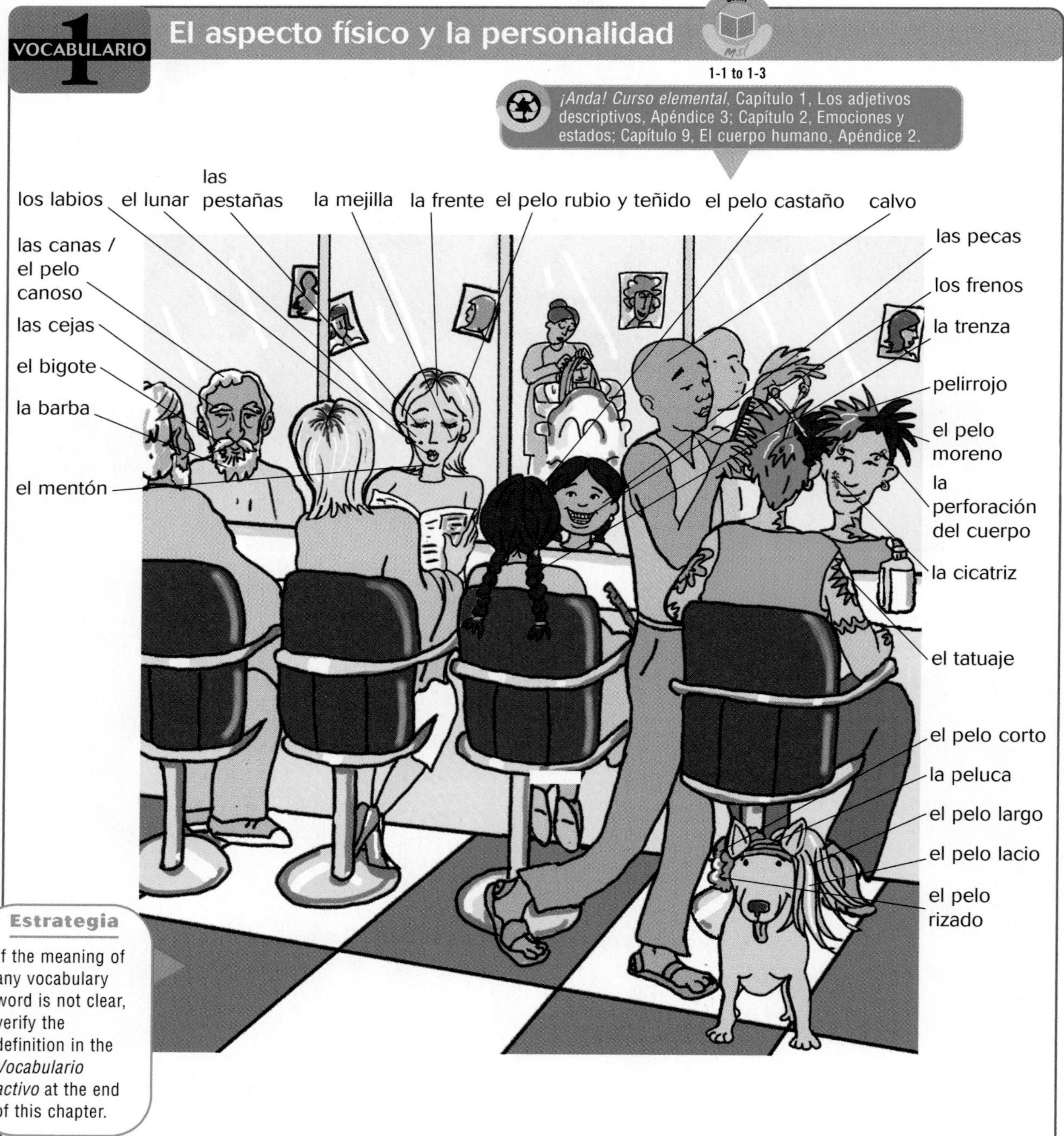

Estrategia

If the meaning of any vocabulary word is not clear, verify the definition in the *Vocabulario activo* at the end of this chapter.

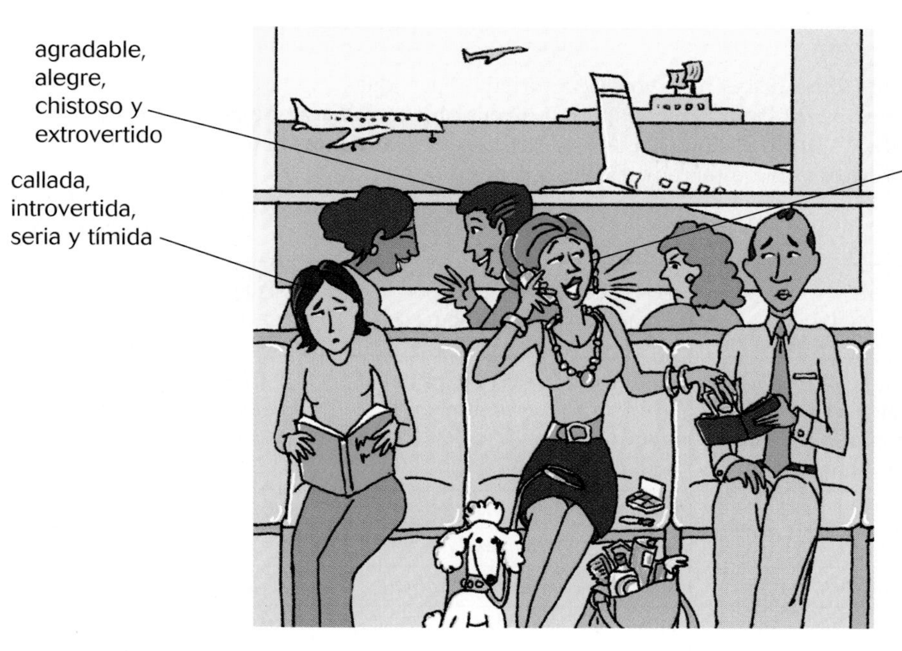

El aspecto físico	***Physical appearance***
la apariencia	*appearance*
la piel	*skin*
La personalidad	***Personality***
cuidadoso/a	*careful*
despistado/a	*absentminded, scatterbrained*
educado/a	*polite*
flojo/a	*lazy*
generoso/a	*generous*
grosero/a	*rude*
honesto/a	*honest*
pesado/a	*dull, tedious*
raro/a	*strange*
sencillo/a	*modest, simple*
sensible	*sensitive*
tacaño/a	*cheap*
terco/a	*stubborn*
Palabras útiles	***Useful words***
discapacitado/a	*physically/psychologically handicapped*

Querido diario:

Nueva ciudad... ¿qué tal una nueva Celia? Hmm, el color del pelo. Sí, puedo cambiarlo. Me gustan los cambios. O puedo vestirme de negro... No sé... tengo que pensarlo bien porque necesito un cambio.

Preguntas

1. ¿De quién es el diario?
2. ¿Por qué quiere cambiar su apariencia?
3. ¿Qué cambios considera?

1-8 to 1-9

20, 26, 34

REPASO

Los pronombres de complemento directo e indirecto y los pronombres reflexivos

In Celia's diary entry, you see a variety of pronouns, e.g., **cambiar*lo*, *me* gustan, vestir*me*.** These are examples of **direct object, indirect object,** and **reflexive pronouns.** In **Capítulo Preliminar A,** you reviewed reflexive pronouns and verbs. Here is a brief review of these three types of pronouns.

LOS PRONOMBRES DE COMPLEMENTO **DIRECTO**		LOS PRONOMBRES DE COMPLEMENTO **INDIRECTO**		LOS PRONOMBRES **REFLEXIVOS**	
Direct object pronouns tell *what* or *who* receives the action of the verb. They replace direct object nouns and are used to avoid repetition.		Indirect object pronouns tell *to whom* or *for whom* something is done or given.		Reflexive pronouns indicate that the *subject* of a sentence or clause *receives the action of the verb.*	
me	*me*	**me**	*to/for me*	**me**	*myself*
te	*you*	**te**	*to/for you*	**te**	*yourself*
lo, la	*him/her/you/it*	**le (se)**	*to/for him/her/you*	**se**	*himself/herself/yourself*
nos	*us*	**nos**	*to/for us*	**nos**	*ourselves*
os	*you (all)*	**os**	*to/for you (all)*	**os**	*yourselves*
los, las	*them/you (all)*	**les (se)**	*to/for them/you (all)*	**se**	*themselves/yourselves*

Note these examples:

Explícamelo. *Explain it to me.*
¿No me lo vas a explicar? *Aren't you going to explain it to me?*
Estoy explicándotelo ahora. *I am explaining it to you now.*
Es que no me oyes. *It's that you're not hearing me.*

Estrategia

Additional information regarding direct objects: To identify the direct object in a sentence, ask yourself this question: *Who/what does the subject (insert verb)?* For example, for the sentence *"Necesito un coche nuevo,"* you would ask: *"What do I need?" A new car* is what is needed (the direct object). Finally, When direct objects refer to *people*, you must use the personal **a.** Notice the difference between the following sentences: *Visito el museo,* BUT *Visito **a** Juan.*

Fíjate

Object and reflexive pronouns are also attached at the end of affirmative commands: e.g., *Explícamelo, Diviértete.* You will review commands in *Capítulo 2.*

For a complete review, refer to **Capítulo 9** of ***¡Anda! Curso elemental*** in Appendix 3.

¡Anda! Curso elemental, Capítulo Preliminar A, El verbo *ser*; Capítulo 1, Los adjetivos descriptivos; Capítulo 5, Los pronombres de complemento directo y la "a" personal, Apéndice 3; Capítulo 9, El cuerpo humano, Apéndice 2.

Estrategia

¡Anda! has provided you with reviewing and recycling references to help guide your continuous review of previously learned material. Make sure to consult the indicated pages if you need to refresh your memory about this or any future recycled topics.

1-1 ¿Cómo son?

Miren los tres dibujos y completen los siguientes pasos.

1. 

2. 

3. 

Paso 1 Haz una lista de por lo menos **seis** características físicas de las personas que aparecen en los dibujos.

MODELO La mujer joven:
1. *es rubia*

Paso 2 Escribe una descripción de cada persona que aparece en los dibujos y compártela con un/a compañero/a.

MODELO *La mujer es joven y rubia con una frente alta. No tiene pecas...*

1-2 ¿Qué tenemos en común?

Con tu compañero/a, descríbanse, dando por lo menos **ocho** características. Después, hagan un diagrama de Venn. Escriban las características que tienen en común en el medio y sus características distintas en los otros círculos.

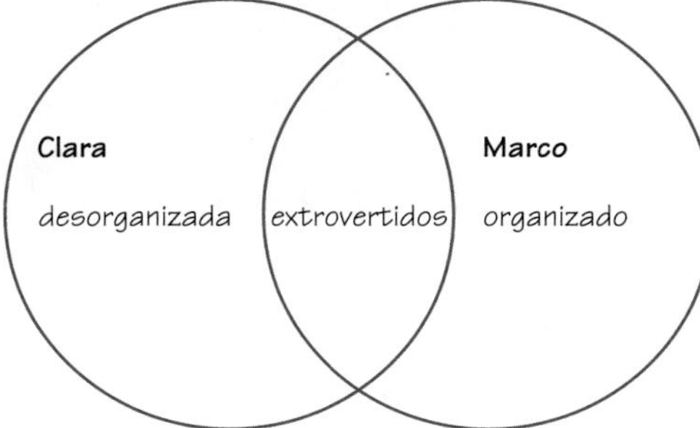

MODELO
E1: *Soy extrovertida.*
E2: *Yo también soy extrovertido.*
E1: *Soy desorganizada.*
E2: *Yo no. Yo soy organizado...*

Estrategia

Remember when using adjectives to make them agree in gender and number. E.g., if you are a male, you are *extrovertido;* if you are a female, you are *extrovertida;* when talking about both of you, two males or a male and a female are *extrovertidos;* two females are *extrovertidas.*

1-3 ¿Algún día?

Gloria y Tomás están caminando por el parque. Se paran para observar a un grupo de niños mientras juegan. Completen la conversación entre Gloria y Tomás, usando **los pronombres de complemento directo e indirecto** y **los pronombres reflexivos.**

GLORIA: ¡Qué día tan agradable! Y ¡qué chistoso es aquel niño!

TOMÁS: ¿Chistoso? No lo puedo creer, ¡qué malo es ese niño! ¿Ves cómo rompe el juguete (*toy*) de aquella niña?... y ahora (1) _________ tira (*throws it*) al suelo.

GLORIA: Sí, amor. La niña (2) _________ levanta para buscar a su mamá. Parece que (3) _________ está llamando.

TOMÁS: Ah, no. Creo que va a recoger (*pick up*) el juguete. ¡No! Va a pegarle (*hit*) al niño. Mira.

GLORIA: (4) _________ pega fuerte. Cuidado... ¡Qué maleducado!

No (5) _________ preocupes, Tomás. Aquí vienen las madres.

TOMÁS: Sí, y (6) _________ van a reñir (*scold*). Deben estar enojadas con sus niños.

GLORIA: Ay, Tomás... los niños son preciosos, ¿verdad?

TOMÁS: A mí no (7) _________ gustan. No quiero hijos. Y tú, ¿(8) _________ quieres tener?

GLORIA: Pues, sí, algún día. Pienso tener cinco hijas y (9) _________ voy a llevar al parque todos los días. Tú y yo podemos...

TOMÁS: ¡Mi teléfono! Tengo que (10) ir _________. Creo que mi madre (11) _________ llama. ¡Adiós!

GLORIA: Pero, Tomás... ¡(12) _________ invitaste a comer!

1-4 ¿Cómo son?

¡Anda! Curso elemental, Capítulo 1, Los adjetivos descriptivos; Capítulo 8, Las construcciones reflexivas, Apéndice 3; Capítulo 2, Emociones y estados; Capítulo 9, El cuerpo humano, Apéndice 2.

Escoge a una de las personas de la lista y escribe **tres** palabras que describan a la persona. Después, inventa un horario para hoy para esa persona. Comparte la descripción y el horario con un/a compañero/a. Trata de usar **los pronombres reflexivos** con el **vocabulario nuevo.** ¡Sean creativos!

MODELO tu mejor amigo: agradable, enérgico, despistado

Mi mejor amigo se llama Tonio. Es muy agradable y enérgico. Se levanta a las seis. A las ocho se va a la universidad...

1. Jennifer López y Marc Anthony
2. Homer Simpson
3. Tiger Woods
4. Donald Trump
5. Tyra Banks
6. tu mejor amigo/a

1-5 ¿Estás interesado/a?

Pareja.com te ayuda a encontrar a esa persona ideal. Completa los siguientes pasos.

Paso 1 Completa el formulario para ultilizar el servicio. Después, compara tu información con la de tus compañeros en grupos de cuatro para saber qué tienen ustedes en común.

¡Anda! Curso elemental, Capítulo Preliminar A, Los números 0–30; Capítulo 1, Los números 31–100; Capítulo 2, Emociones y estados; Capítulo 2, Los deportes y los pasatiempos; Capítulo 5, El mundo de la música; Capítulo 9, El cuerpo humano, Apéndice 2; Capítulo 1, Los adjetivos descriptivos; Capítulo 9, Las expresiones afirmativas y negativas, Apéndice 3.

¿Estás buscando pareja? . . . para ayudarte a encontrar tu pareja ideal, necesitamos que completes el siguiente formulario:

PAREJA.COM

Nombre ________________________
Dirección de e-mail ____________________
Sexo: ___ hombre ___ mujer

¿CÓMO ERES?
Edad: ___
Ojos: ___ verdes ___ azules ___ castaños
Pelo: ___ rubio ___ castaño ___ moreno ___ pelirrojo ___ teñido ___ calvo ___ canoso
Carácter: ___ organizado/a ___ serio/a ___ callado/a ___ sensible ___ honesto/a ___ tímido/a ___ interesante ___ simpático/a ___ gastador/a ___ chistoso/a ___ extrovertido/a ___ humilde
Inteligencia: ___ alta ___ normal ___ baja
¿Hablas español? ___ muy bien ___ un poco ___ no
¿Hablas otras lenguas? ___ sí ___ no

TRABAJO: ___ sí ___ no **Licencia de conducir:** ___ sí ___ no

PASATIEMPOS
Viajar: ___ sí ___ no **Leer:** ___ sí ___ no
Deportes: ___ fútbol ___ básquetbol ___ coches/motos ___ natación ___ atletismo ___ gimnasia ___ artes marciales ___ esquí ___ deportes acuáticos ___ golf ___ fútbol americano ___ tenis ___ boxeo ___ ciclismo ___ patinaje ___ otros deportes ___ no me gusta hacer deporte
Fin de semana ideal: ___ cine/teatro ___ ir a la discoteca ___ ir a restaurantes ___ montaña ___ playa ___ ir de compras
Música preferida: ___ clásica ___ pop rock en general ___ de los años 60–70 ___ de los años 80 ___ jazz ___ rock duro/heavy ___ salsa/música latina ___ New Age ___ tradicional/popular ___ No me gusta la música
¿Sabes cocinar? ___ sí ___ no

HORÓSCOPO: ___ Aries ___ Tauro ___ Géminis ___ Cáncer ___ Leo ___ Virgo ___ Libra ___ Escorpio ___ Sagitario ___ Capricornio ___ Acuario ___ Piscis

NOTAS ADICIONALES:
____
____

PAREJA.COM

Paso 2 Escribe por lo menos **cuatro** oraciones sobre tu hombre/mujer ideal. Usa por lo menos **cuatro** descripciones de características físicas y personales de él o ella.

MODELO *Mi hombre/mujer ideal...*

Paso 3 Ahora haz una descripción de ti mismo/a. Usa por lo menos **cuatro** descripciones de características físicas y personales tuyas. Después, comparte las descripciones con un/a compañero/a.

MODELO *Mi apariencia no es nada extraordinaria. No tengo ni bigote ni barba. Soy callado y un poco serio. No soy grosero...*

GRAMÁTICA 2 Algunos verbos como *gustar*

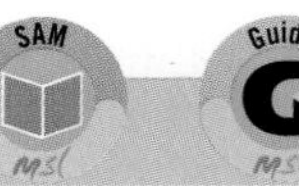

In **Capítulo Preliminar A,** you reviewed the verb **gustar.** Some other verbs that have a similar structure to **gustar** in Spanish are:

- **caer bien/mal** — ***to like/to dislike someone***
  A Javier **le cae** muy **bien** Pilar. — *Javier likes Pilar a lot.*
  Me caen mal las personas egoístas. — *I dislike self-centered people.*
- **parecer** — ***to seem, to appear***
  Me parece que José tiene un carácter agresivo. — *It seems to me that José has an aggressive personality.*
  ¿Qué **te parece** este vestido? — *How do you like this dress? (How does this dress seem to you?)*
- **interesar** — ***to interest***
  A ellos **les interesa** mucho la cirugía plástica. — *They are very interested in plastic surgery. / Plastic surgery interests them a lot.*
  ¿A quién **le interesa** sólo el aspecto físico de las personas? — *Who is only interested in a person's physical characteristics?*
- **quedar** — ***to have something left***
  Nos queda un dólar. — *We have one dollar left.*
  Me quedan dos años para graduarme. — *I have two more years (left) until I graduate.*
- **faltar** — ***to need, to lack***
  Me faltan dos dólares (Necesito dos dólares). — *I need two dollars.*
  Me faltan dos cursos para graduarme. (Necesito dos cursos para graduarme). — *I still need two courses to graduate.*

Additional verbs like **gustar** include:

encantar	*to adore, to enchant*	**importar**	*to matter; to bother*
fascinar	*to fascinate*	**molestar**	*to bother*

1-6 Combinaciones

Usando elementos de las tres columnas, escribe **seis** oraciones diferentes. Después, comparte las oraciones con un/a compañero/a. Túrnense.

MODELO a mí fascinar estudiar español
A mí me fascina estudiar español.

A	B	C
a mí	(no) caer bien/mal	el fútbol americano
a mis amigos	(no) importar	los bigotes
a mi hermano y a mí	(no) fascinar	un amigo despistado
a ti	(no) parecer bien/mal	cinco dólares
a mis padres	(no) quedar	los profesores chistosos
a usted	(no) faltar	estudiar español

1-7 Sus opiniones

Los psicólogos nos dicen que formamos opiniones al mirar a una persona. Es hora de dar sus opiniones e impresiones. Usen los siguientes verbos:

(no) caer bien/mal (no) encantar (no) fascinar (no) interesar

Paso 1 Túrnense para compartir sus opiniones sobre las personas que aparecen en las fotos.

MODELO *Me gustan las pestañas de la mujer...*

Paso 2 Repite lo que tu compañero/a dijo.

MODELO *A mi compañero de clase le caen bien las personas alegres. Le encantan las pestañas...*

1-8 Firma aquí

Busca a un/a compañero/a de clase que pueda responder **sí** a las siguientes preguntas. Al responder afirmativamente, la persona necesita firmar el cuadro.

MODELO ¿A quién...? fascinar el cine

E1: *Ana, ¿te fascina el cine?*

E2: *No, no me fascina el cine. Prefiero ir al teatro.*

E1: *Tom, ¿te fascina el cine?*

E3: *Sí, me fascina el cine.*

E1: *Muy bien. Firma aquí, por favor.*

E3: ___Tom___

¿A quién...?	Firma
1. caer bien Brad Pitt y Angelina Jolie	________
2. fascinar el cine	________
3. parecer bien estudiar los fines de semana	________
4. molestar limpiar la casa	________
5. interesar las ciencias	________
6. importar tener mucho dinero	________

SAM 1-10

Notas culturales

¿Hay un latino típico?

¿Cómo puede ser? Los hispanos son un producto de las civilizaciones europeas, indígenas, africanas y asiáticas: una rica mezcla (*mixture*) de muchos grupos diferentes. Hay latinos de pelo castaño, piel oscura y ojos negros, y también los hay de pelo rubio, piel blanca y ojos azules. Y la comida latina es tan variada como la gente. Comer en un restaurante mexicano en España es tan exótico como hacerlo en Argentina. Para los españoles, es un restaurante étnico con comida típica de México —igual (*the same*) que para nosotros aquí en los Estados Unidos.

Muchas veces la gente conoce sólo a una o a dos personas de habla española y piensa que *todos* son iguales. En realidad, todos tienen su propia cultura y muchas veces una gran variedad de características físicas y personales. ¿Hay un *latino* típico? Del mismo modo, también podemos preguntarnos: ¿hay un *estadounidense* típico?

Preguntas

1. ¿Los hispanohablantes son una mezcla de qué civilizaciones?
2. ¿Los norteamericanos son una mezcla de qué civilizaciones?
3. ¿Por qué es imposible describir a un estadounidense y a un latino típico?

1-9 ¿Qué te parece?

Entrevista a **tres** compañeros de clase para descubrir más información sobre ellos.

1. ¿Cuántos años te faltan para graduarte?
2. ¿Qué tipo de profesor/a te cae bien? (e.g., personalidad, características, etc.)
3. A tu profesor/a, ¿qué le gusta además de su carrera?
4. ¿Qué te fascina hacer en tu tiempo libre?
5. ¿Qué les interesa a tus amigos?, ¿a tus padres?

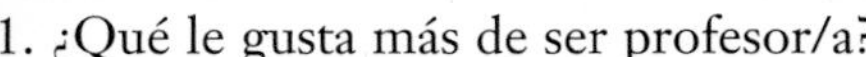

1-10 A conocerlo/a mejor

¡Anda! Curso elemental, Capítulo 1, Los adjetivos descriptivos, Apéndice 3; Capítulo 2, Emociones y estados, Los deportes, y los pasatiempos; Capítulo 5, El mundo de la música, El mundo del cine, Apéndice 2.

¿Conocen bien a su profesor/a? Adivinen (*Guess*) sus posibles respuestas a las siguientes preguntas. Después, su profesor/a les va a dar las respuestas verdaderas.

1. ¿Qué le gusta más de ser profesor/a?
2. ¿Qué cualidades le parecen buenas en un estudiante?
3. ¿Le interesa viajar a un país hispano este verano? ¿A dónde le interesa ir?
4. ¿Qué le fascina hacer en su tiempo libre?
5. ¿Qué aspectos no le encantan de la vida universitaria?

ESCUCHA

ESTRATEGIA Anticipating and predicting content to assist in guessing meaning

There are many ways that we can **anticipate** what we are going to hear before we even hear it! For example, we may be walking past the television and see an image of two people about to kiss. We can **predict** that we will probably hear tender words between two people in love. If we hear two children crying, we can perhaps **anticipate** words of a confrontation or that they have been injured. Then, based on the context, we can **guess the meaning** of unknown or unfamiliar words. Using *visual* and *sound cues* is important to help **predict/anticipate content. Guessing** meaning is an equally important tool to help us determine what we hear.

1•11 Antes de escuchar

A Adriana le encanta ver un programa de televisión sobre solteros que buscan a su pareja ideal. El programa se llama "Una cita inolvidable" (*An Unforgettable Date*).

La soltera (*bachelorette*) les va a hacer preguntas a los tres solteros para averiguar cómo son y cómo es su mujer ideal.

Basándote en el dibujo, ¿cómo crees que son estos hombres? Describe a cada uno.

Soltero #1 ________________________
Soltero #2 ________________________
Soltero #3 ________________________

1•12 A escuchar

CD 1
Track 1

Escucha el programa de televisión.

Paso 1 La primera vez que lo escuches, trata de predecir las respuestas de cada soltero. Escoge la palabra que mejor describe a cada soltero.

Soltero #1: a. sensible	b. presumido	c. callado
Soltero #2: a. grosero	b. tímido	c. introvertido
Soltero #3: a. egoísta	b. gastador	c. agradable

Paso 2 La segunda vez, adivina lo que significan las siguientes palabras.

Soltero #1: reino, espejito
Soltero #2: salón
Soltero #3: conviene

1•13 Después de escuchar

Escucha por tercera vez y haz una lista de todas las palabras que describan a cada soltero. Luego, compara tu lista con la de un/a compañero/a.

¿Cómo andas?

Having completed the first **Comunicación,** I now can...

	Feel Confident	Need to Review
• describe myself and others (p. 32)	❑	❑
• use direct object, indirect object, and reflexive pronouns correctly (p. 34)	❑	❑
• express opinions using verbs formed similarly to *gustar* verbs (p. 38)	❑	❑
• examine cultural stereotypes (p. 41)	❑	❑
• listen to anticipate and predict content to assist in guessing meaning (p. 40)	❑	❑

Comunicación

- Describing yourself and others
- Expressing results
- Expressing what *has* happened

VOCABULARIO 3 Algunos estados

SAM 1-14 to 1-15

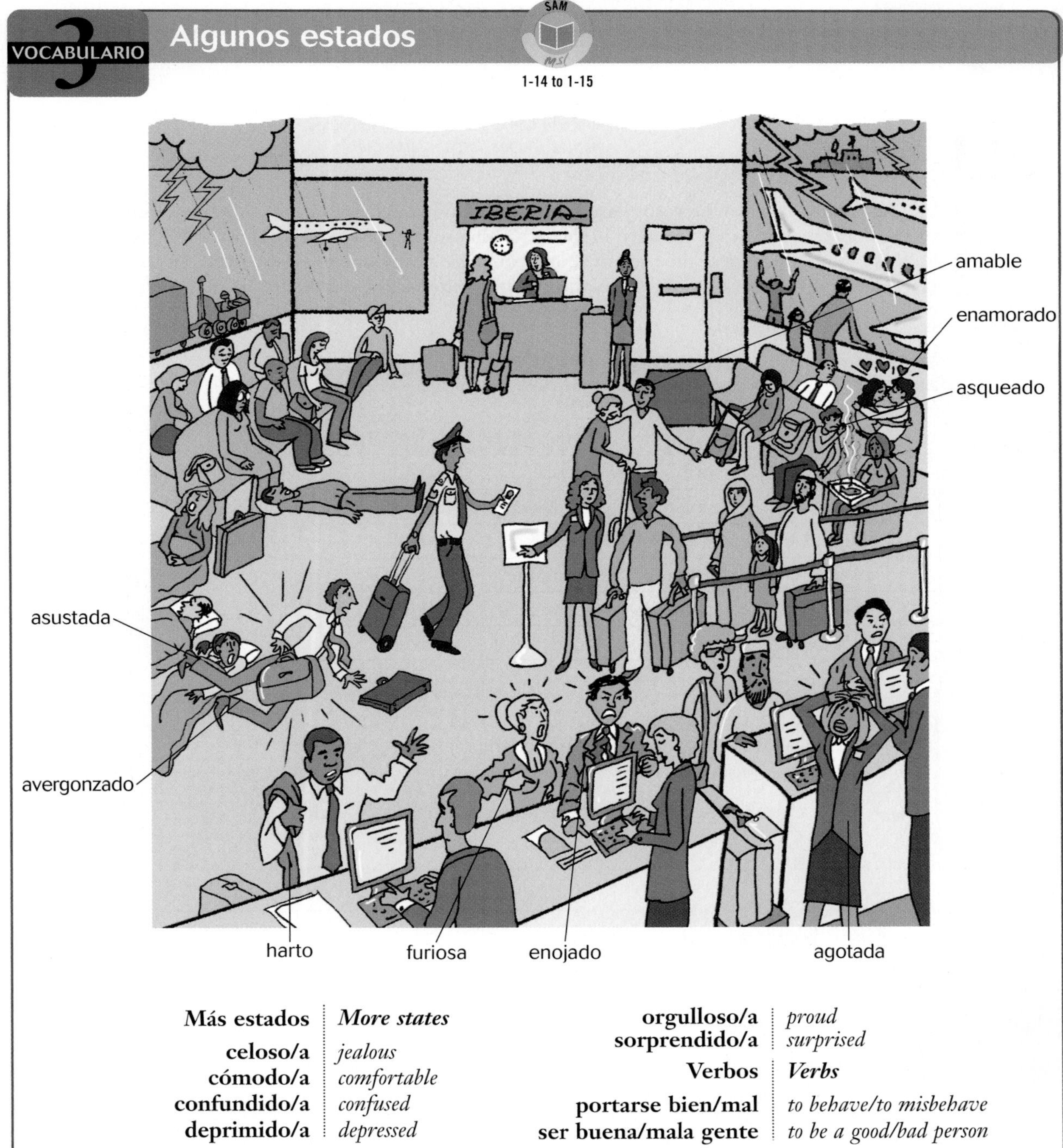

Más estados	***More states***
celoso/a	*jealous*
cómodo/a	*comfortable*
confundido/a	*confused*
deprimido/a	*depressed*
orgulloso/a	*proud*
sorprendido/a	*surprised*
Verbos	***Verbs***
portarse bien/mal	*to behave/to misbehave*
ser buena/mala gente	*to be a good/bad person*

El parloteo de Cisco

Hoy me llamó Javier que enseña en la universidad. Me invitó a hablar con su clase de periodismo. Me dijo que quiere una persona organizada y seria pero extrovertida; pues, así soy yo. Voy a explicarles cómo es ser periodista e investigador.

Deja un comentario para Cisco:

Fíjate

Cisco va a escribir en su blog en cada capítulo. Como lector/bloguista, puedes leerlo y publicar un comentario sobre lo que Cisco escribe en la página web de *¡Anda! Curso intermedio!*

REPASO

El pretérito

In Cisco's blog, he used the verbs **llamó, invitó,** and **dijo.** Remember that to express something you did or something that occurred in the past, you can use the **pretérito** (*preterit*). What follows is a brief review of the preterit. For a complete review, including irregular forms, examples, and verb charts, refer to **Capítulo 7** of ***¡Anda! Curso elemental*** in Appendix 3.

1-16 to 1-18

Los verbos regulares

Fíjate

Additional irregular preterits will be reviewed in *Capítulo 3.*

Note the endings for regular verbs in the **pretérito** and answer the questions that follow.

35

	-ar: comprar	-er: comer	-ir: vivir
yo	compré	comí	viví
tú	compraste	comiste	viviste
él, ella, Ud.	compró	comió	vivió
nosotros/as	compramos	comimos	vivimos
vosotros/as	comprasteis	comisteis	vivisteis
ellos/as, Uds.	compraron	comieron	vivieron

1. What are the endings for regular **-ar** verbs in the preterit?
2. What do you notice about the endings for regular **-er** and **-ir** verbs?
3. What forms require written accent marks?

Check your answers to the preceding questions in Appendix 1.

1-14 La pirámide

¡Anda! Curso elemental, Capítulo 1, Los adjetivos descriptivos, Apéndice 3.

Con un/a compañero/a, escuchen las instrucciones de su profesor/a y practiquen el vocabulario nuevo jugando a la pirámide.

MODELO E1: *Es lo opuesto de* aburrido.
E2: *¿Interesante?*
E1: *No, empieza con la letra* d.
E2: *¿Divertido?*
E1: *¡Correcto! ¡Excelente!*

1-15 Asociación libre

¿Qué emociones asocian con las siguientes situaciones? Túrnense para crear oraciones.

MODELO antes de un examen
E1: *Me siento confundido.*
E2: *Me siento confiada.*

1. estar en un grupo de personas que no conoces bien
2. trabajar con una persona floja
3. estudiar para un examen de matemáticas
4. estar con la persona que más quieres
5. después de terminar la tarea para la clase de español

Estrategia

You are asked to create sentences about *what happened yesterday* in actividad **1-16.**

1-16 La televisión nos controla

Estamos bombardeados con información sobre la gente famosa en la televisión. Túrnense para crear oraciones sobre lo que vieron ayer. Usen **el pretérito.**

MODELO 50 Cent / estrenar (*show for first time*) / tatuajes / nuevo
50 Cent estrenó unos tatuajes nuevos.

1. Donald Trump / ponerse / peluca / diferente
2. Christina Aguilera / teñirse / pelo
3. Cristina Saralegui / discutir / algo muy serio
4. Los niños de Angelina Jolie y Brad Pitt / portarse / mal
5. Al Pacino / mostrar / cicatriz / grande

¡Anda! Curso elemental, Capítulo 8, Las construcciones reflexivas, Apéndice 3.

1-17 De niño/a

Tenemos muchos recuerdos sobre las cosas que nos pasaron de niños.

Paso 1 Entrevista a **cuatro personas** para saber a quiénes les pasaron los siguientes sucesos (*events*).

MODELO ¿Quién...? no querer probar (*try*) bróculi
E1: *¿Quisiste probar bróculi?*
E2: *No, no lo quise probar pero ahora me gusta.*

¿QUIÉN...?	E1	E2	E3	E4
1. caerse de una bicicleta y hacerse daño				
2. comer demasiados caramelos y enfermarse				
3. leer su primer libro antes de ir al kinder				
4. no querer probar bróculi				
5. romper un juguete de su hermano/a o mejor amigo/a				

Paso 2 Comparte las respuestas de tus compañeros con los otros estudiantes de la clase.

MODELO *Cuando eran niños, Mayra y Carmen se cayeron de sus bicicletas. Mayra se hizo daño pero Carmen no...*

1-18 Mi mejor característica

Un periodista te entrevista para el nuevo programa de televisión *¡Tipazo!* para averiguar tus mejores características. Contesta y justifica tu respuesta. Túrnense.

MODELO E1: *¿Nos puedes decir cuáles son tus mejores características?*
E2: *Una de mis mejores características es que soy una persona generosa —con mi dinero, con mi tiempo y con mis emociones…*

El presente perfecto de indicativo

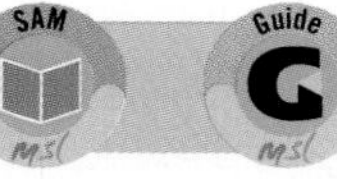

¿Has oído los comentarios chistosos de Jorge?
No, pero me han dicho que son muy divertidos.

In Spanish, as in English, the **present perfect** is used to refer to what someone ***has*** or ***has not*** **done.**

*I **have met** the man of my dreams.*	**He conocido** al hombre de mis sueños.
I am totally in love.	¡Estoy completamente enamorada!

- In Spanish, the *present perfect*, **el presente perfecto de indicativo,** is formed with the present form of the verb ***haber*** and the **past participle.**

* **Note:** In the present perfect, the past participle does **not** agree in number and gender with the subject.

	Present tense of *haber*	**Past participle** **-ar:** hablar	**-er:** conocer	**-ir:** decidir
yo	**he**	habl**ado**	conoc**ido**	decid**ido**
tú	**has**	habl**ado**	conoc**ido**	decid**ido**
él/ella/Ud.	**ha**	habl**ado**	conoc**ido**	decid**ido**
nosotros/as	**hemos**	habl**ado**	conoc**ido**	decid**ido**
vosotros/as	**habéis**	habl**ado**	conoc**ido**	decid**ido**
ellos/ellas/Uds.	**han**	habl**ado**	conoc**ido**	decid**ido**

¿**Te has acostado** ya?	*Have you gone to bed already?*
No **hemos conocido** a toda tu familia todavía.	*We haven't met everyone in your family yet.*
Mi madre **ha decidido** no teñirse el pelo.	*My mother has decided not to dye her hair.*
¿Le **has contado** el incidente a tu padre?	*Have you told your father about the incident?*
En todas sus películas **ha tenido** pinta de loco.	*In all of his movies he has looked like a crazy person.*
Nuestros sobrinos nunca **se han portado** muy bien.	*Our nephews have never behaved very well.*

- Some past participles have irregular forms. These are some of them:

Infinitivo	Participio	
abrir *(to open)*	**abierto**	*He abierto la puerta.*
escribir *(to write)*	**escrito**	*Te han escrito un e-mail.*
decir *(to say)*	**dicho**	*Mis padres siempre me han dicho la verdad.*
hacer *(to do; to make)*	**hecho**	*¿Has hecho la tarea para hoy?*
morir *(to die)*	**muerto**	*Su perro ha muerto.*
poner *(to put; to place)*	**puesto**	*He puesto tus libros en la mesa.*
resolver *(to solve)*	**resuelto**	*Mi profesora ha resuelto el problema.*
romper *(to break)*	**roto**	*He roto mis lentes.*
ver *(to see; to watch)*	**visto**	*¿Has visto el tatuaje de Juan?*
volver *(to return)*	**vuelto**	*Mis padres han vuelto de su viaje a Lima.*

- Finally, object and reflexive pronouns (**me, te, lo, la, nos, los, las, le, les, se**) *always* come **before** the form of **haber.**

No me lo han dicho. *They haven't told me about it.*
Se ha ido. *She has left.*
¿Nos las has traído? *Have you brought them for us?*

1-19 Batalla

Haz un cuadro de nueve espacios. Llénalos con **nueve** verbos diferentes con las formas indicadas en el **presente perfecto de indicativo.** Pregúntense si tienen los siguientes verbos. La primera persona con tres **X** gana. Repitan el juego.

acabar (yo)	conocer (ella)	dar (nosotros)	decir (tú)
hacer (ellas)	oír (yo)	poner (Ud.)	querer (Uds.)
salir (nosotros)	traer (yo)	venir (ella)	ver (ellas)

MODELO E1: ¿Tienes *has dicho*?
E2: No, no tengo *has dicho*. ¿Tienes *ha venido*?
E1: Sí, tengo *ha venido*...

1-20 Así es él

Gabriela tiene la oportunidad de ver a su amigo Ignacio. Hace mucho tiempo que no lo ha visto. Túrnense para completar la conversación entre ellos con el **presente perfecto de indicativo.**

GABRIELA: ¡Hola, Ignacio! ¿Qué tal (1. estar) ______________? ¡Cuánto tiempo! Tú no (2. cambiar) ______________ en absoluto. Te ves igual. ¿Qué (3. estar) ______________ haciendo?

IGNACIO: ¡Es obvio que tú no (4. hablar) ______________ con mi mamá! Se lo está diciendo a todos porque está muy orgullosa: hace seis meses que trabajo como consejero de jóvenes. Otros dos colegas nuevos y yo (5. conocer) ______________ a mucha gente interesante en estos últimos meses. Por ejemplo, (6. tener) ______________ que aconsejar (*counsel*) a jóvenes que no (7. portarse) ______________ bien en la escuela, a otros que (8. ser) ______________ flojos en sus trabajos y a otros que (9. tener) ______________ problemas en casa. El trabajo es difícil pero me fascina. ¿Qué (10. hacer) ______________ tú?

GABRIELA: Yo escribo artículos para nuestro periódico en los que (11. poder) ______________ utilizar todo lo que aprendí en mis clases de psicología. Los otros reporteros y yo (12. escribir) ______________ historias sobre gente amable, generosa y honesta. Hoy vas a leer un reportaje de dos de mis colegas que (13. resolver) ______________ un crimen de unas personas que (14. maltratar) ______________ a unas personas mayores en varias ocasiones. ¡Qué mundo es este! ¿Verdad?

IGNACIO: Es verdad, Gabriela. Oye, ¡mira! Allí está José Luís. No lo (15. ver) ______________ en por lo menos seis meses. Oye, José Luís, ven acá. Tanto tiempo...

1-21 Un día típico para ti

Todos los días ocurren muchas cosas y siempre hay mucho que hacer.

Paso 1 Túrnense para decir lo que ha pasado y lo que no ha pasado hoy.

1. ¿Has arreglado tu cuarto?
2. ¿Has terminado la tarea para mañana?
3. ¿Tus amigos te han escrito un e-mail?
4. ¿Tú y tus amigos han almorzado ya?
5. ¿Has ido a la biblioteca hoy?

Paso 2 Prepara un resumen de sus respuestas para compartir con los otros estudiantes de la clase.

MODELO *Clara y yo hemos arreglado nuestros cuartos pero nuestros compañeros no han lavado los platos...*

1-22 ¿Cómo lo han pasado?

Todo el mundo reacciona de manera diferente en situaciones distintas. Túrnense para explicar cómo han reaccionado estas personas en las siguientes situaciones. Pueden usar los verbos de la lista.

¡Anda! Curso elemental, Capítulo 8, Las construcciones reflexivas, Apéndice 3.

¡Anda! Curso intermedio, Capítulo Preliminar A, pág. 2.

Mi padre

Mis padres

Yo

Mis mejores amigos y yo

divertirse	enojarse	agotarse	confundirse
enamorarse	asustarse	avergonzarse	sorprenderse

Estrategia

Words that are related or similar but are different parts of speech are known as *word families*. For example, the verb *avergonzarse* is like *avergonzado/a*, which you have learned. What do you think *avergonzarse* means, based on the meaning of *avergonzado/a*? Using the concept of word families will help you increase your vocabulary.

MODELO *Mis mejores amigos y yo nos hemos divertido mucho cuando hemos ido a los parques de atracciones. Hemos comido mucho y…*

1-23 Así soy yo

Si te describieras (*If you were to describe yourself*) a una persona que no te conociera (*didn't know you*), ¿qué dirías? (*what would you say?*) ¿Qué has hecho en tu vida? ¿Cómo has sido? ¿Qué te ha interesado? ¿Qué te ha fascinado? ¿Qué tipo de personas te han caído bien o mal? Descríbete en por lo menos **ocho** oraciones usando el **presente perfecto de indicativo.** Después, comparte la descripción con **cinco** compañeros.

MODELO *Siempre he sido una persona muy generosa con mi tiempo y mi dinero. No me han caído bien las personas flojas…*

VOCABULARIO 5 La familia

SAM 1-22 to 1-23

¡Anda! Curso elemental, Capítulo 1, La familia, Apéndice 2.

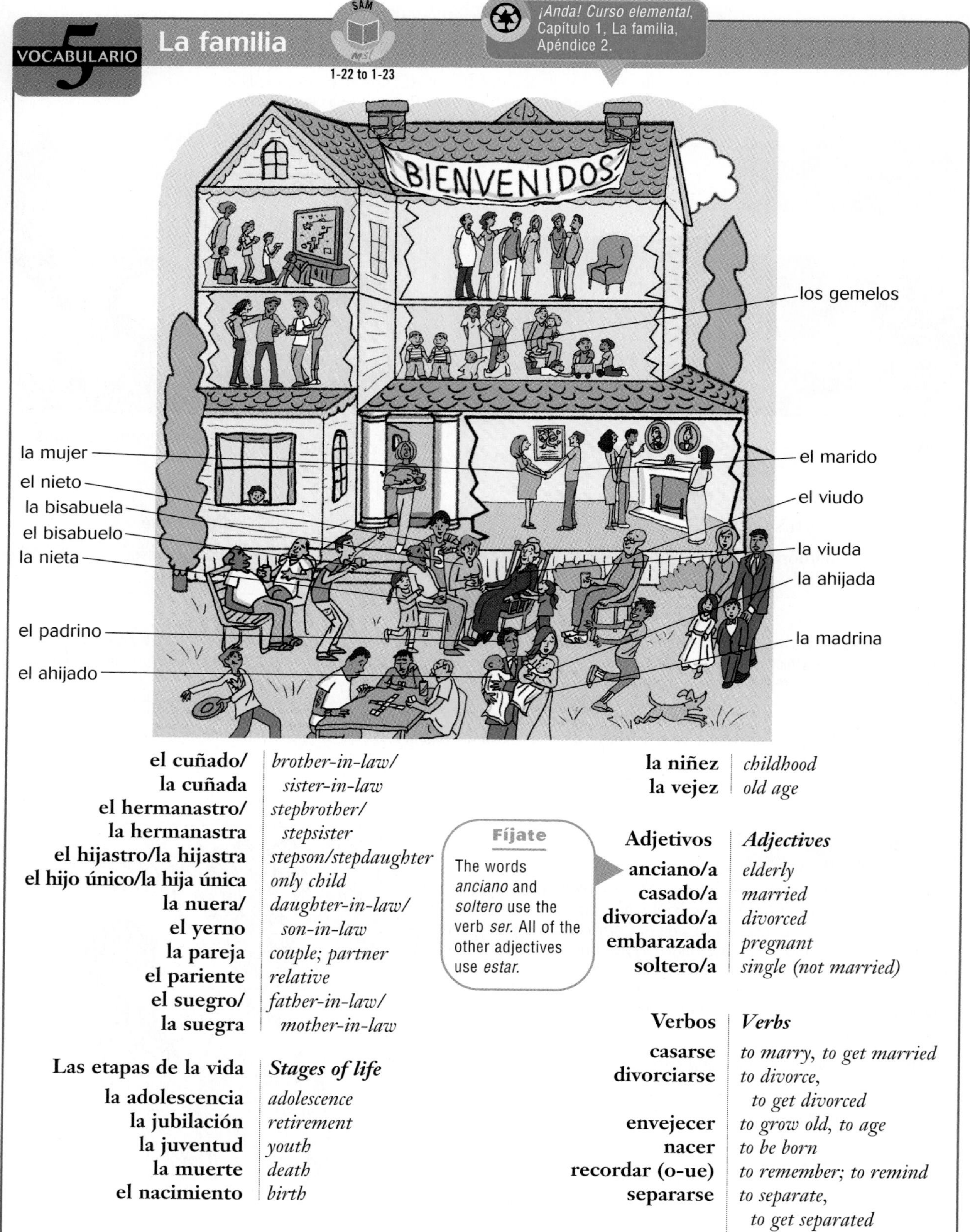

el cuñado/ la cuñada	*brother-in-law/ sister-in-law*
el hermanastro/ la hermanastra	*stepbrother/ stepsister*
el hijastro/la hijastra	*stepson/stepdaughter*
el hijo único/la hija única	*only child*
la nuera/ el yerno	*daughter-in-law/ son-in-law*
la pareja	*couple; partner*
el pariente	*relative*
el suegro/ la suegra	*father-in-law/ mother-in-law*

Las etapas de la vida	***Stages of life***
la adolescencia	*adolescence*
la jubilación	*retirement*
la juventud	*youth*
la muerte	*death*
el nacimiento	*birth*

la niñez	*childhood*
la vejez	*old age*

Fíjate

The words *anciano* and *soltero* use the verb *ser*. All of the other adjectives use *estar*.

Adjetivos	***Adjectives***
anciano/a	*elderly*
casado/a	*married*
divorciado/a	*divorced*
embarazada	*pregnant*
soltero/a	*single (not married)*

Verbos	***Verbs***
casarse	*to marry, to get married*
divorciarse	*to divorce, to get divorced*
envejecer	*to grow old, to age*
nacer	*to be born*
recordar (o-ue)	*to remember; to remind*
separarse	*to separate, to get separated*

1-24 ¿Quiénes son?

Túrnense para describir las relaciones entre las siguientes personas. Usen todo el vocabulario nuevo posible en las descripciones.

MODELO *Mariela es la nuera de Luis y Gloria y la hija de…*

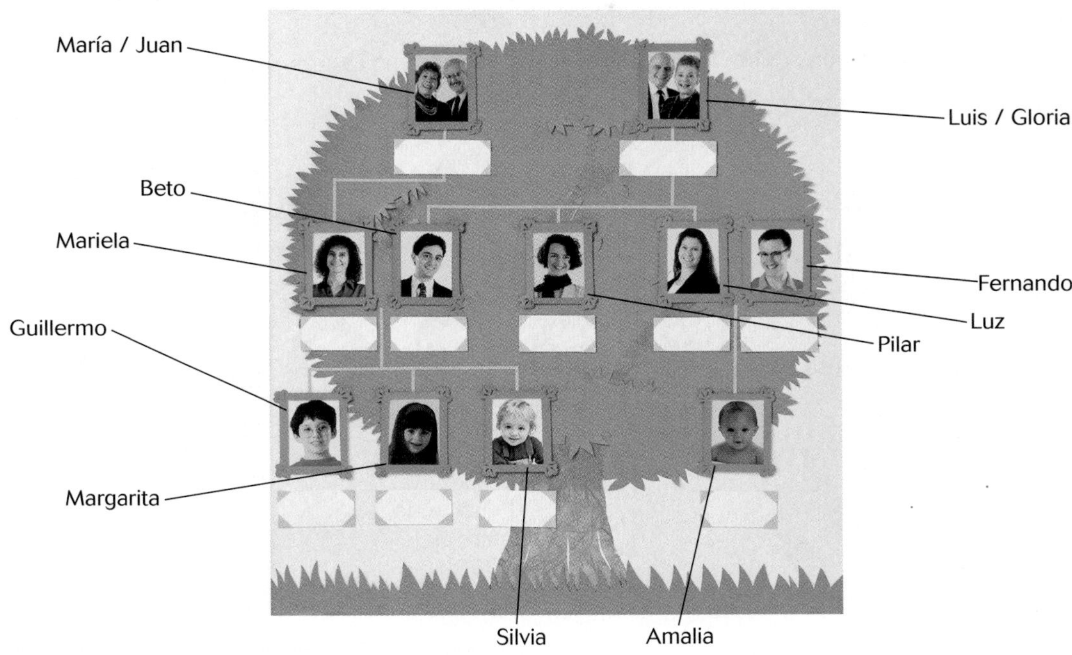

1-25 Seamos creativos

Este verano, Alberto se reunió con su familia en Puerto Vallarta. Túrnense para hacerle preguntas (E1) y formar las respuestas de Alberto (E2) usando el **pretérito.**

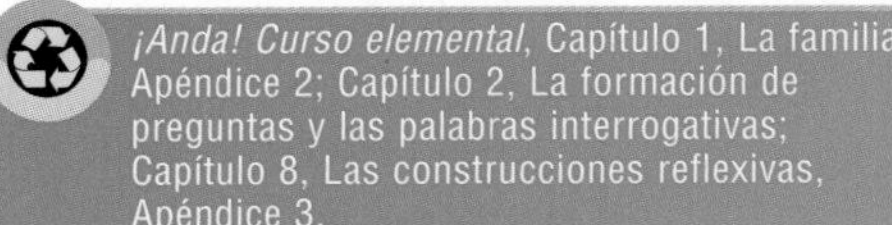
¡Anda! Curso elemental, Capítulo 1, La familia, Apéndice 2; Capítulo 2, La formación de preguntas y las palabras interrogativas; Capítulo 8, Las construcciones reflexivas, Apéndice 3.

MODELO nacer / bisabuelos (Buenos Aires, Argentina)

E1: *¿Dónde nacieron tus bisabuelos?*

E2: *Mis bisabuelos nacieron en Buenos Aires, Argentina.*

1. tus suegros / divorciarse (sí, en mayo)
2. separarse / el año pasado (hermana y su marido)
3. compartir (Uds.) / historias / la juventud (sí)
4. nietos / dormirse (en la casa / los abuelos)
5. divertirse / los parientes (sí, mucho)

1-26 Un poco personal

Túrnense para hacerse las siguientes preguntas sobre sus familias y sus parientes.

MODELO ¿Cómo se llaman tus ahijados?

E1: *No tengo ahijados.*

E2: *Yo sí tengo una ahijada; se llama Mariela.*

1. ¿Cuándo y dónde naciste?
2. ¿Cuándo y dónde nacieron tus padres, tus abuelos y tus bisabuelos?
3. ¿Tienes hermanastros?, ¿cuántos?
4. ¿Eres hijo/a único/a?
5. ¿Conoces a un/a hijo/a único/a?

1-27 La familia real

Túrnense para describir a la familia real española usando el árbol geneológico parcial. Incluye por lo menos **cinco** personas y relaciones entre las tres generaciones.

MODELO E1: *El rey de España, Juan Carlos I, nació en el año 1938. Es hijo de Juan de Borbón y Mercedes. Se casó con...*

E2: *Juan de Borbón es el abuelo de...*

D. Juan de Borbón, 1913–1993

Doña Mercedes, 1910–2000

Rey Juan Carlos, 1938

Reina Sofía, 1938

Infanta Elena Duquesa de Lugo, 1963

Infanta Cristina Duquesa de Palma, 1965

Felipe Príncipe de Asturias, 1968

Leticia Princesa de Asturias, 1972

1-28 A ver si encuentras...

Es hora de entrevistar.

Paso 1 Forma preguntas en **el pretérito** según el modelo.

MODELO conocer a tus bisabuelos

E1: *¿Conociste a tus bisabuelos?*

Paso 2 Busca a algún/alguna compañero/a que responda (*answers*) afirmativamente.

MODELO E1: *¿Conociste a tus bisabuelos?*

E2: *No, no conocí a mis bisabuelos.*

E1: *¿Conociste a tus bisabuelos?*

E3: *Sí, conocí a mis bisabuelos.*

E1: *Bueno, firma aquí, por favor.*

E3: *Janet*

recibir una herencia (*inheritance*) monetaria de tus bisabuelos ______	divorciarse unos amigos el año pasado ______	aprender algo importante de tus abuelos ______
casarse el año pasado ______	nacer en otro estado ______	visitar a tus primos la semana pasada ______
divertirse durante la niñez ______	ir de vacaciones con tus parientes el año pasado ______	conocer a tus bisabuelos ______

PERFILES

SAM 1-24

Familias hispanas

La familia es muy importante en la cultura hispana. Frecuentemente, es el centro de muchas actividades sociales y culturales. Siempre ha sido el núcleo de apoyo (support) *para el individuo hispano. Aquí tienes diferentes representantes de la familia hispana.*

Lorenzo Zambrano Treviño (n. 1945) figura en la lista de *Forbes* de los hombres más ricos del mundo. Desde el año 1995 es el presidente de la compañía mexicana CEMEX, fundada por su abuelo y productora importante de cemento. El Sr. Zambrano empezó a trabajar en CEMEX en el año 1968 y ha trabajado en muchos puestos diferentes en la compañía.

Isabel Allende (n. 1942) pasó su niñez en Chile. Es una de las autoras latinas más conocidas; escribe en el estilo de realismo mágico. Ha vivido en diferentes países y ahora vive en los EE.UU. Algunas de sus obras se basan en sus experiencias familiares. Su tío fue Salvador Allende, el presidente de Chile de 1970 a 1973.

La familia real española goza del respeto y apoyo de su país. La familia está encabezada por el Rey Juan Carlos I y su mujer, la Reina Sofía. Ellos tienen tres hijos: Felipe, Elena y Cristina. Todos los hijos están casados y tienen sus propias familias.

Preguntas

1. ¿Por qué son importantes estas personas?
2. ¿Qué papel tiene la familia para estas personas?
3. Compara tu familia con una de éstas. ¿En qué son similares y en qué son diferentes?

1-29 ¡Feliz cumpleaños!

¿Has ido a una fiesta de cumpleaños recientemente? ¿Hablaste con unos parientes? Selecciona (¡o inventa!) a dos personas de tu familia y descríbele a un/a compañero/a lo que descubriste sobre sus vidas. Usa la obra de Carmen Lomas Garza, *Cumpleaños de Lala y Tudi*, para inspirarte (*inspire you*). Debes usar **el pretérito** cuando puedas.

MODELO *El cumpleaños de mi ahijado fue el mes pasado. Me dijeron que mi hermanastro Jorge empezó un trabajo nuevo hace dos meses…*

Carmen Lomas Garza, "Cumpleaños de Lala y Tudi" (Lala's and Tudi's birthday party), oil on canvas, 36 X 48 inches. Photo credit: Wolfgang Dietze, Collection of Paula Maciel Benecke & Norbert Benecke, Aptos, CA.

1-25 to 1-26

¡Conversemos!

ESTRATEGIAS COMUNICATIVAS Greetings and farewells

You have already learned basic greetings and farewells such as **Hola. ¿Cómo estás?** and **Hasta luego.** Here are some additional expressions. Learning these expressions will help you make a great first impression and leave a positive feeling when you depart.

¡Anda! Curso elemental, Capítulo Preliminar A, Saludos, despedidas y presentaciones, Apéndice 2.

Saludos	*Greetings*
¿Cómo/Qué tal amaneció usted/amaneciste?	*How are you this morning?*
(Muy) Buenos/Buenas.	*Good morning/afternoon.*
¡(Qué) Gusto de verlo/la/te!	*How nice to see you!*
¿Qué hay (de nuevo)?	*What's up/new?*
¿Qué me cuenta/s?	*What do you say?/What's up?*

Despedidas	*Farewells*
Chao.	*Bye.*
Cuídese/Cuídate.	*Take care.*
Gusto en verlo/la/te.	*Nice to see you.*
Hasta la próxima.	*Till next time.*
Nos vemos.	*See you. (literally, "we'll see each other")*
Saludos a (nombre)/todos por su/tu casa.	*Say hi to (name)/everyone at home.*
Que le/te vaya bien.	*Take care.*

CD 1
Track 2

1-30 Diálogos

Escucha los diálogos y contesta las siguientes preguntas.

1. ¿Cómo se saludan y se despiden Nines y Amalia, dos amigas?
2. ¿Cómo se saludan las Sras. Valdés y Lobo, dos personas que no se conocen muy bien?
3. ¿Qué otros saludos y despedidas usan Víctor y Paco, otros amigos?

1-31 ¿Cómo nos saludamos y cómo nos despedimos?

Miren las fotos y decidan qué tipo de saludo o despedida es apropiado para cada situación. Luego, inventen un mini-diálogo entre las personas de cada foto para saludarse o despedirse.

1·32 El que mucho se despide, pocas ganas tiene de irse

En grupos de tres, escriban un diálogo original con por lo menos **diez** oraciones. Seleccionen una situación entre las siguientes que se presentan a continuación.

1. Unos amigos se encuentran con la novia de uno de ellos en la calle.
2. Otro estudiante y tú llegan a la casa de tu profesor/a de español para cenar y conocen a su pareja por primera vez.
3. Te preparas para salir de la casa de tus tíos después de una visita.
4. Ves a dos vecinos, los saludas, y después de hablar unos minutos, te vas.

1·33 De músico, poeta y loco todos tenemos un poco

Eres presidente del club de aficionados (*fans*) de Daddy Yankee, y vas a entrevistarlo durante su gira en tu ciudad. Un estudiante hace el papel del presidente y el otro es Daddy Yankee. Escriban un diálogo entre ustedes con un saludo y **tres** o **cuatro preguntas** sobre lo que Daddy Yankee ha hecho en su gira, lo que le fascina de ser músico y una despedida.

MODELO E1: *Muy buenos, Señor Yankee.*
E2: *¿Qué hay? Llámame Daddy, por favor.*
E1: *¿Dónde has cantado en la gira?*
E2: *He cantado en las ciudades de...*
E1: *¿Qué te gusta más de tu vida como músico?*
E2: *Me fascina el dinero, me encanta cantar y me han caído bien los aficionados como tú...*

1·34 Una foto vale más que mil palabras

En grupos de tres, miren las fotos e inventen una historia de por lo menos **ocho** oraciones sobre cada grupo. Luego crean un diálogo entre ellos. Incluyan saludos y despedidas apropiados.

Incluyan la siguiente información.

1. una descripción de su apariencia física y de su personalidad
2. la relación entre sí (*among them*)
3. algo que han hecho juntos

MODELO *La foto es de tres generaciones de una familia: abuela, madre, hija y nieta...*

ESCRIBE

Good writing is the result of a process involving several steps; it does not just happen. The process approach allows the writer to concentrate on one step at a time, eventually putting them all together to achieve the final product. Each chapter in ***¡Anda! Curso intermedio*** will focus on a different skill in the writing process.

ESTRATEGIA Process writing (Part 1): Organizing ideas

Organizing ideas around a subject brings them together into a coherent, whole unit for writing. The technique of *mapping* (drawing a graphic organizer showing relationships and/or connections among ideas, concepts, themes, etc.) can help you organize your ideas into logical categories that you can then use to begin writing. Try using a map graphic such as the one shown below to organize your thoughts before you begin. First, decide on and label your categories. Then begin to fill in your map with details expanding or explaining each category.

1•35 Antes de escribir

Tu escuela secundaria va a tener una reunión y te ha pedido un perfil personal para el libro de recuerdos. De esta manera te puedes reconectar con los compañeros que comparten (*share*) tus intereses.

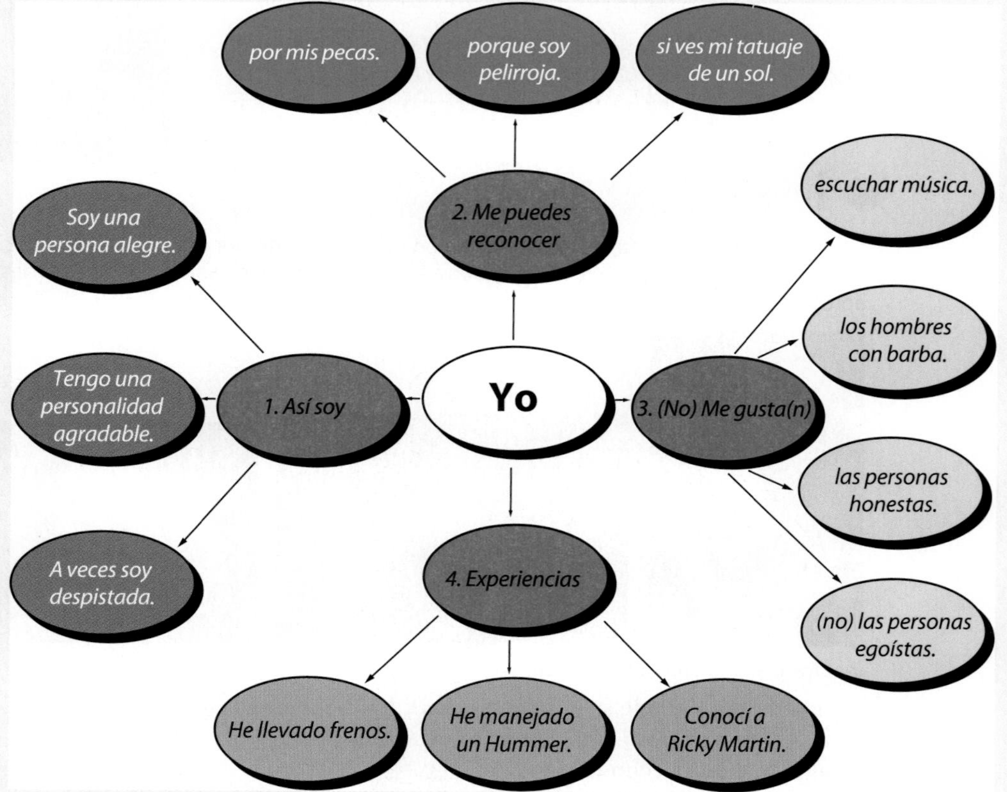

1. Primero, decide sobre las categorías descriptivas que vas a usar (por ejemplo, características físicas, de personalidad, tu edad, los gustos que te describen mejor). Escribe nombres para cada categoría en tu mapa. Puedes usar las categorías sugeridas en el modelo en los círculos rojos o algunas similares.
2. Luego, haz una lista de tus características, según (*according to*) las categorías, y escribe una oración para cada una. Pon estas oraciones en el mapa, bajo la categoría apropiada y en los círculos apropiados.

1•36 A escribir

Ahora, usando los grupos de características que has hecho en el mapa y las oraciones relacionadas, elabora tu perfil personal. Puedes mencionar algunos detalles de tu familia si quieres. Tu párrafo debe tener por lo menos **seis** oraciones. Hay que usar **por lo menos dos verbos en el pretérito** y **por lo menos dos verbos en el presente perfecto.**

MODELO *Soy Juana. Nací en California y tengo veinticuatro años; no estoy casada porque todavía soy joven…*

1•37 Después de escribir

Entrégale el perfil personal a tu profesor/a. Quizás tu profesor/a lo va a leer a la clase para ver si tus compañeros pueden identificarte.

¿Cómo andas?

Having completed the second **Comunicación,** I now can…

	Feel Confident	Need to Review
• use physical and personal descriptions to identify people (p. 43)	❑	❑
• share past events (p. 44)	❑	❑
• express what *has* happened in the recent past (p. 46)	❑	❑
• identify some notable Hispanic families and individuals (p. 53)	❑	❑
• use appropriate greetings and expressions of farewell (p. 54)	❑	❑
• use mapping to organize ideas before writing (p. 56)	❑	❑

Vistazo cultural

1-28 to 1-32

Los hispanos en los Estados Unidos

Vistas culturales

Soy socióloga en la ciudad de Los Ángeles. Me interesa mi empleo porque trabajo con familias e individuos hispanos. Estudio las características de ellos y también su cultura y sus vidas diarias. Vamos a explorar algunos ejemplos de la cultura hispana individual y familiar aquí en los Estados Unidos.

Lic. María Sánchez Mansilla, Socióloga

Pío Pico

La familia Pico-con sangre de raíces (*roots*) africanas, nativa americanas, españolas y europeas-fue muy poderosa (*powerful*) políticamente en la historia de California. Pío Pico (1801–1894) fue el último gobernador mexicano de Alta California. El Pico Boulevard en Los Ángeles fue nombrado en su honor.

Carmen Lomas Garza (b. 1948), "Sandia" (Watermelon), 1986, gouache painting on paper, 20 x 28 in. Photo Credit: Wolfgang Dietze Collection of Dudley D. Brooks and Tomas Ybarra-Frausto, New York, NY.

Sandía, Carmen Lomas Garza

Carmen Lomas Garza es una artista chicana de Texas. Sus pinturas ilustran los eventos diarios de su vida en el sur de Texas. Muchas de las pinturas muestran a la familia trabajando y/o divirtiéndose juntos. De esta manera, ella pinta la cultura chicana que experimentó de niña.

Óscar Hijuelos

Óscar Hijuelos es el hijo de inmigrantes cubanos. Nació en Nueva York en el año1951 y ahora escribe novelas con temas familiares. Ha ganado el Premio Pulitzer por su novela *The Mambo Kings Play Songs of Love* en el año 1990; fue el primer hispano de ganar este premio.

Los hermanos Molina

¿Parecen parientes? Estos tres jugadores profesionales de béisbol son hermanos. Juegan en las ligas grandes pero para equipos diferentes. ¡Y los *tres* son receptores (*catchers*)! Son originalmente de Puerto Rico.

Bengie

Yadier

José

El Paseo del Río en San Antonio, Texas

Los domingos, la familia puede pasar unas horas agradables en *El Paseo del Río*. Es muy popular hacer una caminata por el paseo. A las familias les encanta andar, tomar un viaje en barco, comer en un restaurante al lado del río o simplemente sentarse y mirar a las personas que pasean por allí.

El Festival de la Calle Ocho

Cada marzo, hay un festival enorme en la Calle Ocho de la Pequeña Habana de Miami. En veintitrés cuadras (*blocks*) de la ciudad la gran población cubana allí se celebra su herencia cultural con comida, baile, música y actividades para los niños y toda la familia.

El mes de la herencia hispana

El Mes de la Herencia Hispana se celebra el 15 de septiembre hasta el 15 de octubre. Las celebraciones tienen lugar en ciudades por todas partes de los EE.UU.

Preguntas

1. Selecciona a una de las familias de las fotos (los hermanos Molina o la familia del cuadro de Carmen Lomas Garza) y descríbela. ¿Cómo es similar y cómo es diferente a tu familia?
2. ¿Cuál de los eventos culturales te gusta más? ¿Por qué?
3. ¿Qué son algunas cosas que haces con tu familia?

Laberinto peligroso

EPISODIO 1

1-33 to 1-35

ESTRATEGIA **Pre-reading techniques: Schemata, cognates, predicting, and guessing**

Even before you begin to read something, you are already using many clues that help you understand the passage. For example, by focusing on titles and subtitles and also on any pictures and illustrations and their captions, you begin to guess what the passage might contain. You can also use cognates (words that look like English words and mean the same) and your prior knowledge of the world (schemata) to aid in your predictions.

En el primer episodio de *Laberinto peligroso,* vas a conocer a Javier, a Cisco y a Celia, tres periodistas que se conocen y que están viviendo en la misma ciudad. Ellos todavía no lo saben, pero están a punto de empezar una gran aventura ¡pero puede ser una aventura muy peligrosa!

1-38 Antes de leer. Completa los siguientes pasos.

Paso 1 Mira el título del episodio. Si no sabes el significado de las palabras, consulta el diccionario.

Paso 2 Subraya los cognados que aparecen en el primer párrafo.

Paso 3 Usando los cognados que has identificado y el título, crea una hipótesis sobre el episodio. ¿Qué piensas que va a pasar?

DÍA 1

¿Periodistas en peligro?

CD 1
Track 3

Javier quería sorprender a sus estudiantes. A todos les interesaba mucho el tema del seminario —los reportajes de investigación— pero Javier pensaba que las clases eran demasiado teóricas. Estaba harto de aburrir a sus estudiantes. Cuando aceptó el trabajo como profesor, fue porque le encantaba ser periodista y porque quería tener un impacto en el mundo. Pero sus clases no le parecían interesantes y quería enseñarlas mejor. Después de reflexionar mucho, llegó a una conclusión: a sus estudiantes les hacía falta una perspectiva más práctica y, por eso, Javier decidió invitar a unos periodistas a la clase para formar un panel de expertos.

Estaba seguro de que su amiga Celia lo iba a ayudar. Acababa de llegar a la ciudad y Javier iba a almorzar con ella ese mismo día. Sabía que la oportunidad también le podía interesar a Cisco, un columnista importante que era muy buena gente. Javier decidió llamarlo por teléfono.

—Aló. —Cisco contestó el teléfono con un tono de voz que mostraba que estaba agotado.
—Hola, Cisco, soy Javier. ¿Estás bien? —le preguntó Javier, preocupado.

—Sí, Javier. —respondió Cisco con un tono más alegre. —Simplemente he tenido muchos obstáculos y dificultades con una de mis investigaciones. Me ha frustrado un poco. ¿Qué tal tú?
—Bien, aunque he estado muy ocupado con el seminario que estoy enseñando en la universidad. Por eso te llamo; quiero pedirte un favor.
—¿Qué necesitas?
—Ya sabes que respeto mucho tu trabajo y que me encanta tu columna —dijo Javier con un tono más serio. —Quiero que vengas al seminario para hablar sobre tu columna y las investigaciones que haces. Sé que tienes muchas anécdotas interesantes para contar. ¿Qué te parece?
—Me parece muy interesante. Me encanta participar en ese tipo de actividades. Claro que te ayudo.
—Muchísimas gracias, Cisco. ¿Te puedo llamar dentro de unos días para hablar de los detalles?
—Muy bien. Hablamos entonces. Hasta luego, Javier.
—Adiós, Cisco, y gracias de nuevo.

Después de hablar con Cisco, Javier salió para almorzar con Celia. Cuando entró en el café, Celia ya estaba allí.
—Perdóname por llegar tarde, Celia. ¿Llevas mucho tiempo esperándome?
—No, Javier. Hace cinco minutos que llego. Siéntate. ¿Qué tal estás?
—¿Qué tal estás tú? ¡Cuánto me alegro de tenerte cerca!
—Estoy bien y muy contenta con mi decisión de vivir aquí durante una temporada.° Estaba tan harta de mi trabajo; realmente necesitaba un descanso.

a while; period of time

—¿Qué vas a hacer? ¿Tienes muchos planes? —le preguntó Javier.
—No, tengo muy pocos planes. Voy a hacer investigaciones para unos proyectos, y voy a intentar descansar. —respondió Celia.
—¿La ex-agente federal que siempre ha necesitado estar trabajando ahora quiere "descansar"? ¡No lo creo!
—Créetelo. He cambiado mucho desde mis días con el FBI. Pero no he venido aquí para hablar de eso. Cuéntame cosas de ti. ¿Qué tal va el seminario?
—Bien, pero va a ir mejor gracias a ti; como eres tan buena amiga, me vas a hacer un gran favor.
—¿Ah, sí? ¿Y qué favor es? —preguntó Celia en un tono insinuante.°

flirtatious

—Vas a venir al seminario como experta invitada para hablar de tus experiencias como investigadora y como periodista. ¿Te gusta la idea?
—Me parece muy bien. Puedes contar conmigo.

Mientras Javier y Celia continuaron conversando y almorzando, Cisco llegó al café al otro lado de la calle y se sentó con una amiga. En ese café, había un hombre que miraba a Javier y a Celia y también a Cisco. Mientras los observaba, sacó un cuchillo.

1-39 Después de leer. Contesta las siguientes preguntas.

1. ¿Cómo se llaman los personajes principales del episodio? ¿Qué sabemos de ellos?
2. ¿Crees que Javier y Cisco son amigos o conocidos? ¿Piensas que Javier y Celia son amigos o conocidos?
3. ¿Cuál(es) de los personajes ha(n) tenido problemas en su trabajo? ¿Qué tipo de problemas ha(n) tenido? ¿Tiene(n) soluciones?

4. ¿Por cuánto tiempo va a estar Celia en la ciudad?, ¿Qué planes tiene?
5. ¿Qué ocurrió en el restaurante?

video

En la primera lectura conociste a los tres periodistas que van a ser los personajes principales de *Laberinto peligroso*. En el primer episodio del video, vas a conocerlos un poco más en el contexto del seminario de Javier.

1-40 Antes del video. ¿Has ido alguna vez a una conferencia con un panel de expertos? ¿En qué tipo de lugares hacen las conferencias así? ¿Cómo empiezan normalmente?

Antes de ver el video, contesta las siguientes preguntas.

1. ¿Piensas que los periodistas están en peligro? ¿Por qué?
2. ¿Por qué crees que el hombre del restaurante sacó el cuchillo?
3. El video tiene lugar en el seminario que enseña Javier. ¿Qué piensas que vas a descubrir sobre los personajes y sobre su situación?

… me gusta mucho tu nuevo corte de pelo, te queda muy bien.

Me cae muy bien Emilio. Es muy simpático; no es nada presumido sino muy sencillo.

También trabajé en un restaurante, en un spa, y he escrito unas novelas… he hecho un poco de todo.

¿Puede ser?

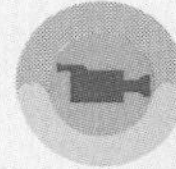

Episodio 1

1-41 Después del video. Completa los siguientes pasos para describir a los personajes principales.

Paso 1 Completa cada columna con la información que aprendiste de la lectura y en el video.

JAVIER	CISCO	CELIA
1. *es periodista*	1. *es periodista*	1. *es periodista*
2. *es profesor*	2. *es fuerte*	2. *tiene el pelo largo*
3. …	3. …	3. …

Paso 2 Ahora escribe una descripción de un párrafo sobre uno de los personajes.

Y por fin, ¿cómo andas?

Each chapter will end with a checklist like the one that follows. This is the third time in the chapter that you are given the opportunity to check your progress. Use the checklist to measure what you have learned in the chapter. Place a check in the *Feel Confident* column of the topics you feel you know, and a check in the *Need to Review* column for the topics that you need to practice more.

Having completed this chapter, I now can...

	Feel Confident	Need to Review
Comunicación		
• describe myself and others (p. 32)	❑	❑
• discuss events in the past (p. 44)	❑	❑
• use verbs formed similarly to **gustar** (p. 38)	❑	❑
• express what *has happened* (p. 46)	❑	❑
• predict and anticipate content from context and guess meaning when listening (p. 41)	❑	❑
• greet and say good-bye to someone (p. 54)	❑	❑
• use the pre-writing skill of mapping to organize ideas for writing (p. 56)	❑	❑
• write a personal profile (p. 56)	❑	❑
• employ pre-reading techniques such as predicting and guessing meaning and using schemata and cognates (p. 60)	❑	❑
Cultura		
• examine stereotypes (p. 40)	❑	❑
• identify and share details about some well-known Spanish families (p. 53)	❑	❑
• share information about Hispanic families and events in the United States (p. 58)	❑	❑
Laberinto peligroso		
• use schemata, cognates, predicting and guessing to aid in reading comprehension (p. 60)	❑	❑
• describe Javier, Celia, and Cisco, and list details about them (p. 61)	❑	❑
• hypothesize about the man with the knife (p. 62)	❑	❑

VOCABULARIO ACTIVO

CD 1
Tracks 4-14

La cabeza y la cara — *Head and face*

la apariencia	*appearance*
la barba	*beard*
el bigote	*moustache*
las canas	*gray hair*
las cejas	*eyebrows*
la frente	*forehead*
los labios	*lips*
el lunar	*beauty mark, mole*
la mejilla	*cheek*
el mentón	*chin*
las pestañas	*eyelashes*
la piel	*skin*

El pelo — *Hair*

calvo/a	*bald*
castaño	*brunette, brown*
pelo: canoso, corto, largo, lacio, moreno, rizado	*hair: gray, short, long, straight, black, curly*
pelirrojo/a	*redhead*
rubio/a	*blond*
pelo teñido	*dyed*

Características notables — *Notable characteristics*

la cicatriz	*scar*
los frenos	*braces*
las pecas	*freckles*
la peluca	*wig*
la perforación del cuerpo	*body piercing*
el tatuaje	*tattoo*
la trenza	*braid*

Características personales — *Personal characteristics*

agradable	*agreeable, pleasant*
alegre	*happy, cheerful*
callado/a	*quiet*
chistoso/a	*funny*
cuidadoso/a	*careful*
(des)organizado/a	*(dis)organized*
despistado/a	*absentminded, scatterbrained*
educado/a / maleducado/a	*polite / impolite, rude*
egoísta	*selfish*
extrovertido/a / introvertido/a	*extroverted / introverted*
flojo/a	*lazy*
gastador/a	*extravagant, wasteful*
generoso/a	*generous*
grosero/a	*rude*
honesto/a	*honest*
pesado/a	*dull, tedious*
presumido/a	*conceited, arrogant*
raro/a	*strange*
sencillo/a	*modest; simple*
sensible	*sensitive*
serio/a	*serious*
tacaño/a	*cheap*
terco/a	*stubborn*
tímido/a	*shy*

Palabras útiles — *Useful words*

discapacitado/a	*physically/psychologically handicapped*

Algunos estados — *Some states*

agotado/a	*exhausted*
amable	*nice*
asqueado/a	*disgusted*
asustado/a	*frightened*
avergonzado/a	*embarrassed, ashamed*
celoso/a	*jealous*
cómodo/a	*comfortable*
confundido/a	*confused*
deprimido/a	*depressed*
enamorado/a	*in love*
enojado/a	*angry*
furioso/a	*furious*
harto/a	*fed up*
orgulloso/a	*proud*
sorprendido/a	*surprised*

Verbos	*Verbs*
portarse bien/mal	*to behave/to misbehave*
ser buena/mala gente	*to be a good/bad person*

La familia	*Family*
el ahijado/la ahijada	*godson/goddaughter*
el bisabuelo/ la bisabuela	*great-grandfather/ great-grandmother*
el cuñado/la cuñada	*brother-in-law/sister-in-law*
los gemelos	*twins (identical)*
el hermanastro/ la hermanastra	*stepbrother/stepsister*
el hijastro/la hijastra	*stepson/stepdaughter*
el hijo único/ la hija única	*only child*
la madrina/el padrino	*godmother/godfather*
el marido	*husband*
la mujer	*wife*
el nieto/la nieta	*grandson/granddaughter*
la nuera/el yerno	*daughter-in-law/son-in-law*
la pareja	*couple; partner*
el pariente	*relative*
el suegro/la suegra	*father-in-law/mother-in-law*

Las etapas de la vida	*Stages of life*
la adolescencia	*adolescence*
la jubilación	*retirement*
la juventud	*youth*
la muerte	*death*
el nacimiento	*birth*
la niñez	*childhood*
la vejez	*old age*
el viudo/la viuda	*widower/widow*

Adjetivos	*Adjectives*
anciano/a	*elderly*
casado/a	*married*
divorciado/a	*divorced*
embarazada	*pregnant*
soltero/a	*single (not married)*

Verbos	*Verbs*
casarse	*to marry, to get married*
divorciarse	*to divorce, to get divorced*
envejecer	*to grow old, to age*
nacer	*to be born*
recordar (o-ue)	*to remember; to remind*
separarse	*to separate, to get separated*

2

El tiempo libre

A la gente le gustan los pasatiempos y los deportes que son tan variados como las personas mismas (*themselves*). El fútbol y el béisbol, por ejemplo, son deportes muy populares en los países hispanohablantes. Para muchos, son deportes para practicar y hacer ejercicio, y para otros son pasatiempos para observar y disfrutar (*enjoy*). Hay deportes y pasatiempos para todos los gustos.

	OBJETIVOS	CONTENIDOS
Comunicación	• To share information about sports • To tell others to do something • To make suggestions for group action using *Let's* • To describe pastimes • To make recommendations and suggestions, to express volition • To listen for the gist • To express pardon, request clarification and check for comprehension • To use linking words to make writing more cohesive	1 Some sports 68 **Repaso** Formal and informal commands 70 2 *Nosotros/as* commands 74 **Escucha** 79 **Estrategia:** Listening for the gist 3 Some pastimes 81 **Repaso** The subjunctive 82 4 The subjunctive used to express hopes, desires, and requests 86 **¡Conversemos!** 92 **Estrategias comunicativas:** Expressing pardon, requesting clarification, and checking comprehension **Escribe** 94 **Estrategia:** Process writing (Part 2): Linking words
Cultura	• To discuss an international sporting event • To identify three elite athletes and champions in the Spanish-speaking world • To describe sports and pastimes in Mexican culture	**Notas culturales** La Vuelta al Táchira 77 **Perfiles** Campeones famosos del mundo hispano 90 **Vistazo cultural** Deportes y pasatiempos en la cultura mexicana 96 **Letras** *El fútbol a sol y sombra y otros escritos* (fragmento) (Eduardo Galeano) *See Literary Reader*
Laberinto peligroso	• To scan, skim, and get the gist of a passage • To report who Celia is interested in, why Cisco needs another job, and what mysterious phenomenon lurks at Cisco's new job site • To consider who is trying to harm Celia	**Episodio 2** **Lectura:** *Búsquedas* 98 **Estrategia:** Scanning and skimming; reading for the gist **Video:** *¿Qué te ocurre, Celia?* 100

¡A divertirnos!

PREGUNTAS

1 ¿Cuáles son tus deportes y pasatiempos favoritos?
2 ¿Cuándo y dónde puedes practicarlos?
3 ¿Cuáles son los deportes más populares en los EE.UU.? ¿Qué deportes se practican en los EE.UU. y en los países hispanos?

Comunicación

- Sharing information about sports
- Giving instructions, advising, or suggesting that something be done

VOCABULARIO 1 Algunos deportes

SAM 2-1 to 2-3

¡Anda! Curso elemental, Capítulo 2, Los deportes y los pasatiempos, Apéndice 2.

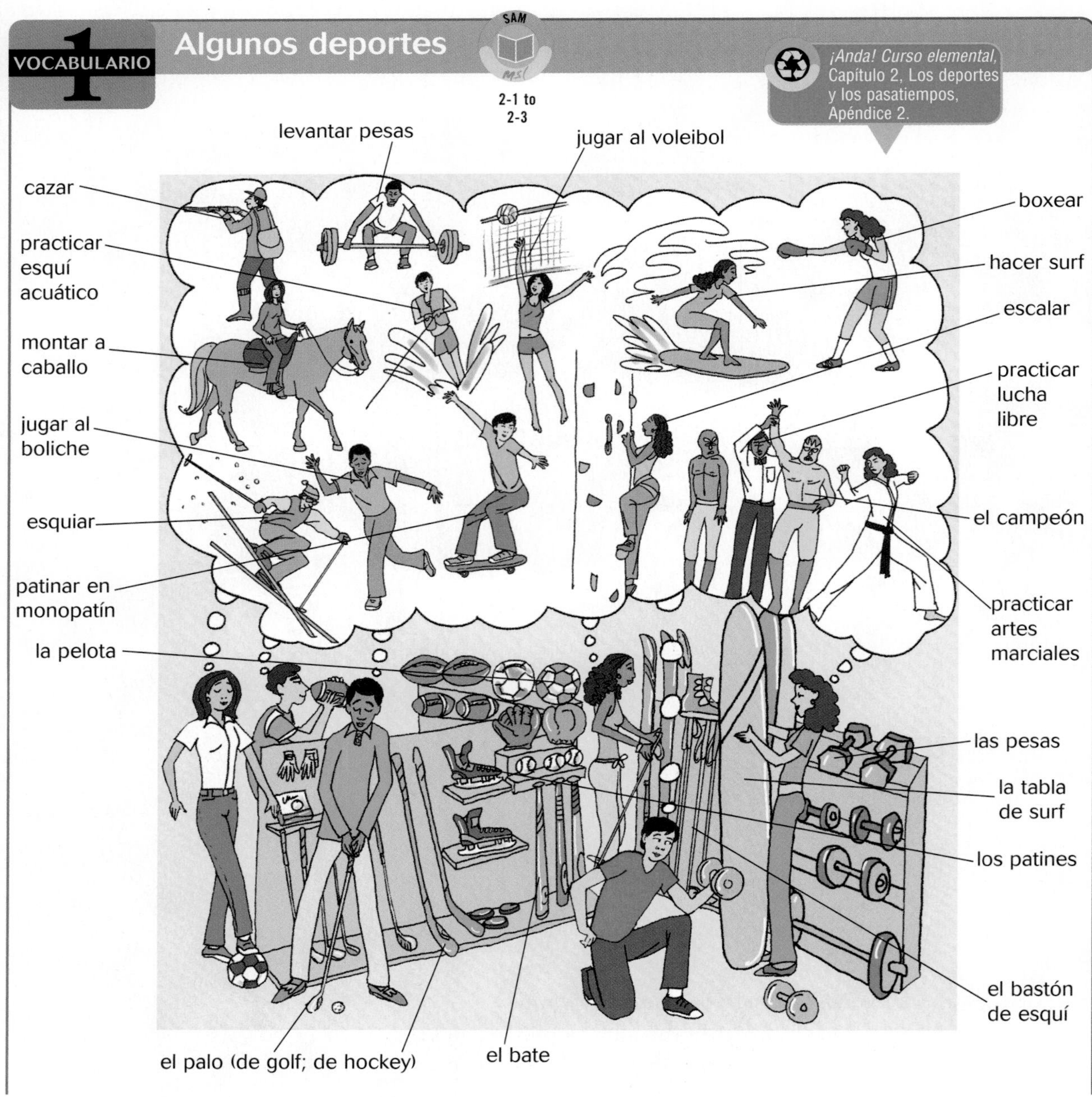

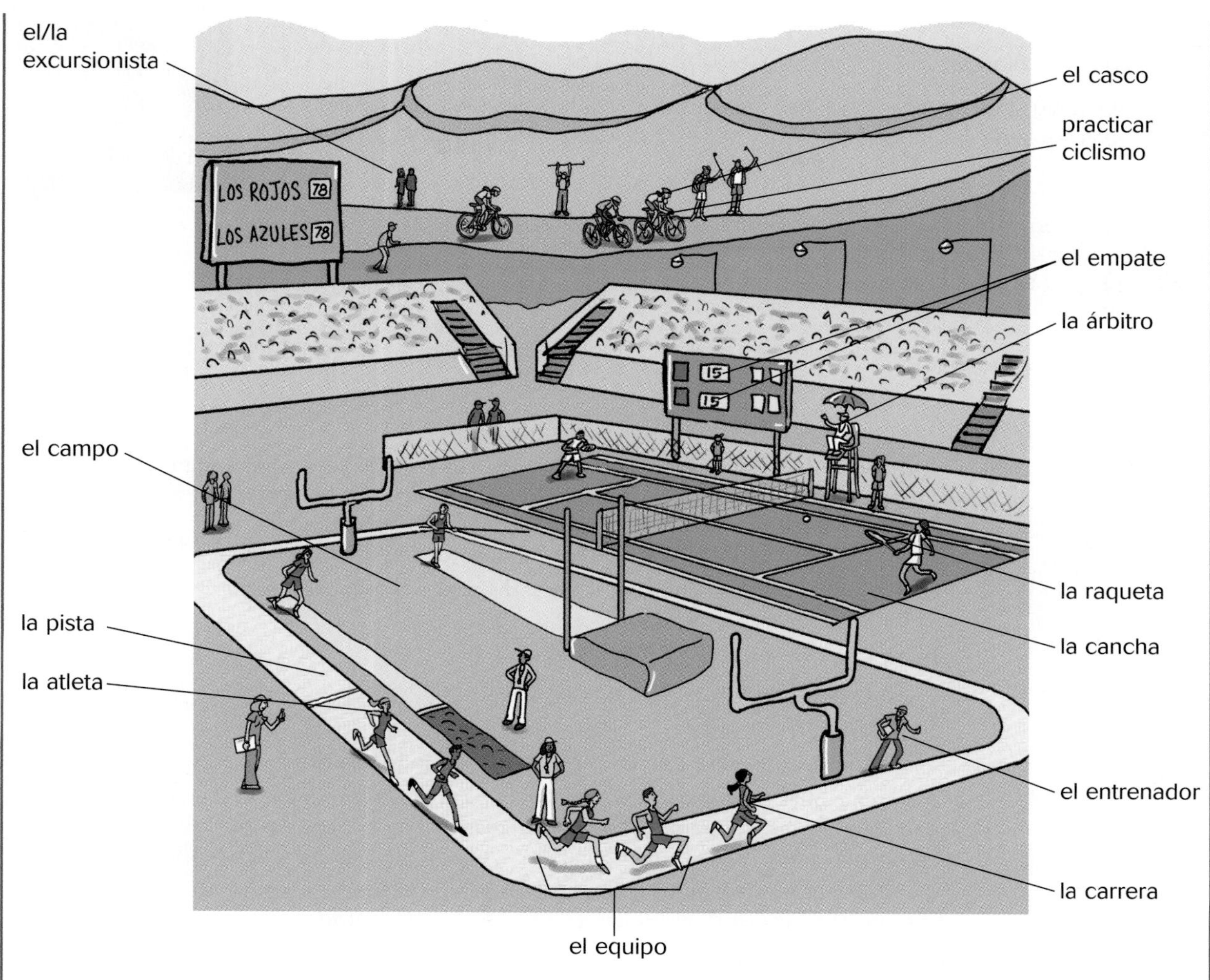

el pilates	*Pilates*
el remo	*rowing*
el yoga	*yoga*
jugar al hockey (sobre hielo; sobre hierba)	*to play hockey (ice; field)*

Algunos términos deportivos	***Some sports terms***
el árbitro	*male referee, umpire*
el atleta	*male athlete*
el atletismo	*track and field*
el campeonato	*championship*
la campeona	*female champion*
la competición/la competencia	*competition*
deportista	*sporty; sports-loving person*
la entrenadora	*female coach*
el equipo deportivo	*sporting equipment*
el resultado	*score*
el tamaño	*size*

Algunos adjetivos	***Some adjectives***
apropiado/a	*appropriate*
atlético/a	*athletic*
deportivo/a	*sports-related*

Algunos verbos	***Some verbs***
competir (e-i-i)	*to compete*
entrenar	*to train*
ganar	*to win*
perder (e-ie)	*to lose*

Querido diario:

Mis amigos me dicen —Celia, haz más ejercicio. No trabajes tanto. Diviértete y no seas tan seria—. Sí necesito ser más activa. Empiezo a hacer ejercicio... mañana.

Preguntas

1. ¿Qué le dicen a Celia sus amigos? ¿Qué piensa hacer Celia para mejorar su condición física?
2. ¿Qué tienes o no tienes en común con ella?

2-4 to 2-10

REPASO

Los mandatos formales e informales

In Celia's diary, she wrote about what her friends have been suggesting to her, e.g., ***haz* más ejercicio; No *trabajes* tanto; *Diviértete*—no *seas* tan seria.** You will remember that all the boldfaced and italicized words are **informal commands.**

- Remember that to form *familiar* **(tú)** commands, you do the following.
  A. The *affirmative* **tú** command is the same as the **él, ella, Ud.** form of the present indicative tense of the verb.
  B. To form the *negative* **tú** commands:
    1. Take the **yo** form of the present tense of the verb.
    2. Drop the **-o** ending.
    3. Add **-es** for **-ar** verbs, and add **-as** for **-er** and **-ir** verbs.
- Also remember that *formal* (**Ud.** and **Uds.**) commands are similar to the negative **tú** command forms (see point **B**), but rather than adding **-es** and **-as** to verbs, you add an **-e/en** and **-a/an.** To make them negative, you simply place a **no** before the verb.

For more review information on commands (including irregular **tú** commands and object placement), please refer to **Capítulo 10** of ***¡Anda! Curso elemental*** in Appendix 3.

Estrategia

When learning vocabulary, study the list and quickly begin to eliminate the words you already know and the others that you can learn quickly. Focus on the remaining words and phrases for more concentrated study.

2-1 ¿Va o no va?

Completen los siguientes pasos.

Paso 1 Escojan la palabra que no pertenece a cada uno de los siguientes grupos. Túrnense.

1. el atletismo, la carrera, la pista, el boliche
2. el árbitro, la tabla de surf, la raqueta, el bate
3. el entrenador, la cancha, el atleta, el campeón
4. la pista, el palo, los patines, las pesas
5. la pelota, la cancha, el tamaño, la raqueta

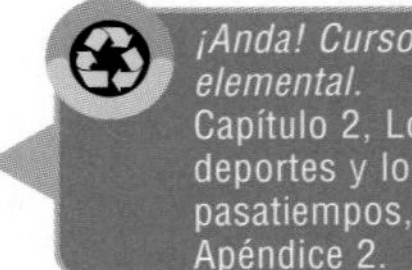

¡Anda! Curso elemental. Capítulo 2, Los deportes y los pasatiempos, Apéndice 2.

Paso 2 Expliquen por qué la palabra que escogieron no pertenece.

2-2 El entrenador

Túrnense para darles instrucciones a unos atletas, usando **los mandatos informales.**

Paso 1 Diles lo que deben hacer.

MODELO esquiar / en los Andes
Esquía en los Andes.

1. practicar las artes marciales / para tener más equilibrio
2. patinar en monopatín / con un casco
3. hacer surf / con un profesional
4. jugar al boliche / los sábados con nosotros
5. repetir / los ejercicios con pesas ligeras (*light*)
6. ir / a ver la competición del atletismo
7. comer carbohidratos / antes de boxear
8. poner / las pelotas en la cesta (*basket*)
9. buscar / los bates en el campo
10. dormir / ocho horas cada noche

Paso 2 Ahora diles lo que no deben hacer.

MODELO esquiar / en los Andes
No esquíes en los Andes.

Estrategia

Remember that stem-changing verbs in the present indicative will usually reflect those changes in the *Ud.*, *Uds.*, and *tú* commands. What are the commands for *cerrar, servir,* and *dormir*?

¡Anda! Curso elemental, Capítulo 2, Los deportes y los pasatiempos, Apéndice 2.

2-3 Los deportes en la UCA

El semestre que viene, vas a estudiar en la UCA (Universidad Católica Argentina). Tienen un gran programa deportivo y quieres participar.

Paso 1 Completa el formulario.

Complete el siguiente formulario para recibir información detallada de las actividades deportivas a realizarse durante el año escolar.

fútbol
___ novicio
___ recreativo
___ competitivo

polo
___ novicio
___ recreativo
___ competitivo

tenis
___ novicio
___ recreativo
___ competitivo

hockey
___ novicio
___ recreativo
___ competitivo

voleibol
___ novicio
___ recreativo
___ competitivo

golf
___ novicio
___ recreativo
___ competitivo

básquetbol
___ novicio
___ recreativo
___ competitivo

escuela montaña (escalar)
___ novicio
___ recreativo
___ competitivo

Paso 2 Comparte el formulario con tus compañeros en grupos de tres o cuatro. ¿Van a participar en los mismos deportes? ¿En qué deportes son novicios? ¿En qué deportes están al nivel recreativo?, ¿nivel competitivo? Luego, formen **cuatro mandatos informales** para animarlos o desanimarlos.

MODELO E1: *Joe, no juegues al fútbol. Practica el remo conmigo.*
E2: *Sarah, juega al voleibol conmigo. No escales la montaña…*

Fíjate

Remember to say "with me," you say *conmigo*.

Fíjate

You see in the directions to **2-4** the word *primito*, meaning *little cousin*. The endings *ito/a/s* mean *small/little/cute/endearing*. How would you say *my little female cousin? Her little house? Our little books?*

¡Anda! Curso intermedio, Capítulo 1, Review of direct object pronouns, pág. 34.

2-4 Te toca a ti

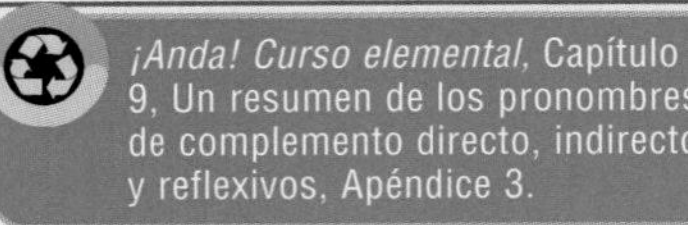

¡Anda! Curso elemental, Capítulo 9, Un resumen de los pronombres de complemento directo, indirecto y reflexivos, Apéndice 3.

Tienen un primito bien atlético. Túrnense para contestar sus preguntas. En sus respuestas, deben usar **los pronombres de complemento directo.**

MODELO ¿Puedo escalar el estante de libros? (No)
No, no lo escales.

1. ¿Puedo usar tus patines? (No)
2. ¿Puedo levantar las pesas grandes? (Sí)
3. ¿Puedo ponerme tu casco para patinar en monopatín? (No)
4. ¿Puedo practicar las artes marciales en tu garaje? (Sí)
5. ¿Puedo comprar unas pelotas de tenis? (Sí)

2-5 Cosas para hacer y no hacer

Túrnense para formar **mandatos formales afirmativos y negativos** con las siguientes palabras.

MODELO el bastón de esquí (Ud.)
Busque el bastón de esquí. No compre bastones de esquí nuevos…

1. los palos de golf (Ud.)
2. la lucha libre (Uds.)
3. el casco (Uds.)
4. las pesas (Ud.)
5. el equipo (Uds.)
6. la árbitro (Ud.)

¡Anda! Curso elemental, Capítulo 2, Los deportes y los pasatiempos; Capítulo 7, La comida; Capítulo 9, El cuerpo humano, Apéndice 2.

2-6 Sus consejos

Antonia Novello, de Fajardo, Puerto Rico, fue la primera mujer y la primera hispana en ocupar el puesto de Cirujana General de los Estados Unidos (1990–1993). En una conferencia reciente, le da consejos al público sobre cómo vivir una vida sana y segura. Formen por lo menos **cinco mandatos formales afirmativos** y **tres negativos** que ella podría (*could*) dar.

MODELO *Es importante ser activo y es necesario usar el equipo deportivo adecuado. Por ejemplo, compren un casco bueno para practicar ciclismo…*

2-7 Un deporte para cada quien

¡Anda! Curso elemental, Capítulo 2, Los deportes y los pasatiempos, Apéndice 2.

Túrnense para darles consejos a unos jóvenes que quieren ponerse en forma.

MODELO Nos gustan los animales.
Pues, monten a caballo.

1. Nos gusta la nieve.
2. Nos gustan las bicicletas.
3. Nos gustan las montañas.
4. Nos gusta el hielo.
5. Nos gusta el agua.
6. Nos gusta el gimnasio.

Estrategia

Remember to use the *Ud./Uds.* forms with people you do not know well or with whom you are not on a first-name basis. Guests in a hotel would fall into this category.

2-8 El Centro Turístico de Punta Cana

¡Qué suerte! Tienen la oportunidad de trabajar durante un verano en un centro turístico muy exclusivo en la República Dominicana. Túrnense para ayudar a los huéspedes (*guests*) a escoger el deporte perfecto.

Fíjate

Miguel Indurain is a Spanish cyclist, winner of numerous races including the prestigious Tour de France. Many consider him the best Spanish athlete of all time and one of the greatest in cycling history.

MODELO Soy una persona muy enérgica y quiero hacer algo para aliviar el estrés.
Pues, practique artes marciales.

1. Admiro mucho a Lance Armstrong y a Miguel Indurain.
2. No me gusta jugar en equipo.
3. Me siento muy joven y me gusta el peligro (*danger*).
4. No soy muy fuerte.
5. Traje una raqueta.
6. Me gusta correr.

Punta Cana

¡Anda! Curso elemental, Capítulo 2, Los deportes y los pasatiempos; Capítulo 4, Los lugares; Capítulo 5, El mundo de la música, El mundo del cine, Apéndice 2.

2-9 Vengan a vernos

Escriban un anuncio de publicidad para el Centro Turístico de Punta Cana. Usen por lo menos **ocho mandatos formales**. ¡Sean creativos!

MODELO *¡Señoras y señores! Vengan al Centro Turístico de Punta Cana para pasar siete días estupendos con nosotros. Por ejemplo, jueguen al béisbol y usen el mismo bate que usó Sammy Sosa. También…*

Los mandatos de *nosotros/as*

2-11 to 2-12

49

¡Esquiemos! ¡Cacemos!

In the ***Repaso*** section, we revisited the **tú** and **Ud. /Uds.** commands. Whenever you wish for people to join you in doing things, you use the **nosotros** commands. These commands are the equivalent of the English *Let us/Let's…*

- The endings are the same for all regular and irregular verbs and are formed like the **Ud., Uds.,** and negative **tú** commands:

1. Take the **yo** form of the present indicative tense of the verb.
2. Drop the **-o** ending.
3. Add **-emos** for **-ar** verbs, and add **-amos** for **-er** and **-ir** verbs.

camin**ar** yo camin~~o~~ + **emos** camin**emos**

	ganar	correr	vivir
nosotros	gan**emos**	corr**amos**	viv**amos**

Mont**emos** a caballo hoy. *Let's go horseback riding today.*
Y corr**amos** en el parque. *And let's go running in the park.*

- Note that these endings do not change their form in the negative **nosotros** command.

No mont**emos** a caballo hoy. *Let's not go horseback riding today.*
Y no corr**amos** en el parque. *And let's not go running in the park.*

- Some common irregular verbs are formed as follows:

	hacer	poner	ser	traer
nosotros	ha**gamos**	pon**gamos**	se**amos**	trai**gamos**

	decir	ir	oír	salir
nosotros	di**gamos**	va**yamos**	oi**gamos**	sal**gamos**

No **vayamos** al partido de fútbol esta noche. *Let's not go to the soccer game tonight.*
Ha**gamos** una fiesta en casa. *Let's have a party at home.*
Sal**gamos** para el centro. *Let's go downtown.*

- Note the spelling changes for some common verbs ending in **-car, -gar,** and **-zar.**

	practicar	jugar	empezar
nosotros	practi**quemos**	ju**guemos**	empe**cemos**

Practiquemos ciclismo con toda la familia. *Let's go cycling with the whole family.*
No **juguemos** sin los niños. *Let's not play without the children.*
Empecemos el juego a las dos. *Let's start the game at two.*

- Stem changing **-ir** verbs, such as **dormir (o-ue-u)** and **competir (e-i-i)** change as follows:

	dormir (o-ue-u)		**competir (e-i-i)**	
	present	***nosotros* command**	**present**	***nosotros* command**
nosotros	dormimos	**durmamos**	competimos	**compitamos**

Durmamos más para poder jugar mejor. — *Let's sleep more so that we will be able to play better.*

Compitamos contra el equipo de tu hermano. — *Let's compete against your brother's team.*

- As in the case of **tú** and **Ud(s).** commands, object pronouns are used with **nosotros** commands, as shown in the examples that follow. With reflexive verbs, or when adding the pronoun **se,** the final **-s** is dropped from **-mos** (for example, **sentémonos**).

Jorge, ¿dónde está tu casco? — *Jorge, where is your helmet?*

Busquémoslo ahora mismo. — *Let's all look for it right now.*

¿Cuándo vamos a comprar las raquetas nuevas de tenis? Comprémoslas ahora. — *When are we going to buy the new tennis rackets? Let's buy them now.*

¿Las raquetas? No las compremos ahora; esperemos hasta la semana que viene. — *The rackets? Let's not buy them now; let's wait until next week.*

¿Tienes el palo para Pepe? — *Do you have the golf club for Pepe?*

Sí, pero no se lo demos ahora. — *Yes, but let's not give it to him now.*

Dejemos de hablar. ¡Levantémonos y juguemos! — *Let's stop talking. Let's get up and play!*

Ella necesita unas pelotas de tenis. — *She needs some tennis balls.*

Comprémoselas antes de irnos a la cancha. — *Let's buy them for her before going to the tennis court.*

1. Where are object pronouns placed when used with affirmative commands?
2. Where are object pronouns placed when used with negative commands?
3. When do you need to add a written accent mark?

Check your answers to the preceding questions in Appendix 1.

Note: Affirmative **nosotros** commands can also be expressed using the phrase **vamos a** + *infinitive*. To express "let's not" do something, the subjunctive is used.

Vamos a patinar en monopatín mañana. — *Let's go skateboarding tomorrow.*

Vamos a esquiar este fin de semana. — *Let's go skiing this weekend.*

No vayamos al gimnasio a levantar pesas hoy. Estoy cansada. — *Let's not go to the gym to lift weights today. I'm tired.*

No vayamos al partido de hockey esta noche. — *Let's not go to the hockey game tonight.*

2·10 De otra manera

Cambien los mandatos **vamos a** + *infinitivo* a mandatos de nosotros/as. Túrnense.

MODELO Vamos a bailar.
Bailemos.

Vamos a…

1. practicar lucha libre.
2. hacer surf.
3. repetir el juego.
4. jugar al hockey.
5. competir contra el equipo de Tomás.
6. escalar montañas.
7. montar a caballo.
8. esquiar.

La montaña Aconcagua en Argentina

¡Anda! Curso intermedio, Capítulo 1, Otras características personales, pág. 32.

¡Anda! Curso elemental, Capítulo 2, Los deportes y los pasatiempos, Apéndice 2.

2·11 Así somos

Hay una actividad para cada personalidad. Túrnense para sugerir actividades a las siguientes personas.

MODELO Somos deportistas.
E1: *Escalemos las montañas.*
E2: *Buena idea. Esquiemos también.*

Somos…

1. extrovertidos
2. tacaños
3. pobres
4. fuertes
5. callados
6. flojos
7. ricos
8. débiles

¡Anda! Curso intermedio, Capítulo 1, Algunos verbos como *gustar*, pág. 38.

2·12 ¿Qué hacemos?

Circula por la clase y habla con **dos** personas para poder encontrar una(s) actividad(es) que puedan hacer juntos.

MODELO YO: *A mí no me gusta hacer surf, ¿a ti Julie?*
E1: *A mí tampoco me gusta hacer surf.*
E2: *A mí sí me gusta hacer surf.*
YO: *Bueno. Lo siento, Al, pero no hagamos surf.*

ACTIVIDAD	Yo	E1 *Julie*	E2 *Al*
1. hacer surf	*no*	*no*	*sí*
2. hacer ejercicio			
3. jugar al tenis			
4. nadar			
5. patinar sobre hielo			
6. tomar el sol			
7. montar a caballo			

SAM 2-13

Notas culturales

La Vuelta al Táchira

A muchos deportistas les encanta el desafío (*challenge*) que acompaña una competencia deportiva. Investiguemos un evento que tiene lugar anualmente en el estado de Táchira en Venezuela. Se trata de una competencia de ciclismo que ocurre en el mes de enero durante la Fiesta de San Sebastián. En esta difícil competencia participan ciclistas de todo el mundo. Muchas personas creen que la Vuelta al Táchira es el evento ciclista más importante de América.

Consideremos los elementos del desafío: la distancia de la ruta es de más de 1.700 kilómetros en total. El terreno es muy montañoso. La competencia se divide en trece etapas y dura dos semanas. Y no olvidemos la rivalidad que existe en esta competencia entre los participantes colombianos y venezolanos en particular. Así que es un evento con mucha emoción y actividad.

La Vuelta al Táchira

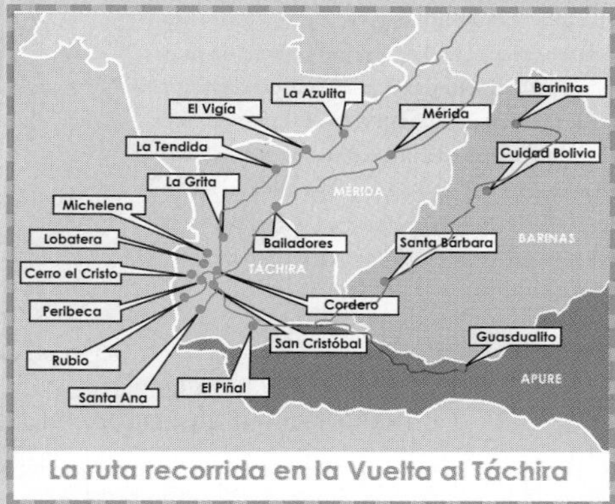

La ruta recorrida en la Vuelta al Táchira

Preguntas

1. ¿Qué tipo de deporte se practica en Táchira?
2. Describe la competencia: cuándo es, el terreno, la distancia de la ruta, etc.
3. ¿Cómo se puede preparar un participante para la Vuelta?
4. ¿Qué otras competiciones internacionales conoces?

2-13 ¡Conversemos!

Túrnense para hacer planes para el próximo fin de semana.

MODELO jugar al boliche

E1: *Me gusta jugar al boliche.*

E2: *Yo también juego al boliche.*

E1: *Entonces, juguemos al boliche este fin de semana.*

1. boxear
2. practicar artes marciales
3. ir al partido de básquetbol
4. jugar al golf
5. hacer surf
6. ser árbitro/a
7. comprar unos patines para jugar al hockey
8. ver la competición de atletismo en la tele

2-14 En el Hotel Palacio de la Luna

¡Van a pasar las vacaciones de primavera en Cancún, México —por cuatro días! Decidan cuáles de las posibles actividades quieren hacer. Después, compartan sus listas entre todos.

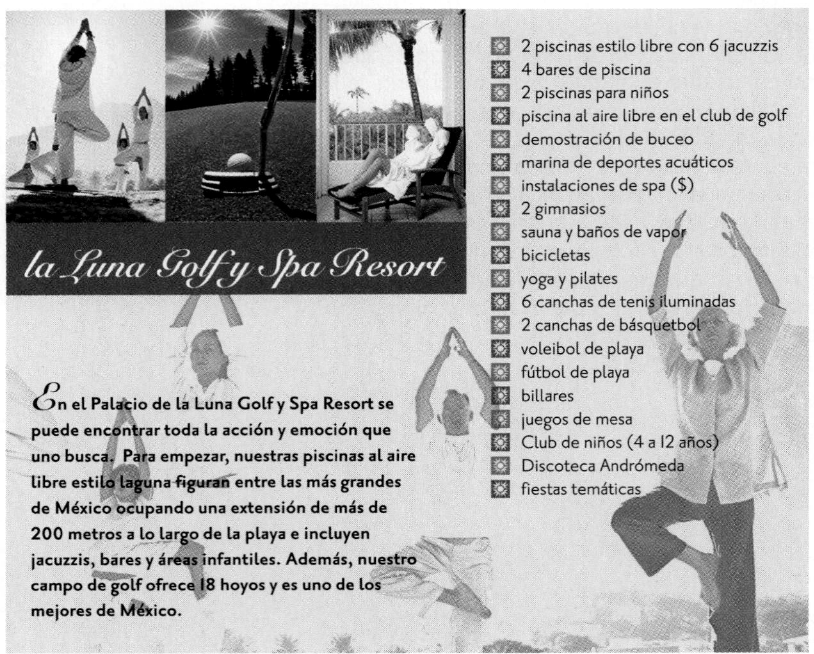
la Luna Golf y Spa Resort
2 piscinas estilo libre con 6 jacuzzis
4 bares de piscina
2 piscinas para niños
piscina al aire libre en el club de golf
demostración de buceo
marina de deportes acuáticos
instalaciones de spa ($)
2 gimnasios
sauna y baños de vapor
bicicletas
yoga y pilates
6 canchas de tenis iluminadas
2 canchas de básquetbol
voleibol de playa
fútbol de playa
billares
juegos de mesa
Club de niños (4 a 12 años)
Discoteca Andrómeda
fiestas temáticas
En el Palacio de la Luna Golf y Spa Resort se puede encontrar toda la acción y emoción que uno busca. Para empezar, nuestras piscinas al aire libre estilo laguna figuran entre las más grandes de México ocupando una extensión de más de 200 metros a lo largo de la playa e incluyen jacuzzis, bares y áreas infantiles. Además, nuestro campo de golf ofrece 18 hoyos y es uno de los mejores de México.

NUESTRAS ACTIVIDADES POR DÍA:			
lunes	**martes**	**miércoles**	**jueves**
de día: *levantemos pesas*	**de día:**	**de día:**	**de día:**
de noche: *compitamos jugando al tenis*	**de noche:**	**de noche:**	**de noche:**

2-15 ¿Qué hacemos este fin de semana?

Jamás hay suficiente tiempo durante los fines de semana. Conversen sobre las posibilidades de hacer algo con sus parientes o mejores amigos.

comer en nuestro restaurante favorito	dormir doce horas cada noche
hacer la tarea	hacer un postre
ir al partido de béisbol	viajar en barco
limpiar la casa	pasar la aspiradora
practicar el esquí acuático	salir a bailar

MODELO E1: *¿Qué quieren hacer este fin de semana? Si todos tenemos hambre, comamos en nuestro restaurante favorito.*

E2: *Buena idea; también, si tenemos tiempo el sábado por la mañana, durmamos…*

ESCUCHA

2-14 to 2-17

ESTRATEGIA **Listening for the gist**

When you are speaking with someone or listening to a description or narration, you can often understand what is being said by paying attention to the speaker's intonation, gestures, the topic being discussed, and the overall context. You do not need to understand every word, but by focusing on specific details you can get the *gist,* or main idea(s), of what is being said. You should be able to state the gist of a passage in one or two sentences.

2•16 Antes de escuchar

Describe a las personas que aparecen en la foto. ¿Dónde están? ¿De qué crees que están hablando? ¿Qué crees que van a hacer?

1. ¿Con quiénes pasas tú la mayoría de tu tiempo? ¿Qué tienes en común con esas personas?
2. ¿Cómo pasan el tiempo?
3. Generalmente, ¿qué haces los fines de semana?

2•17 A escuchar

CD 1
Track 15

Completa los siguientes pasos.

Paso 1 Lee las oraciones que aparecen a continuación. Después, escucha la conversación entre Jorge y Rafa mientras hablan de sus planes para el fin de semana. Después de escuchar, escoge la oración que mejor describe la conversación.

a. Deciden hacer un poco de todo —levantar pesas, hacer surf y esquiar.
b. Se pelean (*They fight*) porque Consuelo no va a limpiar las ventanas.
c. No pueden ponerse de acuerdo (*agree*) porque quieren hacer cosas diferentes.

Paso 2 Antes de escuchar la conversación otra vez, lee las siguientes preguntas y respuestas. Por fin, ¿qué deciden hacer Jorge y Rafa? Escoge las respuestas correctas después de escuchar.

1. ¿Cuál de estas cosas quiere hacer Jorge?
   a. esquiar b. jugar al boliche c. patinar en monopatín
2. ¿Cuál de estas cosas quiere hacer Rafa?
   a. cazar b. boxear c. montar a caballo
3. ¿Cuál es el acuerdo (*compromise*)?
   a. Primero van a limpiar la casa y después van a ir al gimnasio.
   b. Deciden estudiar, pero el próximo fin de semana van a hacer algo más activo y al aire libre.
   c. Van a hacer la compra para la semana y ayudar a Consuelo.

2•18

Después de escuchar

Mira o escucha el prognóstico del tiempo (*weather report*) en español (de la televisión, la radio o el Internet). Basándote en ese prognóstico, planea un fin de semana perfecto. Después, haz un segundo plan en caso de que cambie el tiempo. (por ejemplo, si llueve).

¿Cómo andas?

Having completed the first **Comunicación**, I now can...

	Feel Confident	**Need to Review**
• list different sports people participate in and/or watch. (p. 68)	❑	❑
• give instructions and advice regarding sports and pastimes. (p. 70)	❑	❑
• suggest things to do using *Let's*... (p. 74)	❑	❑
• describe an international cycling competition. (p. 77)	❑	❑
• listen for and identify the gist of a conversation. (p. 79)	❑	❑

Comunicación

- Sharing about pastimes
- Expressing choices and desires

3 VOCABULARIO Algunos pasatiempos

SAM 2-18 to 2-19

¡Anda! Curso elemental, Capítulo 2, Los deportes y los pasatiempos, Apéndice 2.

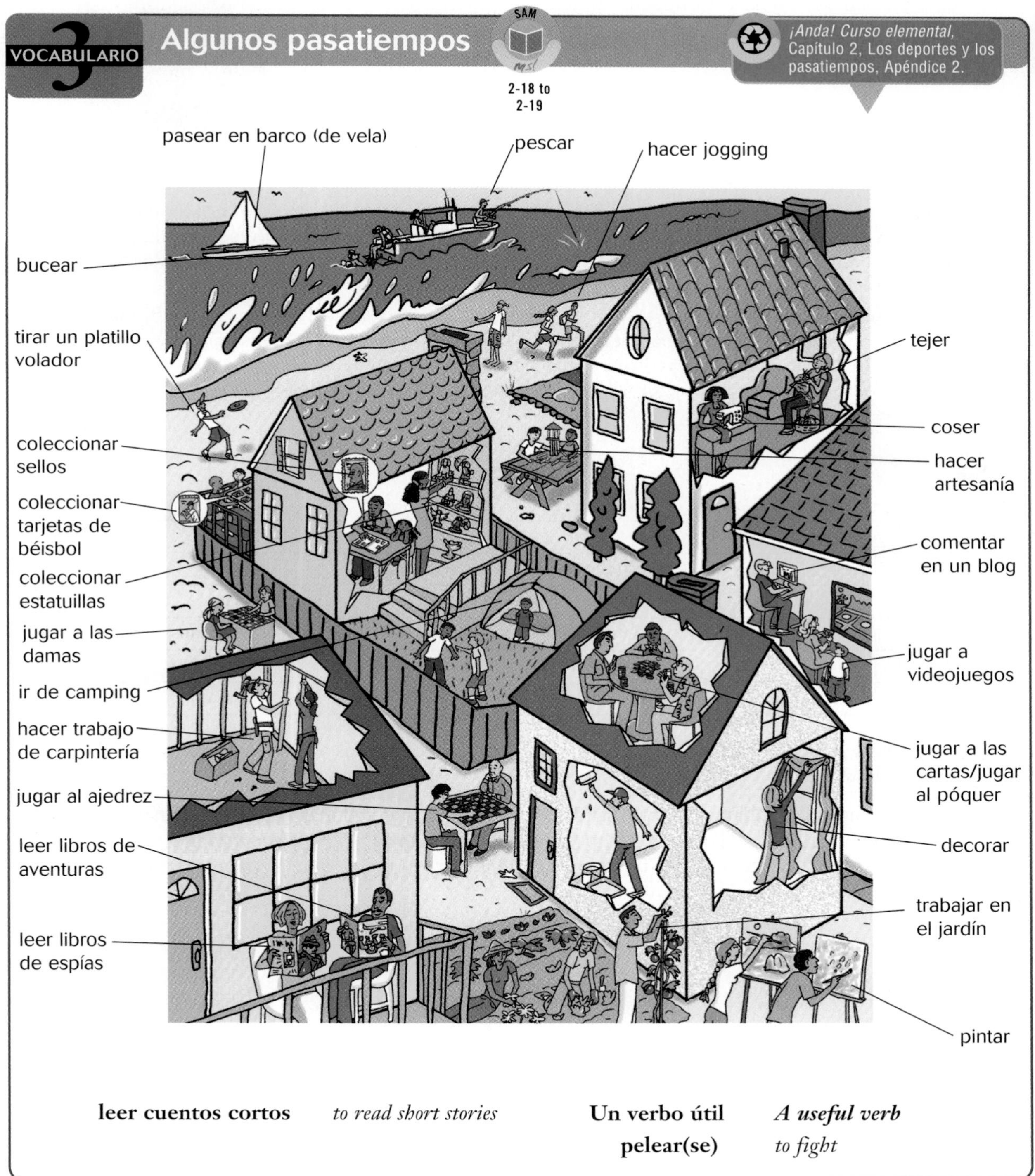

leer cuentos cortos *to read short stories*

Un verbo útil ***A useful verb***

pelear(se) *to fight*

El parloteo de Cisco

Cualquiera que lea mis comentarios sabe que he sido aficionado a muchos deportes distintos. Ahora trabajo en el jardín de mi casa pero... ¿Hay alguien que sepa algo de plantas? Quizás me pueda ayudar...

Deja un comentario para Cisco:

REPASO

El subjuntivo

In Cisco's blog, you see the verbs **lea, sepa,** and **pueda,** which are verbs in the **subjunctive.** You may remember from your previous Spanish classes that *tenses* such as the present, past, and future are grouped under two different moods: the **indicative** mood and the **subjunctive** mood.

2-20 to 2-21

The **indicative** mood reports what happened, is happening, or will happen. The **subjunctive** mood is used to express doubt, uncertainty, influence, opinion, feelings, hope, wishes, or desires about events that are happening or might be happening now, have happened or might have happened in the past, or will/may happen in the future. The following is an overview of regular present subjunctive forms.

46, 51

Present subjunctive

	estudiar	**comer**	**vivir**
yo	estudie	coma	viva
tú	estudies	comas	vivas
él, ella, Ud.	estudie	coma	viva
nosotros/as	estudiemos	comamos	vivamos
vosotros/as	estudiéis	comáis	viváis
ellos/as, Uds.	estudien	coman	vivan

Note: The **Ud., Uds., nosotros,** and negative **tú** commands all take their forms from the subjunctive.

For irregular subjunctive forms and a few basic uses that you may have learned in your beginning Spanish course, refer to **Capítulo 11** of ***¡Anda! Curso elemental*** in Appendix 3. Also, this chapter will have more on the subjunctive in the next new grammar section.

2-19 ¡Practiquemos!

La práctica hace maestros. Completa los siguientes pasos.

Paso 1 Para cada palabra o expresión en la lista, escoge la foto que le corresponde.

a. 

b. 

c. 

d. 

e. 

f. 

g. 

h. 

1. ____ bucear
2. ____ pasear en barco
3. ____ tejer
4. ____ tirar un platillo volador
5. ____ coleccionar sellos
6. ____ jugar al ajedrez
7. ____ coser
8. ____ trabajar en el jardín

Paso 2 Túrnense para practicar diferentes formas de los **ocho** verbos del **Paso 1** en **el presente del subjuntivo,** usando **quizás.**

MODELO E1: jugar al ajedrez / yo
E2: *Quizás juegue al ajedrez.*
E2: jugar al ajedrez / nosotros
E1: *Quizás juguemos al ajedrez.*

Fíjate

Remember that you are familiar with the subjunctive forms from your practice with *Ud.* *(¡Estudie!)* and negative *tú (¡No hables!)* commands!

2-20 Deseos

Túrnense para crear oraciones sobre los deseos de las siguientes personas.

MODELO Ojalá / nosotros / decorar / la cocina / el próximo año.
Ojalá nosotros decoremos la cocina el próximo año.

1. Quizás / ellos / bucear / este junio.
2. Ojalá / mis hijos / coleccionar tarjetas de béisbol / como yo.
3. Ojalá / tú / poder jugar al ajedrez / con tu familia.
4. Tal vez / Inés / tejer / un suéter.
5. Quizás / tú y yo / pasear en barco de vela / este verano.
6. Tal vez / Raúl / jugar al póquer / en Las Vegas.
7. Quizás / yo / ir de camping / este otoño.
8. Ojalá / tú / leer este libro de espías.

Fíjate

The expression *Ojalá (que)* comes from the Arabic expression that means "May it be Allah's will." *Tal vez* and *Quizás* also take the subjunctive but do not use the word *que.*

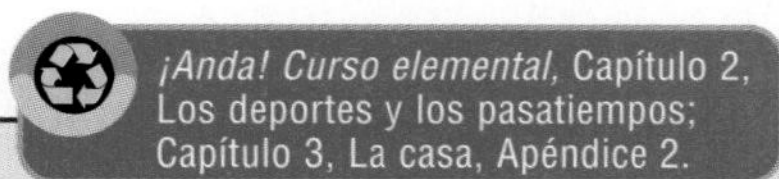

¡Anda! Curso elemental, Capítulo 2, Los deportes y los pasatiempos; Capítulo 3, La casa, Apéndice 2.

2-21 ¿Qué quiero decir?

Completa las siguientes oraciones usando **el subjuntivo.** Después, compara tus oraciones con las de un/a compañero/a.

MODELO Para ser un buen jugador de ajedrez, es importante que...
Para ser un buen jugador de ajedrez, es importante que tú te enfoques más en el juego.

1. Para vivir una vida más sana, es importante que mis amigos y yo...
2. Después de salir de mis clases, es raro que yo...
3. Antes de ir de camping, es probable que mi amigo...
4. Si tengo tiempo mañana, es posible que...
5. Para decorar bien una casa, es preferible que tú...
6. Si decides coleccionar tarjetas de béisbol, es mejor que...
7. Este año es imposible que mis padres...
8. Ojalá que mis amigos...

2-22 Nuestras preferencias

Completa el cuadro con tus preferencias. Usa las expresiones **Es posible que...** y **Es poco probable que...** Compara tus respuestas con un/a compañero/a. ¿Qué preferencias tienen en común?

coleccionar sellos	coser	comentar en un blog
decorar	hacer artesanía	hacer jogging
hacer trabajo de carpintería	ir de camping	jugar a las damas
leer cuentos cortos	pescar	pintar
trabajar en el jardín	tejer	tirar un platillo volador

CON AMIGOS Y FAMILIARES	SOLO/A	SI LLUEVE
1. *Es poco probable que juguemos a las damas.*	1.	1.
2.	2.	2.
3.	3.	3.
4.	4.	4.
5.	5.	5.
6.	6.	6.
7.	7.	7.
8.	8.	8.

¡Anda! Curso intermedio, Capítulo 1, El presente perfecto de indicativo, pág. 46.

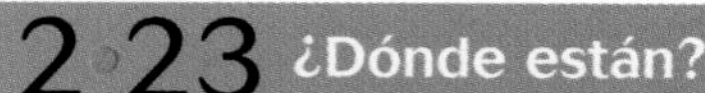

2-23 ¿Dónde están?

Juana y su familia decidieron pasar las vacaciones en casa. Hay mucho que hacer pero el problema es que ella no sabe cómo divertirse. Tampoco sabe dónde están los otros miembros de la familia. Túrnense para dar sugerencias de qué hacen las siguientes personas.

MODELO No sé dónde está mi esposo, pero le fascina el agua.

E1: *Tal vez esté pescando.*

E2: *Sí, o quizás esté buceando.*

1. No sé dónde están mis hijos, pero les gustan las computadoras.
2. Mi prima Gloria ha desaparecido. Se cree una editora de *House Beautiful*.
3. Mi abuelo tiene ochenta años. Ha tenido una vida muy activa, pero ahora le molestan mucho las piernas.
4. Siempre me ha gustado crear cosas con las manos, pero no sé qué hacer.

2-24 ¿Probable o poco probable?

Entrevista a los compañeros de clase para saber para quiénes es probable y para quiénes es poco probable cada una de las siguientes acciones. Escribe el nombre de la persona y la letra **P** para "probable" y **PP** para "poco probable".

MODELO jugar a las cartas

TÚ: *Felipe, ¿es probable que juegues a las cartas esta noche?*

E1: *No, es poco probable que juegue a las cartas. Comento en un blog todas las noches.*

ES PROBABLE O POCO PROBABLE QUE...		
jugar a las cartas Felipe PP	coleccionar tarjetas de béisbol ________	tejer ________
tocar un instrumento ________	comentar en un blog ________	hacer trabajo de carpintería ________
nadar ________	decorar tu dormitorio ________	ir de excursión ________
ir de camping ________	tirar un platillo volador ________	dar clases de golf ________

2-25 Mentimos a veces

Escribe **cinco** oraciones sobre ti mismo/a (*yourself*) usando el vocabulario de **Los pasatiempos** y **el subjuntivo.** Una de las oraciones debe ser verdadera y **cuatro** deben ser mentiras (*lies*). Tu compañero/a tiene que adivinar cuáles son mentira y cuál es verdadera. Túrnense.

MODELO E1: *Es probable que yo juegue al ajedrez todos los días.*
E2: *No. Es improbable que juegues al ajedrez todos los días. Creo que es una mentira…*

GRAMÁTICA 4 El subjuntivo para expresar pedidos (*requests*), mandatos y deseos

2-22

46

A. There are a variety of different situations in which you need to use the **subjunctive.**

- Sometimes, you may want to ***recommend*** something to or ***request*** something from someone in a less demanding way than using a command.

Note the examples below.

No te **recomiendo que hagas** más ejercicio.	*I don't **recommend that** you **exercise more.***

- You ***express wishes*** in the same way:

Deseo que mis padres me **regalen** tarjetas de béisbol.	*I **wish that** my parents **would give** me baseball cards.*
Espero que estés contento —no quiero pelear contigo hoy.	**I hope that** you **are happy**—I don't want to fight with you today.

Es preferible que pintes la casa y que no vayas a pescar este fin de semana.

- You may also ***report on others' requests, recommendations, or wishes***:

José y Gregorio **quieren que** sus padres les **compren** videojuegos.	*José and Gregorio **want** their parents **to buy** them video games.*
Gloria y Yolanda **esperan que** sus esposos no **vayan a pescar** este fin de semana.	*Gloria and Yolanda **hope that** their husbands **will not go fishing** this weekend.*
Javier no **quiere que** Pilar **haga** jogging por la noche.	*Javier doesn't **want** Pilar **to jog/go jogging** at night.*
Sonia les **recomienda que jueguen** al póquer.	*Sonia **recommends that** they **play** poker.*

B. When ***wishing or hoping something for oneself,*** and **the subject does not change,** you must **use the infinitive, NOT the subjunctive.**

Quieren ir de camping este fin de semana.	***They want to go camping** this weekend.*
Espera tejer un suéter pronto.	***She hopes to knit** a sweater soon.*
Deseo trabajar en el jardín esta tarde.	***I want to work** in the garden this afternoon.*

- Some verbs used to express **requests, commands,** and **wishes** are:

aconsejar	*to recommend; to advise*	**preferir (e-ie-i)**	*to prefer*
desear	*to wish*	**prohibir**	*to prohibit*
esperar	*to hope*	**proponer**	*to suggest; to propose*
exigir	*to demand*	**querer (e-ie)**	*to want; to wish*
insistir (en)	*to insist*	**recomendar (e-ie)**	*to recommend*
necesitar	*to need*	**rogar (o-ue)**	*to beg*
pedir (e-i-i)	*to ask (for); to request*	**sugerir (e-ie-i)**	*to suggest*

- The following are some common impersonal expressions that also express **requests, commands,** and **desires:**

Es importante que	*It is important (that)*	**Es necesario que**	*It's necessary (that)*
Es mejor que	*It's better (that)*	**Es preferible que**	*It's preferable (that)*

Estrategia

Educational researchers have found that it is *always* important for you to state grammar rules orally, in your own words. Correctly stating the rules demonstrates that you are on the road to using the grammar concept(s) correctly in your speaking and writing.

Based on the sentences,

1. In **Part A**, how many verbs are in each sample sentence?
2. Which verb is in the present indicative: the verb in blue or the one in red?
3. Which verb is in the present subjunctive: the verb in blue or the one in red?
4. Is there a different subject for each verb?
5. What word joins the two distinct parts of the sentence?
6. State a rule for the use of the subjunctive in the sentences from **Part A.**
7. State a rule for the sentences in **Part B.**

Check your answers to the preceding questions in Appendix 1.

¡Anda! Curso elemental Capítulo 2, Presente indicativo de verbos regulares; Capítulo 3, Algunos verbos irregulares; Capítulo 4, Los verbos con cambio de raíz, Apéndice 3.

2·26 La práctica hace maestros

Su instructor/a les va a explicar una actividad para practicar la formación del subjuntivo. ¡Diviértanse!

2•27 Más práctica

En grupos de tres, practiquen más el subjuntivo. Tiren una pelota de "koosh" o un papel en forma de una pelota. Usen los verbos y los (pro)nombres siguientes con las expresiones impersonales **Es preferible, Es importante, Es necesario,** y creen oraciones breves.

Tomás y Carlos / comprar	ellas / vivir	los dos chicos / perder
nosotros / saber	tú / comenzar	tú / querer
Susana / escribir	Víctor y yo / esperar	nosotros / dormir
Gabriela y Héctor / encontrar	yo / servir	yo / ser
nuestros profesores / repetir	tú / volver	tú / poder
Paola / ponerse	los estudiantes / sentarse	tú / tener

MODELO nosotros/dormir

Es importante que durmamos ocho horas.

(Tírale la pelota a un/a compañero/a, quien crea otra oración, etc.)

2•28 Amas de casa desesperadas

Cada barrio tiene sus historias. Descubre las opiniones y un poco de las historias de las personas que viven en la Calle Glicina (*Wisteria*). Túrnense para crear oraciones con **el subjuntivo.**

 Los Grajera / esperar / los nuevos vecinos García / no hacer trabajo de carpintería hasta muy tarde.

Los Grajera esperan que los nuevos vecinos García no hagan trabajo de carpintería hasta muy tarde.

1. El Sr. Vargas / preferir / su mujer / no coleccionar estatuillas.
2. La Sra. Vargas / desear / su esposo / no jugar al póquer.
3. Los jóvenes Vargas / rogar / sus padres / pintar sus dormitorios / negro y morado.
4. Silvia Hernández / proponer / yo / tirar un platillo volador / con ella / mañana.
5. Muchos padres / decir / es preferible / sus niños / hacer artesanía afuera / y / no jugar a videojuegos / en casa.

2·29 Rafael Nadal

Ustedes son grandes aficionados (*fans*) del famoso tenista español. Lean la información sobre Rafael Nadal y túrnense para terminar las siguientes oraciones.

MODELO Recomendamos que los aficionados...
Recomendamos que los aficionados miren el torneo Australian Open en la tele.

1. Es deseable que Rafael...
2. Mi amigo/a y yo esperamos que...
3. Los aficionados esperan que...
4. Recomendamos que los aficionados...
5. Los otros jugadores de tenis profesionales exigen que...
6. Prefiero que Rafael...
7. Su entrenador le propone que...
8. Los árbitros le ruegan al público que...
9. Ojalá que...
10. Tal vez...

Nacionalidad:	España (Mallorca)
Fecha de nacimiento:	3 de junio de 1986
Residencia:	Manacor, Mallorca, España
Familia:	Sebastián, Ana María y una hermana menor llamada María Isabel
Profesional desde:	2001
Entrenador:	Toni Nadal (tío)
Comida favorita:	Mariscos y la pasta
Pasatiempos preferidos:	Jugar con el PlayStation, fútbol, golf, pescar, salir con amigos para ir a fiestas y al cine
Equipo favorito:	Real Madrid
Películas favoritas:	*Gladiator, Titanic*
Próximo torneo:	Australian Open

Fíjate

Real Madrid is a professional soccer team from Madrid, Spain.

2·30 Tus consejos

Siempre tenemos deseos y consejos para los demás.

Paso 1 Expresa tus deseos para las siguientes personas. Termina cada oración usando el **vocabulario nuevo** cuando sea posible y usa **un verbo diferente** para cada situación.

MODELO A TUS PADRES O FAMILIARES / Recomendamos que...
Recomendamos que coleccionen sellos. Es un pasatiempo interesante.

A TUS PADRES O FAMILIARES	A TI	A TU PROFESOR/A	A TU MEJOR AMIGO/A
1. Recomendamos que...	1. Es preferible que...	1. Espero que...	1. Es importante que...
2. Siempre exigimos que...	2. Es necesario que...	2. Nosotros deseamos que...	2. Te aconsejo que...
3. Sugiero que...	3. No es importante que...	3. Los estudiantes ruegan que...	3. Espero que...
4. Quiero que...	4. Mis amigos no sugieren que...	4. Propongo que...	4. Prefiero que...

Paso 2 Compara tus recomendaciones con las de un/a compañero/a.

PERFILES

2-23 to 2-24

Campeones famosos del mundo hispano

Hay deportes y pasatiempos para todos los gustos. Aquí hay tres campeones muy admirados por sus aficionados.

Johan Alexander Santana Araque nació en marzo de 1979 en Tovar, Venezuela. Es un lanzador zurdo (*left-handed pitcher*) y pasó cinco temporadas (*seasons*) con el equipo de los Minnesota Twins en las grandes ligas. Ha ganado el premio Cy Young de la Liga Americana dos veces (2004 y 2006). En el año 2008, empezó a jugar para los Mets de Nueva York. Recibió un contrato de seis años por mucho dinero, lo cual lo convirtió en el lanzador mejor pagado de la historia del béisbol.

José Raúl Capablanca (1888–1942) nació en Cuba y fue un prodigio del juego de ajedrez, por lo que muchos aficionados del juego se refieren a él como "el Mozart del ajedrez". Reinó como campeón mundial del ajedrez entre los años 1921 y 1927. Hoy en día se celebra el Torneo Internacional Capablanca en Memoriam; es uno de los torneos ajedrecísticos más importantes del mundo hispano.

Lionel Messi (n. 1987) es un futbolista argentino que juega en el equipo FC Barcelona en España. Actualmente es considerado uno de los mejores jugadores del mundo. Quizás sea el nuevo Maradona.

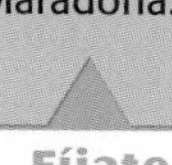

Fíjate

Diego Armando Maradona is a former soccer player from Argentina and is considered one of the best players in the history of the sport.

Preguntas

1. ¿Qué deportes o pasatiempos se representan aquí?
2. ¿Con quién se compara a cada campeón?
3. Probablemente, ¿qué recomiendan estos campeones que otros atletas y deportistas hagan para tener éxito?

2·31 Lorena Ochoa nos recomienda...

Lorena Ochoa, una de las mejores jugadoras de golf del mundo, nos está dando consejos de cómo mejorar nuestras habilidades en el juego de golf. Usen los siguientes verbos con el subjuntivo para crear sus consejos.

MODELO no jugar con expertos al empezar a jugar / a los novicios

Les aconsejo (recomiendo, sugiero, etc.) que los novicios no jueguen con expertos.

1. nunca dejar de mirar la pelota / a ti
2. comprar pelotas buenas / a tu amiga
3. mantener limpios los palos / a tu profesor/a
4. llevar lentes de sol / a tus tíos
5. darle a la pelota suavemente / a los jugadores

¡Anda! Curso elemental, Capítulo 3, Los quehaceres de la casa; Capítulo 4, Los lugares; Capítulo 10, Los medios de transporte, Apéndice 2.

2·32 Recomiendo que...

Hagan sus comentarios y sugerencias para cada situación. Usen por lo menos **cuatro** oraciones diferentes para cada una.

¡Anda! Curso intermedio, Capítulo 1, La personalidad, pág. 32.

Estrategia

For actividad **2-32,** note that for scenarios 2 through 4 you are directed to review certain chapters of *¡Anda! Curso elemental*. There, you will be reminded of helpful vocabulary you have learned that is appropriate to incorporate here. This vocabulary can be found in Appendix 2.

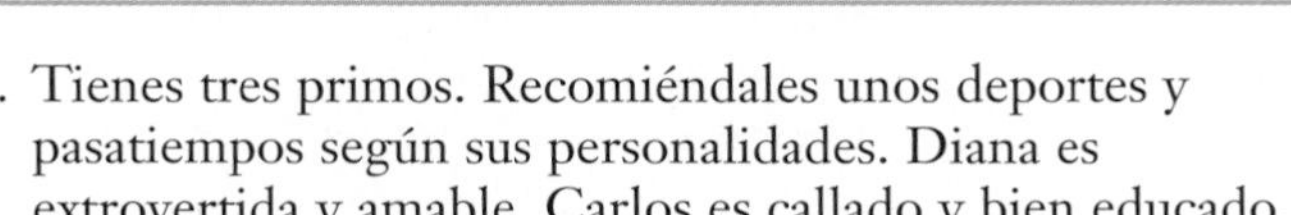

1. Tienes tres primos. Recomiéndales unos deportes y pasatiempos según sus personalidades. Diana es extrovertida y amable. Carlos es callado y bien educado. Manuel es flojo y terco.
2. Un amigo quiere comprar un Rolls Royce nuevo.
3. Tus amigos viven de una manera muy desorganizada.
4. Unos amigos van a viajar a Suramérica.

¡Conversemos!

2-25 to 2-26

ESTRATEGIAS COMUNICATIVAS

Expressing pardon, requesting clarification, and checking comprehension

When learning a language, we often do not understand what a native speaker says the first time, or we wish to check our comprehension. Use the following phrases to help in these situations.

Para pedir perdón...	*To excuse yourself...*
■ **Disculpa/Discúlpame** (familiar)	
■ **Disculpe/Discúlpeme** (formal)	*Excuse me.*
■ **Disculpen/Discúlpenme** (plural)	
■ **Perdón/perdóname** (familiar)	*Pardon.*
■ **Perdóneme/perdónenme** (formal)	
■ **Con permiso**.	*With your permission, excuse me.*

Para pedir clarificación...	*To ask for clarification...*
■ **¿Cómo?**	*What?*
■ **Repite/a, por favor.**	*Repeat, please.*
■ **¿Qué dijiste/dijo?**	*What did you say?*
■ **¿Qué quiere decir...?**	*What does... mean?*
■ **¿Qué significa...?**	*What does... mean?*

CD 1
Track 16

2-33 Diálogos

Escucha los diálogos y contesta las siguientes preguntas.

1. ¿Qué le dijo José a Josefina cuando sonó el telefóno?
2. ¿Qué dijeron Teresa y Marina al salir del metro?

2-34 Disculpa, por favor

Con un/a compañero/a de clase, usa las estrategias comunicativas que aprendiste para decidir qué debes decir en las siguientes situaciones. Más de una estrategia puede ser aceptable.

1. En un partido de fútbol donde hay mucho ruido, no oíste lo que tu amigo te dijo.
2. En el partido de béisbol, anuncian los resultados de otros partidos importantes del día, pero no entendiste lo que se dijo sobre tu equipo favorito.
3. En el mismo partido, un aficionado te explica algo complicado que un jugador hizo, usando palabras que no has escuchado antes.
4. Necesitas bajar del autobús porque has oído que la próxima parada es la tuya. Hay muchas personas delante de ti.
5. Cuando sales del autobús, le pisas (*step on*) el pie a alguien sin querer.

2•35 Adivina el deporte

Se juega en equipos. Un miembro de cada equipo selecciona una palabra (del vocabulario de **los deportes y los pasatiempos**) y se la describe a su equipo sin usar ninguna palabra asociada semánticamente con la palabra. Usen las estrategias comunicativas para clarificar las pistas.

MODELO E1: *Es un deporte en que usas una raqueta.*
E2: *¿Se usa una pelota también?*

2•36 Situaciones

Ahora que sabes disculparte y pedir clarificación, con un/a compañero/a de clase, dramaticen las siguientes situaciones:

1. **E1:** Recibes una llamada telefónica de una persona que cree haber llamado a un teatro. No te deja hablar.
   E2: Llamas a un teatro para comprar boletos para un concierto de Juanes. La persona que contesta no parece ni oírte ni entenderte.

MODELO E1: *¿Aló?*
E2: *Buenos días. ¿Hablo con El Teatro de Oro? Quiero comprar unos boletos para el concierto de Juanes este viernes a las siete y media.*
E1: *Perdón. ¿Qué dijo usted? Creo que usted se equivocó.*
E2: *¿Cómo? Disculpe. Unos boletos. Quiero comprar dos boletos…*

2. **E1:** Trabajas en la ventanilla (*ticket window*) del estadio municipal. Un extranjero te hace preguntas pero no entiendes.
   E2: Eres turista y quieres comprar una entrada para ver el partido de fútbol esta tarde. Parece que el vendedor te ignora o no quiere venderte el boleto.
3. **E1:** Vas en autobús a una exhibición de lucha libre. Hay mucha gente entre la puerta y tú y necesitas pasar porque tu parada viene pronto.
   E2: Estás en el autobús y una persona te dice algo pero no la entiendes. Pide clarificación.

Fíjate

Juanes is a successful Colombian musician. He has won many Latin Grammy awards. His real name is Juan Esteban Aristizábal Vásquez.

2•37 Sobre gustos no hay nada escrito

¡Tu amigo y tú (un/a compañero/a de clase) han ganado un premio fabuloso! Van a pasar dos días en un hotel de lujo—¡gratis! En este hotel hay todo tipo de deportes y pasatiempos, y ustedes tienen que decidir cuáles van a practicar en su tiempo limitado. Deben hacer una lista de por lo menos **seis** de las actividades que más quieren hacer. Usen **los mandatos de *nosotros/as*** y las estrategias comunicativas.

MODELO E1: *Bueno, el primer día, levantemos pesas por la mañana. Y luego juguemos al tenis.*
E2: *Discúlpame. La verdad es que no me…*

ESCRIBE

2-27 to
2-29

ESTRATEGIA Process writing (Part 2): Linking words

Linking words can provide a smooth transition between portions of your writing so that it does not appear choppy or disjointed. Use linking words to connect simple thoughts and turn them into complex sentences. Linking words will help you communicate your ideas in a natural way, and by using these words, your writing will flow more smoothly.

Nexos	*Linking Words*
así	*thus*
cuando	*when*
o	*or*
pero	*but*
porque	*because*
pues	*well, since*
que, quien	*that, who*
y	*and*

2•38 Antes de escribir

Vas a comentar en un blog sobre una experiencia con un deporte.

1. Primero, piensa en los eventos principales de tu experiencia.
2. Después, haz una lista de los eventos que quieres mencionar; escribe una o dos oraciones descriptivas para cada evento.
3. Finalmente, conecta las oraciones con nexos donde sea necesario para que tengan más sentido.

2•39 A escribir

Escribe tu comentario de blog.

Asegúrate de que:

- hayas incluido los eventos más importantes de la experiencia deportiva.
- conecta tus pensamientos para tener más sentido.

Menciona por lo menos **cuatro** eventos que ocurrieron. Tu comentario debe contener por lo menos **seis** oraciones. Usa por lo menos **dos oraciones en el subjuntivo.**

MODELO *Mi amigo siempre quiere que vaya con él a esquiar. Así que por fin decidí intentarlo pero primero tuve que comprar los esquís y luego los bastones de esquí…*

2•40 Después de escribir

Comparte tu comentario de blog con un/a compañero/a de clase. Haz una comparación de las dos experiencias que ustedes han tenido. ¿En qué son similares y en qué son diferentes? Comunica esta información a la clase.

¿Cómo andas?

Having completed the second **Comunicación,** I now can...

	Feel Confident	Need to Review
• share about pastimes. (p. 81)	❑	❑
• express choices, preferences, and desires. (p. 86)	❑	❑
• name three Hispanic figures in sports and pastimes and explain why they are famous. (p. 90)	❑	❑
• use linking words to make writing more cohesive. (p. 94)	❑	❑

Vistazo cultural

2-30

Deportes y pasatiempos en la cultura mexicana

Hace muchos años que me fascinan los videojuegos y por fin decidí crear algunos… profesionalmente. Por eso estudio animación y diseño digital con cursos de animación y fotografía digital, economía, administración y mercadotecnia. Exploremos más pasatiempos y deportes en México. Quizás un deporte o un pasatiempo pueda inspirar tu carrera.

Vistas culturales

Carlos Arroyo Sánchez, estudiante en El Instituto Tecnológico y de Estudios Superiores de Monterrey, México

La lucha libre continúa subiendo en popularidad. Las máscaras de los deportistas de lucha libre son a la vez símbolos de la política, del mito (*myth*) histórico, del alma (*soul*) individual y de la resistencia social del pueblo. Llevar una máscara convierte al luchador en otro personaje y le da cierta libertad.

Hay varios lugares para bucear en México, y la costa de Cozumel es famosa en todo el mundo por todas sus atracciones. Tiene más de cien lugares oficiales del buceo. Para los aficionados de este deporte, es un paraíso marino con una gran variedad de flora y fauna.

Hay muchos artistas en México que hacen artesanía, no como un pasatiempo, sino como ganar su vida. En el estado de Oaxaca hay artesanos que trabajan con madera para hacer figuritas de animales; se llaman *alebrijes*. Los alebrijes tienen colores brillantes y están decorados con muchos detalles.

Un pasatiempo favorito en México es pasar un domingo en el Parque Chapultepec con sus diversiones: los lagos, los museos y los jardines botánicos y zoológicos. Entre los museos se encuentra el Museo Nacional de Historia en el Castillo de Chapultepec. Así que los fines de semana las familias visitan el castillo y comen en el parque.

Los jóvenes y las familias van tradicionalmente los fines de semana para pasear unas horas al aire libre en Xochimilco. Es una serie de canales y jardines flotantes (*floating*) con *trajineras*, barcos decorados de colores brillantes. En estas trajineras se venden flores, bebidas y comida ¡y algunas tienen músicos para darles una serenata a los visitantes!

Los Juegos Olímpicos del año 1968 se celebraron en la capital mexicana. Participaron atletas de 112 países en eventos de veintitrés deportes diferentes. La altura del lugar (más de 2.200 m.s.n.m.) impactó los resultados de varios eventos, cosa que ha sido punto de controversia hasta hoy. México ganó nueve medallas en total, tres de cada categoría (oro, plata y bronce).

Si te gustan los deportes difíciles, ¿has considerado el clavadismo (*cliff diving*)? El espectáculo de clavados en La Quebrada es impresionante. Los clavadistas lo hacen parecer fácil y divertido, pero definitivamente es un deporte para los profesionales. ¡De fácil no tiene nada!

Preguntas

1. Nombra los deportes y los pasatiempos mencionados. ¿Cuáles de estos deportes o pasatiempos cuestan mucho dinero para practicarlos?
2. ¿Con cuáles de estos pasatiempos y/o deportes se puede ganar la vida? ¿cómo?
3. ¿Cuáles de estos deportes o pasatiempos en México son similares y cuáles son diferentes a los de tu comunidad y tu mundo?

Laberinto peligroso

lectura

2-31 to 2-33

ESTRATEGIA **Scanning and skimming; reading for the gist**

To improve comprehension, you can *skim* or read quickly to get the *gist* of the passage. If you are searching for specific information, you can also *scan* for that in particular.

2-41 Antes de leer. Muchas veces puedes comprender mucho más de un texto si antes de leerlo con mucho cuidado y atención, lo lees de manera más superficial y rápida. También puede ser útil leer el texto en busca de información específica. Antes de leer el episodio, sigue los pasos a continuación.

1. Lee superficialmente el diálogo entre Javier y Celia para contestar las siguientes preguntas.
   - ¿Dónde estaban?
   - ¿Qué buscaban?
   - ¿De quién(es) hablaron?
2. Revisa el diálogo otra vez y busca las respuestas para las siguientes preguntas.
   - ¿Qué deporte(s) recomienda Javier que Celia practique?
   - ¿Cuál es el deporte que no quiere que practique?
3. Lee superficialmente el primer párrafo después del diálogo para contestar las siguientes preguntas.
   - ¿Dónde estaba Cisco?
   - ¿Qué buscaba?
4. Mira el último párrafo y busca la respuesta para la siguiente pregunta.
   - ¿Dónde tenía Cisco una entrevista de trabajo?

DÍA 5

Búsquedas

CD 1 Track 17

little kiss
hugging her

—¡Gracias por venir a ayudarme!—dijo Celia al llegar Javier a la tienda deportiva. Celia lo saludó con un besito° en la mejilla.
—No hay de qué.—respondió Javier, abrazándola°.—¿Qué querías comprar?
—Pues, no sé muy bien. Necesito llevar una vida más activa, pero no estoy segura qué deportes quiero practicar.—explicó Celia.
—Entiendo lo que dices. Yo también quiero hacer más ejercicio.—contestó Javier.
—Pero, ¿qué deporte?—preguntó Celia.
—Si necesitas relajarte y desconectarte de todo, como dijiste antes, te recomiendo que bucees. Yo lo hacía antes y me tranquilizaba mucho.—sugirió Javier.
—No es mala idea, pero para bucear es necesario que compre mucho equipo deportivo caro. Es preferible que encuentre un deporte más económico. Mira, aquí está la sección de materiales para escalar montañas.

—¡Te prohíbo que trates de escalar una montaña sola!—gritó Javier.—Es un deporte peligroso y es importante que lo practiques con otras personas.
—¡Entonces, hagámoslo tú y yo juntos!—respondió Celia con una sonrisa°. *smile*
—Eres muy graciosa, Celia. Es importante que lo practiques con gente que tenga experiencia. Nunca he escalado ninguna montaña, y no tengo muchas ganas de hacerlo.
—Muy bien, Javier, sigamos buscando.— Entonces, Celia se dirigió al otro lado de la tienda.
—Yo siempre he querido aprender a jugar al golf. Mira, estos palos están de oferta. ¿Quieres que tomemos una clase tú y yo juntos?—propuso Javier.
—Lo siento, Javier, pero a mí siempre me ha parecido un poco aburrido el golf. Y hablando de aburrimiento, ¿va mejor el seminario? ¿está más interesante?—preguntó Celia.
—Sí, realmente a mis estudiantes les encantó hablar con ustedes sobre sus experiencias.—dijo Javier.
—Ese columnista, el que compartió esas anécdotas tan raras, ¿cómo se llamaba? —preguntó Celia.
—Ah, Cisco. Ha tenido experiencias realmente singulares.
—¿Lo conoces bien?—preguntó Celia.
—Más o menos. Lo conozco porque los dos hemos trabajado como periodistas en esta ciudad durante un par de años. Ya sabes cómo es esta profesión. Me gusta mucho como trabaja.
—¿Es buena gente?—dijo Celia demostrando más interés.
—Sí, es amable, honesto y generoso. Eso sí, es generoso con muchas cosas pero, como todos nosotros, no es nada generoso con los resultados de sus investigaciones.
—Entiendo.—respondió Celia.
—Parece que Cisco te ha gustado.—comentó Javier.
—No, no es eso. Te he preguntado por él porque me sonaba mucho su cara°, pero por fin me he dado cuenta que no lo conocía. *he looked very familiar to me*

Mientras Javier y Celia conversaban en la tienda sobre Cisco, éste trataba de trabajar. Su investigación sobre la desaparición de las selvas tropicales le resultaba interesante, pero no podía competir con su deseo de estudiar otro tema. En la pantalla de su computadora tenía varias ventanas abiertas; algunas eran páginas web con información sobre las selvas, pero lo que captó toda su atención fueron los resultados de una búsqueda Google sobre Celia Cortez.

Cuando terminó de leer todo lo que encontró sobre ella, volvió al artículo. Tenía que escribir un artículo espectacular pronto. Después de gastar todo ese dinero intentando impresionar a su ex-novia, ahora estaba solo y tenía que pagar unas deudas°. Para obtener la información que buscaba para el artículo, era necesario infiltrarse en un laboratorio. Tenía una entrevista para un trabajo allí esa tarde y debía salir en la próxima media hora. Apagó la computadora y se preparó. Al llegar al laboratorio, lo entrevistaron°. Cisco no lo sabía, pero había un hombre que lo observaba.

debts

interviewed him

2-42 Después de leer Contesta las siguientes preguntas.

1. ¿Qué deportes consideraban Javier y Celia? ¿Por qué?
2. ¿Qué opinión tiene Javier de Cisco?
3. ¿Por qué quería Celia saber más cosas sobre Cisco?
4. ¿Por qué quería Cisco, un periodista, trabajar en un laboratorio?

5. ¿Cuáles son las diferentes búsquedas que tuvieron lugar en el episodio?
6. ¿Cuáles son las búsquedas que te parecieron más importantes? ¿Por qué crees que los personajes buscaban esas cosas?

video

2-43 **Antes del video** En *Búsquedas,* aprendiste que Javier y Celia querían llevar una vida más activa y sana, y que Cisco estaba tratando de escribir un artículo muy importante sobre las selvas tropicales. En el episodio del video, estos objetivos diferentes hacen que nuestros tres personajes principales acaben en el mismo lugar. Antes de ver el episodio, contesta las siguientes preguntas.

1. ¿En qué partes del mundo hay selvas tropicales? ¿Sabes qué tipo de flora y fauna tienen?
2. ¿Por qué están desapareciendo las selvas tropicales? ¿Qué podemos hacer para mejorar la situación?
3. Si desaparecen las selvas tropicales, ¿qué tipo de consecuencias va a sufrir el mundo entero?
4. ¿Qué conexiones piensas que hay entre la investigación de Cisco sobre las selvas tropicales y el trabajo en el laboratorio que quiere obtener? ¿Qué aspectos de las selvas tropicales pueden interesar a un laboratorio? ¿Por qué?

Organicemos una excursión a las montañas. Escalemos y montemos a caballo.

¿Quieres que vayamos a la charla?

No me siento muy bien.

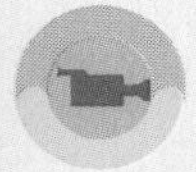

Episodio 2

¿Qué te ocurre, Celia?

Relájate y disfruta el video.

2-44 **Después del video** Contesta las siguientes preguntas.

1. ¿Dónde se encontraron Javier, Celia y Cisco?
2. ¿Por qué fueron allí Javier y Celia? ¿Por qué estaba allí Cisco?
3. ¿Qué le ocurrió a Celia durante el episodio?
4. ¿Cómo reaccionó Cisco? ¿Por qué crees que Cisco reaccionó de esa manera?

Y por fin, ¿cómo andas?

Having completed this chapter, I now can...

	Feel confident	Need to review
Comunicación		
• discuss different sports that people participate in and/or watch. (p. 68)	❑	❑
• give instructions (commands) regarding sports and pastimes. (p. 70)	❑	❑
• suggest things to do using *Let's...* (p. 74)	❑	❑
• express desires and give advice. (p. 86)	❑	❑
• listen for and state the gist of a conversation. (p. 79)	❑	❑
• express or request pardon. (p. 92)	❑	❑
• request clarification and indicate when I do not understand. (p. 93)	❑	❑
• write using linking words. (p. 94)	❑	❑
• read for the gist. (p. 98)	❑	❑
Cultura		
• share about a famous sporting event. (p. 77)	❑	❑
• report on an elite athlete or player of a particular sport or activity. (p. 90)	❑	❑
• list two sport or pastime traditions of Mexico. (p. 96)	❑	❑
Laberinto peligroso		
• review the reading technique of skimming and scanning for information. (p. 98)	❑	❑
• share two details regarding Cisco's desire to work in a laboratory. (p. 100)	❑	❑
• relate Celia's and Javier's preferences for sports and pastimes, the searches that take place, and what happens to Celia at the conference. (p. 100)	❑	❑

VOCABULARIO ACTIVO

CD 1
Tracks 18-22

Algunos deportes	Some sports
boxear	*to box*
cazar	*to go hunting*
escalar	*to climb*
esquiar	*to ski*
hacer surf	*to surf*
jugar al boliche	*to bowl*
jugar al hockey (sobre hielo; sobre hierba)	*to play hockey (ice; field)*
jugar al voleibol	*to play volleyball*
levantar pesas	*to lift weights*
montar a caballo	*to go horseback riding*
patinar en monopatín	*to skateboard*
el pilates	*Pilates*
practicar lucha libre	*to wrestle*
practicar artes marciales	*to do martial arts*
practicar ciclismo	*to go cycling*
practicar esquí acuático	*to go waterskiing*
el remo	*rowing*
el yoga	*yoga*

Algunos términos deportivos	Some sports terms
el/la atleta	*athlete*
el atletismo	*track and field*
el/la árbitro	*referee; umpire*
el bastón de esquí	*ski pole*
el bate	*bat*
el campeón/la campeona	*champion*
el campeonato	*championship*
deportista	*sporty; sports-loving person*
el campo	*field*
la cancha	*court*
la carrera	*race*
el casco	*helmet*
la competición/ la competencia	*competition*
el empate	*tie*
el/la entrenador/a	*coach; trainer*
el equipo	*team*
el equipo deportivo	*sporting equipment*
el/la excursionista	*hiker*
el palo (de golf; de hockey)	*golf club; hockey stick*
los patines	*skates*
la pelota	*ball*
las pesas	*weights*
la pista	*track; rink*
la raqueta	*racket*
el resultado	*score*
la tabla de surf	*surfboard*
el tamaño	*size*

Algunos adjetivos	Some adjectives
apropiado/a	*appropriate*
atlético/a	*athletic*
deportivo/a	*sports-related*

Algunos verbos	Some verbs
competir (e-i-i)	*to compete*
entrenar	*to train*
ganar	*to win*
perder (i-ie)	*to lose*

Algunos pasatiempos	*Some pastimes*
bucear	*to scuba dive*
coleccionar...	*to collect...*
estatuillas	*figurines*
tarjetas de béisbol	*baseball cards*
sellos	*stamps*
coser	*to sew*
comentar en un blog	*to post to a blog*
decorar	*to decorate*
hacer jogging	*to jog*
hacer artesanía	*to do crafts*
hacer trabajo de carpintería	*to do woodworking*
ir de camping	*to go camping*
jugar al ajedrez	*to play chess*
jugar a las cartas	*to play cards*
jugar a las damas	*to play checkers*
jugar a videojuegos	*to play video games*
jugar al póquer	*to play poker*
leer libros de...	*to read books about...*
aventuras	*adventure*
espías	*spies*
leer cuentos cortos	*to read short stories*
pasear en barco (de vela)	*to sail*
pelear(se)	*to fight*
pescar	*to fish*
pintar	*to paint*
trabajar en el jardín	*to garden*
tejer	*to knit*
tirar un platillo volador	*to throw a frisbee, to play frisbee*

3

Hogar, dulce hogar

Las casas son tan diferentes como las personas que las habitan. Muchas veces depende del gusto del dueño (*owner*) y de la decoración. A veces depende del lugar en que se encuentra y su cultura. Pero en cualquier caso, cada persona necesita convertir la casa en *su* hogar.

	OBJETIVOS	CONTENIDOS
Comunicación	• To describe houses and their surroundings • To report present and past events • To express doubt, emotions, and sentiments • To depict a home and its rooms • To write a description of your ideal house	1 The house and its surroundings 106 **Repaso** Stem-changing and irregular verbs in the preterit 107 2 Uses of definite and indefinite articles 110 **Escucha** 115 **Estrategia:** Listening for the main ideas 3 Inside the home: the living room, the kitchen, and the bedroom 117 **Repaso** The imperfect 118 4 The subjunctive to express feelings, emotions, and doubts 121 5 *Estar* + past participle to express results 125 **¡Conversemos!** 128 **Estrategias comunicativas:** Extending, accepting, and declining invitations **Escribe** 130 **Estrategia:** Process writing (Part 3): Supporting details
Cultura	• To list reasons why people make home improvements • To identify people who specialize in home design • To explore housing and architecture in Spain	**Notas culturales** El mejoramiento de la casa 112 **Perfiles** La importancia de la casa y de su construcción 126 **Vistazo cultural** Las casas en España 132 **Letras** *La casa en Mango Street* (fragmento) (Sandra Cisneros) *See Literary Reader*
Laberinto peligroso	• To identify the main ideas in a text • To hypothesize the origin of Celia's threatening note • To speculate on the developing relationship between Celia and Cisco • To hypothesize what happened to Celia at the seminar	**Episodio 3** **Lectura:** *Planes importantes* 134 **Estrategia:** Establishing a purpose for reading; determining the main idea **Video:** *Una nota misteriosa* 136

Unas casas blancas en España

PREGUNTAS

1 ¿Cómo son estas casas? Descríbelas.
2 ¿Vives en una casa o en un apartamento? ¿Cómo es?
3 ¿Piensas que las casas son símbolos culturales del lugar en que se encuentran? Explica.

Comunicación

- Describing houses and their surroundings
- Using articles in new contexts

VOCABULARIO 1 Los materiales de la casa y sus alrededores

SAM 3-1 to 3-3

¡Anda! Curso elemental, Capítulo 3, La casa, Apéndice 2.

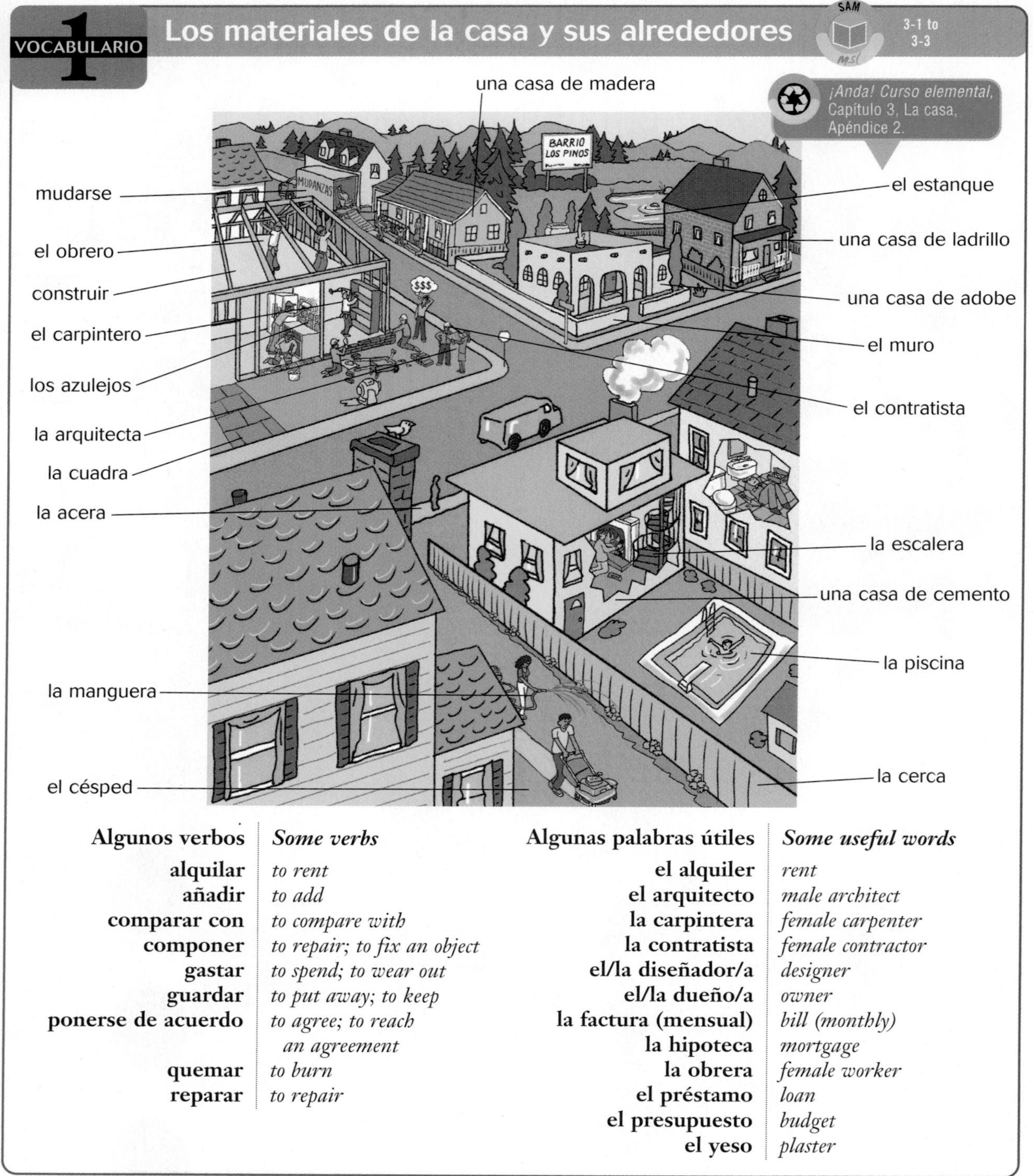

Algunos verbos	*Some verbs*
alquilar	*to rent*
añadir	*to add*
comparar con	*to compare with*
componer	*to repair; to fix an object*
gastar	*to spend; to wear out*
guardar	*to put away; to keep*
ponerse de acuerdo	*to agree; to reach an agreement*
quemar	*to burn*
reparar	*to repair*

Algunas palabras útiles	*Some useful words*
el alquiler	*rent*
el arquitecto	*male architect*
la carpintera	*female carpenter*
la contratista	*female contractor*
el/la diseñador/a	*designer*
el/la dueño/a	*owner*
la factura (mensual)	*bill (monthly)*
la hipoteca	*mortgage*
la obrera	*female worker*
el préstamo	*loan*
el presupuesto	*budget*
el yeso	*plaster*

Querido diario:

Algún día voy a tener mi propia casa. Cuando salí con Javier vi una casa preciosa de estilo hispano y me gustó mucho. Pero por el momento, estoy contenta con mi apartamento.

Preguntas

1. ¿Qué tipo de casa le gusta a Celia?
2. ¿Qué tipo de casa te gusta a ti?
3. ¿Prefieres una casa nueva o antigua? ¿Por qué?

3-4 to 3-5

35

REPASO

El pretérito: verbos con cambios de raíz y otros verbos irregulares

In Celia's diary entry, you read **salí, vi,** and **me gustó**. She used the **pretérito**. In **Capítulo 1,** we reviewed when to use this past tense as well as the regular and some irregular forms of the preterit. The following is a brief review of additional irregularities in the preterit. For a complete review, refer to **Capítulo 7** of *¡Anda! Curso elemental* in Appendix 3.

1. Most stem-changing verbs **(o-ue)** and **(e-ie)** do not have a stem change in the **preterit.**
2. The ***-ir* stem-changing verbs** have a **spelling change** in the **third person singular** and **plural** (*Ud., él, ella, ellos, ellas, Uds.*) forms of the **preterit:**

dormir (o-ue-u):	dormí, dormiste, durmió, dormimos, dormisteis, durmieron
servir (e-i-i):	serví, serviste, sirvió, servimos, servisteis, sirvieron
divertirse (e-ie-i):	me divertí, te divertiste, se divirtió, nos divertimos, os divertisteis, se divirtieron

3. Verbs that end in ***-car, -gar,*** and ***-zar*** have the following **spelling changes** in the **first person (*yo*) form** of the **preterit:**

a. **-car: the *c* changes to *qu***	buscar → busqué
b. **-gar: the *g* changes to *gu***	pagar → pagué
c. **-zar: the *z* changes to *c***	comenzar → comencé

4. Verbs that end in ***-eer*** **(e.g., leer** and **creer)** and ***-uir*** **(e.g., construir** and **contribuir)** have a **"y"** in the **third person singular** and **plural** forms: leyó/leyeron, construyó/construyeron.

Fíjate

Remember that with *stem-changing verbs*, the first letter(s) in parentheses indicate(s) the *present-tense* spelling changes in all forms but *nosotros/vosotros*: e.g., costar (o-**ue**), cerrar (e-**ie**), etc. When there is an additional spelling change indicated in the parentheses, it corresponds with a spelling change in the *3rd person singular and plural* in the *preterit* as well as in the *present participle* (*-ando/-iendo*): e.g., dormir (o → ue → **u**).

Fíjate

Remember that the endings for regular *pretérito* verbs are:

-ar:	**-é, -aste, -ó, -amos, -asteis, -aron**
-er/-ir:	**-í, -iste, -ió, -imos, -isteis, -ieron**

3-1 A organizar

Organicen el **vocabulario nuevo** poniendo las palabras en las siguientes cuatro categorías.

MATERIALES DE LA CASA	ALREDEDOR DE LA CASA	LA CONSTRUCCIÓN	LAS CONSIDERACIONES ECONÓMICAS

3-2 ¿Va o no va?

Decidan qué palabra de cada lista no va con las otras y túrnense para explicar por qué no va.

MODELO el yeso, el ladrillo, el cemento, el césped
El césped no va con las otras palabras porque no es un material para construir casas.

1. el barrio, la acera, los azulejos, la cuadra
2. la factura, el muro, el préstamo, la hipoteca
3. quemar, componer, construir, reparar
4. la carpintera, la hipoteca, el contratista, la diseñadora
5. la madera, la manguera, la piscina, el estanque

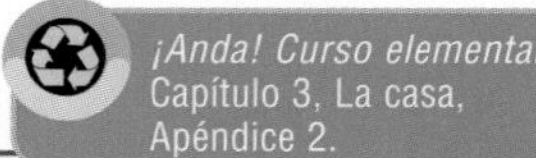

¡Anda! Curso elemental, Capítulo 3, La casa, Apéndice 2.

3-3 ¿Cuál prefieres?

Mira el dibujo de las tres casas. Decide cuál es tu favorita y prepara una lista de por lo menos **cinco** razones. Después, explícale a un/a compañero/a por qué te gusta más.

Estrategia

Remember that you can state your likes by using negative sentences. For example, *Me gusta la casa roja porque no tiene acera y a mí no me gustan las aceras.*

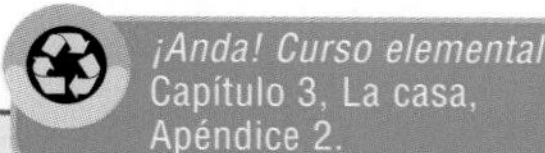
¡Anda! Curso elemental, Capítulo 3, La casa, Apéndice 2.

3-4 ¿Qué hicieron?

En grupos de tres, escriban **tres** oraciones en el **pretérito** para cada grupo de palabras. Después, compartan sus oraciones con otros grupos. ¡Sean creativos!

MODELO arquitecta, contratista, obrero, diseñadora

La arquitecta trabajó con un contratista nuevo. Juntos encontraron a unos obreros de mucha experiencia y construyeron la casa en seis meses. La diseñadora decoró la casa en tres semanas.

1. préstamo, hipoteca, presupuesto, factura
2. comparar con, ponerse de acuerdo, añadir, gastar
3. barrio, cuadra, cerca, estanque
4. madera, ladrillo, cemento, azulejos

¡Anda! Curso elemental, Capítulo 3, La casa, Los muebles y otros objetos de la casa, Los colores, Apéndice 2.

3-5 ¿Cómo es la casa?

Completen los siguientes pasos.

Paso 1 Túrnense para describir el cuadro de Carmen Lomas Garza.

Paso 2 Descríbele tu casa, la casa de tus padres o la casa de un/a amigo/a a tu compañero/a usando por lo menos **ocho** oraciones. Debes hablar de los materiales de la casa, los alrededores y el interior de la casa.

MODELO *Me encanta la casa de mi amigo Jorge. Es una casa blanca de madera. Detrás tiene un patio de cemento donde siempre tenemos fiestas. Está en el campo y el jardín es muy bonito...*

Barbacoa para cumpleaños de Carmen Lomas Garza
Carmen Lomas Garza "Barbacoa para cumpleaños" (Birthday Party Barbecue). Alkyds on canvas, 36 x 48 inches. © 1993 Carmen Lomas Garza (reg. 1994). Photo credit: M. Lee Fatherree. Collection of Federal Reserve Bank of Dallas.

Paso 3 En por lo menos **ocho** oraciones, haz una comparación entre la casa que describiste en **Paso 2** con la casa del cuadro, *Barbacoa para cumpleaños*.

Paso 4 Repite por lo menos **tres** cosas que tu compañero/a te dijo.

¡Anda! Curso elemental, Capítulo 2, La formación de preguntas y las palabras interrogativas, Apéndice 3; Capítulo 3, La casa, Apéndice 2.

3-6 Preguntas y más preguntas

Es hora de hacerles preguntas a tus compañeros/as.

Paso 1 Escribe una lista de **ocho** preguntas que se puedan hacer, incorporando el **vocabulario nuevo** y el **pretérito.**

Paso 2 Circula por la sala de clase, haciéndoles las preguntas a diferentes compañeros/as.

MODELO E1: *¿Cortaste el césped en la casa de tus padres el verano pasado?*

E2: *No. Mis padres no tienen jardín. Viven en un apartamento. ¿Y tú?*

E1: *Sí, corté el césped muchas veces...*

Usos de los artículos definidos e indefinidos

3-6 to 3-7 1

In **Capítulo Preliminar A,** you reviewed *definite* and *indefinite* articles. The following is a guide to help you determine when to use them.

Los artículos definidos

Definite articles (**el, la, los, las**) are used in the following instances:

1. **before abstract nouns (la paz, la vida, el amor) used as subjects, and nouns used in a general sense (el café, la cerveza).** English omits the article in these cases.

La vida de la ciudad es intensa.	*City life is intense.*
Me gustan **las casas** de adobe.	*I like adobe houses.*

2. **before parts of the body and articles of clothing when preceded by a reflexive verb or when it is clear who the possessor is.** English uses a possessive adjective in these cases.

Voy a ponerme **la chaqueta** porque hace frío aquí.	*I'm going to put on my jacket because it is cold in here.*
Me duele **la cabeza.**	*My head hurts.*

3. **before the days of the week, to mean "on."**

Tenemos la clase de español **los lunes, miércoles y viernes.**	*We have Spanish class on Mondays, Wednesdays, and Fridays.*
El martes a las diez de la mañana viene la decoradora.	*The decorator is coming (on) Tuesday at 10:00 A.M.*

4. **before dates and times of day.**

Empezaron a construir la casa **el catorce de marzo.**	*They began to build the house on March 14.*
Son **las tres de la tarde** y el carpintero todavía no ha llegado.	*It is 3:00 P.M. and the carpenter hasn't arrived yet.*

5. **before names of languages, except when they follow *de*, *en*, or *hablar*.** However, the article is often *omitted* after the following verbs: **aprender, enseñar, entender, escribir, estudiar, leer,** and **saber.**

El español no es un idioma oficial de los Estados Unidos, pero muchas personas lo hablan.	*Spanish is not an official language of the United States, but many people speak it.*
Aprender (**el**) **inglés** es importante para los obreros.	*It is important for the workers to learn English.*
El estudiante habló en **español** con su profesor.	*The student spoke Spanish with his professor.*

6. **before titles, except *San*, *Santa*, *don*, and *doña* when speaking *about* the person,** even though the article *is* omitted when speaking *to* the person.

Tenemos que hablar con **la profesora Salgado** sobre la renovación de su casa.	*We have to speak with Professor Salgado about remodeling her house.*
¿Has visto **al Sr. del Valle,** el contratista?	*Have you seen Mr. del Valle, the contractor?*

7. **before the names of certain cities, regions, and countries such as *La Habana, Los Ángeles, La Mancha, El Salvador,* and *La República Dominicana*.** However, the article is optional with the following countries:

(la) Argentina	(el) Canadá	(el) Ecuador	(el) Paraguay	(el) Uruguay
(el) Brasil	(la) China	(los) Estados Unidos	(el) Perú	

Los azulejos vienen de **Los Ángeles.** — *The tiles come from Los Angeles.*

Los vecinos son de **El Salvador.** — *The neighbors are from El Salvador.*

Los artículos indefinidos

Just like with English, the indefinite article (**un, una, unos, unas**) is used when the noun is not known to the listener or reader. Once the noun is identified, the definite article is used:

Se acaba de abrir **una tienda** nueva de decoración. — ***A*** *new decorating store just opened.*

Han contratado a mucha gente para trabajar en **la tienda.** — *They've hired a lot of people to work at* ***the*** *store.*

1. **In general, the indefinite article is used *much less* in Spanish than in English.** Indefinite articles *are omitted* in the following instances:

   a. **after *hacerse* and *ser* when followed by an *un*modified noun referring to nationality, political affiliation, profession, or religion.**

Pensaba **hacerse contratista,** pero ahora quiere **ser arquitecto.** — *He was thinking about becoming* ***a*** *contractor, but now he wants to be* ***an*** *architect.*

Carolina Herrera **es venezolana.** — *Carolina Herrera is* ***a*** *Venezuelan.*

   b. **before *cien(to), cierto, medio, mil, otro,* and *tal* (such).**

Pensamos gastar **mil dólares** para terminar la cocina. — *We are planning on spending* ***a*** *thousand dollars to finish the kitchen.*

Necesitamos **otro electricista** porque éste no puede llegar a tiempo. — *We need* ***another*** *electrician because this one can't arrive on time.*

   c. **after the prepositions *con* and *sin.***

El plomero nunca trabaja **sin gorro.** — *The plumber never works without* ***a*** *hat.*

Quiere comprar una casa **con piscina.** — *He wants to buy a house with* ***a*** *pool.*

   d. **in negative sentences and after verbs like *buscar, haber,* and *tener* when the numerical notion of *un(o)* or *una* is not important.**

No **tengo carro** hoy así que no te puedo llevar. — *I don't have* ***a*** *car today so I can't take you.*

Busco apartamento y **compañero de cuarto.** — *I am looking for* ***an*** *apartment and* ***a*** *roommate.*

2. **Indefinite articles *are used* in the following instances:**

   a. **before a number, *unos* and *unas* are used to indicate an *approximate* amount.**

Necesitamos **unas dos** toneladas (*tons*) de ladrillos para el proyecto. — *We need* ***about*** *two tons of bricks for the project.*

Unos veinte arquitectos están participando en el concurso. — ***Some (approximately)*** *twenty architects are participating in the contest.*

   b. **before a noun that is modified.**

Antonio Gaudí fue **un arquitecto español innovador.** — *Antonio Gaudí was* ***an*** *innovative Spanish architect.*

Narciso Rodríguez es **un** diseñador **famoso.** — *Narciso Rodríguez is* ***a*** *famous designer.*

3-7 ¿Quiénes son?

Explica quiénes son las siguientes personas. Después, compara tus oraciones con las de un/a compañero/a.

Pablo Neruda

MODELO Pablo Neruda / chileno / poeta / poeta chileno
Pablo Neruda es chileno. Es poeta. Es un poeta chileno.

1. Carmen LaForet / española / escritora / escritora española
2. Edward James Olmos / mexicoamericano / actor / actor mexicoamericano
3. Gloria Estefan / cubana / cantante / cantante cubana
4. Fernando Botero / colombiano / artista / artista colombiano
5. Carlos Santana / mexicano / músico / músico mexicano

SAM 3-8

Notas culturales

El mejoramiento de la casa: Hazlo tú mismo

Cumpliste el sueño de tener tu propia casa y ahora ves que necesita algunas reparaciones° y renovaciones. ¿Cómo las vas a hacer? Pues, *hazlo tú mismo*, el lema de muchos negocios nuevos de mejoramiento de la casa. Esta moda es muy popular en el mundo hispano hoy en día. Las personas quieren participar en el trabajo de renovación por muchas razones. Por ejemplo, la gente ahora no tiene tanto miedo de hacer sus propias reparaciones; para otros, hay razones económicas; y hasta para algunos, es un pasatiempo.

Muchas compañías se especializan en el mejoramiento de la casa. *Sodimac* es el líder en Chile y también está en Colombia y Perú. En México hay las cadenas *Del Norte* y *Total HOME*, en España se encuentra *Bricor* y una compañía venezolana, *EPA*, ha abierto tiendas en Costa Rica. Por dondequiera° que vivas, si quieres mejorar la casa, siempre tienes la opción de *hacerlo tú mismo*.

Preguntas

1. ¿Cuál es el lema para el mejoramiento de la casa? ¿Cuáles son las razones que contribuyen a la popularidad de esta moda?
2. ¿Dónde se encuentran algunas tiendas de mejoras para la casa en el mundo hispano?
3. ¿Qué tipo de reparaciones puedes hacer en la casa?

3-8 Y otra persona conocida

Juntos completen la siguiente (posible) entrevista con María Elvira Salazar para saber quién es y por qué es conocida en el mundo hispano. Tienen que decidir si necesitan usar **los artículos indefinidos.**

E1: ¿Cuál es su profesión?

E2 (MES): Pues, soy (1) _______ periodista y actualmente soy (2) _______ presentadora de (3) _______ nuevo programa en MEGA TV.

E1: ¿Cómo se llama el nuevo programa?

E2 (MES): Es muy original: ¡María Elvira Live!

E1: Excelente. Bueno, el público desea conocerla mejor. ¿De dónde es usted?

E2 (MES): Mi familia es originalmente de Cuba; soy (4) _______ cubanoamericana y vivo a (5) _______ veinte minutos del centro de Miami.

E1: ¿Por qué se destaca (*stand out*) tanto en un campo de (6) _______ miles de periodistas y presentadores?

E2 (MES): Es (7) _______ pregunta un poco difícil. Trabajo mucho, eso sí. También soy conocida por haber hecho supuestamente (*allegedly*) la última entrevista con Pinochet.

E1: Bastante controvertido, ¿no?

E2 (MES): Sin (8) _______ duda.

E1: Bueno, ¿cuáles son sus metas para el nuevo programa?

E2 (MES): Sobre todo, quiero llegar a (9) _______ público más amplio y diverso... y (10) _______ otras cosas, claro.

E1: Pues, muchas gracias, María Elvira, y muy buena suerte con su programa.

Fíjate

Augusto José Ramón Pinochet Ugarte (1915–2006) was the dictator of Chile from 1973 to 1990. Pinochet was a controversial ruler who was accused of human rights abuses. For more on the dictator and his reign, search the library or the Internet.

3•9 ¿Sí o no?

A Alberto Vargas le gusta pensar en los cambios de la vida. Completen los siguientes pasos para ver lo que piensa.

Paso 1 Decidan si se necesita **el artículo definido** o no para terminar los pensamientos de Alberto.

(1) ____________ construcción es muy diferente hoy en día en (2) ____________ Costa Rica. Soy (3) ____________ contratista para (4) ____________ casa nueva de (5) ____________ familia León. Cuando empecé a trabajar en esta profesión hace treinta años, (6) ____________ responsabilidades eran diferentes. Por ejemplo, (7) ____________ materiales que necesitaba para construir una casa eran muy limitados. Hoy sólo tengo que ir a uno de esos almacenes grandes y encuentro de todo —madera, cemento, ladrillos, azulejos, etc. (8) ____________ madera generalmente viene de (9) ____________ árboles de este país. A mí me gustan (10) ____________ casas de madera—son muy naturales. También, (11) ____________ casas de adobe son muy populares aquí. Otra diferencia tiene que ver con (*has to do with*) (12) ____________ obreros. Hace treinta años era muy difícil encontrar a personas con experiencia y yo mismo hacía la mayor parte del trabajo. Ahora es fácil encontrar a gente competente y por eso puedo construir una casa en mucho menos tiempo. Por ejemplo, (13) ____________ año pasado, me fracturé (14) ____________ pierna izquierda en una caída y no pude trabajar por dos meses. Todos (15) ____________ hombres de mi equipo se juntaron para ayudarme y siguieron con (16) ____________ trabajo como si estuviera yo allí (*as if I were there*).

Paso 2 Expliquen por qué usaron (o no usaron) el artículo definido en el **Paso 1.**

3•10 Un poco de todo

Túrnense para contestar las siguientes preguntas. Pongan atención a **los artículos.**

1. En la construcción de una casa, ¿cuál es la diferencia entre las responsabilidades del arquitecto y las del contratista?
2. ¿Cuáles son los materiales que usaron en la construcción de tu casa o de la casa de tus padres?
3. ¿Cuáles son las consideraciones al escoger materiales de construcción para una casa?
4. ¿Es importante que los diseñadores tengan un título universitario o cuenta más la experiencia?
5. ¿Cuáles son algunos de los problemas que puede tener un negocio de construcción de casas?

ESCUCHA

3-9 to 3-11

ESTRATEGIA **Listening for the main ideas**

When listening for the main ideas, you are not focusing on details, but rather on the main points. For example, if you are getting ready to go to work or class and are listening to the weather report, you would probably want to know the maximum high and low temperatures in your area and whether there will be precipitation. You would not necessarily listen for what the temperature and weather conditions are on the other side of the country. *Listening for the main ideas* means focusing on the most important points. Those can be dictated based on your need for and use of the information.

3•11 Antes de escuchar

Mientras Mari Carmen limpia su casa, ella escucha (¡y también mira de vez en cuando!) el programa de televisión *¡Estamos en casa!*, en el que muestran unas casas extraordinarias de su área. A Mari Carmen le encanta el programa y mientras está limpiando le gusta imaginarse a ella y a su familia viviendo en una de esas grandes mansiones. Escribe **tres** ideas principales que puede escuchar Mari Carmen en un programa de este tipo.

1. ______________________________
2. ______________________________
3. ______________________________

3•12 A escuchar

CD 2 Track 1

Escucha parte del programa *¡Estamos en casa!*

Paso 1 La primera vez que escuchas, enfócate en algunas idea(s) general(es).

Paso 2 La segunda vez que escuchas, determina una o dos características de la casa, escogiendo entre las siguientes opciones.

1. La casa está en
   a. el centro de la ciudad.
   b. medio del campo.
2. La casa
   a. no es muy grande.
   b. es muy grande.

3•13 Después de escuchar

Escucha una vez más, esta vez notando otra idea principal.

¿Cómo andas?

Having completed the first **Comunicación,** I now can...

	Feel Confident	**Need to Review**
• describe different house construction materials, exterior decorations, and surroundings. (p. 106)	❑	❑
• report about events in the past. (p. 107)	❑	❑
• use definite and indefinite articles to accurately identify people, places, and things. (p. 110)	❑	❑
• share information about home improvement in the Hispanic world. (p. 112)	❑	❑
• listen for and state the main ideas of a broadcast. (p. 115)	❑	❑

Comunicación

- Describing homes and their rooms
- Expressing doubts, sentiments, and emotions

3 VOCABULARIO Dentro del hogar: la sala, la cocina y el dormitorio

SAM 3-12 to 3-16

¡Anda! Curso elemental, Capítulo 3, La casa; Los quehaceres de la casa, Apéndice 2.

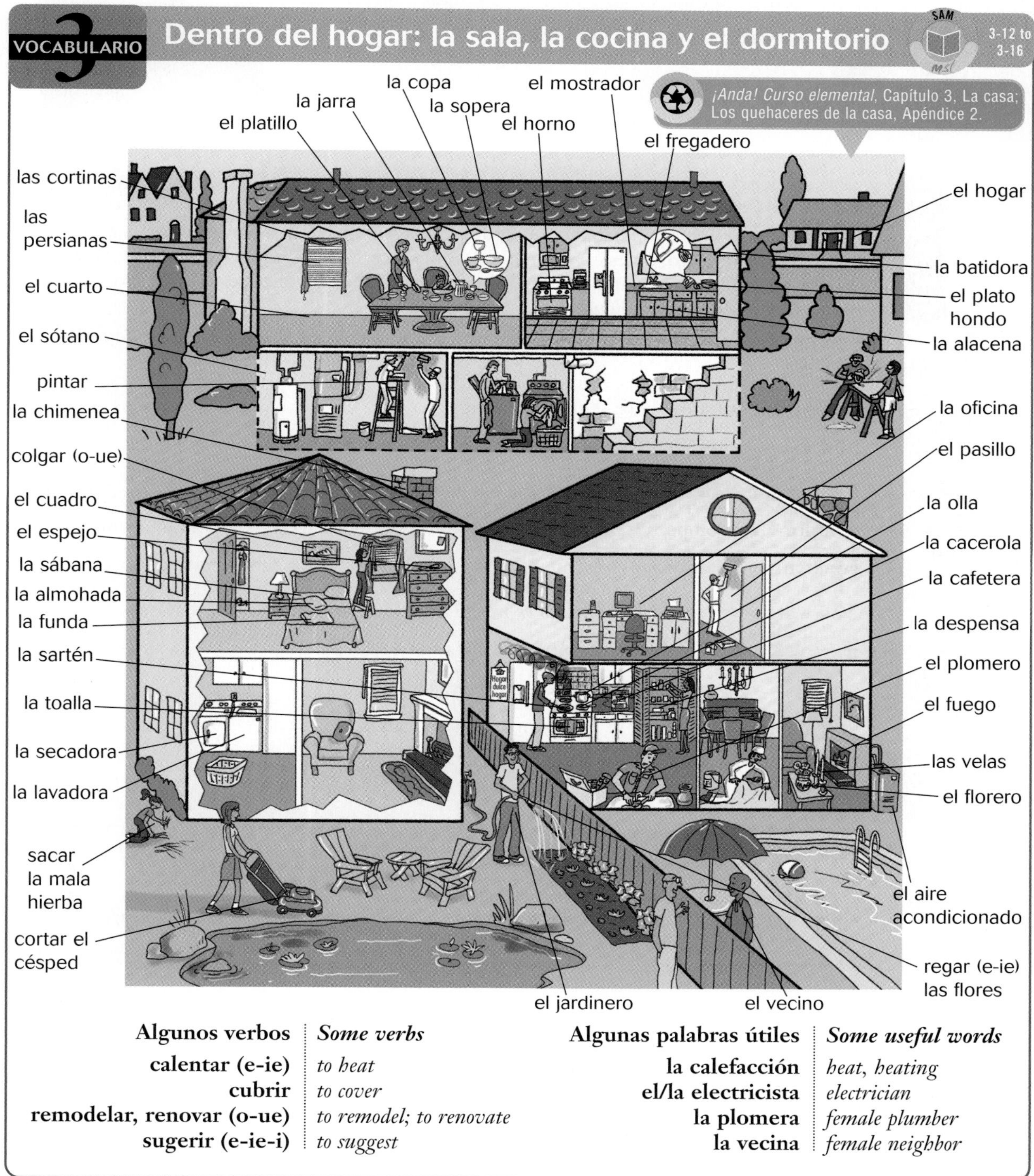

Algunos verbos	*Some verbs*
calentar (e-ie)	*to heat*
cubrir	*to cover*
remodelar, renovar (o-ue)	*to remodel; to renovate*
sugerir (e-ie-i)	*to suggest*

Algunas palabras útiles	*Some useful words*
la calefacción	*heat, heating*
el/la electricista	*electrician*
la plomera	*female plumber*
la vecina	*female neighbor*

El parloteo de Cisco

Anoche reflexionaba sobre mi cocina y decidí hacer unos cambios. Necesito un microondas nuevo y un refrigerador. Y pensaba decorar el suelo y las paredes. Esperaba hacerlo con poco dinero. ¿Me ofreces algunas sugerencias?

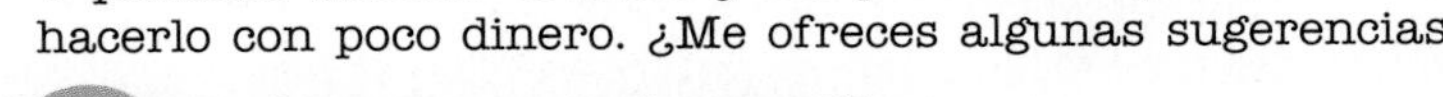

REPASO

El imperfecto

3-17 to 3-19

36, 41

In Cisco's blog, he wrote **reflexionaba, pensaba,** and **esperaba.** You will remember that in addition to the **pretérito,** Spanish has another simple past tense, **el imperfecto.** The following is a brief review of the forms and uses of **el imperfecto.** For a complete review, refer to **Capítulo 8** of ***¡Anda! Curso elemental*** in Appendix 3.

The **imperfect tense** expresses ***habitual past actions, provides descriptions***, and ***describes conditions.***

1. Verbs that end in ***-ar*** have the ***-aba*** endings.

   pintar: pintaba, pintabas, pintaba, pintábamos, pintabais, pintaban

2. Verbs that end **in *-er*** and ***-ir*** have the ***-ía*** endings.

   componer: componía, componías, componía, componíamos, componíais, componían

   construír: construía, construías, construía, construíamos, construíais, construían

3. There are ***only three irregular verbs*** in the imperfect: ***ir, ser,*** and ***ver.***

   ir: iba, ibas, iba, íbamos, ibais, iban

   ser: era, eras, era, éramos, erais, eran

   ver: veía, veías, veía, veíamos, veíais, veían

3-14 Buena memoria

Su profesor/a va a elegir **seis letras** del alfabeto. Después de escribirlas en la pizarra, todos los estudiantes van a escribir todas las palabras nuevas que puedan recordar que empiecen con esas letras. ¿Quién tiene la mejor memoria?

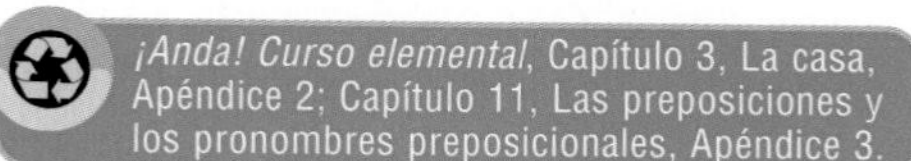

¡Anda! Curso elemental, Capítulo 3, La casa, Apéndice 2; Capítulo 11, Las preposiciones y los pronombres preposicionales, Apéndice 3.

3·15 La casa de su juventud

Miren la foto y el plano de la casa donde nació Diego Rivera el 8 de diciembre de 1886. Ahora es un museo y contiene una gran colección de obras del famoso muralista mexicano. Juntos describan la casa, usando **el imperfecto** según el modelo. ¡Sean creativos!

MODELO *Cuando Diego vivía en la casa, sus padres dormían en un dormitorio que estaba enfrente del dormitorio de la tía. Creo que Diego dormía en…*

Fíjate

The words *la habitación*, *la recámara*, and *la alcoba* are common words for *el dormitorio*. Sometimes different words are used in different Spanish-speaking countries. In *¡Anda! Curso intermedio*, you are learning vocabulary that tends to be used the most universally across the Spanish-speaking world.

3·16 La casa de mi juventud

Dibuja un plano sencillo (*simple*) de la casa de tu juventud o de la de un/a amigo/a.

Paso 1 Incluye los cuartos y detalles sobre el exterior; por ejemplo, la cerca, el jardín, la piscina, etc.

Paso 2 Descríbele la casa a un/a compañero/a, usando por lo menos **ocho** oraciones en **el imperfecto.** Tu compañero/a va a dibujar lo que dices.

MODELO *La casa de mi juventud tenía una cerca de madera alrededor de la casa…*

Paso 3 Comparen los dos dibujos para ver si las describieron e interpretaron bien. Túrnense.

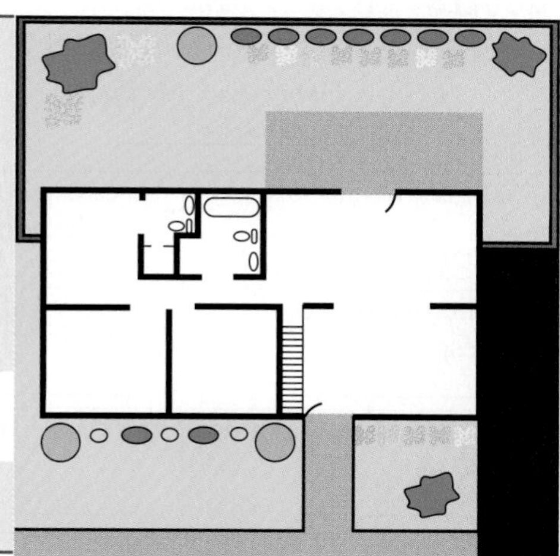

¡Anda! Curso elemental, Capítulo 3, Los colores; Capítulo 7, La comida, Apéndice 2.

3·17 ¿Y tu vida?

Piensen en su niñez y túrnense para compartir la siguiente información.

MODELO E1: *¿Qué tipo de comida guardaba tu familia en el refrigerador y en la despensa?*
E2: *Mi familia guardaba refrescos, leche, frutas, verduras y condimentos en el refrigerador. En la despensa…*

1. ¿Qué tipo de comida guardaba tu familia en el refrigerador y en la despensa?
2. ¿Cuántas almohadas necesitabas para dormir?
3. ¿De qué colores eran tus sábanas, fundas y toallas?
4. ¿Usabas cortinas o persianas?
5. ¿Tenías tocadores o nada más que armarios?
6. ¿Te permitían tus padres cocinar o usar una sartén?
7. ¿Cuántas familias vivían en tu barrio o en tu cuadra?
8. ¿Te caían bien los vecinos?

¡Anda! Curso elemental, Capítulo 3, La casa, Apéndice 2.

3-18 Una imagen vale...

Mira el dibujo en la página 117. Imagina que tienes que describir a alguien lo que pasaba (usando el **imperfecto**) en estas casas y sus alrededores (*surroundings*). Túrnense para crear **ocho oraciones** cada uno/a.

MODELO *Había sábanas y fundas rosadas. La casa no se calentaba con la chimenea porque hacía calor y buen tiempo...*

¡Anda! Curso intermedio, Capítulo Preliminar A, Los artículos definidos e indefinidos, pág. 6.

3-19 El mundo es un pañuelo

¿Cuánto sabes de tus compañeros/as y de sus pasados? Entrevístalos para encontrar a los que puedan contestar afirmativamente a las siguientes preguntas.

Paso 1 Usa el **imperfecto** para crear las preguntas.

MODELO *¿Tenía piscina tu casa?*

Paso 2 Pregúntaselas a tus compañeros/as de clase. Si alguien contesta que sí, tiene que firmar su nombre en el espacio apropiado.

MODELO E1: *¿Tenía piscina tu casa?*
E2: *Sí, mi casa tenía piscina.*
E1: *Firma aquí, por favor.*
Charlie

tu casa / tener / piscina Charlie	las casas en tu barrio / ser / de ladrillo ______	tú / componer / cosas rotas ______	tu casa / tener / un estanque ______
tus hermanos / cortar / el césped ______	tu casa / haber / azulejos ______	tu casa / haber / chimenea ______	tu familia y tú / quemar / madera en la chimenea ______
tu casa / tener / un muro enfrente ______	tú / usar / la lavadora ______	tú / guardar / cosas especiales / en tu tocador ______	tú / renovar / tu casa con la ayuda de revistas (*magazines*) ______

¡Anda! Curso intermedio, Capítulo 2, El subjuntivo para expresar pedidos, mandatos y deseos, pág. 86.

3-20 ¡La lotería!

¡Tu esposo/a y tú acaban de ganar 80.000 euros! Túrnense para describir sus planes para la renovación y la decoración de su casa antigua, usando por lo menos **ocho** oraciones.

MODELO E1: *Primero quiero que renovemos los mostradores de la cocina. Sugiero usar azulejos del sur de España.*
E2: *Buena idea. Me gusta. Quizás construyamos alacenas de madera y tal vez las pintemos blancas...*

de euros esta semana en Euromillones

¡JUEGA HOY!

No dejes que se te escapen los 15 millones que trae el bote de Euromillones.

Compra por Internet de forma fácil, cómoda y segura.

GRAMÁTICA 4 El subjuntivo para expresar sentimientos, emociones y dudas

SAM 3-20 to 3-22 Guide 46

In **Capítulo 2,** you learned about the **subjunctive** to express **volition** or **will** (commands, requests, and wishes). In Spanish, you also use the **subjunctive** to express **feelings, emotions, doubt,** and **probability.**

Dudo que podamos renovar esta casa. No creo que sea una opción para nosotros.
¡Qué potencial! No creo que la casa necesite mucho trabajo. Pintamos... unas cortinas nuevas y ya está.

Fíjate

Gustar (to like) and most verbs like it (see *Capítulo* 1, p. 38) can express feelings and emotions.

Estrategia

You may want to review the present tense subjunctive forms on p. 82 and the sentence construction with verbs of volition on p. 86 before beginning this section.

- Some verbs and phrases used to express **feelings** and **emotions:**

alegrarse de	*to be happy (about)*	**ser una lástima**	*to be a shame*
avergonzarse de (o-ue)	*to feel (to be) ashamed of*	**sentir (e-ie-i)**	*to regret*
gustar	*to like*	**temer / tener miedo (de)**	*to fear; to be afraid (of)*
ser bueno/malo	*to be good/bad*		

Me alegro de que tengas un presupuesto. — *I'm happy that you have a budget.*

Yanet **se avergüenza de** que ella y su esposo no tengan el dinero para pagar el alquiler este mes. — *Yanet is ashamed that she and her husband do not have the money to pay the rent this month.*

Nos gusta que la casa esté bien decorada ahora. — *We like (the fact) that the house is well decorated now.*

Temo que no podamos comprarla. — *I'm afraid we cannot buy it.*

- Some verbs used to express **doubt** and **probability:**

dudar	*to doubt*	**no pensar**	*not to think*
no creer	*not to believe; not to think*	**ser dudoso**	*to be doubtful*
no estar seguro (de)	*to be uncertain*	**ser probable**	*to be probable*

Marco **no cree** que nosotros sepamos suficiente para renovar una casa. — *Marco doesn't think that we know enough to renovate a house.*

No estoy segura de que Hosun tenga un jardinero. — *I am not sure that Hosun has a gardener.*

- The verbs **creer, estar seguro de,** and **pensar** do **not** use the **subjunctive,** but rather the indicative, after **que** because they do not express doubt.

DOUBT **dudar, no creer, no estar seguro (de), no pensar**	CERTAINTY **no dudar, creer, estar seguro (de), pensar**
No creo que podamos terminar de renovar el baño para septiembre. *I don't believe that we can finish renovating the bathroom by September.*	**Creo que** podemos terminar de renovar el baño para septiembre. *I believe that we can finish renovating the bathroom by September.*
Julio **no está seguro de que** esta lavadora sea la mejor que jamás ha tenido. *Julio is not certain that this washing machine is the best he has ever had.*	Julio **está seguro de que** esta lavadora es la mejor que jamás ha tenido. *Julio is certain that this washing machine is the best he has ever had.*

- When only one subject/group of people expressing **feelings, emotions, doubt,** or **probability** exists, you must use the **infinitive** and **NOT** the **subjunctive.**

Se alegran (de) comprar una casa en aquel barrio. *They are happy to buy a house in that neighborhood.*

Having studied the previous presentation on the subjunctive, answer the following questions:

1. In which part of the sentence do you place the verb that expresses feelings, emotions, or doubts: to the right or the left of **que?**
2. Where do you put the subjunctive form of the verb: to the right or the left of **que?**
3. What word joins the two parts of the sentence?
4. When you have only one subject/group of people and you are expressing **feelings, emotions, doubt,** or **probability,** do you use a subjunctive sentence?

Check your answers to the preceding questions in Appendix 1.

3-21 Práctica

Terminen las siguientes oraciones de manera apropiada. Tienen que decidir si necesitan usar el **subjuntivo** o el **indicativo**.

comprar **organizar** **pagar** **preparar** **querer**

MODELO Nos alegramos de que nuestros padres… / una lavadora y una secadora nuevas.

Nos alegramos de que nuestros padres ***compren*** *una lavadora y una secadora nuevas.*

1. Mis padres no creen que nosotros… / una casa nueva este año.
2. Dudan que yo… / la comida todos los días.
3. ¿Estás seguro de que ella siempre… / las facturas?
4. No pienso que su ahijada… / las alacenas. Es muy perezosa.
5. Creo que él… / construir un muro de cemento.

¡Anda!, Curso intermedio, Capítulo 1, La familia, pág. 50.

3·22 Optimista o pesimista

Hay optimistas y pesimistas en este mundo. ¡Hoy es tu día para jugar a ser el/la pesimista! Túrnense para responder de manera pesimista.

MODELO Creo que los platos y las copas hacen juego (*match*).

PESIMISTA: *No creo que los platos y las copas hagan juego.*

1. Creo que el sótano de mis tíos necesita reparaciones.
2. Mi madrina está remodelando su casa y no duda que los azulejos son del color correcto.
3. Los gemelos Sánchez creen que su horno calienta bien y que no necesitan uno nuevo.
4. Estoy segura de que mis primos son buenos cocineros y que nunca queman la comida.
5. Creemos que tu padrino te va a regalar una nueva casa de madera para tu cumpleaños.

3·23 Lo siento, pero lo dudo

Tu compañero/a te va a decir las siguientes oraciones y no estás de acuerdo con lo que dice. Responde con **Dudo que..., No creo que...,** etc.

MODELO E1: Mi cuñada quema la comida todos los días.

E2: *Dudo que tu cuñada queme la comida todos los días.*

1. Mi casa es tan sofisticada como la de Bill Gates.
2. Lavo las toallas, las sábanas y las fundas todos los días.
3. Nos mudamos todos los años.
4. Vivo en una casa con dos piscinas.
5. Mis padrinos tienen unos espejos de Francia del siglo XVII.

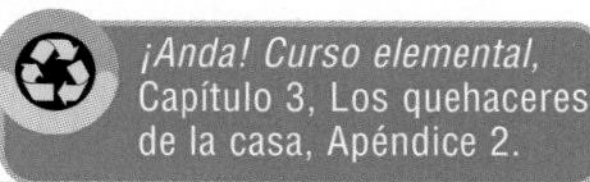

¡Anda! Curso elemental,
Capítulo 3, Los quehaceres
de la casa, Apéndice 2.

3·24 Mis quehaceres

Siempre hay cosas que hacer y tu compañero/a te va a ayudar. Túrnense para responder con gratitud (**me alegro, me gusta, me encanta,** etc.).

MODELO E1: *pintar el despacho*

E2: *Me alegro de que pintes el despacho.*

1. comprar la comida para la cena
2. cortar el césped
3. hacer la cama con nuevas sábanas, fundas y almohadas
4. barrer el piso
5. organizar la despensa
6. limpiar el sótano

3·25 Mis opiniones

Tus abuelos te regalan una casa antigua. Estás agradecido/a pero necesitas renovarla.

Paso 1 Escribe por lo menos **cinco** ideas que expresen **duda, sentimientos** o **emociones** sobre el proyecto.

MODELO *Voy a renovar la cocina. Primero, necesito encontrar a un buen contratista. Creo que el contratista debe tener buenas referencias. Temo que la renovación sea cara…*

Paso 2 Comparte tus ideas con **tres** compañeros para ver si se sienten como tú.

¡Anda! Curso intermedio, Capítulo 1, El aspecto físico y la personalidad, Algunos estados, pág. 32, 43.

3·26 El futuro es dudoso

Dos amigos suyos van a casarse. Expresen sus opiniones en por lo menos **cinco** oraciones sobre la boda (*wedding*) y/o su futuro. ¡Sean creativos! Después, compartan sus oraciones con sus compañeros/as.

MODELO *En el futuro, dudo que se pongan de acuerdo sobre cómo gastar el dinero. Ella es muy gastadora y él es muy tacaño. Por ejemplo, ella quiere gastar $5.000 dólares en un horno y una estufa pero él no cree que sea muy importante…*

¡Anda! Curso elemental, Capítulo 2, Los pasatiempos y los deportes; Capítulo 5, El mundo de la música, El mundo del cine, Apéndice 2.

¡Anda! Curso intermedio, Capítulo 2, Algunos deportes, pág. 68, Algunos pasatiempos, pág. 81.

3·27 Y otra cosa…

Expresa tus dudas, sentimientos y emociones con respecto a tus pasatiempos y diversiones. Comparte la información con un/a compañero/a.

MODELO *Me encanta mi familia y creo que debemos mirar la televisión mucho menos y hablar mucho más. Me alegro de que tengamos tiempo para reunirnos y comer juntos pero…*

GRAMÁTICA 5 *Estar* + el participio pasado

SAM 3-23 to 3-24 Guide 55, 57

¡No puedes salir sin arreglar tu cuarto!
Mamá ¡ya está arreglado!

In **Capítulo 1,** you learned about the **present perfect** tense (present tense of **haber [he, has, ha, etc.]** + past participle [**-ado/ido**]). You can also use the **past participle as an adjective.**

Estar + *past participle* describes the **result of an action.** The verb **estar** can be used in the **present** or **imperfect tenses.**

Las ventanas **están cerradas.**	*The windows are closed. (Someone closed the windows.)*
La puerta **estaba abierta** cuando yo llegué.	*The door was open when I arrived. (Someone opened the door.)*
La casa ya **está pintada;** la terminamos ayer.	*The house is already painted; we finished it yesterday. (Someone painted the house.)*

Based on the examples above, what rule can you state with regard to what determines the endings of the past participles (**-ado/-ido**) when used as adjectives?

 Check your answer to the preceding question in Appendix 1.

¡Anda! Curso intermedio, Capítulo 1, El presente perfecto, pág. 46.

3-28 Mi casa es tu casa

Tu compañero/a y tú han trabajado mucho hoy. Túrnense para describir lo que ya han hecho.

MODELO puerta / pintar
La puerta está pintada.

1. factura mensual / pagar
2. platos / guardar
3. toallas / lavar
4. silla rota / reparar
5. césped / cortar
6. cerca / pintar
7. cortinas / colgar
8. flores / regar

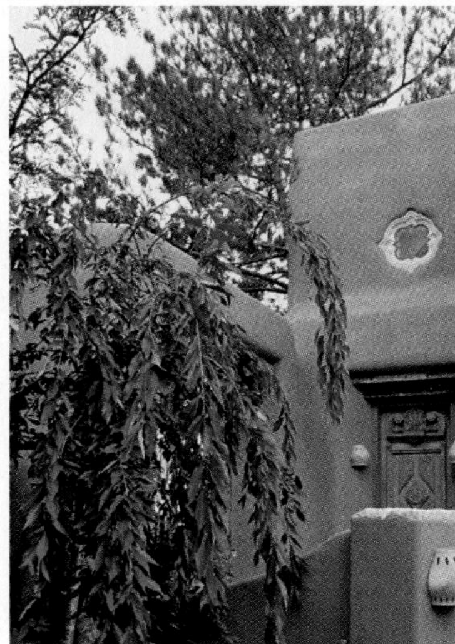

SAM 3-25

PERFILES

La importancia de la casa y de su construcción

*La construcción de los lugares donde la gente vive es personal y refleja los gustos y las necesidades de las personas que los van a habitar. Muchas personas se especializan en el trabajo de mejorar la casa, afuera y adentro (*inside*). Aquí tienes tres ejemplos del intento de crear un espacio agradable y útil para vivir o pasar el tiempo.*

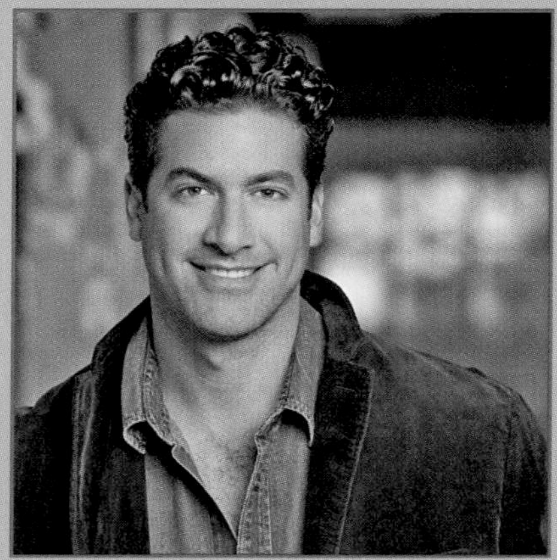

Eduardo Xol, (n. 1966) nativo de Los Ángeles y de padres mexicanos, ha ganado fama como diseñador de exteriores y de jardines. Desde pequeño trabajó con su familia y aprendió mucho del arte de la jardinería. Ahora hace recomendaciones sobre este tema al público en el programa *Extreme Makeover Home Edition*.

Sandra Tarruella e **Isabel López** son unas diseñadoras de interiores muy conocidas en España. Recibieron el Premio FAD en el año 2004 por su diseño del interior del Hotel Omm en Barcelona y su restaurante famoso, Moo. No hay duda que sus proyectos figuran entre los más modernos y populares del país.

La civilización incaica (1438–1532) demostró mucho talento en la construcción con piedra. Sus ruinas indican que los incas eran buenos arquitectos. Sus casas y templos estaban construidos de piedras masivas que se ajustaban (*fit*) juntas unas con otras, tan perfectamente que no había necesidad de mortero (*mortar*).

Preguntas

1. ¿En qué son similares y en qué son diferentes los trabajos de las personas representadas?
2. ¿Qué es más importante para ti: el exterior o el interior de tu casa? ¿Por qué?
3. ¿Qué cuarto de tu casa te gusta más? ¿Por qué?

¡Anda! Curso intermedio, Capítulo 1, El presente perfecto de indicativo, pág. 46.

3·29 Por favor

Completen los siguientes pasos.

Paso 1 Túrnense para formar mandatos informales y para responder de manera positiva a su amigo/a un poco exigente (*demanding*).

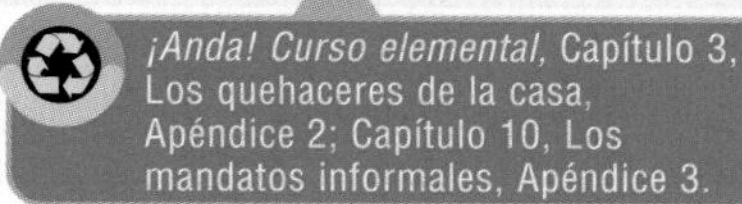

¡Anda! Curso elemental, Capítulo 3, Los quehaceres de la casa, Apéndice 2; Capítulo 10, Los mandatos informales, Apéndice 3.

MODELO quemar los papeles
E1: *Por favor, quema los papeles.*
E2: *Ya están quemados.*

Por favor,

1. cerrar las ventanas de tu cuarto.
2. apagar la chimenea.
3. lavar las cacerolas en el fregadero.
4. guardar la batidora en la alacena.
5. organizar los comestibles en la despensa.
6. pintar los pasillos de color azul.
7. cubrir la almohada con una funda limpia.
8. reparar las persianas rotas.

Paso 2 Ahora cambien las respuestas al **imperfecto**.

MODELO Ya están quemados.
Ya estaban quemados.

3·30 ¿Eres competitivo?

Túrnense para hacer el papel de una persona que siempre quiere hacer las cosas mejor que los demás.

MODELO No tengo tiempo para decorar mi apartamento.
Mi apartamento está bien decorado.

1. No tengo tiempo para sacar la mala hierba de mi jardín.
2. Necesito pintar el pasillo.
3. Nunca guardo mi ropa limpia.
4. No puedo hacer la cama todos los días.
5. Necesito colgar unas cortinas.
6. Nunca tengo tiempo para lavar mi carro.
7. Debo poner la mesa cuando invito a mis amigos a comer.
8. No me gusta barrer el suelo.

Estrategia

These words may be useful in your description: *abrir, cerrar, desordenar, hacer, poner, romper, sacar, tirar* (to throw).

3·31 ¿Qué pasó?

Necesitan ayudar a la policía porque hubo un crimen en el apartamento del vecino. Miren el dibujo y describan, con **participios pasados** lo que vieron al entrar en el apartamento. Túrnense.

3·32 ¡Ya soy responsable!

Imagínense que es la primera vez que viven solos y sus padres están muy preocupados.

Paso 1 Inventen una conversación entre un/a hijo/a y el padre/la madre. ¿Cuáles son las preguntas de los padres y cuáles son las respuestas del hijo/de la hija competente? Usen el **participio pasado**.

MODELO E1: *¿Pagaste las facturas de este mes?*
E2: *Sí mamá. Todas las facturas están pagadas.*

¡Anda! Curso elemental, Capítulo 7, El pretérito, Apéndice 3.

Paso 2 Presenten la conversación a su profesor/a y a sus compañeros/as de clase.

3-26

¡Conversemos!

ESTRATEGIAS COMUNICATIVAS Extending, accepting, and declining invitations

A good way to improve your Spanish is to spend time with Spanish speakers. To do this, you need to know how to extend, accept, or decline an invitation.

Use the expressions below when you wish to extend, accept, or decline an invitation:

Para invitar a alguien...	*To extend an invitation...*
■ **Quisiera invitarte/le/les...**	*I would like to invite you (all)...*
■ **¿Está/s/n libre/s...?**	*Are you (all) free...?*
■ **¿Podría/s/n venir...?**	*Could you (all) come...?*

Para aceptar una invitación...	*To accept an invitation...*
■ **Nos/Me encantaría...**	*We/I would love to...*
■ **¡Claro! ¡Por supuesto!**	*Sure! Of course!*
■ **¡Con mucho gusto!**	*It would be a pleasure!*

Para rechazar una invitación...	*To decline an invitation...*
■ **Me da mucha pena, pero...**	*I'm really sorry, but...*
■ **Lo siento, pero no puedo esta vez/en esta ocasión. Tengo otro compromiso.**	*I'm sorry, but I can't this time. I have another commitment / I have other plans.*
■ **Nos/Me encantaría, pero...**	*We/I would love to, but...*
■ **Lástima, pero...**	*It's a shame/pity, but...*

CD 2 Track 2

3-33 Diálogos

Escucha los diálogos y contesta las siguientes preguntas.

1. ¿Para qué es la primera invitación?
2. ¿Puede ir Laura? ¿Qué dice?
3. ¿Para qué invitan Paco y Verónica a Inés y a Jorge?
4. ¿Pueden ir? ¿Qué dice Inés?

3-34 ¡Bienvenido!

Piensen en un personaje histórico a quien quieran invitar a cenar. Luego escriban un mini-diálogo. El/La compañero/a hace el papel del invitado y puede aceptar o negar la invitación, pero necesita explicar por qué.

MODELO E1: *Saludos, Sr. Quijote.*

E2: *Buenos días. ¿Lo conozco?*

E1: *No, pero he leído el libro sobre su vida y me gustó mucho. Espero que usted pueda cenar conmigo esta noche.*

E2: *Ah, muchísimas gracias, pero lo siento, esta vez no puedo. Tengo otro compromiso... Tengo una cita con Dulcinea...*

3·35 ¿Aceptas o no?

Mira la siguiente lista de invitaciones y decide si quieres aceptar o no. Con un/a compañero/a, dramaticen las situaciones y luego cambien de papel y háganlo de nuevo.

1. Un amigo te invita a una fiesta latina en su casa donde se va a bailar mucho; no sabes bailar.
2. Tu profesor de español quiere que la clase vaya a su casa para una tertulia. Tienen que hablar toda la noche en español. Responde por toda la clase (nosotros).
3. Tu novio/a quiere que conozcas a sus padres. Te ha invitado a cenar en casa con ellos. No tienes ropa apropiada en este momento.
4. Tus vecinos te han invitado a una barbacoa en su casa, pero eres vegetariano/a.
5. Tu amigo va a ayudar a construir unas casas para Hábitat para la Humanidad durante las vacaciones de primavera y te invita a acompañarlo.

MODELO E1: *Hola, Juanita. Quisiera invitarte al baile este sábado.*
E2: *Ah, ¡qué bueno! ¡Claro que sí!...*

3·36 Una casa de vacaciones

Quieres alquilar una casa para ir de vacaciones, pero quieres más información sobre la propiedad. Solamente has leído un anuncio en el periódico y no la describe con mucho detalle.

Estudiante 1: Llama al/a la dueño/a y pídele una descripción. Pregúntale lo que quieras sobre la casa: por ejemplo, ¿Hay piscina? ¿De qué está hecha la casa? ¿Cómo es la cocina?

Estudiante 2: Eres el dueño. Describe la casa lo mejor posible, indicando cuáles son los mejores aspectos de la casa y de sus alrededores (*surroundings*) e invita al cliente a verla.

MODELO E1: *Muy buenos días, Sra. ¿Usted todavía tiene una casa disponible o ya está alquilada?*
E2: *¡Claro! ¡Por supuesto! ¿Qué quiere saber? ¿Desea que le describa la casa?...*

3·37 Manos a la obra

Tu vecino/a te pide que le ayudes con un proyecto de mejoramiento de su casa. Con un/a compañero/a de clase, recreen un diálogo entre tu vecino/a y tú, teniendo en cuenta que:

TÚ	EL/LA VECINO/A
• tu vecino/a te cae bien y no quieres ofenderlo/a	• necesitas hacer las reparaciones de casa, pero no te gusta trabajar a solas
• no te gusta trabajar en la casa ni hacer renovaciones	• quieres conocer mejor a tu vecino/a y crees que ésta es la mejor manera
• no eres muy hábil con las herramientas (*tools*), pero tienes un juego (*set*) nuevo que tus padres te regalaron; nunca lo has usado	• has visto que tu vecino/a tiene muchas herramientas buenas y te parecen nuevas

MODELO E1: *Hola, Raúl. ¿Qué tal?*
E2: *Hola, pues muy bien, ¿y tú? ¿Qué haces?*
E1: *Pienso renovar mi sala de recreo. A propósito, ¿me quieres ayudar? Temo que no pueda hacerlo yo mismo...*

ESTRATEGIA **Process writing (Part 3): Supporting details**

Unless you are jotting down a quick note or outline, you will need to add details that support your main ideas or statements. These details provide additional information that clarify and expand upon your main thoughts, conveying your message more vividly. Details can be in the form of facts, examples, or reasons. One way to begin is to supply two or three supporting details for each main idea in your writing.

3•38 Antes de escribir

Vas a mudarte a otra ciudad en otro estado. Te has comunicado con un agente de bienes raíces (*real estate*) para poder encontrar tu "casa ideal". El agente quiere que escribas una descripción de lo que constituye tu casa ideal; es decir, ¿qué tiene que tener tu casa? ¿cómo es?

ESTILO: hispano
MATERIAL: ~~cemento~~ adobe
PISCINA: ??? ~~$$$~~
DORMITORIOS: ~~3~~ 4
BAÑOS: 3 baños con azulejos

3•39 A escribir

Para escribir tu descripción de casa, completa los siguientes pasos.

Paso 1 Indica las **cinco** cosas más importantes que buscas en tu casa ideal.

Paso 2 Añade **dos** detalles apropiados con cada idea principal para que el agente entienda perfectamente lo que quieres.

Paso 3 Escribe la descripción completa. Debe tener por lo menos **diez** oraciones. Crea por lo menos **cuatro oraciones en el subjuntivo.**

MODELO *Mi casa ideal necesita tener ciertas características. La casa debe ser de adobe; me gustan las casas de estilo hispano y es bueno que sea del color blanco…*

3•40 Después de escribir

Compara la descripción de tu casa ideal con la de un/a compañero/a de clase. ¿En qué son similares y en qué son diferentes?

¿Cómo andas?

Having completed the second **Comunicación,** I now can...

	Feel Confident	Need to Review
• describe a home and its rooms. (p. 117)	❑	❑
• discuss the past (p. 118)	❑	❑
• communicate doubts, feelings, and emotions. (p. 121)	❑	❑
• express the result of actions using **estar** + *past participle* **(-ado/-ido)**. (p. 125)	❑	❑
• share my opinions about home construction, decoration, and renovation. (p. 126)	❑	❑
• extend, accept, and decline invitations. (p. 128)	❑	❑
• write a description that includes details. (p. 130)	❑	❑

Vistazo cultural

3-29 to 3-31

Vistas culturales

Las casas en España

Soy estudiante de arquitectura en la Escuela Técnica Superior de Arquitectura de la Universidad de Navarra, considerado uno de los mejores programas del país. El curso académico para sacar el título de arquitecto dura cinco años. Al terminar, pienso diseñar casas impresionantes para el público.

María Ángeles Durán Nieves, estudiante de arquitectura

La manzana de la discordia en Barcelona

En una sola cuadra del Passeig de Gràcia, una ruta principal en Barcelona, se encuentran tres ejemplos maravillosos de la arquitectura modernista. Esta cuadra se llama *la manzana de la discordia*.

La Casa Batlló

El exterior de *La Casa Batlló* se destaca por su decoración, sus curvas y sus chimeneas peculiares. Antonio Gaudí (1852–1926), un arquitecto catalán, remodeló un edificio tradicional existente y sobre su base construyó este original edificio en el año 1906 como residencia de la familia Batlló, a quien se debe su nombre.

El patio de la Casa Sorolla

Joaquín Sorolla y Bastida (1863–1923) fue un pintor realista e impresionista de Valencia. Construyó la casa donde también iba a tener su estudio en el año 1911. Esta pintura es una de más de veintiocho vistas que pintó desde su jardín, captándolo principalmente durante la primavera con muchas flores.

Joaquin Sorolla Y Bastida, "The Courtyard of the Sorolla House," 1917. Oil on canvas, 95.9 x 64.8 cm. © Colección Carmen Thyssen-Bornemisza en deposito en el Museo Thyssen-Bornemisza.

Las casas colgantes de España

Es dudoso que se encuentren casas más precarias que las casas colgantes de Cuenca. Cuelgan de un précipe al lado del río Huécar. Antes, servían de hogar para la gente del pueblo. Hoy, una de las casas está convertida en el Museo de Arte Abstracto Español y otra es un restaurante famoso.

El parador de Sigüenza

Los paradores son lugares de turismo dirigidos por el gobierno de España. Son edificios viejos e históricos como palacios, monasterios, conventos y mansiones. Todos están renovados y sirven como hoteles; cada uno tiene su propio restaurante con la comida particular de la región. Algunos datan de los años 900.

El puente del Campo Volatín, Bilbao

Santiago Calatrava, nativo de Valencia, es el arquitecto más conocido de España y uno de los más famosos del mundo. Tiene títulos en arquitectura y en ingeniería civil; también ha estudiado pintura y dibujo. Sus estructuras son distintas, modernas, bonitas y llamativas (*striking*).

Una casa cueva en Andalucía

¿Te gustan las cuevas (*caves*)? ¡Es posible que sea tu casa nueva! Las casas cuevas han empezado a ser populares, sobre todo en Andalucía. Las cuevas han sido renovadas en viviendas (*living quarters*) muy cómodas y modernas con teléfono, electricidad, agua corriente y hasta acceso al Internet.

Preguntas

1. ¿Qué tienen en común las casas en la manzana de la discordia?
2. ¿Cuáles son las semejanzas (*similarities*) y diferencias entre los edificios en esta presentación?
3. Compara la construcción de tu edificio favorito en este vistazo con tu casa ideal.

Laberinto peligroso

EPISODIO 3

lectura

3-32 to 3-34

ESTRATEGIA **Establishing a purpose for reading; determining the main idea**

First, identify your purpose for reading. Is it for pleasure, to find specific information, or to research a topic? Next, skim the passage for the main idea(s). Make use of prior strategies such as predicting from titles and/or illustrations, identification of cognates, and use of background knowledge to help pinpoint the main topics of the reading.

3-41 **Antes de leer.** En lugar de tratar de leer y comprender todas las palabras de un texto, muchas veces es más útil tratar de extraer las ideas generales del texto. Antes de leer el episodio, completa los siguientes pasos.

Paso 1 Lee superficialmente y rápidamente el episodio y contesta las siguientes preguntas.

1. ¿Quiénes son los protagonistas en este episodio?
2. ¿Quién llega al café antes?
3. ¿Qué hace en el café?
4. ¿De qué habla con la otra persona?

Paso 2 Basándote en tus respuestas a las preguntas del **Paso 1** y en el título del episodio, escribe una oración indicando cuál crees que va a ser la idea general del episodio.

DÍA 19

Planes importantes

CD 2
Track 3

Estaba harto de estar solo en casa, así que Cisco decidió dar un paseo hasta un café para tomar algo y seguir trabajando allí. Cuando llegó al café, pudo sentarse en una mesa grande porque no había mucha gente, sólo un hombre que tomaba algo y estudiaba unos informes. Cisco pidió un café, sacó la computadora y los libros, y se puso a trabajar. Después de un rato, el otro cliente se levantó bruscamente para salir del café y con la prisa se le cayó una página al suelo.

Cuando Cisco llevaba una hora allí solo, una voz conocida le sorprendió:

—¿Qué haces tú aquí?—le preguntó Celia.
—Nada. Vivo cerca y quería tomar un café.—respondió Cisco, mientras cerraba su computadora y trataba de esconder° los libros.
—¿Y estos libros?—preguntó Celia.
—Para un artículo.—dijo Cisco.
—Me sorprende que trabajes aquí.—dijo Celia.—¿Puedes concentrarte?
—Sí, ya ves que está muy tranquilo y así salgo de casa. ¿Quieres sentarte y tomar algo?—respondió Cisco.
—Me encantaría, pero no quiero interrumpirte.—dijo Celia.
—No, el artículo está casi terminado.—mintió Cisco.—Además necesito un descanso.
—Está bien.—dijo Celia.

° *to hide*

—¿Qué tal te sientes? ¿Ya te has recuperado de lo que te pasó durante el seminario?
—Sí, no fue nada. Creo simplemente que estaba cansada.—respondió Celia, mientras se sentaba.
—¿Has ido al médico?—preguntó Cisco.
—¡Qué exagerado! Estoy bien. No me he vuelto a sentir mal desde entonces, y fue hace dos semanas. De verdad, no creo que sea nada importante.—insistió Celia.
—Pero te desmayaste°. No creo que sea mala idea ir al médico.—insistió Cisco.

you fainted

Celia quería cambiar de tema y trataba de mirar los títulos de los libros que había sobre la mesa, pero solo pudo ver una revista.
—¿Estás escribiendo sobre casas?—le preguntó Celia, señalando la revista.
—No, es que quiero hacer unos cambios en mi casa. Cuando la compré tenía planes para renovarla, pero como tengo mucho trabajo, no puedo dedicarle mucho tiempo a eso.
—Es una lástima que no tengas más tiempo para una cosa tan importante. ¿Qué cambios quieres hacer?—preguntó Celia.
—Muchísimos. Estoy añadiendo un baño y voy a cambiar la cocina y acabar el sótano.
—¿Tienes contratista?—preguntó Celia.
—No, estoy haciéndolo todo yo. Para algunas cosas necesito un plomero, pero yo hago todo lo que pueda.—dijo Cisco.
—Me sorprende que sepas hacer tantas cosas, pero me parece muy bien que tomes esa iniciativa.
—También tiene que ver con mi presupuesto. Para hacer tanto trabajo, es fundamental que haga todo lo que pueda. Comprar todos los materiales y encima contratar a otras personas para hacer las reformas, ¡imagínate todas las facturas!
—¿Y no quieres pedir un préstamo?—preguntó Celia.
—La hipoteca ya es mucho. Y también me gusta hacer las cosas con mis propias manos.
—¿En qué cuarto estás trabajando ahora?—preguntó Celia.
—El baño está casi terminado, así que pronto voy a empezar en la cocina.
—Tengo ganas de aprender a hacer esas cosas, pero supongo que primero debería comprar la casa.—reflexionó Celia.
—¿Qué tipo de casas te gustan?
—Sencillas, no demasiado grandes. Quiero tener una con un buen jardín, eso es fundamental, y una cocina amplia y una gran chimenea en la sala.—respondió Celia.
—A mí también me gustan mucho las chimeneas. ¿Piensas comprar una casa pronto?
—No sé. Todavía no he hecho planes tan importantes.—respondió Celia, mirando hacia abajo y tocándose la frente.
—¿Estás bien?—preguntó Cisco con un tono preocupado.
—Sí, pero estoy un poco cansada y me duele la cabeza. Creo que debería irme.
—Celia dijo mientras abría el bolso para sacar una propina para el camarero.
En su bolso encontró una nota que la asustó mucho.

3-42 **Después de leer.** Contesta las siguientes preguntas.

1. Al principio del episodio, ¿qué ocurrió con el hombre que estaba en el café?
2. ¿Por qué crees que Cisco le dijo a Celia que su artículo estaba casi terminado?
3. ¿Por qué crees que Celia no quería hablar sobre el incidente que ocurrió en el seminario?
4. ¿Qué planes tenía Cisco para su casa?
5. ¿Cómo era la casa ideal de Celia?
6. ¿Qué le ocurrió a Celia al final del episodio?

video

3-43 Antes del video. En los últimos episodios, Cisco ha estado trabajando en un artículo importante, y al final de *Planes importantes* Celia estaba asustada. En el próximo episodio del video, vas a ver qué asustó a Celia y también vas a aprender más sobre el artículo de Cisco. Antes de ver el episodio, contesta las siguientes preguntas.

1. ¿Qué tema ha estado investigando Cisco en los últimos episodios?
2. ¿Por qué crees que no se sentía bien Celia?
3. ¿Qué crees que había en la nota que asustó a Celia?

Dudo que sea una broma (*joke*).

¿Por qué tenía tanta prisa Cisco? ¿Ocultaba (*Was he hiding*) algo?

El poder curativo de las plantas en las selvas tropicales es algo que me apasiona...

Episodio 3

Una nota misteriosa

Relájate y disfruta el video.

3-44 Después del video. Contesta las siguientes preguntas.

1. ¿Qué dijo la nota que Celia encontró en su bolso? ¿Cómo reaccionó Cisco a la nota?
2. ¿Qué ocurrió cuando volvieron a entrar en el café?
3. ¿Cómo era el apartamento de Celia?
4. ¿Con qué tipo de especialista necesitaba hablar Cisco?
5. ¿Con qué tipo de especialista quería hablar Celia?
6. ¿Con qué personas ha estado trabajando el Dr. Huesos?
7. ¿Cómo concluyó el episodio?

Y por fin, ¿cómo andas?

Having completed this chapter, I now can...

	Feel confident	Need to review
Comunicación		
• list and discuss different house construction materials, exterior decorations, and surroundings. (p. 106)	❑	❑
• report about events in the past. (pp. 107, 118)	❑	❑
• use definite and indefinite articles to accurately communicate about people, places, and things. (p. 110)	❑	❑
• listen for and state the main ideas of a conversation. (p. 115)	❑	❑
• describe a home and its rooms and contents. (p. 117)	❑	❑
• express doubts, feelings, and emotions. (p. 121)	❑	❑
• state the result of actions. (p. 125)	❑	❑
• extend, accept, and decline invitations. (p. 128)	❑	❑
• add supporting details to main ideas and statements when writing. (p. 130)	❑	❑
Cultura		
• share information about home improvement in the Hispanic world. (p. 112)	❑	❑
• identify some famous Hispanics involved in home improvement and beautification. (p. 126)	❑	❑
• describe several different kinds of housing in Spain. (p. 132)	❑	❑
Laberinto peligroso		
• determine the main ideas of a text. (p. 134)	❑	❑
• discuss Cisco's plans for home improvement. (p. 134)	❑	❑
• speculate on a mystery man and a frightening note left for Celia. (p. 136)	❑	❑

VOCABULARIO ACTIVO

CD 2
Tracks 4-12

Los materiales de la casa y sus alrededores — *Housing materials and surroundings*

la acera	*sidewalk*
el adobe	*adobe*
los azulejos	*ceramic tiles*
el cemento	*cement*
la cerca	*fence*
el césped	*grass; lawn*
la cuadra	*city block*
el estanque	*pond*
el ladrillo	*brick*
la madera	*wood*
la manguera	*garden hose*
el muro	*wall (around a house)*
la piscina	*swimming pool*
el yeso	*plaster*

Algunos verbos — *Some verbs*

alquilar	*to rent*
añadir	*to add*
comparar con	*to compare with*
componer	*to repair, to fix an object*
construir	*to construct*
gastar	*to spend; to wear out*
guardar	*to put away; to keep*
mudarse	*to move*
ponerse de acuerdo	*to agree; to reach an agreement*
quemar	*to burn*
reparar	*to repair*

Algunas palabras útiles — *Some useful words*

el alquiler	*rent*
el/la arquitecto/a	*architect*
el/la carpintero/a	*carpenter*
el/la contratista	*contractor*
el/la diseñador/a	*designer*
el/la dueño/a	*owner*
la escalera	*staircase; stairs*
la factura (mensual)	*bill (monthly)*
la hipoteca	*mortgage*
el/la obrero/a	*worker*
el préstamo	*loan*
el presupuesto	*budget*

Dentro del hogar — *Inside the home*

el aire acondicionado	*air conditioning*
la calefacción	*heat*
la chimenea	*fireplace; chimney*
el cuarto	*room*
el fuego	*fire*
el hogar	*home*
la lavadora	*washing machine*
la secadora	*dryer*
la oficina	*office*
el pasillo	*hall*
el sótano	*basement*

La sala — *Living room*

el cuadro	*painting*
el florero	*vase*
las velas	*candles*

La cocina — *Kitchen*

la alacena	*cupboard*
la cafetera	*coffeemaker*
la batidora	*hand-held beater; mixer; blender*
la cacerola	*saucepan*
la copa	*goblet; wine glass*
la despensa	*pantry*
el fregadero	*kitchen sink*
el horno	*oven*
la jarra	*pitcher*
el mostrador	*countertop*
la olla	*pot*
el platillo	*saucer*
el plato hondo	*bowl*
la sartén	*skillet, frying pan*
la sopera	*soup bowl*
la toalla	*towel*

El dormitorio — *Bedroom*

la almohada	*pillow*
la cortina	*curtain*
el espejo	*mirror*
la funda (de almohada)	*pillowcase*
las persianas	*blinds*
la sábana	*sheet*

Algunos verbos	*Some verbs*
calentar (e-ie)	*to heat*
colgar (o-ue)	*to hang*
cortar el césped	*to cut the grass*
cubrir	*to cover*
pintar	*to paint*
remodelar, renovar (o-ue)	*to remodel, to renovate*
regar (e-ie) las flores	*to water the flowers*
sacar la mala hierba	*to weed*
sugerir (e-ie-i)	*to suggest*

Algunas palabras útiles	*Some useful words*
el/la electricista	*electrician*
el/la jardinero/a	*gardener*
el/la plomero/a	*plumber*
el/la vecino/a	*neighbor*

4

¡Celebremos!

Hay celebraciones por todas partes del mundo y por muchos motivos diferentes. Algunas se asocian con temas religiosos y son formales. Otras tienen que ver con eventos familiares y celebran las épocas de la vida, el paso del tiempo o las relaciones personales. ¡Y algunas celebraciones son simplemente fiestas para divertirse con amigos, música y buena comida!

Comunicación

OBJETIVOS

- To express information about celebrating life events
- To describe and narrate events in the past
- To discuss events that had occurred
- To indicate how long something has been going on or how long ago it occurred
- To listen for details in conversation
- To describe foods and their preparation
- To use appropriate expressions when asking for and giving directions
- To write about events in a logical order

CONTENIDOS

1 Celebrations and life events 142
Repaso The preterit and the imperfect 143
2 The past perfect (pluperfect) 147
Escucha 151
Estrategia: Listening for details
3 Food and the kitchen 152
Repaso *Hacer* with time expressions 153
4 More food 157
5 The present perfect subjunctive 161
¡Conversemos! 166
Estrategias comunicativas: Asking for and giving directions
Escribe 168
Estrategia: Process writing (Part 4): Sequencing events

Cultura

OBJETIVOS

- To learn and share information about celebrations and traditions in the Hispanic world
- To name and share details about three people known for creating excellent cuisine

CONTENIDOS

Notas culturales
El Día de los Muertos 150
Perfiles
Grandes cocineros del mundo hispano 164
Vistazo cultural
Tradiciones de Guatemala, Honduras y El Salvador 170
Letras
Nouvelle Cuisine (Isabel Allende) *See Literary Reader*

Laberinto peligroso

OBJETIVOS

- To identify details and supporting elements in a text
- To speculate about threatening notes
- To hypothesize about mysterious intruders

CONTENIDOS

Episodio 4
Lectura: *Colaboradores, competidores y sospechosos* 172
Estrategia: Identifying details and supporting elements
Video: *¿Mágica o malvada?* 174

Una fiesta divertida con una torta

PREGUNTAS

1. ¿Qué celebran estas personas? ¿En qué celebraciones se ofrece comida a los invitados?
2. ¿Qué fiestas te gusta celebrar más y por qué?
3. ¿Cómo y con quiénes celebras las cosas importantes de la vida?

Comunicación

- Sharing information about celebrations and life events
- Describing and narrating past events
- Expressing what *had happened* in the past

VOCABULARIO 1 Las celebraciones y los eventos de la vida

SAM 4-1 to 4-2

Las celebraciones y los eventos de la vida	*Life events and celebrations*
el baile	*dance*
la cita	*date*
El Día de la Madre/del Padre/de la Independencia, etc.	*Mother's Day, Father's Day, Independence Day, etc.*
El Día de los Muertos	*Day of the Dead*
el nacimiento	*birth*
la primera comunión	*First Communion*
la quinceañera	*fifteenth birthday celebration*

Verbos	*Verbs*
celebrar	*to celebrate*
cumplir... años	*to have a birthday/to turn... years old*
dar a luz	*to give birth*
discutir	*to argue; to discuss*
disfrazarse	*to disguise oneself, to wear a costume*
enamorarse (de)	*to fall in love (with)*
engañar	*to deceive*
estar comprometido/a	*to be engaged*
estar embarazada	*to be pregnant*
pelear(se)	*to fight*
salir (con)	*to go out (with)*
tener una cita	*to have a date*

Querido diario:

Ayer recibí una invitación para una fiesta en honor del nuevo bebé de mi amiga. Necesito comprar un regalo pronto. A ver, ¿qué fue lo que me dijo que necesitaba en particular para el bebé?

Preguntas

1. ¿Qué tipo de invitación recibió Celia?
2. ¿Qué necesita comprar Celia?
3. Describe tu celebración favorita.

4-3 to 4-7

35, 36, 41

REPASO

El pretérito y el imperfecto

In Celia's diary she writes **recibí, dijo,** and **necesitaba.** In **Capítulos 1** and **3** we reviewed two aspects of the past tense in Spanish, **el pretérito** and **el imperfecto,** which are not interchangeable. The following is a brief review of the uses. For a complete review, refer to **Capítulo 9** of ***¡Anda! Curso elemental*** in Appendix 3.

PRETÉRITO	IMPERFECTO
1. To relate an event or occurrence that happened at **one specific time** in the past.	1. To relate **habitual or repeated** actions in the past.
2. To relate an act **begun or completed** in the past.	2. To express **was/were __________ing.**
3. To relate a **sequence of events**, each completed and each one moving the narrative along toward its conclusion.	3. To provide **background** information, **set the stage,** or express a **pre-existing condition.**
4. To relate an action that took place within a specified or **specific amount** (segment) **of time.**	4. To **tell time** in the past.

Estrategia

To help you remember vocabulary, use images in association with the words. You could create visual flash cards with pictures instead of English translations. Also, try to associate these celebrations with activities you might do to acknowledge them. When you put your vocabulary into a personal context, it becomes more meaningful to you and you will retain it better.

4-1 ¿Cuál fue?

Anoche hubo muchas celebraciones. Lean lo que hicieron estas personas en distintas celebraciones e indiquen de qué celebración se trata cada situación. Túrnense.

a. El Día de las Brujas
b. el bautizo
c. el aniversario de boda
d. el nacimiento

1. Los niños se disfrazaron y fueron a una fiesta.
2. Sara dio a luz a una niña.
3. Hoy hace veinte años que Gastón y Patricia se casaron.
4. Julia y Felipe llevaron a su bebé a la iglesia y hubo una ceremonia con los padrinos y un cura (*priest*).

Fíjate

Other words you might find useful are: *el embarazo* = pregnancy, *el noviazgo* = engagement; courtship.

4-2 Y la palabra es...

Escuchen mientras el/la profesor/a explica la actividad. Van a tener que describir palabras, según el modelo.

MODELO tener una cita

una persona invita a otra a salir, entonces salen juntos; pueden ser más que amigos; el amor es una posibilidad…

4-3 La cita de Paula y Pablo

Elijan el verbo apropiado para terminar el pasaje. Después discutan por qué son correctos. Túrnense.

(1) Eran/Fueron las cinco de la tarde cuando Pablo (2) decidía/decidió llamar a Paula. Paula (3) hacía/hizo yoga cuando (4) sonaba/sonó el teléfono. (5) Era/Fue Pablo y la (6) quería/quiso invitar a cenar con él. A las siete y media la (7) recogía/recogió (8) e iban/y fueron en coche al restaurante Tío Tapa. El restaurante (9) era/fue pequeño pero acogedor (*cozy*). (10) Se sentaban/Se sentaron en el patio y (11) empezaban/empezaron a conocerse. (12) Pedían/Pidieron diferentes tapas y cerveza. Después de tres horas de comer, beber y conversar (13) decidían/decidieron irse a una discoteca para bailar. (14) Se divertían/Se divirtieron mucho en su primera cita.

Estrategia

Attempt to work with a different partner in each class. This enables you to help and learn from a variety of your peers, an important and highly effective learning technique. Equally important is the fact that working in small groups, rather than as a large class, gives you more opportunities and time to practice Spanish, as well as to get to know your classmates better.

4-4 Una celebración en Sevilla

Adriano estudia este semestre en Sevilla, España. Le escribe a su madre un e-mail sobre una experiencia muy interesante.

Paso 1 Termina el e-mail con la forma correcta de los verbos apropiados en **el pretérito** o **el imperfecto.** Después compara tu trabajo con el de un/a compañero/a.

andar	decir	empezar	encontrarse	leer
llamar	llegar	salir	ser (x2)	tener

Querida mamá:

¡Me gusta Sevilla más que nunca! Anoche yo (1) ___________ *Don Quixote* cuando mi amigo Luis me (2) ___________. Él me (3) ___________ que (4) ___________ una sorpresa para mí y que me recogería (*would pick me up*) en diez minutos. Cuando (5) ___________ del piso (apartamento) vi que (6) ___________ una noche perfecta con buena temperatura, una brisa deliciosa y un cielo estrellado. (7) ___________ las once y media cuando Luis (8) ___________. Inmediatamente nosotros (9) ___________ a caminar a un lugar secreto (por lo menos para mí). (10) ___________ por casi media hora y por fin (11) ___________ en un lugar con mucha gente y fue muy emocionante.

decir	divertirse	esperar	estar	iluminar
moverse	parecer	ser	ubicarse (*to be located*)	volver

Me (1) ___________ que toda la gente (2) ___________ algo importante. Nosotros (3) ___________ cerca de la entrada de un sitio grande y oscuro. A las doce en punto 20.000 bombillas (4) ___________ una gran portada. ¡Era el comienzo de la famosa Feria de Abril! Entonces toda la masa de personas (5) ___________ para dentro.

Según me (6) ___________ Luis, este año es diferente porque hay un nuevo lugar para la Feria—los terrenos del Charco de la Pava, junto al río Guadalquivir. En el pasado la Feria (7) ___________ en el Barrio de los Remedios, donde vivo yo ahora con doña Esperanza. Según Luis la razón por la que cambiaron de lugar (8) ___________ la alta demanda de casetas (casas pequeñas donde la gente come, bebe, baila y descansa durante la Feria).

Yo (9) ___________ a la Feria al día siguiente donde (10) ___________ muchísimo. Mamá—la música, el baile, los caballos, la comida, las copas—¡todo fue increíble!

Besos,
Adriano

Paso 2 Ahora, expliquen el uso de los verbos y los tiempos verbales del **Paso 1.**

MODELO 1. leía
describes what was going on when another action interrupted; he was reading when Luis called

CAPÍTULO 4

Estrategia

Concentrate on spelling and accent marks. If you are a visual learner, try color-coding the words that have accents or writing the accents in a different color to call attention to that form of the verb.

4-5 Tres momentos importantes

Piensa en los momentos importantes de tu vida.

Paso 1 Escribe sobre **tres** eventos importantes que tuvieron lugar en tu vida, contestando las preguntas, según el modelo.

¿CUÁNDO FUE?	¿DÓNDE ESTABAS?	¿CON QUIÉN(ES) ESTABAS?	¿QUÉ PASÓ?	¿CÓMO TE SENTÍAS?
el quince de mayo	la playa	mis padres	conocí a mi novio	feliz

Paso 2 Escribe **tres** oraciones (una para cada evento) resumiendo toda la información. Después comparte la información con un/a compañero/a.

MODELO *El quince de mayo estaba en la playa con mi familia cuando conocí a mi novio. Me sentía muy feliz…*

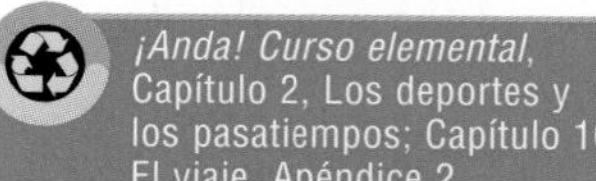

¡Anda! Curso elemental, Capítulo 2, Los deportes y los pasatiempos; Capítulo 10, El viaje, Apéndice 2.

4-6 El Hotel Playa Sol

Lean el folleto del Hotel Playa Sol. Después escriban un párrafo creativo de **seis** a **ocho** oraciones sobre lo que les ocurrió a Andrea y Roberto, una pareja de Guadalajara, México, allí.

Hotel Playa Sol
¡Bodas en el paraíso!
Hotel Playa Sol es su lugar.
El Hotel Playa Sol tiene un bello jardín tropical donde un sendero° con velas y antorchas° los conduce hacia una playa hermosa donde su ser amado lo espera…

path
candles and torches

Vince Cavataio / PacificStock.com.

GRAMÁTICA 2 El pasado perfecto (pluscuamperfecto)

SAM 4-8 to 4-9 Guide 65

In **Capítulo 1** you learned to express actions that began in the past and continue into the present by using the equivalent of ***have/has* _____ *-ed*** (form of **haber + ado/ido**), the **present perfect**.

En los últimos tres años, muchos de mis amigos **se han casado.**	*In the past three years, many of my friends have gotten married.*
Nos hemos peleado mucho recientemente.	*We have fought a lot lately.*

Cuando yo llegué, ella ya había salido con otro hombre.

- Another perfect tense is the **past perfect** ***(had* _____*-ed)***. In Spanish, as in English, the past perfect is used to indicate that an action ***had taken*** place. Study the chart and the examples, and then answer the questions that follow.

	haber	**Past participle**
yo	**había**	celebr**ado**/com**ido**/discut**ido**
tú	**habías**	celebr**ado**/com**ido**/discut**ido**
él, ella, Ud.	**había**	celebr**ado**/com**ido**/discut**ido**
nosotros/as	**habíamos**	celebr**ado**/com**ido**/discut**ido**
vosotros/as	**habíais**	celebr**ado**/com**ido**/discut**ido**
ellos/as, Uds.	**habían**	celebr**ado**/com**ido**/discut**ido**

Cuando llegué a la fiesta todo el mundo ya **se había ido.**	*When I arrived at the party everyone had already gone.*
Cuando llegaron los bomberos, Adriana ya **había dado** a luz.	*When the firefighters arrived, Adriana had already given birth.*
A las siete el partido todavía no **había terminado.**	*The game had not finished by 7:00.*
Cuando se casaron en el año 2005 **habían vivido** en el mismo barrio varios años.	*When they married in 2005 they had lived in the same neighborhood several years.*

- **Note:** Remember that some verbs have irregular past participles, such as **abrir** (abierto), **decir** (dicho). What are the other common irregular past participles that you know? For a complete list, refer to page 47.

Estrategia

Remember that there are two types of grammar presentations in *¡Anda!:*

1. You are given the grammar rule.
2. You are given guiding questions to help you construct the grammar rule and to state the rule in your own words.

1. How do you form the past perfect tense?
2. How does the form compare with the present perfect tense (**he hablado, has comido, han ido,** etc.)?
3. To make the sentence negative in the past perfect, where does the word *no* go?
4. Which verbs have irregular past participles?

Check your answers to the preceding questions in Appendix 1.

4·7 Cambiamos

Escriban lo que habían hecho ya los artistas Pablo Picasso y Wifredo Lam cuando se encontraron en un museo ayer a las diez de la noche. Túrnense.

MODELO Wifredo/comer en un restaurante cubano
Wifredo había comido en un restaurante cubano.

Les Trois Musiciens de Pablo Picasso

Sin título de Wifredo Lam

1. Pablo/pintar un cuadro
2. Wifredo/llevar cuadros a dos museos
3. Pablo y Wifredo/aprender nuevas técnicas
4. Wifredo/experimentar con una acuarela *(watercolor)*
5. Pablo/mirar la joyería de su hija Paloma
6. Pablo y Wifredo/conocer algunos aficionados *(fans)*

4·8 El engaño

Esta mañana vieron a la novia de Paco y ella les hizo muchas preguntas sobre la vida de Paco antes de empezar a salir con ella. Utilizando la información dada, túrnense para decir oraciones en el **pasado perfecto** para compartir con Paco la conversación que tuvieron con la novia.

MODELO notar algo diferente (yo)
Me preguntó si yo había notado algo diferente.

1. tener conversaciones contigo sobre otras mujeres (yo)
2. observar un comportamiento (*behavior*) raro (yo)
3. recibir llamadas extrañas (tú)
4. verte en fiestas sin ella (yo)
5. venir a mi casa con otra mujer (tu hermano y tú)
6. comprar regalos recientemente (tú)
7. ir a bares juntos (tú y yo)
8. mentir o decir la verdad (yo)

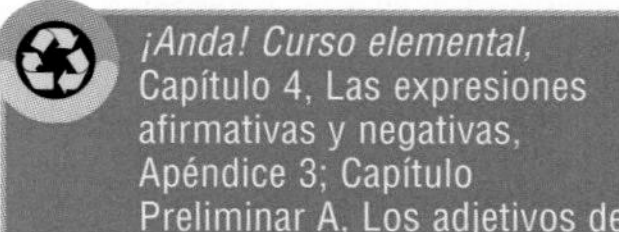

¡Anda! Curso elemental, Capítulo 4, Las expresiones afirmativas y negativas, Apéndice 3; Capítulo Preliminar A, Los adjetivos de nacionalidad, Apéndice 2.

4-9 Sí, me encanta el español

¿Qué habían hecho ustedes antes de tomar este curso de español para demostrar su interés por la lengua y en la cultura hispana? Túrnense.

MODELO ver una película de un director de España (yo)
Había visto una película de un director español.

1. leer una novela de una escritora de Argentina (mi compañero/a y yo)
2. viajar a un lugar turístico en la República Dominicana (Clara)
3. pedir comida de Cuba en un restaurante (Jorge y Julián)
4. escribir un poema para imitar a una poeta de Chile (yo)
5. ser voluntario/a en una clínica en Guatemala (el/la profesor/a)
6. escuchar música de Puerto Rico (mis amigos)
7. conversar con unos hombres de Colombia sobre su país (mis padres y yo)
8. ver una telenovela de México (tú)

Estrategia

In the *modelo*, you will note the use of the adjective of nationality *español* that replaces the country *España*. Practice adjectives of nationality in the remainder of actividad **4-9.**

4-10 ¿Qué había pasado?

Túrnense para describir lo que **había pasado** antes de sacar cada foto.

MODELO *El cura ya había bautizado al bebé cuando llegamos.*

1. 

2. 

3. 

4. 

5. 

4-10

Notas culturales

El Día de los Muertos

Esta tradición tiene su origen en una celebración indígena y representa una combinación de unas creencias (*beliefs*) precolombinas y cristianas. Se celebra principalmente en México y en las comunidades mexicanas en los EE.UU. El primero y el dos de noviembre, las familias van al cementerio para limpiar y decorar con flores las tumbas de sus parientes que ya han muerto. También construyen ofrendas (altares) en las casas o en lugares públicos en honor de los difuntos (muertos). Allí ponen unos recuerdos de la persona: una fotografía, la comida y la bebida que le han gustado en la vida y flores. El altar y las ofrendas simbolizan la conexión que los difuntos habían tenido con la familia mientras vivían. Durante estos días los niños reciben dulces en forma de esqueletos y calaveras (*skulls*) y muchas personas preparan el pan de muerto para llevar al cementerio o poner en las ofrendas. Es un tiempo para recordar a los parientes difuntos y celebrar su vida.

Preguntas

1. ¿Cómo se honra a los difuntos el primero y el dos de noviembre?
2. ¿Qué simbolizan las ofrendas y para qué sirven?
3. Piensa en las actitudes ante los pasos de la vida que representan estas tradiciones. ¿En qué son similares y en qué son diferentes a las actitudes de tu cultura? ¿Te parecen tristes o alegres estas tradiciones? ¿Por qué?

4-11 Antes de graduarme

¿Qué cosas interesantes habías hecho antes de graduarte de la escuela secundaria? En grupos de seis a ocho estudiantes túrnense para compartir algunas de las cosas que habían hecho. Tienen que recordar y repetir lo que todas las personas dicen.

MODELO E1: *Antes de graduarme había trabajado en Zara.*

E2: *Antes de graduarme había visitado veinte estados de los Estados Unidos y E1 había trabajado en Zara.*

E3: *Antes de graduarme había estudiado un verano en España, E2 había visitado veinte estados de los Estados Unidos y E1 había trabajado en Zara.*

¡Anda! Curso intermedio, Capítulo 1, Algunas características físicas, pág. 32. Algunas características personales, pág. 33.

4-12 El cuadro nos habla

Imagina lo que había pasado antes del momento capturado en el cuadro del pintor dominicano Jaime Colson, llamado *Merengue* (1937). Sé creativo inventando personas y situaciones. Escribe por lo menos **ocho** oraciones usando **el pasado perfecto.** Después, comparte tu historia con tus compañeros de clase.

Jaime Colson, Merengue, 1937. Courtesy of Museo Bellapart, Dominican Republic.

CW eBook

ESCUCHA

4-11 to 4-12

ESTRATEGIA Listening for details

When listening, always determine the main idea(s) first and *then* take note of supporting details. Jotting down the details in writing is helpful. You can then use your notes to confirm and verify your information. When listening to someone in person, you can confirm and verify by asking follow-up questions for clarification. If you are listening to a recording, there is always the option to replay what you have heard for confirmation and verification of details.

4•13 Antes de escuchar

Rogelio trabaja para un famoso cocinero latino, Aaron Sánchez, el dueño del restaurante Paladar en Nueva York. Rogelio va al mercado cuando se da cuenta de que tiene un mensaje del gerente *(manager)* de la cocina. ¿Qué crees que dice el gerente en su mensaje? ¿Qué **dos** detalles crees que debe recordar Rogelio?

1. ______________________________
2. ______________________________

4•14 A escuchar

CD 2 Track 13

Completa los siguientes pasos.

Paso 1 La primera vez que escuchas capta la idea general.

Paso 2 Al escuchar el mensaje por segunda vez, escribe **tres** detalles que Rogelio debe recordar.

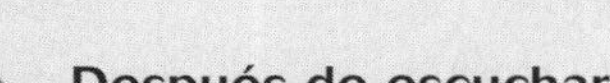

1. ____________ 2. ____________ 3. ____________

Paso 3 Compara lo que escribiste con lo que escribió un/a compañero/a.

4•15 Después de escuchar

Miren o escuchen un anuncio sobre un producto específico, y escriban **tres** detalles que el anuncio presenta sobre el producto.

¿Cómo andas?

Having completed the first **Comunicación**, I now can…

	Feel Confident	Need to Review
• share information about celebrations and important life events. (p. 142)	❏	❏
• express one-time events and ongoing actions in the past. (p. 143)	❏	❏
• discuss events that *had* occurred. (p. 147)	❏	❏
• describe some traditions that celebrate life events in Mexico and elsewhere in the Hispanic world. (p. 150)	❏	❏
• listen carefully for and note details in a conversation. (p. 151)	❏	❏

Comunicación

- Describing food
- Indicating how long something has been happening or how long ago it happened
- Expressing what has happened

VOCABULARIO 3 La comida y la cocina

SAM 4-13 to 4-15

¡Anda! Curso elemental, Capítulo 7, La comida; La preparación de las comidas, Apéndice 2.

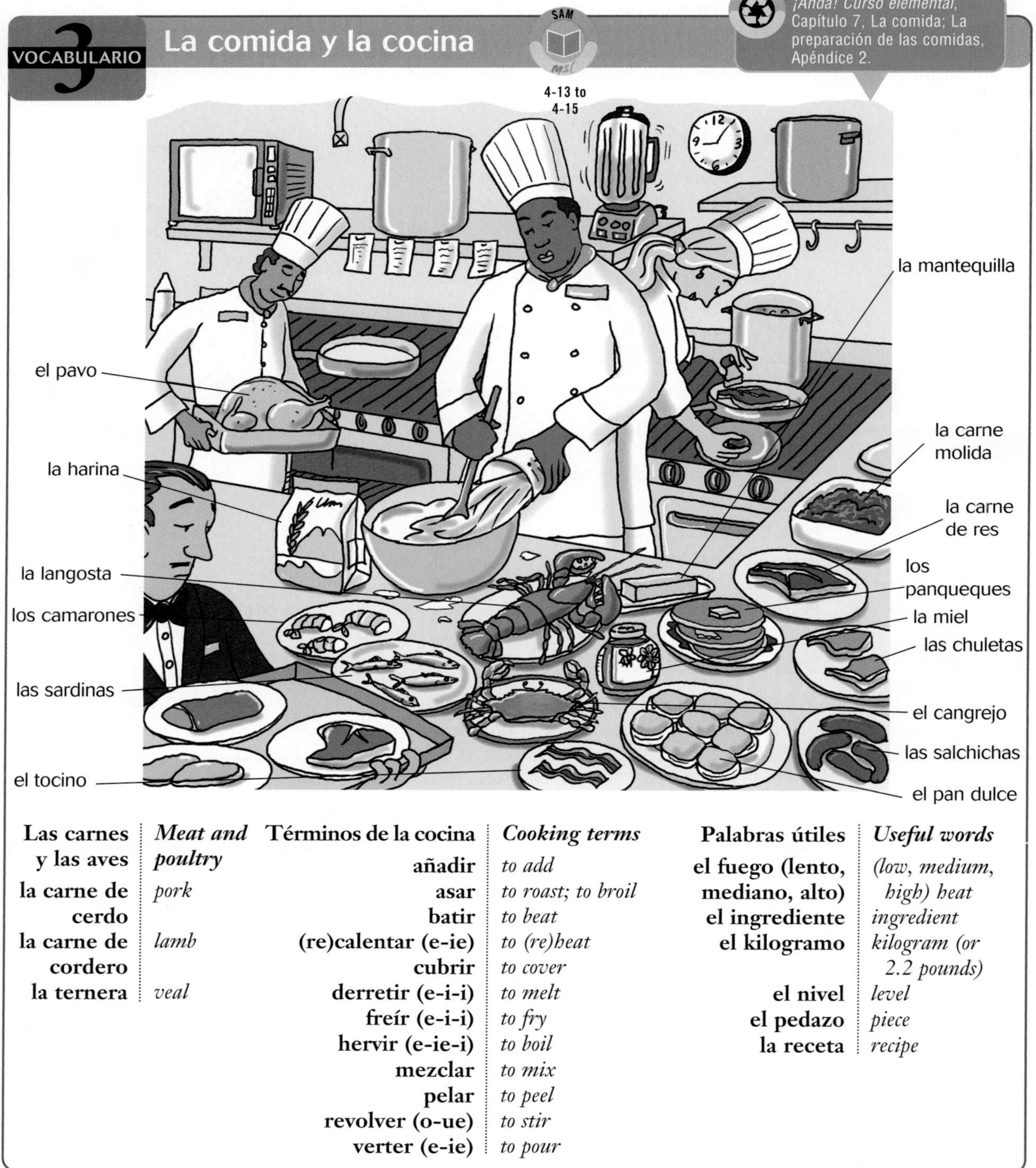

Las carnes y las aves	Meat and poultry
la carne de cerdo	*pork*
la carne de cordero	*lamb*
la ternera	*veal*

Términos de la cocina	Cooking terms
añadir	*to add*
asar	*to roast; to broil*
batir	*to beat*
(re)calentar (e-ie)	*to (re)heat*
cubrir	*to cover*
derretir (e-i-i)	*to melt*
freír (e-i-i)	*to fry*
hervir (e-ie-i)	*to boil*
mezclar	*to mix*
pelar	*to peel*
revolver (o-ue)	*to stir*
verter (e-ie)	*to pour*

Palabras útiles	Useful words
el fuego (lento, mediano, alto)	*(low, medium, high) heat*
el ingrediente	*ingredient*
el kilogramo	*kilogram (or 2.2 pounds)*
el nivel	*level*
el pedazo	*piece*
la receta	*recipe*

El parloteo de Cisco

Hace mucho tiempo que no trato de cocinar nada exótico en mi cocina. Hace poco decidí renovarla y ahora pienso intentar (*try*) una receta nueva para impresionar a una mujer que conocí hace unos días.

Deja un comentario para Cisco:

Expresiones con *hacer*

In Cisco's blog he uses the expressions **hace mucho tiempo, hace poco**, and **hace unos días**. You have already used **hacer** alone and in idiomatic weather expressions. You may also remember that there are some additional constructions with **hacer** that deal with time.

4-16 to 4-17

Hace is used:

1. **to discuss an action that began in the past but is still going on in the present.**

   hace + *period of time* + **que** + *verb in the* ***present*** *tense*

2. **to ask how long something has been going on.**

   cuánto (tiempo) + **hace** + **que** + *verb in the* ***present*** *tense*

3. **with the preterit to tell how long ago something happened.**

   hace + *period of time* + **que** + *verb in the* ***preterit*** *tense*

   verb in the ***preterit*** *tense* + **hace** + *period of time*

   * Note that in this construction **hace** can either precede or follow the rest of the sentence. When it follows, **que** is not used.

4. **to ask how long ago something happened.**

   cuánto (tiempo) + **hace** + **que** + *verb in the* ***preterit*** *tense*

   For a complete review of expressions with **hacer,** including examples, refer to **Capítulo 9** of ***¡Anda! Curso elemental*** in Appendix 3.

4-16 Haciendo preguntas

Túrnense para cambiar las siguientes oraciones a preguntas.

MODELO Hace un mes que busco la receta.
¿Cuánto tiempo hace que buscas la receta?

1. Hace varias horas que busco una sartén española en el Internet.
2. Hace cuarenta y cinco minutos que cocino la ternera a fuego lento.
3. Hace una hora que se derritió el hielo.
4. Hace dos días que compré los camarones y los cangrejos.
5. Hace diez minutos que busco los ingredientes.

4-17 ¿Cuánto tiempo hace?

Túrnense para crear y contestar preguntas.

Paso 1 Escriban cuatro preguntas siguiendo el modelo.

MODELO Hace ____ que / (no) comer carne de cerdo / tú

¿Cuánto tiempo hace que comes carne de cerdo? /
¿Cuánto tiempo hace que no comes carne de cerdo?

Paso 2 Ahora pregunta y contesta.

MODELO E1: *¿Cuánto tiempo hace que no comes carne de cerdo?*
E2: *Hace veinte años que no como carne de cerdo. ¡La detesto!*

4-18 Oraciones

Completa los siguientes pasos.

Paso 1 Escribe **seis** oraciones diferentes utilizando palabras de cada columna, más otras palabras necesarias. Después comparte las oraciones con un/a compañero/a.

MODELO hace una hora que preparar

Hace una hora que preparo los panqueques para el desayuno.

Hace	media hora	que	tú	freír...
	un día		Rafael	hervir...
	diez minutos		nosotros	calentar...
	una hora		yo	añadir...
	dos horas		ellas	asar...
	mucho tiempo		mi madre	revolver...

Paso 2 Juntos pongan los verbos en las oraciones en el **pretérito.** ¿Cómo cambia el significado de las oraciones?

MODELO Hace una hora que preparo los panqueques para el desayuno.

Hace una hora que preparé los panqueques para el desayuno.

¡Anda! Curso elemental, Capítulo 7, La comida; La preparación de las comidas, Apéndice 2.

4-19 ¡Delicioso!

Ingrid Hoffman es una apasionada cocinera y estrella de televisión tanto en *Food Network* como en *Univisión*. Completen esta entrevista con ella utilizando las expresiones con **hacer** con los verbos en paréntesis y los tiempos indicados.

PERIODISTA (P): Saber cocinar bien es un gran talento. ¿De dónde viene su atracción por la cocina?

INGRID HOFFMAN (IH): (1) ______________________________ (estar obsesionada con la comida/treinta años). Yo me crié en Colombia, en las Antillas Holandesas y en los Estados Unidos con una madre colombiana y un padre colombo-alemán y con una mezcla de culturas y sabores diferentes.

P: ¿Cuándo empezaste a cocinar?

IH: (2) ______________________________ (empezar a cocinar/veinte y ocho años) con mi mamá. Era tan pequeña que me tenía que subir en un banquito para llegar a la estufa y a la despensa.

P: ¡Impresionante! Y cuando no está en la cocina ¿qué le gusta hacer?

IH: Pues, trabajo bastante porque (3) ______________________________ (abrir una tienda/cinco años), *La Capricieuse*, y también (4) ______________________________ (comprar un restaurante/dos años) en Miami, *Roca*. Pero cuando tengo tiempo libre sé disfrutarlo. Me encantan el arte, la música, el mar, estar al aire libre, ir al cine, reunirme con mi familia y amigos, viajar y soñar.

P: Muchas gracias por la entrevista. (5) ______________________________ (ver su programa en la televisión/mucho tiempo) *Simply delicioso*. ¿Quiere invitarme a cenar?

IH: Gracias a usted—ha sido un placer. Hmmm... ¿qué le gusta comer?

4·20 Firma aquí

Circula por la clase hasta encontrar a un estudiante que pueda contestar afirmativamente tu pregunta.

¡Anda! Curso elemental, Capítulo 7, La comida, Apéndice 2.

MODELO desayunar con huevos y tocino hace dos días

E1: *¿Hace dos días que desayunaste con huevos y tocino?*

E2: *No, no desayuné con huevos y tocino hace dos días. Nunca como tocino porque no me gusta.*

E1: *¿Hace dos días que desayunaste con huevos y tocino?*

E3: *Sí, hace dos días desayuné con huevos y tocino y hoy también.*

E1: *Pues, firma aquí, por favor.*

Tomás

1. comer la langosta y otros mariscos hace muchos años
____
2. empezar a trabajar como camarero/a hace una semana
____
3. ver un programa en el *Food Network* hace dos o tres días
____
4. tomar un café con leche y azúcar hace una hora
____
5. pedir comida italiana en un restaurante elegante hace uno o dos meses
____
6. preparar una comida balanceada con verduras, legumbres y fruta hace una semana
____
7. comer pescado preparado a la parrilla hace tres o cuatro semanas
____
8. preparar una ensalada grande con lechuga, tomate, cebolla, pavo y queso hace uno o dos días
____

4·21 Conversando

Habla con varios compañeros de clase utilizando las siguientes preguntas para guiar la conversación.

1. Si sabes cocinar, ¿cuánto tiempo hace que aprendiste? ¿Cómo aprendiste? ¿Cuáles son tus platos favoritos para preparar? Si no sabes cocinar, ¿cuáles son tus platos favoritos para comer?
2. ¿Cuánto tiempo hace que una persona te preparó una comida especial? ¿Quién fue esa persona? ¿Qué preparó?
3. ¿Cuánto tiempo hace que hiciste las compras para la semana (comida)? ¿Cuándo fue? ¿Qué compraste?
4. ¿Te gustan los programas de cocina en la tele? ¿Cuánto tiempo hace que ves esos programas? ¿Quién es tu cocinero/a favorito/a?
5. ¿Cuánto tiempo hace que cenaste en un restaurante caro? ¿Qué comiste? ¿Con quién estuviste?

VOCABULARIO 4 Más comida

SAM 4-18 to 4-19

¡Anda! Curso elemental, Capítulo 7, La comida; La preparación de las comidas, Apéndice 2.

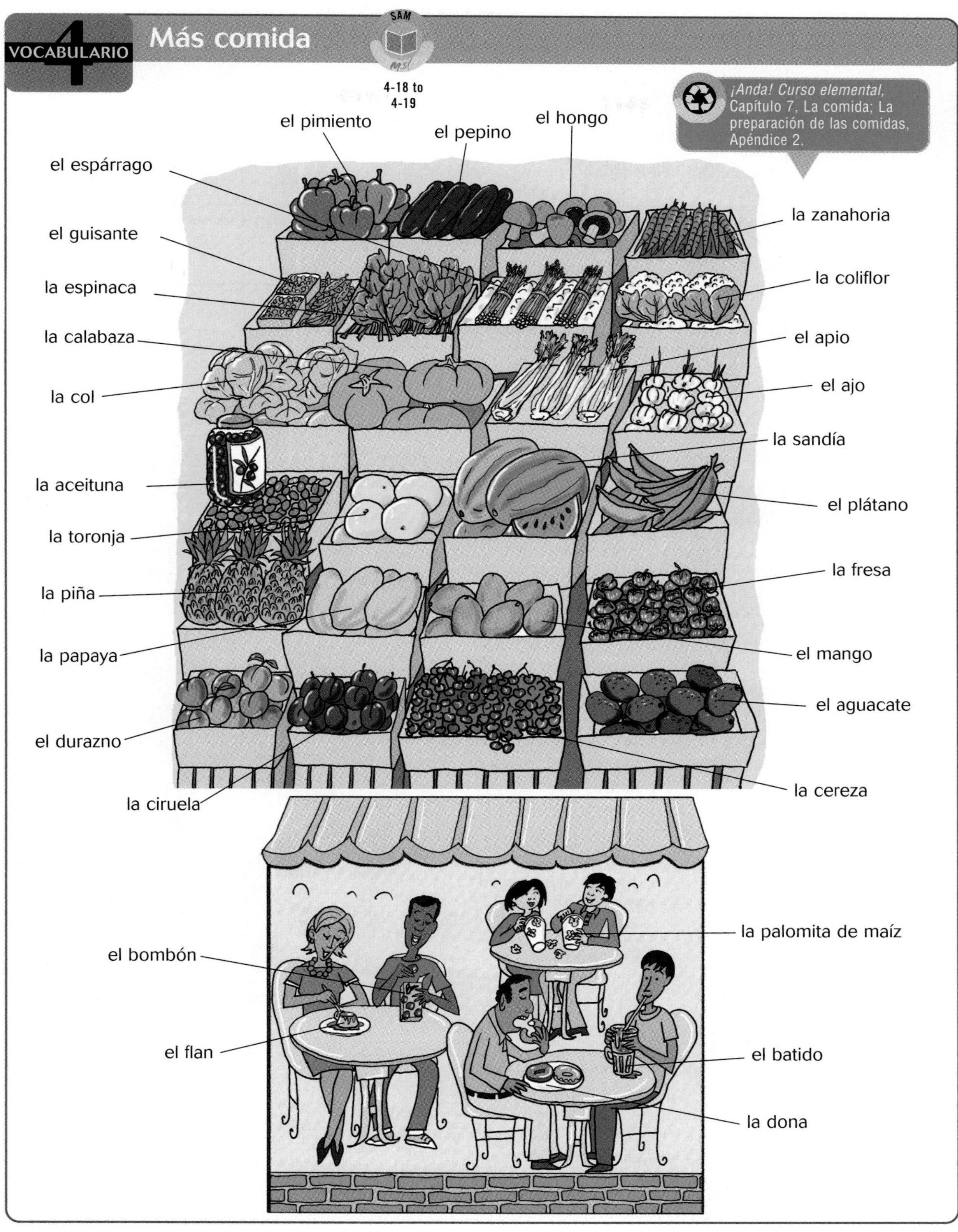

4-22 ¿De qué colores son?

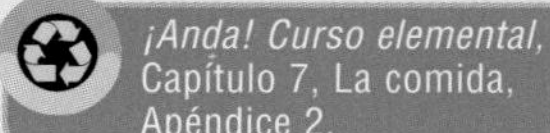

Paso 1 Organicen las diferentes comidas del vocabulario nuevo **Más comida** según su color.

MODELO VERDE: *la col, el apio...*

Paso 2 Ahora añadan otras comidas a las listas.

BLANCO	AMARILLO	ROJO	VERDE	MARRÓN	ROSADO	ANARANJADO	OTRO

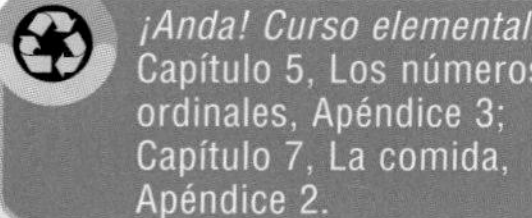

4-23 Eres poeta

Sigue las instrucciones para crear un poema estilo *cinquain*—un poema corto de cinco versos (*lines*) sobre una de las frutas o verduras que acaban de aprender. Después comparte tu poema con los compañeros de clase.

primer verso: una o dos palabras para indicar el tema
segundo verso: dos o tres palabras que describan el tema
tercer verso: tres o cuatro palabras que expresen acción
cuarto verso: cuatro o cinco palabras que expresen una actitud personal
quinto verso: una o dos palabras para aludir (referirse) nuevamente al tema

Un cuadro de Rufino Tamayo

MODELO *La toronja*
El sol anaranjado
Me da mucha vida
Cada mañana me despierta
Pura energía

4-24 ¿Cuáles son tus favoritas?

¡Anda! Curso elemental, Capítulo 7, La comida; La preparación de las comidas, Apéndice 2.

Completa los siguientes pasos.

Paso 1 Haz una lista de tus comidas favoritas y de cómo las prefieres: crudas (**C**), hervidas (**H**), asadas (**A**), a la parrilla (**P**) o fritas (**F**).

Vocabulario útil

crudo/a	*raw*	**a la parrilla**	*grilled; barbecued*
hervido/a	*boiled*	**frito/a**	*fried*
asado/a	*grilled*		

Fíjate

A *plátano* is a cooking banana, known in the U.S. as a plantain. While bananas are usually eaten raw and are sweet, *plátanos* are firmer, less sweet, and are generally cooked in some way before eating. They are a staple food in many tropical regions, much like potatoes in other cultures and climates.

FRUTA	VERDURA	PESCADO	MARISCOS	AVE	CARNE	POSTRE	OTROS COMESTIBLES
durazno (C)	*alcachofa (H)*	*camarones (F)*					
	plátanos (H)						

Paso 2 Compara la lista con las de otros compañeros.

MODELO E1: *¿Cuáles de las comidas prefieres crudas?*

E2: *Prefiero comer las zanahorias, el bróculi, los tomates y la lechuga crudos.*

E3: *Yo sólo como las verduras crudas en la ensalada…*

4-25 Y ahora son dueños

Usando el cuadro de la actividad **4-24**, en grupos de tres o cuatro creen un menú para un restaurante pequeño incorporando las comidas favoritas en platos especiales. Deben ponerle un nombre al restaurante y decidir qué tipo de restaurante es. Después, presenten los menús a los otros compañeros y voten por el mejor restaurante del grupo.

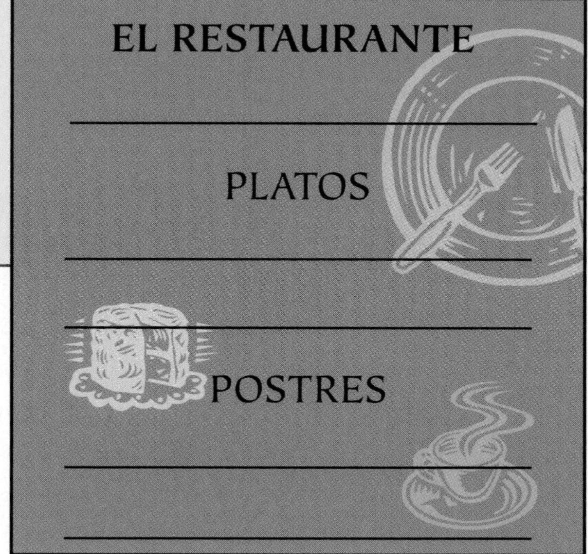

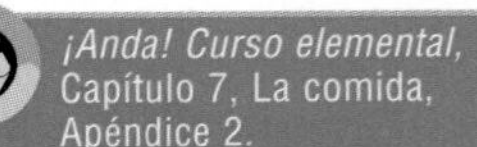
¡Anda! Curso elemental, Capítulo 7, La comida, Apéndice 2.

4-26 Una cena virtual

Según el *Libro Guinness de los Records*, Casa Botín es el restaurante más antiguo del mundo. Fundado en Madrid en el año 1725, es uno de los restaurantes más famosos de España. Ahora van a conocer el restaurante de manera virtual. Ve a la página web de *¡Anda! Curso intermedio* para explorar el restaurante.

Paso 1 Estás en Madrid y tienes mucha hambre y dinero. Vas a Casa Botín para cenar con tus amigos. Mira la carta (el menú) y decide qué platos quieres pedir.

Paso 2 Ahora entrevista a **cinco** personas y apunta sus comidas. Decide si sus selecciones son *sanas* o *no muy sanas*.

COMIDA SANA	COMIDA NO MUY SANA

Paso 3 Comunica tus resultados a tus compañeros de clase.

MODELO *El veinticinco por ciento de los estudiantes no siguen una dieta sana porque…*

¡Anda! Curso elemental, Capítulo 7, La comida, La preparación de las comidas, Apéndice 2.

4-27 Entrevista

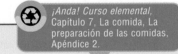

Circula por la sala de clase haciendo y contestando las siguientes preguntas.

1. ¿Sigues una dieta sana? Explica, dando unos ejemplos.
2. ¿Qué comida(s) te gusta(n) menos? ¿Por qué?
3. Cuando preparas una comida especial para tu novio/a, esposo/a o amigos, ¿qué sueles preparar? (soler preparar = *usually prepare*)
4. ¿Qué ingredientes sueles poner (o comer) en una ensalada?
5. ¿Te gusta el pescado? ¿el ave? ¿la carne? ¿Cómo lo(s)/la(s) prefieres?
6. ¿Eres un/a buen/a cocinero/a? Explica.

¡Anda! Curso elemental Capítulo 7, La comida, La preparación de las comidas, Apéndice 2.

4-28 Otra entrevista

Escribe **seis** preguntas sobre las preferencias de comida y las dietas sanas. Circula por la sala de clase haciendo tus preguntas y contestando las preguntas de las otras personas.

MODELO E1: *¿Cuál es la comida que comes con más frecuencia?*
E2: *Como hamburguesas con queso con más frecuencia.*
E1: *¿Cuántas veces por semana la(s) comes?*
E2: *Las como por lo menos tres veces por semana.*
E2: *¿Prefieres pelar las frutas y verduras antes de comerlas?*

GRAMÁTICA 5 El presente perfecto de subjuntivo

4-20 to 4-22 66

You have already worked with the **present perfect** (***he llamado, has comido,*** etc.) and **past perfect** (***había llamado, habías comido,*** etc.) **indicative.**

The **present perfect subjunctive** is formed in a similar way.

Present subjunctive form of **haber + past participle** is used when the subjunctive mood is needed.

Study the forms and examples below, and then answer the questions that follow.

Espero que mis padres hayan puesto más dinero en mi cuenta.

	Present subjunctive of *haber*	**Past participle**
yo	**haya**	prepar**ado**/com**ido**/serv**ido**
tú	**hayas**	prepar**ado**/com**ido**/serv**ido**
él, ella, Ud.	**haya**	prepar**ado**/com**ido**/serv**ido**
nosotros/as	**hayamos**	prepar**ado**/com**ido**/serv**ido**
vosotros/as	**hayáis**	prepar**ado**/com**ido**/serv**ido**
ellos/as, Uds.	**hayan**	prepar**ado**/com**ido**/serv**ido**

Mis padres **han preparado** una comida fabulosa. — *My parents have prepared a fabulous meal.*
Espero que mis padres **hayan preparado** una comida fabulosa. — *I hope (that) my parents have prepared a fabulous meal.*

Hemos comido en Casa Botín. — *We have eaten at Casa Botín.*
Dudan que **hayamos comido** en Casa Botín. — *They doubt (that) we have eaten at Casa Botín.*

Siempre nos **han servido** muy rápido. — *They have always served us quickly.*
Es bueno que siempre nos **hayan servido** muy rápido. — *It is a good thing (that) they have always served us quickly.*

1. How is the present perfect subjunctive formed?
2. When is it used?

Check your answers to the preceding questions in Appendix 1.

4·29 Batalla

Llena un cuadro con **nueve** verbos diferentes de la lista en las formas indicadas del **presente perfecto de subjuntivo.** Pregúntense si tienen esos verbos. La primera persona con tres **X** gana. Repitan el juego.

añadir (yo), asar (ellos), batir (ella), dar (nosotros), decir (tú), disfrazarse (Ud.), discutir (ellos), engañar (yo), hacer (yo), hervir (ellas), mezclar (tú), oír (yo), poner (Ud.), querer (Uds.), revolver (él), salir (nosotros), traer (yo), verter (ella), ver (ellas)

MODELO E1: ¿Tienes *hayas hecho*?
E2: No, no tengo *hayas hecho*. ¿Tienes *haya revuelto*?
E1: Sí, tengo *haya revuelto*...

¡Anda! Curso intermedio, Capítulo 2, El subjuntivo para expresar ruegos, mandatos y deseos, pág. 86.; Capítulo 3, El subjuntivo para expresar sentimientos, emociones y dudas, pág. 121.

4·30 Decisiones

Elige entre el **presente perfecto de indicativo** y el **presente perfecto de subjuntivo** para terminar esta conversación entre Rosalía y Miguel. Túrnense.

ROSALÍA: ¡Hola, Miguel! ¿Qué tal (1) has/hayas estado? Tanto tiempo sin verte. Es increíble que no (2) has/hayas cambiado en absoluto. Te ves igual. ¿Qué (3) has/hayas estado haciendo?

MIGUEL: Hola, Rosalía.¡Es obvio que no (4) has/hayas hablado con mi mamá! Se lo está diciendo a todos porque está muy orgullosa: hace seis meses que trabajo como consejero de las estrellas, quiero decir de la gente famosa e importante. Por ejemplo, recientemente (5) he/haya tenido que aconsejar (*counsel*) a una mujer joven (no puedo mencionar su nombre) que no se (6) ha/haya portado bien—muchas fiestas, muchos bares, muchas citas—ya lo sabes. Además, también (7) he/haya aconsejado a muchos atletas profesionales. Oye, dudo que tu trabajo (8) ha/haya sido tan difícil como el mío. A propósito, ¿qué (9) has/hayas hecho recientemente?

ROSALÍA: (*¡Umf! Dudo que (10) has/hayas estado interesado en otra persona que no sea tú... piensa ella antes de contestar.*) Bueno, yo escribo columnas para el periódico. Nuestro enfoque es tratar de ayudar a la gente buena, honesta y humilde—ayudar a la sociedad en general. Por ejemplo, hoy si quieres, puedes leer un reportaje de dos de mis colegas que (11) han/hayan resuelto un crimen de unas personas avaras que (12) han/hayan maltratado a unas personas mayores. ¡Qué mundo éste! ¿Verdad?

MIGUEL: Pues, sí... (*le comenta totalmente desinteresado*). Mira, allí está José Luis. No me (13) ha/haya visto en por lo menos seis meses. Oye, José Luis, ven acá. Tanto tiempo sin verte...

¡Anda! Curso intermedio, Capítulo 2, El subjuntivo para expresar ruegos, mandatos y deseos, pág. 86.; Capítulo 3, El subjuntivo para expresar sentimientos, emociones y dudas, pág. 121.

4-31 No te creo

Tienes un amigo que casi nunca dice la verdad. Responde a sus comentarios usando las siguientes expresiones. Túrnense.

¡Anda! Curso elemental, Capítulo 7, El pretérito, Unos verbos irregulares en el pretérito, Apéndice 3.

no creo	dudo	es imposible	es improbable	no es cierto

MODELO E1: *Cené con Antonio Banderas y Melanie Griffith.*
E2: *Dudo que hayas cenado con ellos.*

1. Cuando estuve en Casa Botín, vi a Leticia Ortiz, la futura reina de España.
2. Me invitaron a cocinar en el programa *Simply delicioso.*
3. Rafael acaba de escribir un libro de cocina y una casa editorial muy famosa lo quiere publicar.
4. Mis hermanas abrieron un restaurante nuevo en Miami. Está justo en la playa.
5. ¡Me comprometí! Mi novia es Cameron Díaz y me ha dicho que me ama.

4-32 ¿Y yo?

Fíjate

Some expressions to use in activity **4-32** are: *No creo que…, Creo que…, Dudo que…, Es verdad que…,* and *Es probable que…* For other expressions, consult pages 86 and 121 on *el subjuntivo.*

Ahora escribe una lista de **seis** cosas que te han ocurrido recientemente. Dos de las cosas no deben ser verdaderas. Después, en grupos de tres o cuatro, túrnense para leer y responder a las oraciones.

MODELO E1: *He ido a España cuatro veces.*
E2: *Es probable que hayas ido a España cuatro veces.*
E3: *Dudo que hayas ido a España cuatro veces.*
E4: *Es cierto que has ido a España cuatro veces.*
E1: *Hakeem tiene razón. No he ido a España nunca.*

¡Anda! Curso intermedio, Capítulo 2, El subjuntivo para expresar ruegos, mandatos y deseos, pág. 86.; Capítulo 3, El subjuntivo para expresar sentimientos, emociones y dudas, pág. 121.

4-33 Anticipando la cita

Esta noche Inés tiene una cita con alguien que no conoce. Tiene muchas dudas y se arrepiente de (*regrets*) haber aceptado salir con él. Terminen sus pensamientos usando siempre el **presente perfecto de subjuntivo** y otras palabras apropiadas. Túrnense y sean creativos.

MODELO Ojalá que él (ducharse)…
Ojalá que él se haya duchado antes de venir a recogerme.

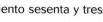

1. Espero que (ir al cajero automático)…
2. Dudo que (comprarme flores)…
3. Es probable que (no tener tiempo de)…
4. No creo que (hablar con… sobre…)…
5. Es preferible que (graduarse de)
6. No ha venido y es tarde. Tal vez (decidir)…

SAM 4-23 to 4-24

PERFILES

Grandes cocineros del mundo hispano

Se dice que cocinar bien es un arte. Aquí hay unos ejemplos de "artistas" de la cocina de varias partes del mundo hispano.

Patricia Quintana

Patricia Quintana es una famosa cocinera, maestra y autora de docenas de libros de la cocina mexicana. Si has ido a su restaurante en México, D.F., *Izote*, es muy probable que hayas comido una de sus recetas que combinan las tradiciones culinarias mexicanas de elote (maíz) y chiles con la alta cocina mexicana.

Dolli Irigoyen

Es posible que hayas conocido a la cocinera argentina Dolli Irigoyen en la televisión. Durante varios años condujo su propia serie de programas de cocina. Es también autora de un libro de cocina y ha creado su propio restaurante en Buenos Aires, *el Espacio Dolli.*

Ferran Adrià Acosta

Hace más de veinte años que Ferran Adrià Acosta es el cocinero principal del restaurante *El Bulli* en la Costa Brava de España, designado el "mejor restaurante del mundo" en los años 2006 y 2007. Es notable que empezara lavando platos allí y haya terminado siendo uno de los mejores cocineros del mundo. Durante seis meses al año Adrià cierra el restaurante para experimentar con nuevas recetas y combinaciones de ingredientes para crear lo mejor de la cocina elegante.

Preguntas:

1. ¿Cómo se han hecho famosas estas personas?
2. Compara una de estas personas con algún/alguna cocinero/a famoso/a de los EE.UU. ¿Qué sabes de él/ella?
3. Es notable que estas personas se consideren grandes artistas del mundo culinario. ¿Qué opinas tú de los cocineros como artistas?

4·34 Ideas, por favor

Den sus consejos en las siguientes situaciones. Después vayan a compartirlos con los otros miembros de la clase.

¡Anda! Curso intermedio, Capítulo 2, El subjuntivo para expresar ruegos, mandatos y deseos, pág. 86.; Capítulo 3, El subjuntivo para expresar sentimientos, emociones y dudas, pág. 121.

MODELO Mi mejor amiga y yo queremos bajar de peso pero siempre tenemos hambre.

Es importante que coman cosas saludables como frutas y verduras. Es mejor que las coman crudas porque así tienen más vitaminas y fibra.

También es bueno que beban mucha agua porque también llena el estómago.

1. Antes de acostarme siempre tengo hambre. ¿Qué puedo hacer? Sé que no es sano comer tarde y acostarme inmediatamente después, pero es cuando más hambre tengo.
2. Es el cumpleaños de mi abuela y quiero preparar una cena muy especial.
3. Vivo en un apartamento muy pequeño. Sólo tengo una estufa sin horno. Tampoco tengo un microondas. Quiero invitar a una persona especial a cenar y prefiero hacerlo en mi casa. ¿Qué puedo preparar?
4. Quiero aprender a cocinar bien. ¿Qué me recomiendas?
5. Mi esposo/a y yo tenemos una cena formal en casa esta noche. Nuestro hijo Jaime insiste en llevar pantalones cortos con camiseta, un gorro de béisbol y sandalias.

¡Conversemos!

4-25 to 4-26

ESTRATEGIAS COMUNICATIVAS Asking for and giving directions

The need to ask for and give directions comes up often. Below are some useful phrases for politely requesting and giving directions.

Pidiendo indicaciones (*Asking for directions*): Use the expressions below when you wish to ask for directions.

- **¿Me podría/n decir cómo se llega a...?** *Could you (all) tell me how to get to...?*
- **Perdón, ¿sabe/n Ud./Uds. llegar al...?** *Pardon, do you (all) know how to get to...?*
- **Estoy perdido/a. ¿Puede/n Ud./Uds. decirme dónde está...?** *I'm lost. Can you tell me where... is?*
- **¿Cómo voy/llego a...?** *How do I go/get to...?*

Dando indicaciones (*Giving directions*): When giving directions, the following expressions and phrases are helpful:

- **Vaya/n/ Siga/n derecho/todo recto.** *Go straight.*
- **Doble/n a la derecha/izquierda.** *Turn right/left.*
- **Tome/n Ud./Uds. un taxi/autobús.** *Take a taxi/bus.*
- **Al llegar a..., doble/n...** *When you get to..., turn...*

CD 2 Track 14

4-35 Diálogos

Escucha los diálogos y haz las siguientes actividades.

1. ¿A qué mercado va el turista? ¿Cómo piensa viajar allí?
2. ¿Adónde quieren ir Nines y Mercedes?
3. ¿Por qué quieren ir allí ellas?
4. En la **Situación 1,** dibuja un mapa para el turista para que pueda llegar a la estación de autobuses.
5. En la **Situación 2,** dales de nuevo las indicaciones (*directions*) a Nines y Mercedes.

Fíjate

La esquina (corner) and *la cuadra* (block) are important words to know when giving directions.

4-36 ¿Cómo llegamos?

En grupos de tres o cuatro personas, dramaticen la siguiente situación.

Una delegación de estudiantes internacionales de países hispanohablantes ha llegado a tu ciudad. Ellos quieren saber dónde pueden comer en tu ciudad y qué sirven de comer en los distintos restaurantes. Expliquen cómo llegar a algunos restaurantes y qué sirven.

MODELO E1: *Hola. ¿Me podría decir cómo llegar a un restaurante mexicano y cuáles son sus platos especiales?*

E2: *Sí, mi favorito está muy cerca. Siga derecho...*

4·37 A buen hambre no hay pan duro

Habla con un/a compañero/a de clase para compartir tu restaurante favorito. Explica por qué es tu favorito. Entonces cada uno debe darle indicaciones al otro para llegar al restaurante.

4·38 Vamos comiendo

Quieren ir a comer en tu ciudad y necesitan formular un plan:

1. ¿Adónde quieren ir?
2. ¿Qué tipo de comida esperan encontrar?
3. ¿Cómo se llega al restaurante?

En un grupo de tres, hagan su plan. Usen el vocabulario y las estructuras de este capítulo y sean creativos.

MODELO E1: *Vamos al restaurante Mixto—creo que tienen buena comida allí.*

E2: *¿Dónde está? Espero que tengan bistec a la parrilla.*

E3: *Es fácil llegar—he ido antes. Salgan de la puerta principal de la universidad, sigan recto dos cuadras, y doblen a la izquierda. Está a mano derecha.*

E4: *Es bueno que hayas ido allí antes. ¿Qué tipo de comida tienen?*

4·39 A falta de pan, tortilla

Con un/a compañero/a de clase, dramatiza la siguiente situación. Eres reportero para la revista *Buen provecho*. Vas a entrevistar a un cocinero famoso del restaurante X. Prepara una lista de preguntas sobre la historia del restaurante, la experiencia del cocinero y su plato favorito. Al final, pregúntale cómo llegar al restaurante. El cocinero debe preparar unas respuestas apropiadas para las preguntas. Traten de usar el vocabulario y la gramática del capítulo en la entrevista.

MODELO E1 (REPORTERO): *Gracias, Emeril, por darme esta entrevista. Hace tiempo que quiero conocerlo. Tengo muchas preguntas para usted.*

E2 (COCINERO): *De nada. Es un placer también para mí. Un reportero de su revista me contactó hace un año, pero no he podido hacer la entrevista hasta ahora...*

ESCRIBE

SAM 4-27 to 4-29

ESTRATEGIA Process writing (Part 4): Sequencing events

Narratives about events—past, present, or future—have a logical sequence that the reader can follow. Using a logical sequence in your writing will give it cohesion and make it flow naturally. Expressions such as those listed can be used to indicate the natural order of events in your narrative. These words also provide smooth transitions between portions of your writing.

Adverbios y expresiones adverbiales	*Adverbs and adverbial expressions*
al principio, primero	*at first, first, in the beginning*
el primer día / mes	*the first day/month*
luego, entonces	*then, next*
antes (de)	*before*
después (de)	*afterward, after*
en seguida	*immediately (after)*
más tarde	*later*
pronto	*soon*
por fin, finalmente	*finally*
al final	*at the end*
por último	*last (in a list)*

4•40 Antes de escribir

Vas a escribir un artículo sobre una celebración local que tiene lugar en tu ciudad. Primero selecciona una celebración y piensa en los datos importantes que identifican la celebración y en los eventos principales. Luego, haz una lista de estos datos y los eventos (nombre de la celebración, la fecha, el lugar, los eventos, etc.).

4•41 A escribir

Ahora ha llegado el momento de escribir tu artículo.

- Primero, toma la lista que escribiste y empieza el artículo incluyendo los datos.
- Luego, pon tu lista de los eventos en orden cronológico, conectándolos con las expresiones nuevas como **primero, luego, después**, etc.
- Entonces añade a cada evento los detalles que sean interesantes como la descripción de una competencia, la comida, etc.

Finalmente, asegúrate de que en el artículo:

- hayas puesto los eventos en orden cronológico usando las expresiones de esta sección.
- hayas escrito por lo menos **ocho** oraciones.

4•42 Después de escribir

Comparte tu artículo con un/a compañero/a. Haz una comparación de las dos celebraciones que ustedes han descrito. ¿En qué son similares y en qué son diferentes? Comunica esta información al resto de la clase.

¿Cómo andas?

Having completed the second **Comunicación,** I now can...

	Feel Confident	Need to Review
• describe many different kinds of foods. (pp. 152, 157)	❑	❑
• use **hacer** in expressions of time. (p. 153)	❑	❑
• name and share information about three famous Hispanic chefs. (p. 164)	❑	❑
• express what *had* happened in the past. (p. 161)	❑	❑
• give and understand directions. (p. 166)	❑	❑
• identify a favorite restaurant and describe how to get there. (p. 167)	❑	❑
• write about events using sequencing words. (p. 168)	❑	❑

Vistazo cultural

4-30

Vistas culturales

Tradiciones de Guatemala, Honduras y El Salvador

Hace dos años que estudio artes culinarias en el Instituto Femenino de Estudios Superiores de Guatemala. Siempre había pensado en estudiar la comida y la cultura de otros países. En mis cursos he aprendido que muchas veces la comida típica es una parte integral de las celebraciones culturales. Aquí les ofrezco un vistazo a unas fiestas de diferentes culturas y unos platos típicos de algunos países.

María Fernanda Orantes Prieto, estudiante de las Artes Culinarias

Un plato típico guatemalteco es *pepián* o *pipián*. Es un rico plato tradicional a base de tomates, chiles, pollo y otras verduras como la papa. También contiene especias y a veces se sirve como un guisado (*stew*). A menudo se come con tortillas.

El siete de diciembre, la víspera (*eve*) de la Fiesta de la Virgen de la Inmaculada Concepción, los guatemaltecos hacen grandes montones (*piles*) de cosas usadas que ya no quieren en sus casas. De noche ponen fuego a los montones en un rito de purificación que se llama La Quema del Diablo.

El doce de abril se celebra "El Día de Garífuna", el aniversario de la llegada de los Garífuna a Honduras hace más de doscientos años. El pueblo Garífuna tiene herencia africana y caribeña. La fecha se celebra con baile, música, teatro y desfiles (*parades*).

Durante la Semana Santa en Antigua, Guatemala, las procesiones religiosas pasan sobre "alfombras" en las calles. Estas alfombras se hacen principalmente de aserrín (*sawdust*) de muchos colores y a veces de verduras, de plantas, de flores y hasta de pan. La gente ha planeado sus diseños por meses pero se hacen en las veinticuatro horas antes de comenzar las procesiones.

En Santa Rosa de Copán, un pueblo en las montañas de Honduras, la celebración de la Semana Santa es impresionante. Se cuentan seis desfiles que celebran diferentes partes de la historia de la Pascua. El viernes santo, una procesión pasa por el pueblo sobre una alfombra de flores extendida en la calle.

Las pupusas son la comida más común en El Salvador. Son tortillas a base de masa de maíz con relleno de queso, frijoles y/o carne de algún tipo. Por un decreto legislativo salvadoreño del año 2005, el segundo domingo del mes de noviembre de cada año es "El Día Nacional de las Pupusas".

El día en que los salvadoreños obtuvieron su independencia de España, el 15 de septiembre, es un día muy importante para el país. La celebración empieza a las siete de la mañana y dura todo el día. Hay desfiles de estudiantes vestidos de azul y blanco, los colores de la bandera salvadoreña.

Preguntas

1. ¿Qué elementos tienen en común estas celebraciones?
2. ¿Qué comidas tradicionales se mencionan? ¿En cuáles de estas celebraciones es probable que se haya servido comida?
3. Compara estas celebraciones con otras que has estudiado y con las celebraciones en los EE.UU. ¿Qué celebración o tradición prefieres y por qué?

Laberinto peligroso

EPISODIO 4

lectura

4-31 to 4-33

ESTRATEGIA **Identifying details and supporting elements**

Main ideas usually come at the beginning of a passage or a paragraph. Generally, what follows are supporting elements such as details that explain or clarify the main idea.

To identify supporting elements, you might want to use a graphic organizer such as a web to help categorize several main ideas and their details. Sometimes subtitles or subheadings exist to help clarify the supporting details.

4-43 Antes de leer. Para algunos textos (como los artículos periodísticos o las novelas de detectives) es muy importante fijarse en los detalles si quieres entender el texto sin dificultad. Antes de leer el episodio contesta las siguientes preguntas sobre algunos detalles importantes de los episodios anteriores.

1. ¿Qué le pasó a Celia durante la conferencia y después de tomar café con Cisco?
2. ¿Por qué necesitaba Celia hablar con el Dr. Huesos?
3. ¿Por qué quería Cisco hablar con el Dr. Huesos?
4. ¿Qué decía la nota que Celia encontró en su bolso cuando salía del café?
5. ¿Cómo reaccionaron Celia y Cisco ante la nota?
6. ¿Quién crees que puso la nota en su bolso?

DÍA 20

Colaboradores, competidores y sospechosos

CD 2 Track 15

Mientras Cisco le hablaba sobre sus comidas favoritas, Celia pensaba en el mensaje de correo electrónico que había recibido: "Te estoy observando". ¿Quién se lo había mandado? ¿La persona que le había dejado la nota ayer? ¿Por qué se había sentido mal durante la conferencia y en el café? Había consultado varios periódicos para ver si otros habían sufrido esos síntomas, pero no había encontrado nada relevante.

—¿Estás bien? —Cisco interrumpió sus pensamientos.
—Sí. ¿Por qué me lo preguntas? —respondió Celia bruscamente, mientras intentaba recordar lo que había estado diciendo antes de distraerse°.
—Porque te he preguntado algo y no me has respondido. ¿Me has estado escuchando? —preguntó Cisco, un poco molesto.
—Siento no haberte prestado atención. Estoy preocupada, por eso tengo la mente en otro lugar. —reconoció Celia.
—¿Puedo ayudarte?
—¿Me enviaste algún correo? —preguntó Celia, con un tono acusatorio.
—No. ¿Por qué?

° *get distracted*

—Porque es posible que me hayas querido hacer una broma° de muy mal gusto. —dijo Celia, indignada. *joke*
—¿Cómo?
—Recibí un mensaje como la nota que encontré cuando salíamos del café ayer. —explicó Celia.
—No he sido yo. —repitió Cisco.
—¿Estás seguro?
—No lo hice. —insistió. —¿Me crees?
—Está bien, Cisco, no creo que me hayas enviado el mensaje. —por fin Celia estaba más tranquila.
—¿Y ahora me contestas la pregunta? ¿Has terminado el café?
—Sí, lo he terminado. ¿Nos vamos? —respondió Celia.
—Sí, tengo mucho trabajo.
—Yo también, y además camino a casa necesito comprar un regalo para una amiga que dio a luz hace un mes. Hace tanto tiempo que no estoy con ningún bebé... no sé qué comprarle. —dijo Celia mientras salían del café.
—¿Un libro? —sugirió Cisco.
—Tal vez, pero como es un bautizo, mejor algo religioso. Me emociona mucho que me haya invitado y quiero demostrárselo dándole algo apropiado.
—Hay una tienda de objetos religiosos cerca del mercado de comida orgánica. —mencionó Cisco.
—Está bien, voy para allí. Hasta luego.
—Cuídate. —respondió Cisco dándole un beso° en la mejilla. *kiss*

Era la una cuando Celia llegó a casa. Inmediatamente volvió a la investigación con la que la había ayudado el Dr. Huesos. Cisco había llegado a su casa media hora antes y trabajaba en lo mismo. Cada uno en su propia casa, Celia y Cisco leían cientos de páginas web y numerosos artículos. Cada uno por su parte tomó conciencia de la situación en las selvas tropicales.

Cisco descubrió que la destrucción de las selvas había empezado hacía décadas, y que nada mejoraba: cada año seguían destruyéndose miles de hectáreas°. *2.471 acres* Aunque algunos gobiernos y compañías tenían cierta responsabilidad, los contrabandistas eran un enorme problema. Ganaban mucho dinero vendiendo ilegalmente sus recursos naturales, especialmente la madera y los pájaros exóticos. Ya se habían extinguido muchas especies de plantas y animales, y el impacto en los indígenas era tremendo: dependían de la selva para comer, tratar heridas y enfermedades, construir casas, defenderse; la necesitaban para vivir. Antes de empezar este proyecto, Cisco no se había dado cuenta del poder de las selvas. Muchas de las sustancias que contenían sus plantas eran medicinales, y otras eran peligrosas y podían usarse para crear armas biológicas.

Aunque estaba satisfecho con su progreso, sabía que Celia podía ser una gran colaboradora en el proyecto. La respetaba por su inteligencia, sinceridad y honradez. Mientras abría el correo electrónico para escribirle, sonó el teléfono. Lo contestó y era Ramón, un oficial de El Salvador, uno de los contactos de su familia, que le devolvía la llamada. Después de hablar con él, empezó a prepararse porque esa noche se casaba uno de sus mejores amigos.

Hacía dos horas que había salido para la boda cuando alguien forzó la entrada a su casa. ¡Encendió la computadora y copió todo lo que Cisco había descubierto!

4-44 **Después de leer.** Contesta las siguientes preguntas.

1. ¿Por qué estaba preocupada Celia?
2. ¿Qué pensaba Celia que Cisco había hecho?
3. Según la investigación de Cisco, ¿quiénes tenían la culpa de la destrucción de las selvas tropicales?
4. Según la investigación de Cisco, ¿cuáles han sido algunas de las consecuencias de la destrucción de las selvas?
5. ¿Por qué pensó Cisco que iba a ser una buena idea colaborar con Celia?
6. ¿Por qué crees que se titula el episodio *Colaboradores, competidores y sospechosos*?

video

4-45 **Antes del video.** En *Colaboradores, competidores y sospechosos*, viste cómo avanzaba Cisco con su investigación sobre las selvas tropicales. En el episodio en video, vas a ver cómo avanza el proyecto de Celia. Antes de ver el episodio, contesta las siguientes preguntas.

1. ¿Por qué piensas que Celia sospechaba que Cisco le había enviado el mensaje?
2. ¿Crees que Cisco decía la verdad cuando insistió que no se lo había enviado? ¿Por qué o por qué no?
3. ¿De qué piensas que hablaron Cisco y Ramón?
4. ¿Quién crees que entró en el apartamento de Cisco?

Espero que lo hayas pasado muy bien.

¿Es posible que alguien haya intentado envenenarme?

Javier, hay algo que debes saber...

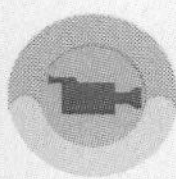

¿Mágica o malvada?

Relájate y disfruta el video.

Episodio 4

4-46 Después del video. Contesta las siguientes preguntas.

1. ¿Dónde había estado Celia antes de llegar a su casa al comienzo del episodio?
2. Compara y contrasta los resultados de la investigación de Cisco con los de Celia, creando un diagrama Venn o usando tres columnas.
3. ¿Qué pensaba Celia que podía haber pasado en la conferencia cuando se enfermó?
4. ¿Por qué llamó Celia a Javier?
5. ¿Cómo concluyó el episodio?

Y por fin, ¿cómo andas?

Having completed this chapter, I now can...

	Feel Confident	Need to Review
Comunicación		
• share information about celebrations and important life events. (p. 142)	❑	❑
• express one-time events and ongoing actions in the past. (p. 143)	❑	❑
• indicate how long something has been happening or how long ago it happened. (p. 153)	❑	❑
• listen for and use details of a conversation for comprehension. (p. 151)	❑	❑
• state what had happened in the past. (pp. 147, 161)	❑	❑
• identify my food preferences. (pp. 152, 157)	❑	❑
• ask for and give directions to places where I and others want to go. (p. 166)	❑	❑
• write about events in a logical order. (p. 168)	❑	❑
Cultura		
• share information about several traditions and celebrations in the Hispanic world. (p. 150)	❑	❑
• compare and contrast celebrations from my own culture with some I have learned about in this chapter. (pp. 150, 170)	❑	❑
• identify and describe three famous Hispanic chefs. (p. 164)	❑	❑
Laberinto peligroso		
• use details and supporting elements in a text for comprehension. (p. 172)	❑	❑
• state what Celia thinks about the threatening notes. (p. 172)	❑	❑
• hypothesize who the mysterious intruder might be. (p. 174)	❑	❑

VOCABULARIO ACTIVO

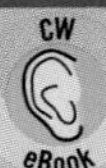

CD 2
Tracks 16-25

Las celebraciones y los eventos de la vida	*Life events and celebrations*
el aniversario de boda	*wedding anniversary*
el baile	*dance*
el bautizo	*baptism*
el bebé	*baby*
la boda	*wedding*
la cita	*date*
el compromiso	*engagement*
el cumpleaños	*birthday*
cumplir… años	*to have a birthday/to turn… years old*
dar a luz	*to give birth*
El Día de las Brujas	*Halloween*
El Día de San Valentín	*Valentine's Day*
El Día de la Madre/del Padre/de la Independencia, etc.	*Mother's Day, Father's Day, Independence Day, etc.*
El Día de los Muertos	*Day of the Dead*
la graduación	*graduation*
la luna de miel	*honeymoon*
el nacimiento	*birth*
la Navidad	*Christmas*
el/la novio/a	*boyfriend/girlfriend; groom/bride*
la Pascua	*Easter*
la primera comunión	*First Communion*
la quinceañera	*fifteenth birthday celebration*
el regalo	*present*

Verbos	*Verbs*
celebrar	*to celebrate*
discutir	*to argue; to discuss*
disfrazarse	*to wear a costume, to disguise oneself*
enamorarse (de)	*to fall in love (with)*
engañar	*to deceive*
estar comprometido/a	*to be engaged*
estar embarazada	*to be pregnant*
pelear(se)	*to fight*
salir (con)	*to go out (with)*
tener una cita	*to have a date*

La comida y la cocina — *Food and kitchen*

Las carnes y las aves	*Meat and poultry*
la carne de cerdo	*pork*
la carne de cordero	*lamb*
la carne de res	*beef*
la carne molida	*ground beef*
la chuleta	*chop*
el pavo	*turkey*
la salchicha	*sausage*
la ternera	*veal*
el tocino	*bacon*

El pescado y los mariscos	*Fish and seafood*
los camarones	*shrimp*
el cangrejo	*crab*
la langosta	*lobster*
la sardina	*sardine*

Más comidas	*More foods*
la harina	*flour*
la mantequilla	*butter*
la miel	*honey*
el pan dulce	*sweet roll*
el panqueque	*pancake*

Términos de la cocina	*Cooking terms*
añadir	*to add*
asar	*to roast; to broil*
batir	*to beat*
(re)calentar (e-ie)	*to (re)heat*
cubrir	*to cover*
derretir (e-i-i)	*to melt*
freír (e-i-i)	*to fry*
hervir (e-ie-i)	*to boil*
mezclar	*to mix*
pelar	*to peel*
revolver (o-ue)	*to stir*
verter (e-ie)	*to pour*

Palabras útiles — *Useful words*

el fuego (lento, mediano, alto)	*(low, medium, high) heat*
el ingrediente	*ingredient*
el kilogramo	*kilogram (or 2.2 pounds)*
el nivel	*level*
el pedazo	*piece*
la receta	*recipe*

Las frutas — *Fruit*

el aguacate	*avocado*
la cereza	*cherry*
la ciruela	*plum*
el durazno	*peach*
la fresa	*strawberry*
el mango	*mango*
la papaya	*papaya*
la piña	*pineapple*
el plátano	*plantain (Lat. America)*
la sandía	*watermelon*
la toronja	*grapefruit*

Las verduras — *Vegetables*

la aceituna	*olive*
el ajo	*garlic*
el apio	*celery*
la calabaza	*squash; pumpkin*
la col	*cabbage*
la coliflor	*cauliflower*
el espárrago	*asparagus*
la espinaca	*spinach*
el guisante	*pea*
el hongo	*mushrooms*
el pepino	*cucumber*
el pimiento	*pepper*
la zanahoria	*carrot*

Los postres — *Desserts*

el batido	*milkshake*
el bombón	*sweet; candy*
la dona	*donut*
el flan	*caramel custard*
la palomita de maíz	*popcorn*

5

Viajando por aquí y por allá

¿Te gusta ir de viaje? En el mundo hispano hay muchos lugares bonitos que puedes visitar. Hay lagos, montañas, playas, ciudades con centros comerciales y parques de atracciones. En fin, existen lugares para todos los gustos. ¡Vamos de viaje!

	OBJETIVOS	CONTENIDOS
Comunicación	• To discuss travel and means of transportation • To choose *por* or *para* to express time, location, purpose, destination, and direction • To clarify meaning with *que* or *quien* • To share information about events in the past • To listen for specific information • To identify how technology is useful, both at home and in travel • To describe something that is uncertain or unknown • To ask for input and express emotions • To use peer editing to improve narrative expression	1 Trips 180 **Repaso** *Por* y *para* 181 2 Traveling by car 185 3 Relative pronouns *que* and *quien* 187 4 Vacations 190 **Escucha** 193 **Estrategia:** Listening for specific information 5 Technology and computing 195 **Repaso** The preterit and the imperfect (continued) 196 6 The subjunctive in adjective clauses: indefinite & nonexistent antecedents 199 7 Actions related to technology 201 **¡Conversemos!** 206 **Estrategias comunicativas:** Asking for input and expressing emotions **Escribe** 208 **Estrategia:** Peer editing
Cultura	• To compare notes on travel and transportation • To identify some people for whom travel and technology are important • To share information about interesting vacations and to explore "green" efforts in Central America	**Notas culturales** El fin del mundo y los glaciares en cinco días 191 **Perfiles** Viajando hacia el futuro 204 **Vistazo cultural** Un viaje por mundos diferentes en Nicaragua, Costa Rica y Panamá 210 **Letras** *He andado muchos caminos* (Antonio Machado) *See Literary Reader*
Laberinto peligroso	• To use a bilingual dictionary to help understand a reading passage • To discuss what Celia and Cisco discover about the rainforest, old maps, and a *cronista* journal • To hypothesize about threatening e-mails	**Episodio 5** **Lectura:** *Cómplices, crónicas, mapas y ladrones* 212 **Estrategia:** Using a dictionary **Video:** *¿Somos sospechosos?* 214

Una vista de Suramérica desde el espacio exterior

PREGUNTAS

1 ¿Cómo prefieres viajar? ¿Por qué?
2 ¿Adónde te gusta viajar?
3 ¿Cómo usamos la tecnología para viajar?, ¿y en nuestras vidas diarias?

Comunicación

- Describing one's travels
- Connecting sentences and clauses

VOCABULARIO 1 Los viajes

SAM 5-1 to 5-3

¡Anda! Curso elemental, Capítulo 2, Los deportes y los pasatiempos; Capítulo 4, Los lugares; Capítulo 10, Los medios de transporte, El viaje, Apéndice 2.

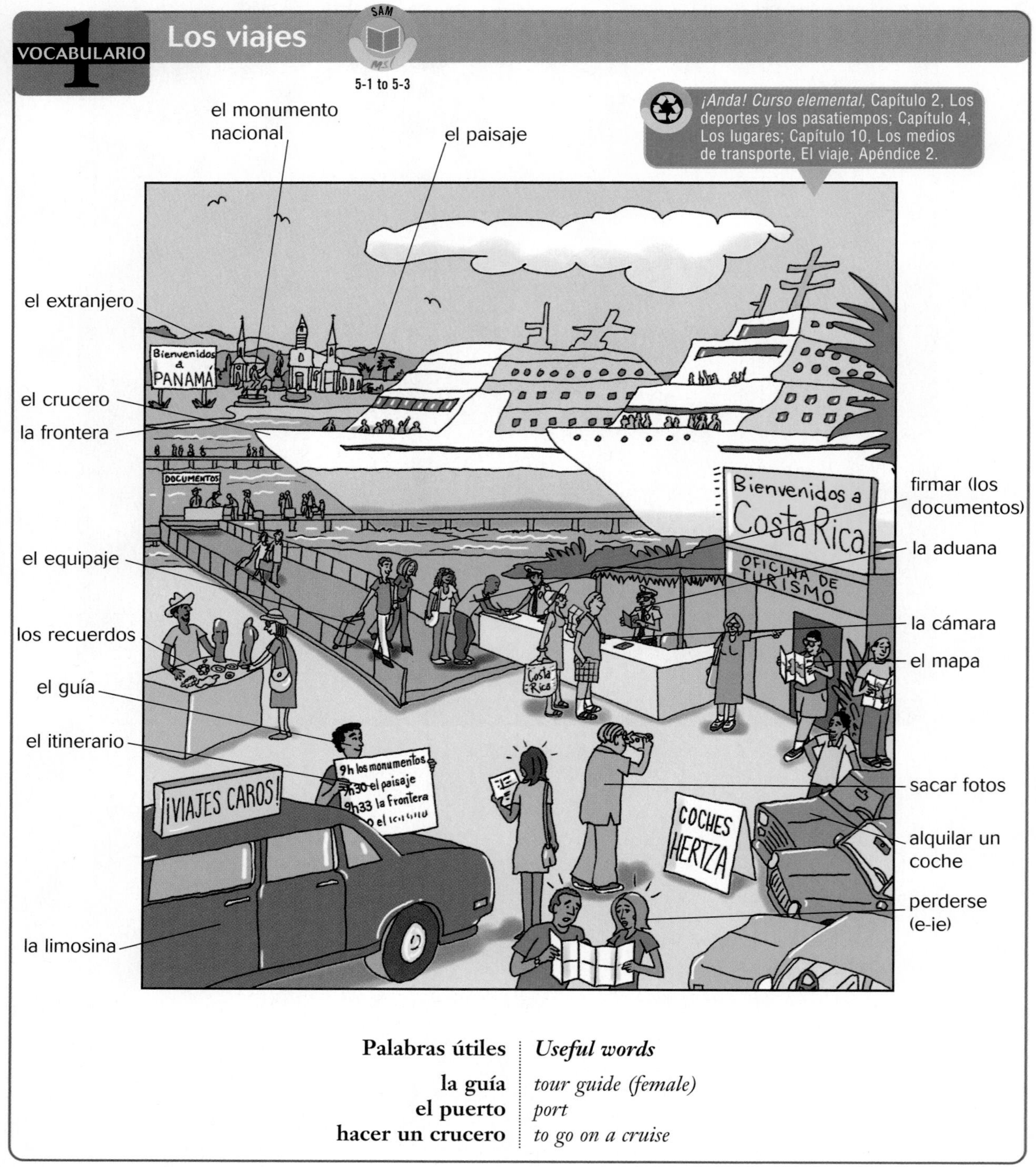

Palabras útiles	Useful words
la guía	*tour guide (female)*
el puerto	*port*
hacer un crucero	*to go on a cruise*

Querido diario:

Dentro de poco voy a Costa Rica por doce días. Necesito sacar un permiso internacional para conducir por la parte sur del país. También, la agencia de viajes me dio unos mapas para ayudarme.

Preguntas

1. ¿Por cuánto tiempo piensa viajar Celia?
2. ¿Para qué necesita un permiso internacional Celia?
3. ¿Cómo te preparas para viajar?

5-4 to 5-6

REPASO

Por y para

In Celia's diary, she writes **por doce días, para conducir, por la parte sur,** and **para ayudarme.** You may remember that Spanish has two main words to express *for:* **por** and **para.** The two words have distinct uses and are not interchangeable. The following is a brief review of **por** and **para.** For a complete review, refer to **Capítulo 9** of ***¡Anda! Curso elemental*** in Appendix 3.

POR IS USED TO EXPRESS:	**PARA** IS USED TO EXPRESS:
1. duration of time (*during, for*)	1. point in time or a deadline (*for, by*)
2. movement or location (*through, along, past, around*)	2. destination (*for*)
3. motive (*on account of, because of, for*)	3. recipients or intended person/s (*for*)
4. exchange (*in exchange for*)	4. comparison (*for*)
5. means (*by*)	5. purpose or goal (*to, in order to*)

Fíjate

Por is also used in certain fixed expressions including *por eso* (for that reason, therefore) *por favor* (please), *por fin* (finally), *por lo menos* (at least), *por supuesto* (of course), *por lo tanto* (therefore), and *por lo visto* (apparently).

5-1 ¿Por o para?

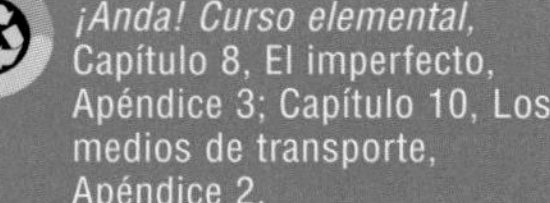

¡Anda! Curso intermedio, Capítulo 4, El pasado perfecto (El pluscuamperfecto), pág. 147.

Carlos planea las vacaciones de la familia.

Paso 1 Túrnense para descubrir los planes finales de Carlos usando **por** o **para.**

Carlos y su familia trabajaban demasiado. (1) ____________ más de cinco años habían hablado de irse de vacaciones y (2) ____________ fin decidieron que iban a hacerlo (3) ____________ finales de julio. Era el primero de mayo y todavía no habían decidido (4) ____________ cuánto tiempo se iban a ir. Carlos quería ir (5) ____________ tres semanas y hacer un crucero (6) ____________ el Caribe, pero sus hermanos y sus padres no podían dejar el trabajo (7) ____________ más de diez días. Tampoco les quedaba mucho dinero (8) ____________ las vacaciones porque acababan de renovar su casa.

Entonces, ya era hora de decidir adónde y cómo ir. (9) ____________ Carlos, si no podían hacer un crucero, era mejor alquilar una camioneta (*truck*) y una tienda de campaña y viajar (10) ____________ el oeste de los Estados Unidos (11) ____________ conocer los parques nacionales. Se puede hacer camping (12) ____________ menos dinero que quedarse en un hotel. También, Carlos pensaba pasar (13) ____________ la carretera Panamericana, quizás la parte entre Denver, Albuquerque y San Antonio. Sabía que había atascos (*traffic jams*) a causa de la construcción, pero no le importaba. Sus padres se conocieron en un pueblo en la carretera Panamericana cerca de San Antonio, y Carlos pensaba que (14) ____________ esa razón iba a ser una buena sorpresa (15) ____________ ellos. (16) ____________ ayudar a sus padres, Carlos tenía la intención de planear toda la ruta yendo (17) ____________ unos caminos interesantes en vez de pura autopista.

Decidieron tomar sus sugerencias, y sus padres se lo agradecieron. (18) ____________ los hermanos no fue tan emocionante aquella decisión; ¡querían ir a Disneylandia!

Paso 2 Túrnense para explicar por qué usaron **por** o **para.** Sigan el modelo.

MODELO 1. por, *duration of time*

5-2 En un mundo (im)perfecto

Termina las siguientes oraciones de manera lógica. Después, compártelas con un/a compañero/a.

MODELO Mañana, mis amigos y yo salimos para...
Mañana, mis amigos y yo salimos para Panamá en un crucero de dos semanas.

1. Me gusta pasear por...
2. Mis amigos y yo salimos hoy para...
3. Voy a la universidad por...
4. Estudio para...
5. Me pagaron más de $1.000 por...
6. Yo pagué más de $100 por...

¡Anda! Curso intermedio, Capítulo 2, El subjuntivo para expresar pedidos, mandatos y deseos, pág. 86.

¡Anda! Curso elemental, Capítulo 10, Los medios de transporte; El viaje, Apéndice 2.

5-3 Agente de viajes

Ustedes son agentes de viajes y les dan a sus clientes sus recomendaciones sobre los viajes que ellos van a hacer. Túrnense. Sean creativos y usen **por** y **para** cuando sea posible.

MODELO ir por tren
Es aconsejable que vayan por tren porque es más rápido y económico.

1. no manejar en esa ciudad
2. revisar el coche antes de alquilarlo
3. comprar un boleto de ida y vuelta
4. llegar a tiempo al aeropuerto
5. renovar (*renew*) el pasaporte
6. no llevar demasiado equipaje

Estrategia

Remember that you can use the following verbs and expressions to create your recommendations for actividad **5-3:** *aconsejar, recomendar (e-ie), sugerir (e-ie-i), Es aconsejable/deseable/mejor/preferible/recomendable que...*

5-4 Preguntas para Carlos

Túrnense para hacerle **seis** preguntas a Carlos de la actividad **5-1** sobre sus planes, y luego contéstenlas. Pueden añadir información. Practiquen **por** y **para** en sus preguntas y sus respuestas.

MODELO E1: *¿Por qué querías viajar por el Caribe en un crucero?*
E2 (CARLOS): *Quería viajar por el Caribe en un crucero porque me gustan las playas y quería descansar y relajarme un poco.*

Estrategia

When you create with language, you use *critical thinking skills* such as *hypothesizing.* Create questions that might not be directly answered in actividad **5-1.** Then create hypothetical, plausible answers that Carlos might give.

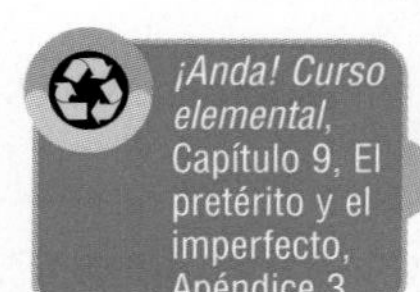

¡Anda! Curso elemental, Capítulo 9, El pretérito y el imperfecto, Apéndice 3.

5-5 Mi viaje en un crucero en el Río Amazonas

Lee el folleto sobre el crucero y después escribe una entrada de diario para describir lo que viste e hiciste durante el viaje. Puedes añadir más detalles. Usa **por** y **para** por lo menos **ocho** veces. Después, compara tu entrada con la de un/a compañero/a.

MODELO *Querido diario:*

El domingo pasado salimos de Iquitos, Perú, para Tabatinga, en Brasil. Hicimos un viaje por barco por el Río Amazonas. Vimos e hicimos muchas cosas interesantes. Por ejemplo, por la mañana...

Este crucero de siete días sale los domingos de Iquitos, Perú y lo lleva por el barco RÍO AMAZONAS a Tabatinga, Brasil de regreso a Iquitos. Viajar en un barco cómodo le permite gozar de un recorrido inolvidable por la selva y conocer algunas comunidades nativas. También puede observar la exuberante flora y fauna de la selva tropical.

El barco
RÍO AMAZONAS:

ITINERARIO:

- **Primer día:** Navegación río abajo a través de la zona industrial de Iquitos y una breve visita a los campos de caña de azúcar°.
- **Segundo día:** Observación de aves° por la mañana. Visita a pueblos indígenas.
- **Tercer día:** Caminata por la selva, pesca pirañas en un lago pequeño y observación de los caimanes°.
- **Cuarto día:** Llegada a la Isla de Santa Rosa. Mañana libre para pasear y hacer compras.
- **Quinto día:** Por la mañana, visita a la villa de Atacuari, por la tarde, visita al remoto hospital de leprosos de San Pablo.
- **Sexto día:** Breve parada en Pijuayal para un chequeo de documentos, una visita a Pevas para intercambiar artículos fabricados por la artesanía de los nativos.
- **Séptimo día:** Llegada a Iquitos temprano por la mañana.

sugar cane
pájaros

un tipo de *alligator*

VOCABULARIO 2 Viajando por coche

SAM 5-7 to 5-9

¡Anda! Curso elemental, Capítulo 10, Los medios de transporte, Apéndice 2.

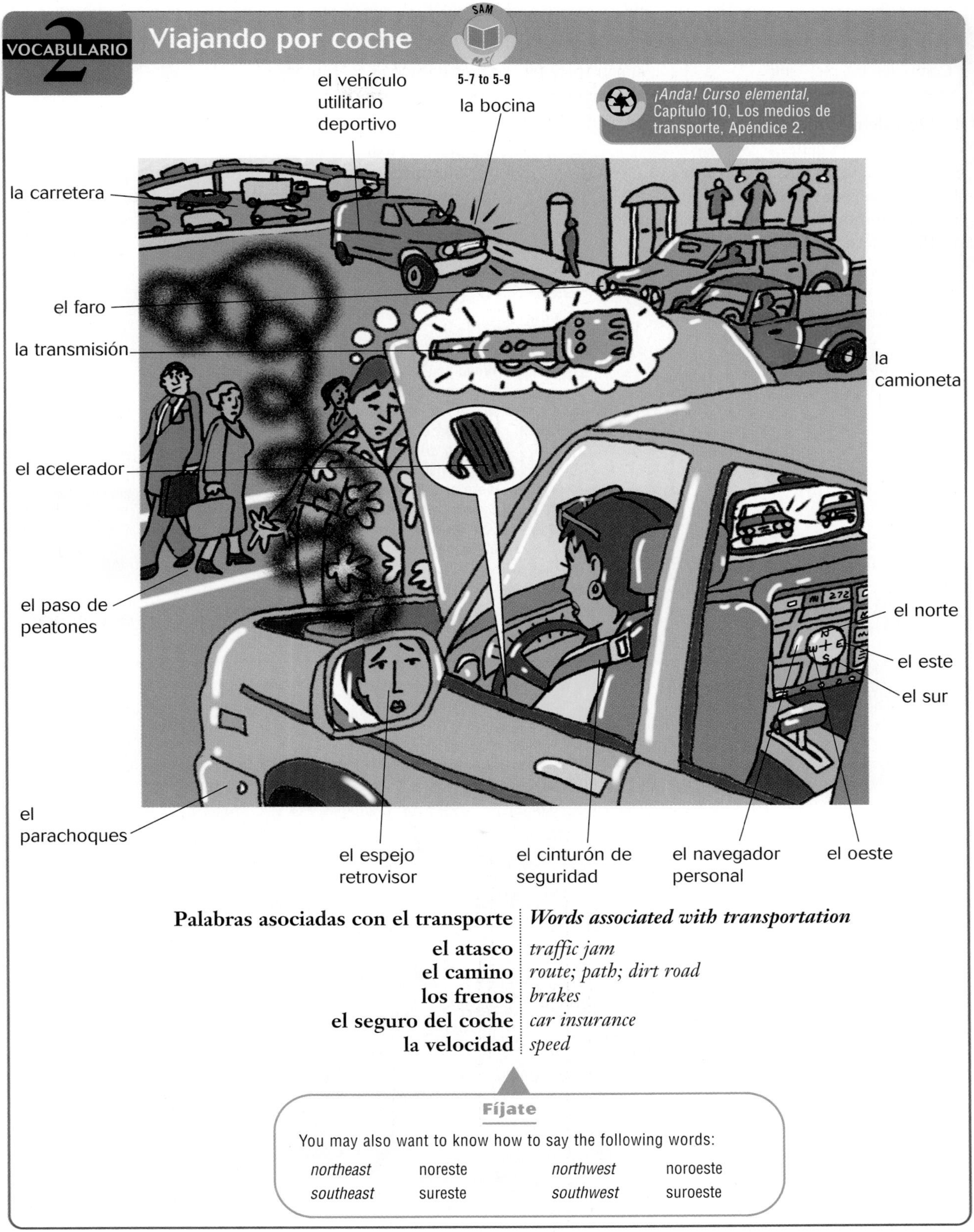

Palabras asociadas con el transporte	***Words associated with transportation***
el atasco	*traffic jam*
el camino	*route; path; dirt road*
los frenos	*brakes*
el seguro del coche	*car insurance*
la velocidad	*speed*

Fíjate

You may also want to know how to say the following words:

northeast	noreste	*northwest*	noroeste
southeast	sureste	*southwest*	suroeste

5-6 Combinaciones

Combinen los elementos de las dos columnas para formar oraciones lógicas. Túrnense.

1. Deja de tocar la bocina...
2. Cruzaron la calle...
3. Compré una transmisión nueva...
4. Salieron esta mañana...
5. Para un hombre no muy cuidadoso...
6. Piden setecientos dólares al año...

a. por el seguro de coche.
b. para la frontera.
c. siempre se pone el cinturón de seguridad.
d. para el vehículo utilitario deportivo antiguo.
e. por el paso de peatones.
f. para no molestar a los vecinos.

Estrategia

When you study vocabulary, writing the words down is a useful technique. Making a list helps you remember the new words better and learn their spelling. Study the words from your written list by looking at the English word as a prompt and saying the Spanish word. Check off the words you know well, and then concentrate on those you do not know yet.

¡Anda! Curso elemental, Capítulo 10, Los medios de transporte, Apéndice 2.

5-7 Mi carrito

¿Conoces bien tu carro? Escribe los nombres de las partes en el dibujo. Después, comparte tu trabajo con un/a compañero/a.

5-8 Piloto de carreras (*Race car driver*)

Juan Pablo Montoya empezó a competir oficialmente en carreras de karting de su país a la edad de seis años. Vamos a ver lo que él nos cuenta. Completa el siguiente párrafo sobre Montoya con las palabras apropiadas. Después, comparte tu trabajo con un/a compañero/a.

Fíjate

The term *karting* refers to racing in go-karts, smaller-sized cars built for children to race on tracks. They are often found at amusement parks.

Número del vehículo: 42/30
Fecha de nacimiento: 20/09/1975
Lugar de nacimiento: Bogotá, Colombia
Altura: 1,68 m
Peso: 72 Kg.
Residencia: Miami, Florida
Música favorita: Artistas colombianos: Shakira, Juanes y Carlos Vives
Pasatiempos: Hacer surf, esquiar y levantar pesas

Fíjate

In Spanish-speaking countries, dates are written differently: day/month/year, e.g., *15/9/2010.*

carretera	cinturones	bocina	frenos
navegador personal	transmisión	velocidad	vehículo utilitario deportivo

Desde niño me han gustado las carreras. De karting fui a Fórmula Uno, donde me quedé por varios años. Pero desde el año 2007 soy piloto de carreras de stock car con NASCAR y vivo en los Estados Unidos. Mucha gente me pregunta cuál es mi carro favorito—aunque tengo varios coches muy buenos, mi favorito es mi (1) ________________. Tiene más de doscientas mil millas, pero es como nuevo para mí porque lo acabo de restaurar (*restore*). Por ejemplo, anda bien porque la (2) ________________ es nueva. Para la seguridad de mis hijos puse nuevos (3) ________________. Para poder parar con rapidez y precisión, tengo unos (4) ________________ nuevos también. Es un coche muy seguro y lo suficientemente grande para poder llevar a mis hijos con todas sus cosas y mis perros a la playa o de excursión. Para no perderme compré un (5) ________________. Una cosa que no cambié fue la (6) ________________ porque funciona y suena (*sounds*) muy bien. Cuando quiero correr más (ir más rápido), no lo hago en la (7) ________________ donde hay muchos otros carros; me meto en mi auto de carrera y puedo ir a alta (8) ________________ en la pista de carreras.

GRAMÁTICA 3 Los pronombres relativos *que* y *quien*

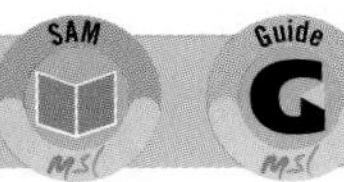

The words **que** and **quien** can link two parts of a sentence. When used in this way **que** (*that, which, who, whom*) and **quien(es)** (*who, whom*):

- do not have accents.
- refer back to a noun in the *main clause* (main part of the sentence).
- provide a smooth transition from one idea to another, eliminating the repetition of the noun.

¡¿Es ésta la limosina que alquilamos por $200?!

1. **Que** is the most frequently used and can refer to *people, places, things,* or *ideas.*

¿Es ésta	**la limosina**	**que**	alquilamos por doscientos dólares?
Is this	*the limosine*	*(that)*	*we rented for two hundred dollars?*

La agente de viajes **que** conocimos ayer viajó por todo el mundo hace tres años. *The travel agent (that) we met yesterday traveled around the world three years ago.*

El itinerario y los mapas son algunas de las cosas **que** necesitamos llevar con nosotros. *The itinerary and the maps are some of the things (that) we need to take with us.*

El monumento nacional **que** quieren visitar está en el centro de la ciudad. *The national monument (that) they want to visit is in the center of the city.*

2. **Quien(es)** may also be used in a clause set off by commas when it refers *to people*, BUT **que** is normally used instead of **quien.**

El guía, **quien/que** nos llevó por toda la ciudad, no nos acompaña mañana. *The guide, who took us around the city, is not accompanying us tomorrow.*

3. What follows are some additional guidelines for using **que** and **quien:**
   a. Use **que** after the simple prepositions **a, con, de,** and **en** to refer to *places, things, or abstract ideas—NOT people.*
   b. To refer to *people* after the simple prepositions **a, con, de,** and **en,** *you must use* **quien(es).**

El **avión en que** volamos ahora es uno de los más grandes del mundo. *The plane in which we are now flying is one of the largest in the world.*

Los **peatones con quienes** cruzan necesitan apurarse un poco. *The pedestrians with whom they are crossing need to speed up a bit.*

Fíjate

Note that while the word *that* can sometimes be omitted in English, **que** and **quien** are always needed in Spanish:

*El atasco **que** vimos ayer duró cuatro horas.*

The traffic jam (that) we saw yesterday lasted four hours.

Fíjate

A *dependent clause* cannot stand alone as a complete sentence and depends on the main clause to complete its meaning. In the following sentence, the underlined portion is the dependent clause:

*El itinerario y los mapas son algunas de las cosas <u>**que** dejamos en casa</u>.*

5-9 Selecciones

Termina el siguiente párrafo con **que** o **quien.** Después, compara tu trabajo con el de un/a compañero/a. Túrnense para explicar sus elecciones.

La agencia (1) ________ ofrece viajes baratos no tiene problemas económicos sino unos arreglos muy especiales con la comunidad. Ayer, sin embargo, cuando llamamos a la agencia, el agente con (2) ________ hablamos no nos pudo ayudar mucho. Ese agente, (3) ________ se mudó aquí de Santiago, Chile, no sabe mucho sobre las ofertas (4) ________ tienen. Por ejemplo, no sabe si hay unos cruceros muy económicos (5) ________ hagan giras por todo el Caribe. Mis padres, (6) ________ hacen un viaje casi todos los años, dicen que hay cruceros enormes (7) ________ salen del puerto de nuestra ciudad. Dicen que se puede hacer muchas actividades a bordo: nadar en la piscina, relajarse en el jacuzzi, tomar el sol, asistir a diferentes clases para hacer ejercicio, como el ejercicio aeróbico y el yoga, ir al cine, visitar los bares y discotecas para tomar y bailar y comer las veinticuatro horas del día. ¡Mis amigas, con (8) ________ pienso hacer el crucero, nunca van a querer dormir!

5-10 ¿Has visitado la luna?

Combinen las oraciones usando **que** o **quien** para evitar la repeticion.

MODELO El Valle de la Luna está en Bolivia. El Valle de la Luna es un lugar muy curioso.

El Valle de la Luna, que está en Bolivia, es un lugar muy curioso.

1. El Valle de la Luna está a diez kilómetros del centro de La Paz. Es un lugar muy extraño.
2. El paisaje ofrece un gran contraste. Es un paisaje extraterrestre.
3. El Valle de la Luna está al lado de un pueblo. El pueblo se llama Malilla.
4. El día que estuve allí había un hombre solitario encima de una roca enorme. El hombre tocaba una flauta.
5. El taxista nos cobró veinte dólares por llevarnos allí. Nos encontramos con el taxista al lado del bar Max Beber.

5-11 La historia de Rapunzel

Su profesor/a los va a poner en grupos de tres o cuatro estudiantes y les va a dar ocho papeles que contienen la historia de Rapunzel. Ustedes tienen que poner los papeles en orden y contar la historia.

¡Anda! Curso elemental, Capítulo 9, El pretérito y el imperfecto, Apéndice 2.

5-12 ¿Quién puede ser?

En grupos de cuatro o cinco, túrnense para dar pistas (*clues*) sobre una persona de la clase hasta que alguien pueda adivinar quién es. Enfóquense en el uso de **que** y **quien.**

MODELO E1: *Estoy pensando en una persona que tiene una camioneta roja, lleva pantalones vaqueros. También es una persona a quien le gusta mucho el básquetbol y con quien trabajo mucho en la clase.*

E2: *¿Es Mark?*

E1: *Sí, es Mark.*

5-13 Biografía

Ahora piensen en unas personas famosas para continuar el juego de la actividad **5-12.** Deben dar de **tres** a **cinco** pistas, o más si los compañeros no pueden adivinar quién es.

VOCABULARIO 4 Las vacaciones

SAM 5-12 to 5-13

¡Anda! Curso elemental, Capítulo 10, El viaje, Apéndice 2.

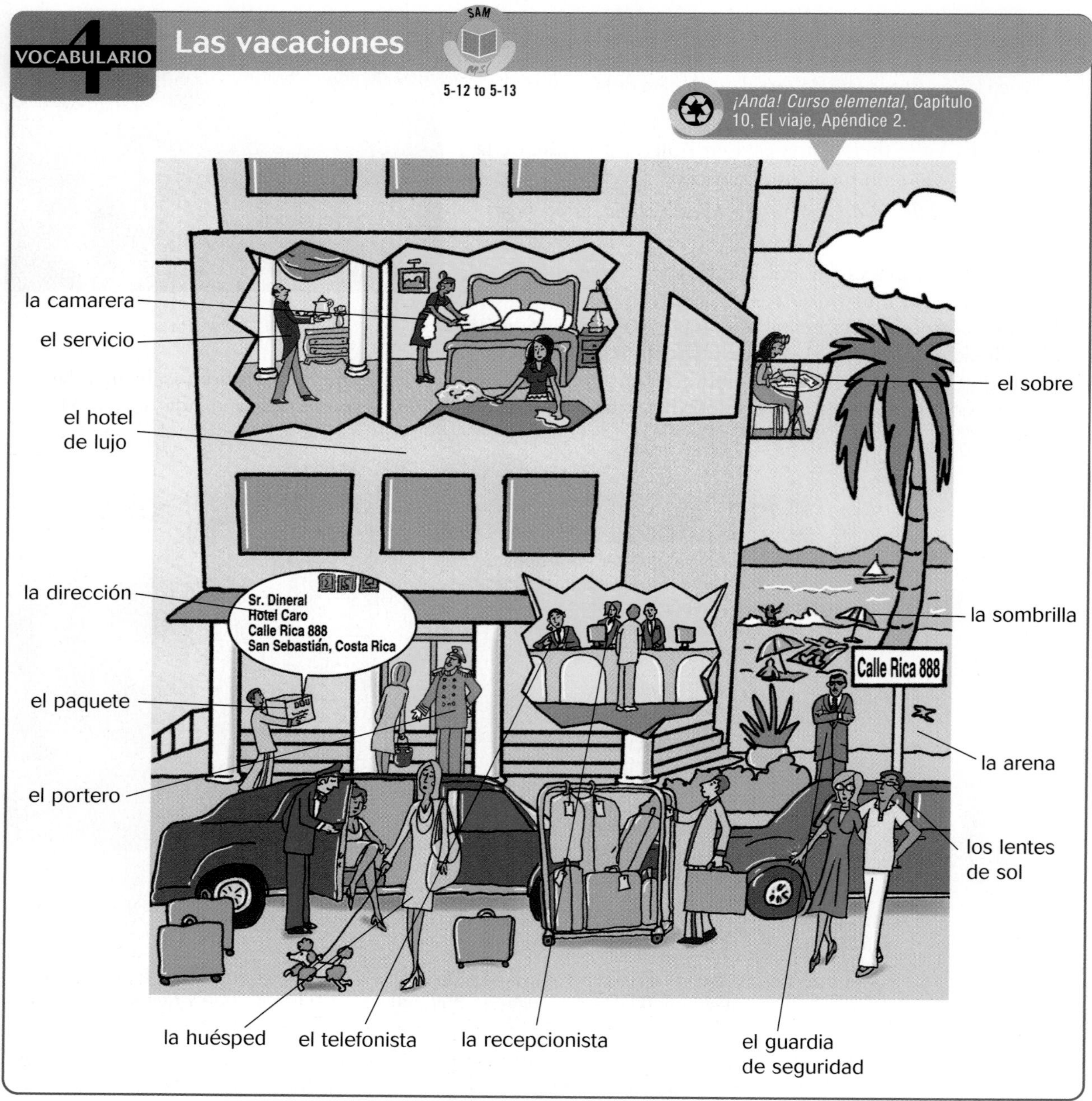

5-14 Concurso

En grupos de tres o cuatro, traten de incluir todas las palabras del vocabulario de **Las vacaciones** en **dos** o **tres** oraciones largas pero lógicas. El grupo con la oración más larga y lógica gana.

5-14 to 5-15

Notas culturales

El fin del mundo y los glaciares en cinco días:

Para los viajeros que quieren algo diferente en sus vacaciones

Día 1: *Punta Arenas:* Llegada entre las 09:00 y las 16:00 horas al puerto en el crucero "Sueño". Cóctel de bienvenida con el Capitán, quien encabeza el crucero.

Día 2: *Isla Magdalena y los pingüinos:* Visita la Isla Magdalena y los pingüinos magallánicos. Excursión al Parque Nacional Cabo de Hornos. Noche a bordo.

Día 3: *Ushuaia:* Navegación y llegada a Ushuaia, Tierra del Fuego, la ciudad más austral del mundo. Gira de la ciudad. Noche en hotel de 4 estrellas.

Día 4: *El Calafate y el Perito Moreno:* Traslado° al aeropuerto; vuelo a Calafate. Exploración de los glaciares masivos de El Calafate, Patagonia. Noche en hotel de 4 estrellas.

Día 5: *El Calafate – Punta Arenas:* Desayuno. Traslado en autobús al aeropuerto. Vuelo a Punta Arenas.

transfer

Fíjate

Perito Moreno is one of the few glaciers that is growing and expanding instead of receding.

Preguntas

1. ¿Qué lugares incluye el recorrido de este viaje? ¿Qué van a ver los pasajeros? ¿Con quién tienen el cóctel de bienvenida?
2. ¿Qué medios de transporte se mencionan? ¿Adónde van por cada uno de los medios?
3. ¿Cuáles son los medios de transporte más comunes para las vacaciones en tu cultura?

5-15 Entrevista

Circula por la sala de clase haciendo y contestando las siguientes preguntas. Debes hablar con por lo menos **cinco** personas diferentes. Después, tu profesor/a va a pedirles la información para averiguar qué tienen en común.

1. Cuando viajas, ¿normalmente te quedas en hoteles de lujo o en hoteles más económicos? ¿Por qué?
2. Típicamente, ¿en qué son diferentes los hoteles de lujo y los hoteles más económicos?
3. ¿Te gusta tomar el sol o prefieres quedarte bajo una sombrilla cuando estás en la playa? ¿Por qué?
4. ¿Siempre llevas lentes de sol? ¿Qué marca (*brand*) prefieres? ¿Cuánto te costaron? ¿Dónde los compraste? ¿Por qué te gustan?
5. ¿Coleccionas sellos o tarjetas postales? ¿Conoces a alguien que los coleccione? ¿De dónde has recibido tarjetas postales?

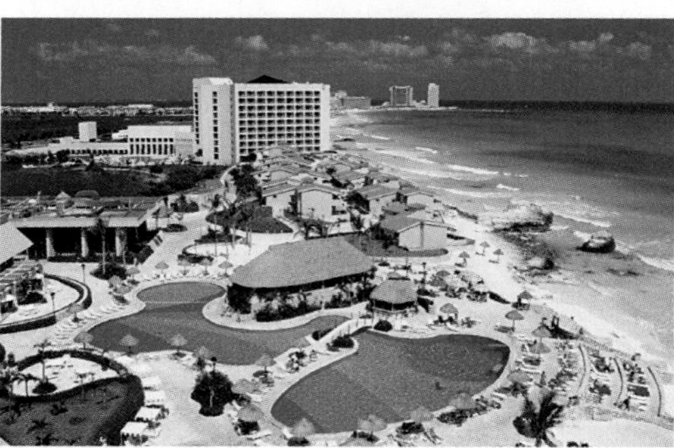
Un hotel de lujo en Cancún, México

Estrategia

Answer in complete sentences when working with your classmates. Even though it may seem mechanical at times, using complete sentences leads to increased comfort with speaking Spanish.

¡Anda! Curso elemental, Capítulo 9, Un resumen de los pronombres de complemento directo, indirecto y reflexivos, Apéndice 3.

5-16 Tus vacaciones ideales

¡Qué suerte! Ganaste $100.000 dólares en un concurso para realizar el viaje de tus sueños. Después de regresar del viaje, te entrevistó un periodista de la revista *Viajes*. Un/a estudiante hace el papel del periodista y el/la otro/a el papel del ganador. Túrnense. Formen y contesten las preguntas usando **el pretérito** y **el imperfecto.**

1. ¿Adónde / decidir / ir? ¿Por qué?
2. ¿En qué hotel / quedarse?
3. ¿Qué servicios / ofrecer / en el hotel?
4. Cuando /estar / en el hotel ¿cómo / pasar / el tiempo (día y noche)?
5. ¿Viajar / por la región? ¿Qué excursiones / hacer?
6. ¿Perderse / en algún momento? Da algún ejemplo.
7. ¿Sacar / muchas fotos?
8. ¿Cómo /viajar?—¿Alquilar / un carro / o / ir / en taxi y autobús / o / caminar?

Estrategia

Both you and your partner should answer the questions individually, according to your dream vacation.

ESCUCHA

5-16 to 5-18

ESTRATEGIA **Listening for specific information**

When listening for specific information, it is usually necessary for you to know the topic or context of what you will hear in advance. Then you need to anticipate what you will want and/or need to know. When listening for specific information, you may wish to write or make a brief mental list of specific questions or topics upon which you will focus your listening. When performing this strategy in real life in an interpersonal setting, you would want to follow up with clarifying questions if you did not glean all the details.

5•17 Antes de escuchar

Vas a escuchar un anuncio de la radio para la agencia de viajes *Zona del viaje*. Si estás pensando en tomar un viaje y oyes este anuncio, ¿qué información esperas sacar? Escribe **tres** cosas que crees que vas a escuchar en el anuncio.

1. ______________________
2. ______________________
3. ______________________

5•18 A escuchar

CD 2
Track 26

Completa los siguientes pasos.

Paso 1 Aquí tienes una lista de información que puede ser importante para este tipo de promoción.

1. El tipo de viaje.	
2. Las ofertas (*special offers*)	
3. El precio	
4. Lo que está incluido en ese precio	
5. Cómo comprar el viaje	

Paso 2 Ahora escucha el anuncio y escribe una lista con los detalles que escuchas.

5•19 Después de escuchar

Llena el cuadro de la actividad **5-18** con la información que escuchaste y compáralo con el de un/a compañero/a. Después, decidan si el viaje es una buena oferta y si a ustedes les gustaría hacerlo.

¿Cómo andas?

Having completed the first **Comunicación,** I now can...

	Feel Confident	Need to Review
• express my thoughts about vacations and travel. (pp. 180, 185, 190)	❑	❑
• use **por** and **para** to express time, location, purpose, destination, and direction. (p. 181)	❑	❑
• use **que** and **quien** to link sentences and clauses. (p. 187)	❑	❑
• share information about interesting vacations. (p. 191)	❑	❑
• listen for and identify specific information in a message. (p. 193)	❑	❑

Comunicación

- Sharing about technology joys and woes
- Expressing ideas about someone or something that may not exist

VOCABULARIO 5 La tecnología y la informática

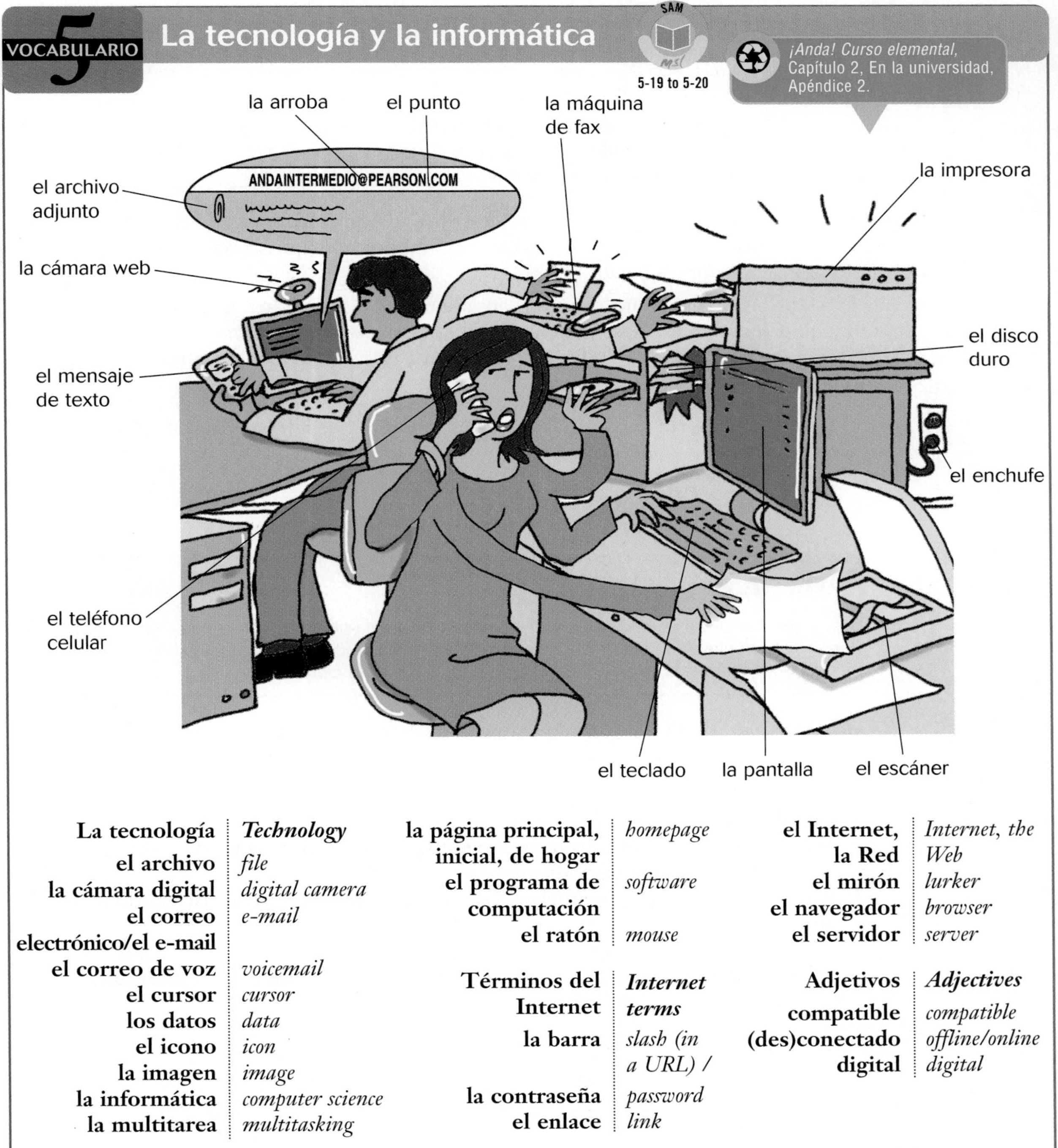

La tecnología	***Technology***
el archivo	*file*
la cámara digital	*digital camera*
el correo electrónico/el e-mail	*e-mail*
el correo de voz	*voicemail*
el cursor	*cursor*
los datos	*data*
el icono	*icon*
la imagen	*image*
la informática	*computer science*
la multitarea	*multitasking*
la página principal, inicial, de hogar	*homepage*
el programa de computación	*software*
el ratón	*mouse*

Términos del Internet	***Internet terms***
la barra	*slash (in a URL) /*
la contraseña	*password*
el enlace	*link*
el Internet, la Red	*Internet, the Web*
el mirón	*lurker*
el navegador	*browser*
el servidor	*server*

Adjetivos	***Adjectives***
compatible	*compatible*
(des)conectado	*offline/online*
digital	*digital*

El parloteo de Cisco

Anteayer mi reproductor de CD/DVD no funcionaba. Ayer cuando trabajaba en la computadora ésta hizo un ruido y de repente dejó de funcionar. ¡La tecnología no me quiere!

Deja un comentario para Cisco:

5-21 to 5-22

35, 36, 41

REPASO

El pretérito y el imperfecto (continuación)

Notice in Cisco's blog the verbs **funcionaba, trabajaba, hizo,** and **dejó.** We reviewed the uses of the preterit and imperfect in **Capítulo 4.** Now let's focus on one aspect of the review: **preterit and the imperfect in simultaneous and recurrent actions.**

- When recurrent actions or conditions are described, the **preterit** indicates that the actions or conditions are viewed as *completed;* the **imperfect** emphasizes *habitual or repeated* past actions or *conditions.*
- When two or more past events or conditions are mentioned together, it is common to use the **imperfect** in one clause to describe the *setting, conditions,* or *actions in progress* while using the **preterit** in the other to relate *what happened,* moving the narrative along to its conclusion.

For examples on these uses of the preterit and the imperfect, please refer to **Capítulo 9** of ***¡Anda! Curso elemental*** in Appendix 3.

5-20 ¿Cierto o falso?

Es el año 2050. Un abuelo habla con su nieta, y bromea (*jokes around*) con ella sobre cómo era la tecnología en el año 2000. La nieta decide si las oraciones del abuelo son ciertas o falsas. Si son falsas, corríjanlas (*correct them*) para hacerlas ciertas. Túrnense.

MODELO E1 (ABUELO): Cuando usaba el Internet necesitaba tener un mirón.
E2 (NIETA): *No, abuelo. Cuando usted usaba el Internet necesitaba tener un navegador.*

1. Guardaba mis documentos en el mirón.
2. Mandaba mensajes, revisaba el presupuesto personal y escribía un reporte—todo a la vez—la multitarea era parte de mi vida.
3. Para comprar algo por Internet necesitaba usar la impresora y el disco duro, pero una vez no los usé.
4. Podía leer mi correo electrónico sin la pantalla.
5. El cursor y el teclado eran necesarios para poder escribir los correos electrónicos en la computadora.

Fíjate

Most Spanish-speaking countries use either *computador* or *computadora* for *computer.* In Spain, *ordenador* is used.

¡Anda! Curso elemental, Capítulo 5, Los pronombres de complemento directo; Capítulo 8, Los pronombres de complemento indirecto, Apéndice 3.

5-21 Busco un cibercafé que...

Ustedes son unos ejecutivos importantes de una compañía multinacional y están en Arequipa, Perú, para una conferencia. Necesitan acceso a la tecnología porque la maleta en que tenían todos los materiales para la presentación se perdió. Encuentras este anuncio sobre el Cibercafé Dos Mundos. Hablen de lo que pueden hacer (y de lo que no pueden hacer) allí para preparar de nuevo la presentación. ¡Sean creativos!

MODELO *Es bueno que el Cibercafé Dos Mundos tenga un fax. Entonces podemos decirle a la secretaria que nos mande los documentos que están en la maleta perdida.*

CIBERCAFÉ
DOS MUNDOS
Plaza Bolívar
Arequipa, Perú
tel. (54)-42-3082
www.cibercafedm.pe
PUEDES CONECTAR
TU EQUIPO

¡Anda! Curso elemental, Capítulo 5, Los pronombres de complemento directo; Capítulo 8, Los pronombres de complemento indirecto; Capítulo 9, Expresiones con *hacer*, Apéndice 3.

5-22 La tecnología en mi vida

Llena el cuadro con información sobre el uso que tú haces de la tecnología. Después, pídele a un/a compañero/a su información. **Usa los pronombres de complemento directo e indirecto** para evitar la repetición. Finalmente, compartan sus datos con los otros/as compañeros/as para averiguar qué tienen ustedes en común.

Estrategia

Notice the options for answering the questions in actividad **5-22.** As you work with your partner, always push yourself to be as creative as possible. By varying your answers, you practice and review more of the structures, which in turn helps you become a strong speaker of Spanish.

MODELO teléfono celular

E1: *¿Tienes un teléfono celular?*

E2: *Sí, y es un teléfono nuevo de Motorola.*

E1: *¿Cuándo lo compraste?*

E2: *Lo compré hace cinco meses.*

E1: *¿Cuántas veces al día lo usas?*

E2: *Lo uso por lo menos veinte veces al día.*

E1: *¿Para qué lo usas?*

E2: *Lo uso para llamar a mis amigos, para mandar mensajes de texto y para leer mi e-mail.*

APARATO	MARCA (*BRAND*)	CUANDO LO/LA COMPRÉ	CON QUÉ FRECUENCIA LO/LA USO	PARA QUÉ LO/LA USO
teléfono celular				
calculadora				
cámara digital				
cámara video digital				
fax				
reproductor de MP3				
televisor HD o 1080p				

5-23 ¿Qué puede ser?

Van a describir aparatos electrónicos usando cuatro pistas (*clues*).

Paso 1 En grupos de tres o cuatro, escogan un aparato y escriban las cuatro pistas. La primera pista debe ser la más general y la cuarta la más específica.

MODELO (escáner)

Es tan útil como una computadora.

Se comunica con una computadora.

Copia y transmite información.

Con esta máquina, puedo mandarle por computadora una página de un libro a mi amiga.

Paso 2 Túrnense para adivinar.

Paso 3 Escojan dos aparatos para presentar a los otros grupos.

5-24 Un invento muy importante

En grupos de tres o cuatro, inventen un aparato que mejore la calidad (*quality*) de nuestras vidas. Necesitan describir el aparato con un dibujo y con palabras, explicar sus usos y decir a quién(es) le(s) ayudaría *(would help)*.

El subjuntivo con antecedentes indefinidos o que no existen

5-23 to 5-24

46, 51

Pero Gerardo, yo necesito una computadora en la que realmente pueda hacer mi trabajo ¡no un juguete!

So far you have used the subjunctive to indicate **wishes, recommendations, suggestions,** and **commands.** You have also used it to express **doubt, uncertainty, disbelief,** and **denial** as well as **emotions** and **opinions.**

The subjunctive is also used to express the possibility that something is **uncertain** or **nonexistent.** Note the sentences below.

Quiero comprar **una** computadora que **sea** compatible con el sistema que tengo. — *I want to buy **a** computer that is compatible with the system I have.* (may not exist)

Quiero comprar **la** computadora que **es** compatible con el sistema que tengo. — *I want to buy **the** computer that is compatible with the system I have.* (the computer exists)

Necesitamos **un** servidor que **sea** lo suficientemente grande para satisfacer todas nuestras necesidades. — *We need **a** server that is large enough to accommodate all our needs.* (does not yet exist for the speaker)

Necesitamos **el** servidor que **es** lo suficientemente grande para satisfacer todas nuestras necesidades. — *We need **the** server that is large enough to accommodate all our needs.* (the server exists)

No conocemos a nadie que **sepa** cifrar los documentos. — *We don't know anyone who knows how to encrypt the documents.* (speakers do not know anyone)

Conocemos a alguien que **sabe** cifrar los documentos. — *We know someone who can encrypt the documents.* (speakers do know someone)

Estrategia

To determine whether you should use the subjunctive or the indicative, ask the question: *Does the person, place, or thing exist at that moment for the speaker? If it does, then use the indicative; if not, the subjunctive is needed.*

5·25 A repasar

Han hablado de los aparatos tecnológicos que tienen, e incluso han inventado un aparato nuevo. Ahora vamos a repasar un poco. Terminen las siguientes oraciones de manera lógica.

MODELO Quiero un teléfono celular que (no existe todavía)...

Quiero un teléfono celular que no sea tan caro.

Quiero el teléfono celular que (ya existe)...

Quiero el teléfono celular que cuesta veinte dólares, como el que tiene Pati.

1. Mis padres quieren una computadora que...
2. Mis padres quieren la computadora que...
3. Necesito un teléfono celular que...
4. Necesito el teléfono celular que...
5. Busco una cámara digital que...
6. Compré la cámara digital que...

5·26 El mío es mejor

Tu amigo/a siempre tiene lo mejor de todo y siempre exagera. Túrnense para responder tal como respondería él/ella (*as he/she would respond*) a las siguientes oraciones.

MODELO Busco una computadora que ________ (reconocer) mi voz.

E1: *Busco una computadora que reconozca mi voz.*

E2 (AMIGO): *Yo tengo una computadora que reconoce mi voz y me llama por teléfono cuando tengo un correo electrónico importante.*

1. Necesito una pantalla para mi computadora que _______ (ser) tan grande como la pantalla de mi televisor.
2. Quiero encontrar una impresora que ___________ (poder) imprimir, copiar y escanear.
3. ¿Hay una computadora que ________ (escribir) lo que dice una persona?
4. ¿Tienes un teléfono que ________ (poder) mostrar películas?
5. No existe un carro que _______ (ser) realmente económico.
6. Busco un televisor que _________ (tener) todas las características que _________ (tener) mi computadora.

5·27 El teléfono ideal

Hoy en día un teléfono celular es mucho más que un teléfono —es útil pero también puede ser casi como un juguete (*toy*). ¿Cuáles son las características y usos más importantes para ti? Haz una descripción de **tres** o **cuatro** oraciones sobre el teléfono perfecto para ti, usando **el subjuntivo con antecedentes indefinidos o que no existen.** Después, comparte la descripción con un/a compañero/a.

MODELO *Quiero un teléfono que sea pequeño y que...*

Las acciones relacionadas con la tecnología

5-25 to 5-26

Verbos	*Verbs*
actualizar	*to update*
arrancar	*to boot up; to start up*
borrar	*to delete; to erase*
cifrar	*to encrypt*
conectar	*to connect*
congelar	*to freeze; to crash*
cortar	*to cut*
deshacer	*to undo*
descargar	*to download*
digitalizar	*to digitalize*
enchufar	*to plug in*
escanear	*to scan*
guardar	*to save; to file*
hacer la conexión	*to log on*
hacer clic	*to click*
imprimir	*to print*
navegar	*to navigate; to surf*
pegar	*to paste*
prender	*to start*
pulsar el botón derecho	*to right-click*
reiniciar	*to reboot*
sabotear	*to hack*

Estrategia

Another way to study new vocabulary is to create flash cards. It is best to study the vocabulary by looking at the English word and saying or writing the Spanish word.

Fíjate

You may have noticed that many technology words are cognates in English, e.g., *fax, escanear.* Because much of the technology originated in the United States with English words, much of the terminology has entered the Spanish language as cognates. This is a common way that languages evolve. What are some words that fall into this category?

5-28 Poner todo en orden

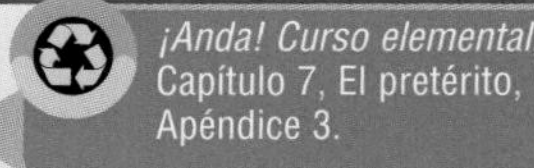

¡Anda! Curso elemental, Capítulo 7, El pretérito, Apéndice 3.

Juntos pongan las siguientes oraciones en el orden correcto para explicar lo que hizo José Luis con su computadora.

_____ Después de que se abrió mi página principal, fui a leer mi correo electrónico.
_____ Hice la conexión con mi contraseña.
_____ Después de borrar el *spam*, abrí un mensaje de mi sobrino que tenía un archivo adjunto.
_____ No sé cómo, pero alguien la había desenchufado. Entonces, la enchufé.
_____ Navegué por el Internet un poco y por fin apagué la computadora.
_____ Mi página principal se abrió.
_____ Borré unos treinta mensajes de *spam*.
_____ Imprimí el archivo que era una foto de él detrás del volante de su coche nuevo.
_____ Traté de encender la computadora, pero no prendió.
_____ Luego la prendí.

5-29 Ayer en el cibercafé

Ayer fue un día de mucho trabajo en el cibercafé. Describan el dibujo, incluyendo en la descripción por lo menos **una oración** sobre cada persona.

5-30 ¡Tengo la pantalla negra!

Hace cinco días que pediste ropa nueva por Internet. Estabas tratando de controlar el estado de tu pedido (*order*) cuando de repente ¡tu computadora se congeló! Llama para pedir asistencia informática y describe lo que hiciste en **ocho** pasos. Incluye por lo menos **cinco** de los siguientes verbos. Túrnense.

apagar	borrar	descargar	funcionar	grabar
guardar	imprimir	navegar	prender	quemar

5-31 ¿Qué debo hacer?

Túrnense para darle consejos a su amigo Federico.

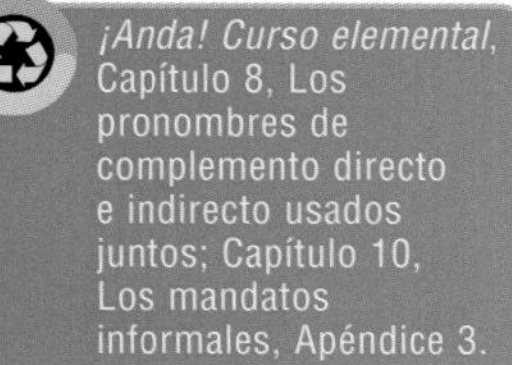

¡Anda! Curso elemental, Capítulo 8, Los pronombres de complemento directo e indirecto usados juntos; Capítulo 10, Los mandatos informales, Apéndice 3.

Fíjate

Text messaging is very popular in the Spanish-speaking world. What follows are some common abbreviations.

100pre (*siempre*)
a2 (*adiós*)
asias (*gracias*)
ac (*hace*)
bb (*bebé*)

MODELO E1 (FEDERICO): Quiero mostrarles las fotos de mis vacaciones en Perú.
E2 (USTEDES): *Descarga las fotos y muéstranoslas.*

1. Mi computadora funciona mal y tarda mucho en abrir las ventanas nuevas.
2. Este programa de computación no hace lo que necesito.
3. Mi iPhone se congeló.
4. No me gusta leer los documentos que me mandan en la pantalla.
5. Necesito información sobre los cibercafés de Barcelona.
6. Tengo demasiados mensajes en mi correo electrónico.

5-32 El uso de la computadora

¿Cómo usas tu computadora? ¿Cuánto tiempo pasas delante de tu computadora?

Paso 1 Completa el cuadro con tu información personal.

	PROGRAMA DE COMPUTACIÓN O PÁGINA WEB	ACCIÓN(ES)	DÍAS	HORAS	MINUTOS
YO					
E1					
E2					
E3					

Paso 2 Entrevista a por lo menos **tres** personas para averiguar cómo ellos usan la computadora.

MODELO E1: *¿Qué programas de computadora usas más?*
E2: *Uso Word y PowerPoint más.*
E1: *¿Cuáles son tus páginas web favoritas?*
E2: *Escribo mucho en Facebook y…*

Paso 3 Comparen cómo todos los estudiantes de la clase usan la computadora. ¿En qué aspectos son similares? ¿En qué aspectos son diferentes?

MODELO E1: *Paso una hora al día de lunes a viernes escribiendo documentos en Word. ¿Y ustedes?*
E2: *Yo paso menos tiempo en Word; generalmente media hora durante la semana. Trabajo más con Excel por mi trabajo.*
E3: *Escribo en Word una hora, pero paso tres horas en Facebook…*

SAM 5-27 to 5-28

PERFILES

Viajando hacia el futuro

La tecnología puede ser muy útil: nos ayuda a comunicar, trabajar y viajar. Las siguientes personas tienen algo que ver con la tecnología, los viajes o las dos cosas a la vez.

¿Conoces a alguien que sea astronauta? **Franklin Díaz-Chang** (n. 1950), de San José, Costa Rica, comenzó a trabajar para la NASA como astronauta en el año 1981 y ha participado en siete vuelos al espacio exterior. Tiene un doctorado en física aplicada del Instituto Tecnológico de Massachusetts.

Fíjate

Franklin Díaz-Chang's father is a Costa Rican of Chinese descent.

Augusto Ulderico Cicaré (n. 1937 en Polvaredas, Argentina). A los doce años abandonó sus estudios formales y se dedicó a los inventos tecnológicos. Se enamoró del vuelo, y por fin elaboró la máquina de su pasión: el helicóptero. Hoy en día sigue inventando y es el jefe de la compañía de helicópteros Cicaré, famosos en todo el mundo.

¿Hay muchas personas a quienes no les guste viajar? **María Esquisábel Crespo** (n. 1976 en Alsasua, España) es la presentadora del programa *Muchoviaje* de La2 de TVE en España, un programa de viajes cuyo propósito es llevarnos a conocer diferentes lugares dentro de España y del extranjero. También ha trabajado como reportera en la televisión.

Preguntas

1. ¿Cómo usan estas personas la tecnología?
2. Estas personas utilizan la tecnología en sus profesiones. ¿Cómo piensas usar la tecnología en tu futuro?
3. ¿Que carreras utilizan la tecnología con más frecuencia?

5.33 Entrevista

Circula por la clase haciendo y contestando las siguientes preguntas.

1. ¿Cuántos cibercafés hay cerca de la casa de tus padres?, y ¿cerca de la universidad? ¿Por qué crees que hay tantos (o tan pocos)? ¿Qué hacen las personas en los cibercafés?
2. ¿Cuál es más inteligente: la computadora o el ser humano (*human being*)? Explica.
3. ¿Cuáles son algunas cosas que la computadora puede hacer que una persona no puede hacer? ¿Cuáles son algunas cosas que una computadora no puede hacer que una persona sí puede?
4. ¿Tienes la televisión por cable o satélite? ¿Cuántos canales recibes? ¿Cuántos canales recibes que son en español?
5. ¿Cómo te comunicas con tus compañeros/as? ¿y con amigos que viven lejos de ti?
6. ¿Cómo te comunicas con tus padres y otros familiares?
7. ¿Cuál es el aparato que no tienes, pero que más necesitas? ¿Por qué lo necesitas? ¿Qué marca prefieres? ¿Cuánto cuesta?
8. ¿Es la tecnología siempre aplicable, necesaria y/o deseada?

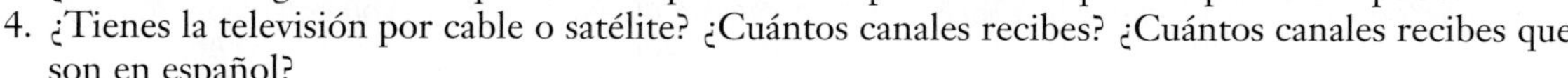

¡Anda! Curso elemental, Capítulo 10, Los mandatos informales; Los mandatos formales, Apéndice 3.

5.34 Un anuncio comercial

Han creado un nuevo modelo de computadora a la moda, y para promocionarla tienen que crear un anuncio comercial de **quince segundos.** Deben hablar de las características generales y enfocarse en lo que es realmente nuevo (e increíble) de su producto. Pueden empezar con unas cuantas preguntas retóricas, usando el **subjuntivo con antecedentes indefinidos o que no existan.**

MODELO *¿Quiere comprar una computadora que haga todo su trabajo y más en un instante? ¿Existe una computadora que no necesite un teclado tradicional? Fíjense en el nuevo modelo RELÁMPAGO…*

¡Conversemos!

5-29 to 5-30

ESTRATEGIAS COMUNICATIVAS Asking for input and expressing emotions

Many aspects of our lives (including travel and using technology) have us asking for opinions and suggestions as well as expressing emotions. What follows is a variety of ways to ask for input and to respond to situations both positively and negatively.

Para obtener información	*Asking for input*
¿Qué le/te parece?	*What do you think (about the idea)?*
¿Le/Te parece bien?	*Do you like the suggestion?*
¿Qué opina/s?	*What do you think?*
¿Qué dice/s?	*What do you say?*
¿Le/Te importa?	*Do you mind?*
¿Le/Te importa si...?	*Do you mind if...?*

Para expresar emoción	*Expressing emotions*
¡Qué bueno!	*Good!*
¡Fenomenal!	*Phenomenal!*
¡Formidable!	*Super!*
¡Qué emoción!	*How exciting!, How cool!*
¡No me digas!	*You don't say!, No way!*
¡No puede ser!	*This/It can't be!*
¡Ya no lo aguanto!	*I can't take it anymore!*
¡Qué barbaridad!	*How awful!*
¡Qué pena!	*What a pity/shame!*

CD 2
Track 27

5•35 Diálogo

Adriana quiere que ella y su esposo David planeen unas vacaciones para celebrar su aniversario de boda. Ella busca una gira que tenga un poco de todo. Escucha el diálogo para descubrir los detalles.

Preguntas

1. ¿Qué sugiere Adriana?
2. ¿Qué recomienda David?
3. ¿Qué pasa al final y cómo se expresan?

5•36 ¿Quién me puede ayudar?

Haz una llamada para buscar a alguien que te pueda ayudar con un aparato tecnológico que no está funcionando. Túrnense, usando el vocabulario de este capítulo y las expresiones nuevas.

MODELO E1: ¿Aló?
E2: *(Quieres hablar con alguien que sepa algo de tu aparato.)*
E1: ¿En qué le puedo ayudar?
E2: *(Dile que tu aparato no funciona y quieres saber su opinión de la situación.)*
E1: ¿Qué opina usted?
E2: *(Expresa tu frustración con la situación.)*

5·37 ¿Qué opinas?

¡Están en un atasco y van a llegar tarde al aeropuerto para dónde van a iniciar el viaje de sus sueños! Creen un diálogo de por lo menos **ocho** interacciones, expresando su frustración y pidiendo sugerencias.

MODELO E1: *¡Qué barbaridad! ¡Qué atasco!*
E2: *¿Qué te parece si tomamos la autopista?...*

¡Anda! Curso intermedio, Capítulo 4, El presente perfecto del subjuntivo, pág. 161.

5·38 ¿Conoces a alguien que...?

Conocemos a muchas personas que han tenido una gran variedad de experiencias en sus vidas.

Paso 1 Pregúntales a tus compañeros para ver si conocen a alguien a quien le hayan pasado las siguientes cosas.

¿CONOCES A ALGUIEN QUE...?		
haber ido en una limosina ________	tener un iMac rosa ________	haber hecho un crucero ________
haber borrado archivos importantes sin querer ________	navegar diariamente en la computadora ________	haber creado una página personal en el Internet ________
haber tenido un accidente porque los frenos no funcionar ________	no tener teléfono celular ________	usar demasiado la bocina ________

Paso 2 Cuando tu compañero/a contesta, pídele una opinión o expresa una emoción apropiada.

MODELO E1: *¿Conoces a alguien que haya ido en una limosina?*
E2: *No, no conozco a nadie que haya ido en una limosina.*
E1: *¿Qué opinas de las limosinas?...*
o
E2: *Sí. Yo he ido en una limosina.*
E1: *¡Qué emoción! ¿Te gustó?...*

¡Anda! Curso intermedio, Capítulo 4, Las celebraciones y los eventos de la vida, pág. 142; La comida y la cocina, pág. 152.

5·39 ¿Qué te parece?

Tu compañero/a de clase y tú acaban de obtener un trabajo ideal como planeadores de fiestas exóticas. ¡Su cliente quiere que planeen una fiesta extraordinaria para cien personas fuera de los EE.UU., y su cliente es Donald Trump! Creen un diálogo de por lo menos **veinte** oraciones que incluya la siguiente información:

1. El destino y cómo llegar
2. Los invitados (*guests*) y la comida
3. Sus dudas acerca de la existencia de ciertas cosas (*certain things*)
4. Pregúntense sus opiniones y expresen sus emociones

MODELO E1: *¡No puede ser! Donald Trump nos llamó y quiere que planeemos una fiesta para él.*
E2: *¡No me digas! ¿Qué te parece...?*

ESCRIBE

Estrategia

Peer editing gives you the opportunity to read a classmate's work carefully. This will, in turn, help you edit and polish your own writing.

ESTRATEGIA Peer editing

Before you begin to edit a peer's writing sample, it is helpful to know upon what to focus your attention. Two important categories are *clarity* and *accuracy*. *Clarity* refers to how well you, the reader, understand the message of the writing. *Accuracy* pertains to how correctly the writer has used the target language. For example, are the grammar and punctuation correct? The peer editor helps the original writer improve upon the sample with suggestions and corrections.

5•40 Antes de revisar

Estudia la siguiente guía de revisión. Luego cambia papeles con tu compañero/a y lee su composición.

LA GUÍA DE REVISIÓN

I. Clarity of expression

1. What is the main idea of the narration? State it in your own words; then verify with the author. ______________________________
2. My favorite part is: ______________________________
3. Something I do not understand: ______________________________

II. Accuracy of Grammar and Punctuation

The peer editor should check for the following:

1. Agreement/(*Concordancia*)
   _____ subject/verb agreement (e.g., *Mi hermana y yo fuimos.*)
   _____ noun/adjective agreement (e.g., *Llegamos a una playa bonita.*)
2. _____ Usage of the preterit and the imperfect (e.g., *Cuando yo era niña fui a...*)
3. _____ Usage of subjunctive, where appropriate
4. _____ Spelling and accent marks

5•41 A revisar

Ahora, usa la guía para revisar la narración.

1. Lee el párrafo por primera vez y concéntrate en la claridad de expresión. Si no entiendes algo, debes indicarlo. Si tienes algunas ideas para mejorar o aclarar el párrafo, escríbelas.
2. Ahora, lee el párrafo otra vez para ver si la gramática es correcta. Si encuentras un error, escribe las correcciones.
3. Haz comentarios beneficiosos para tu compañero/a y también señala (*point out*) las partes que consideras bien hechas.

5•42 Después de revisar

Completen los siguientes pasos.

1. Comparte tus comentarios con el autor del párrafo.
2. Después, lee los comentarios de tu compañero/a sobre tu párrafo y pide clarificación si es necesario.
3. Finalmente, revisa tu párrafo con la información de la revisión de tu compañero/a.

¿Cómo andas?

Having completed the second **Comunicación,** I now can...

	Feel Confident	Need to Review
• discuss technology. (pp. 195, 201)	❑	❑
• share information about events in the past. (p. 196)	❑	❑
• describe something that is uncertain or unknown. (p. 199)	❑	❑
• identify some people who use technology and travel in their work. (p. 204)	❑	❑
• employ appropriate expressions to request input and express emotions. (p. 206)	❑	❑
• use *peer editing* to improve writing. (p. 208)	❑	❑

Vistazo cultural

SAM
5-32 to 5-33

DVD/VHS
Vistas culturales

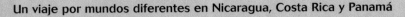

Un viaje por mundos diferentes en Nicaragua, Costa Rica y Panamá

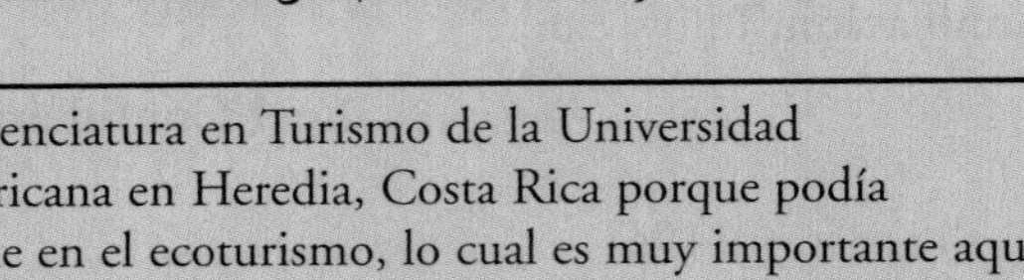

Obtuve la licenciatura en Turismo de la Universidad Hispanoamericana en Heredia, Costa Rica porque podía especializarme en el ecoturismo, lo cual es muy importante aquí en mi país. No hay agencia de viajes de primera categoría que no busque empleados con esta formación; así que fue muy fácil conseguir un buen trabajo que me gusta.

Lic. Néstor González Barranza, Turismo

Unos autobuses decorados en América Central

Estos autobuses pintados son un método popular de transporte público en muchas ciudades latinas, y en la Ciudad de Panamá se llaman *los diablos rojos*. Tienen diseños artísticos y/o folclóricos, y los chóferes tienen mucho orgullo (*pride*) de su artesanía creativa. Muchos clientes esperan en la parada hasta llegar su autobús favorito.

La construcción del canal de Panamá: 1534–1914

La construcción del canal fue terminada en el año 1914 a un costo a eso de $375.000.000. Hoy en día, la tecnología y la ingeniería aún siguen impresionantes. La primera investigación de la posibilidad del canal fue en el año 1534, después de la exploración de la región por Vasco Núñez de Balboa, explorador español.

Las islas de Maíz

Un lugar muy tranquilo para las vacaciones caribeñas son las islas de Maíz, que quedan a unas cincuenta millas de la costa de Nicaragua. La arena es blanca, el clima agradable, hay buenos lugares para bucear y hacer snorkeling, y los costos son bajos. Estas islas son un paraíso tropical.

La isla Ometepe con los volcanes Concepción y Maderas

El lago Nicaragua, también conocido como el lago Cocibolca, es el lago más grande de América Central. Contiene un archipiélago de más de 350 isletas y una isla grande, Ometepe, formada de dos volcanes: Concepción y Maderas. Es el único lago del mundo que tiene tiburones de agua dulce (*freshwater*).

La tecnología "verde"

En Costa Rica, la tecnología está convirtiendo los desperdicios (*waste products*) de animales en formas de energía. En un intento de ser más "verde", se cambia el gas metano a combustible para la calefacción y la electricidad. Este ejemplo buenísimo de reciclaje apoya el ecoturismo, de mucha importancia para el país.

El volcán Arenal cerca de La Fortuna, Costa Rica

A muchos turistas les gusta combinar una visita al volcán Arenal y luego una caminata en la selva nubosa (*cloud forest*) de Monteverde. La ruta más corta entre estos dos lugares turísticos es el muy popular viaje de *jeep-boat-jeep*. Cruzando el Lago Arenal recorta el viaje a tres horas. ¡Qué viaje!

El canopy en Costa Rica

¿Buscas una aventura que sea divertida y única? Una gira por el canopy de la selva en líneas de cable puede ser para ti. Es una actividad muy popular para los ecoturistas; se puede apreciar la naturaleza desde un punto muy alto en los árboles de la selva nubosa.

Preguntas

1. ¿Cuáles son los medios de transporte indicados en los tres países?
2. ¿Cómo se usa la tecnología para crear un planeta más "verde"?
3. En los capítulos anteriores, has tenido *un vistazo* de México, España, Honduras, Guatemala y El Salvador. De todos estos lugares incluyendo los tres países de este capítulo, ¿adónde prefieres ir de viaje? ¿Por qué?

Laberinto peligroso

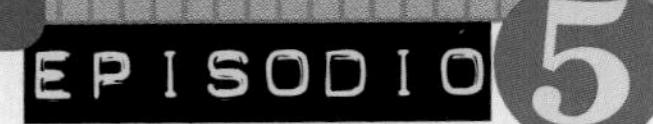

lectura

5-34 to 5-36

ESTRATEGIA **Using a dictionary**

It is important to learn the skillful use of a dictionary. Learning how to use one will help you properly identify parts of speech and word usage. As a second language learner, you will need to pay attention to dictionary abbreviations and conventions. Additionally, cross-checking (looking up Spanish to English and vice versa) will help you pinpoint the best translation for a particular context.

Remember, you do not have to look up every word—just those whose meaning is vital for your comprehension.

5-43 **Antes de leer.** Cuando leemos, muchas veces no entendemos todas las palabras que hay en el texto, y por eso es importante tener un buen diccionario que nos ayude. Antes de empezar a leer, sigue los pasos a continuación.

Paso 1 Las siguientes palabras son términos desconocidos que aparecen en la lectura. Basándote en el contexto de cada oración y la definición de la palabra en un diccionario, escribe una definición para cada palabra.

a. cómplice
Ella era su cómplice en el crimen.
b. crónica
Leímos diferentes crónicas para la clase de historia.
c. ladrón
Los detectives descubrieron quién era el ladrón.
d. bibliotecario
El bibliotecario me ayudó a encontrar el libro.
e. equivocado
Se dio cuenta de que estaba equivocado; su novia no le había mentido.
f. exposición
En el museo hicieron una exposición de las obras de artistas locales.

Paso 2 Basándote en el título del episodio y el significado de cada palabra indicada, crea una hipótesis sobre qué va a pasar durante el episodio.

DÍA 23

Cómplices, crónicas, mapas y ladrones

CD 2
Track 28

Celia llegó tarde porque había estado navegando por el Internet buscando más datos. Cisco la estaba esperando. Después de conversar sobre cosas que no tenían mucha importancia, Celia intentó cambiar el tema de la conversación.

—¿Qué tal vas con tus proyectos?—preguntó.
—Bastante bien; estoy haciendo unas investigaciones interesantes.—respondió Cisco.

—¿Te puedo preguntar qué temas estás investigando?—preguntó Celia, fingiendo° poco interés. *pretending*

—¿Sabes que no hay nadie que sepa nada de lo que estoy investigando?—preguntó Cisco, sonriendo°. *smiling*

—Sí y también te puedo decir que no conozco a ningún periodista que hable de sus investigaciones con otros periodistas, aunque sean amigos. Todos somos tan competitivos.—afirmó Celia, mirándole los ojos.

—Entonces, ¿por qué me preguntas lo que estoy haciendo?—preguntó Cisco, todavía sonriendo.

—Porque busco un colaborador que sea inteligente y que tenga contactos en la ciudad. Creo que es posible que tú seas esa persona. ¿Estoy equivocada?—respondió Celia.

—¡Qué casualidad°! Para uno de mis proyectos yo también necesito un colaborador, uno que tenga experiencia como investigador. Busco a alguien a quien le interese el tema del medio ambiente, más concretamente las selvas tropicales. Pienso que es muy probable que tú seas la persona perfecta.—dijo Cisco. *coincidence*

—Tienes razón. Me interesa mucho el medio ambiente y he estudiado las selvas tropicales.—afirmó Celia, con seguridad°. *confidence*

—¿Recientemente?—En lugar de preguntar, parecía que Cisco pedía una confirmación de algo que ya sabía.

—Sí.—confirmó Celia, sonriendo.

Entonces, empezaron a compartir algunos de los resultados que sus respectivas investigaciones habían producido. Con cada dato que salía, estaban cada vez más fascinados porque descubrían todo lo que tenían en común. Los dos querían aprender más sobre los indígenas que vivían en las selvas tropicales y que dependían de esas selvas para vivir. Celia dijo que tenía muchas ganas de viajar por esos lugares y de perderse por las selvas. Quería conocer a los indígenas, de quienes sabía que podía aprender mucho. Cisco reaccionó con mucha emoción porque él también quería hacer ese viaje. Pero se preguntaba, ¿con quién podía compartir una experiencia tan singular? Celia le respondió que él tenía que buscar a otra compañera de viaje porque ella no iba a hacer ningún viaje con él. Cisco respondió con un comentario parecido, explicándole que no buscaba el sufrimiento que tenía que ser ir al extranjero con una mujer como Celia. Después de ese intercambio° incómodo, volvieron a hablar de las selvas tropicales. Celia propuso un viaje a un lugar más cercano: la biblioteca. *exchange*

Al llegar a la biblioteca, descubrieron que había una gran colección de mapas antiguos de las selvas, y que algunas personas los usaban para identificar los mejores lugares donde encontrar plantas medicinales. Los bibliotecarios, quienes estaban digitalizando toda la colección para facilitar el acceso de los investigadores a los mapas y también para proteger esos documentos tan antiguos y frágiles, los ayudaron a encontrar los mapas de las zonas que más les interesaban y también les enseñaron la exposición en la biblioteca de crónicas de la época colonial, libros históricos muy importantes que tenían datos relevantes a su investigación. Mientras exploraban los testimonios de los cronistas, Celia miró hacia arriba y vio a un hombre a quien creía conocer. No sabía de dónde ni por qué lo conocía.

Unos días más tarde, el periódico los sorprendió con una noticia sobre el robo° de algunos de los mapas que habían consultado. También había desaparecido una de las crónicas de la exposición. ¡Parecía increíble! *robbery*

5-44 **Después de leer.** Contesta las siguientes preguntas.

1. ¿Por qué estaba sorprendido Cisco cuando Celia le preguntó por el tema de su investigación?
2. ¿Por qué le preguntó Celia a Cisco por el tema de su investigación?
3. ¿Por qué quería colaborar Cisco con Celia?
4. ¿A dónde querían viajar Celia y Cisco? ¿Por qué querían viajar allí?
5. ¿Por qué fueron Celia y Cisco a la biblioteca?
6. ¿Qué robaron los ladrones de la biblioteca?

video

5-45 **Antes del video.** En *Cómplices, crónicas, mapas y ladrones* viste cómo cambia la relación entre Cisco y Celia. Antes de ver el episodio en video, contesta las siguientes preguntas.

1. ¿Por qué crees que Celia y Cisco buscaban ayuda con sus investigaciones?
2. ¿Por qué piensas que dijeron que no querían viajar juntos?
3. ¿Quién crees que era el hombre que Celia vio en la biblioteca?
4. ¿Por qué piensas que los ladrones robaron los mapas y la crónica de la biblioteca?

Sé que había un gran atasco en la carretera principal.

Hace unos días también desaparecieron algunos documentos del laboratorio en el que trabajo.

La persona que ha robado estos mapas debía conocer perfectamente el funcionamiento de los diferentes sistemas de seguridad informáticos.

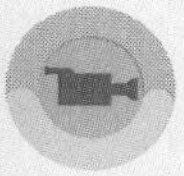

Episodio 5

¿Somos sospechosos?

Relájate y disfruta el video.

5-46 Después del video. Contesta las siguientes preguntas.

1. ¿Por qué tenían que hablar Celia y Cisco con la policía?
2. ¿Qué esperan los policías que Celia y Cisco puedan hacer?
3. ¿Qué recordó Celia del hombre que vio en la biblioteca?
4. ¿Qué dijo el mensaje de correo electrónico que recibieron Celia y Cisco?

Y por fin, ¿cómo andas?

Having completed this chapter, I now can...

	Feel confident	Need to review
Comunicación		
• discuss travel and means of transportation. (pp. 180, 185, 190)	❑	❑
• choose **por** or **para** to aid in communication. (p. 181)	❑	❑
• connect sentences and clarify meaning using **que** or **quien.** (p. 187)	❑	❑
• listen for specific information in a conversation. (p. 193)	❑	❑
• discuss technology. (pp. 195, 201)	❑	❑
• share information about events in the past. (p. 196)	❑	❑
• describe something that is uncertain or unknown. (p. 199)	❑	❑
• employ appropriate expressions to ask for input and express emotions. (p. 206)	❑	❑
• use *peer editing* to improve writing. (p. 208)	❑	❑
Cultura		
• share information about interesting places and ways to travel. (p. 191)	❑	❑
• identify some people for whom travel and technology are important. (p. 204)	❑	❑
• compare and contrast information regarding tourism, technology, and "green" efforts. (p. 210)	❑	❑
Laberinto peligroso		
• use a bilingual dictionary to help understand a reading passage. (p. 212)	❑	❑
• discuss what Celia and Cisco discover about the rainforest, old maps, and a **cronista** journal. (p. 212)	❑	❑
• hypothesize about their threatening e-mails. (p. 214)	❑	❑

VOCABULARIO ACTIVO

CD 2
Tracks 29-37

Los viajes / *Trips*

la aduana	*customs*
la cámara	*camera*
el crucero	*cruise ship, cruise*
el equipaje	*luggage*
el extranjero	*abroad*
la frontera	*border*
el/la guía	*guide*
el itinerario	*itinerary*
la limosina	*limousine*
el mapa	*map*
el monumento nacional	*national monument, monument of national importance*
la oficina de turismo	*tourism office*
el paquete	*package*
el paisaje	*countryside, landscape*
el puerto	*port*
el recuerdo	*souvenir*

Verbos útiles / *Useful verbs*

alquilar un coche	*to rent a car*
firmar (los documentos)	*to sign (documents)*
hacer un crucero	*to go on a cruise*
perderse (e-ie)	*to get lost*
sacar fotos	*to take pictures/photos*

Viajando por coche / *Traveling by car*

el acelerador	*accelerator, gas pedal*
la bocina	*horn*
la camioneta	*van; station wagon; small truck*
la carretera	*highway*
el cinturón de seguridad	*seat belt*
el espejo retrovisor	*rearview mirror*
el este	*east*
el faro	*headlight*
los frenos	*brakes*
el navegador personal	*GPS*
el norte	*north*
el oeste	*west*
el parachoques	*bumper*
el sur	*south*
la transmisión	*transmission*
el vehículo utilitario deportivo	*SUV*

Palabras asociadas con el transporte / *Words associated with transportation*

el atasco	*traffic jam*
el camino	*route; path; dirt road*
el paso de peatones	*crosswalk*
el seguro del coche	*car insurance*
la velocidad	*speed*

Las vacaciones / *Vacations*

la arena	*sand*
el/la camarero/a	*maid*
la dirección	*direction*
el/la guardia de seguridad	*security guard*
el hotel de lujo	*luxury hotel*
el/la huésped	*guest*
los lentes de sol	*sunglasses*
el paquete	*package*
el/la portero/a	*doorman*
el/la recepcionista	*receptionist*
el servicio	*room service*
el sobre	*envelope*
la sombrilla	*umbrella*
el/la telefonista	*telephone operator*

La tecnología *Technology*

el archivo	*file*
la cámara digital	*digital camera*
la cámara web	*web camera*
el correo electrónico; el e-mail	*e-mail*
el correo de voz	*voicemail*
el cursor	*cursor*
el disco duro	*hard drive*
el enchufe	*plug*
el escáner	*scanner*
los datos	*data*
el icono	*icon*
la imagen	*image*
la impresora	*printer*
la informática	*computer science*
la máquina de fax	*fax machine*
el mensaje de texto	*text message*
la multitarea	*multitasking*
la página principal, inicial, de hogar	*homepage*
la pantalla	*screen*
el programa de computación	*software*
el ratón	*mouse*
el teclado	*keyboard*
el teléfono celular	*cell phone*

Términos del Internet *Internet terms*

el archivo adjunto	*attachment*
la arroba	*at (in an e-mail address/message)* @
la barra	*slash (in a URL)* /
la contraseña	*password*
el enlace	*link*
el Internet; la Red	*Internet*
el mirón	*lurker*
el navegador	*browser*
el punto	*dot (in a URL)*
el servidor	*server*

Adjetivos *Adjectives*

compatible	*compatible*
(des)conectado	*offline; online*
digital	*digital*

Verbos *Verbs*

actualizar	*to update*
arrancar	*to boot up, to start up*
borrar	*to delete; to erase*
cifrar	*to encrypt*
conectar	*to connect*
congelar	*to freeze; to crash*
cortar	*to cut*
deshacer	*to undo*
descargar	*to download*
digitalizar	*to digitalize*
enchufar	*to plug in*
escanear	*to scan*
guardar	*to save; to file*
hacer la conexión	*to log on*
hacer clic	*to click*
imprimir	*to print*
navegar	*to navigate; to surf*
pegar	*to paste*
prender	*to start*
pulsar el botón derecho	*to right-click*
reiniciar	*to reboot*
sabotear	*to hack*

6

¡Sí, lo sé!

OBJETIVOS

Comunicación

- To describe yourself and others
- To share ideas about sports and pastimes
- To describe homes in depth
- To relate past celebrations and to plan future ones
- To plan and give details regarding future and past travels
- To express what *has* and *had* happened
- To express wishes, doubts, feelings, and emotions
- To link together simple sentences and clauses
- To refer to people and things that may or may not exist

Cultura

- To synthesize information about families, sports and pastimes, homes and their construction, celebrations, and traveling in the Spanish-speaking world
- To compare and contrast the countries you learned about in *Capítulos 1–5*

This chapter is a recycling chapter, designed for you to see just how much you have progressed in your quest to learn and use Spanish. The *major points* of *Capítulos 1–5* are included in this chapter, providing you with the opportunity to "put it all together." You will be pleased to see how much more you know and are able to do with the Spanish language.

Because this is a recycling chapter, no new vocabulary is presented. The intention is that you review the vocabulary of *Capítulos 1–5* thoroughly, focusing on the words that you personally have difficulty remembering.

All learners are different in terms of what they have mastered and what they still need to practice. Take the time with this chapter to determine what you feel confident with and what concepts you need to review. Then devote your efforts to what you personally need to practice.

Remember, language learning is a process. Like any skill, learning Spanish requires practice, review, and then more practice!

Organizing Your Review

There are processes used by successful language learners for reviewing a language. The following tips, which are backed by research, can help you organize your review. There is no one correct way, but these are some suggestions that will best utilize your time and energy.

1 Reviewing Strategies

1. Make a list of the *major* topics you have studied and need to review, dividing them into three categories: *vocabulary, grammar,* and *culture*. These are the topics on which you need to focus the majority of your time and energy.

   Note: The two-page chapter openers for each chapter can help you determine the major topics.
2. Allocate a minimum of an hour each day over a period of days to review. Budget the majority of your time for the major topics. After beginning with the most important grammar and vocabulary topics, review the secondary/supporting grammar topics and the culture. Cramming the night before a test is *not* an effective way to review and retain information.
3. Many educational researchers suggest that you start your review with the most recent chapter, or in this case, *Capítulo 5.* The most recent chapter is the freshest in your mind, so you tend to remember the concepts better, and you will experience quick success in your review.
4. Spend the greatest amount of time on concepts where you determine *you* need to improve. Revisit the self-assessment tool *Y por fin, ¿cómo andas?* in each chapter to see how you rated yourself. This tool is designed to help you become good at self-assessing what you need to work on the most.

2 Reviewing Grammar

1. When reviewing grammar, begin with the **subjunctive,** because this is the most important topic you have learned in the first semester. Begin with how the subjunctive is formed in both regular and irregular verbs, and then progress to how and when it is used. Once you feel confident with using the subjunctive correctly, then proceed to the additional new grammar points and review them.
2. As you assess what you personally need to review, you may determine that you still need more practice with the **preterit** and the **imperfect.** Although these past tenses were the focus of your previous Spanish classes, you may determine that you need additional practice expressing yourself well in the past tenses. If so, review the **preterit** and **imperfect** and pay special attention to the activities in this chapter that require you to use these tenses.
3. Good ways to review include redoing activities in your textbook, redoing activities in your *Student Activities Manual,* and (re)doing activities on **MySpanishLab™.**

3 Reviewing Vocabulary

1. When studying vocabulary, it is usually most helpful to look at the English word and then say or write the word in Spanish. Make a special list of words that are difficult for you to remember, writing them in a small notebook. Pull out the notebook every time you have a few minutes (between classes, waiting in line at the grocery store, etc.) to review the words. The *Vocabulario activo* pages at the end of each chapter will help you organize the most important words from the chapter.

2. We know from brain research, combined with research on how humans learn, that saying vocabulary (including verbs) out loud helps you retain the words better.

4 Overall Review Technique

1. Get together with someone with whom you can practice speaking Spanish. If you need something to spark the conversation, take the composite art pictures from ***¡Anda! Curso intermedio*** and say as many things as you can about each picture. Have a friendly challenge to see who can make more complete sentences or create the longest story about the pictures. This will help you build your confidence and practice stringing sentences together to speak in paragraphs.

2. Yes, it is important for you to know "mechanical" pieces of information such as verb endings. *But*, it is *much more important* that you are able to take those mechanical pieces of information and put them all together, creating meaningful and creative samples of your speaking and writing on the themes of the first five chapters.

3. You are well on the road to success when you demonstrate that you can speak and write in paragraphs, using a wide variety of verb tenses and vocabulary words correctly. Keep up the good work!

Capítulo Preliminar A y Capítulo 1.

Comunicación

6-1 to 6-6

Capítulo Preliminar A y Capítulo 1

6-1 ¿Quiénes son?

Lee los siguientes anuncios de citas del Internet.

Paso 1 Contesta las siguientes preguntas. Túrnense.

1. De las fotos, ¿quién escribió cada anuncio personal? ¿cómo lo sabes?
2. ¿Qué persona te parece la más interesante y por qué?
3. ¿Cuál te parece la menos interesante y por qué?

Estrategia

Before beginning each activity, make sure that you have reviewed and identified recycled chapters and their concepts carefully so that you are able to move through the activity seamlessly as you put it all together!

Vince Cavataio/PacificStock.com.

CITAS EN LA RED

Dama honesta, chistosa, delgada, con unos tatuajes interesantes, busca caballero educado, trabajador, generoso y con cicatriz, sin compromiso. Foto 14823

Mujer costarricense amable, en forma, busca un caballero mayor de 30 años, generoso, divertido y sin compromiso para una bonita relación. Foto 75527

Chileno, me encantan la playa, los deportes y bailar, busco dama atractiva sin perforación del cuerpo, de buen carácter, alegre y cortés para llenar mi vida de amor. Foto 59232

Caballero educado y de buena familia, busco una dama hermosa, de pelo largo, para una relación profunda y permanente. Foto 47520

CITAS EN LA RED

Nombre ____________________

Edad ____________________

Características físicas ____________________

____

____

Personalidad ____________________

____

Me gusta(n) ____________________

No me gusta(n) ____________________

Busco una pareja... ____________________

____

Paso 2 Escribe tu propio anuncio y compártelo con un/a compañero/a.

Estrategia

As you study your vocabulary or grammar, it might be helpful to organize the information into a word web. Start with the concept you want to practice, such as *las personalidades*, write the word in the center of the page, and draw a circle around it. Then, as you brainstorm how your other vocabulary fits into *las personalidades*, you can create circles that branch off from your main idea. For example, you might write *positivas* and *negativas* in circles. Once you have your categories arranged, add vocabulary that belongs to each category. Branching from *positivas* might be *alegre*. Branching from *negativas* might be *gastador/a*.

6-2 Identificaciones

Estabas en un café con unos amigos cuando de repente vieron a dos personas corriendo por la calle. La última persona gritaba —¡Ladrón! ¡Me robaste mi dinero! ¡Párenlo!— Un policía llegó y ahora tienes que describirle al policía cómo eran el criminal y la víctima.

Paso 1 Explícale lo que pasó a tu compañero/a, describiéndole al ladrón y a su víctima. Puedes escogerlos entre los del dibujo. Sé creativo/a.

Paso 2 Basándose en tu explicación, tu compañero/a tiene que identificar al ladrón y a su víctima. Usa **el pretérito y el imperfecto** cuando sea apropiado. Túrnense.

MODELO E1: *El ladrón corría muy rápido, pero la víctima, muy enojada, no podía correr tan rápido. La víctima tenía pelo...*

E2: *Entonces, ¿el ladrón fue ____ y la víctima fue ____?*

E1: *¡Sí!/No, voy a explicártelo de nuevo...*

Estrategia

You may wish to create names or descriptions for each of the characters in the lineup in order to identify them.

6-3 ¿Qué tal has estado?

Estás en una fiesta de tu clase de graduación de la escuela secundaria. Hace muchos años que no ves a tus compañeros. Describe lo que has hecho en los últimos años, usando por lo menos **ocho** verbos diferentes en el **presente perfecto** *(haber + -ado/-ido)*. Túrnense.

MODELO E1: *Hola Jorge. Tanto tiempo que no nos hemos visto. ¿Qué has hecho en estos últimos años?*

E2: *Hola Jaime. ¿Qué he hecho? Pues, muchas cosas. Primero, he trabajado para una compañía...*

Estrategia

Remember to use the *present perfect (haber + -ado/-ido)* to state what you or others *has/have done.* Also remember that *-ado/-ido* often translates to the *-ed* verb form in English.

6-4 Nuestras familias

Completen los siguientes pasos.

Paso 1 Con un/a compañero/a, túrnense para describir a tu familia, o a una familia o persona famosa. Trata de usar por lo menos **diez** oraciones con un mínimo de **cinco verbos diferentes.** Incluye: aspectos de su personalidad, su descripción física, qué o quién(es) le(s) fascina(n)/falta(n), qué cosas especiales han hecho en sus vidas, etc.

Estrategia

People rarely remember *everything* they hear! It is important that you feel comfortable asking someone to repeat information or asking for clarification using expressions such as *¿Qué dijiste? ¿Me puedes repetir, por favor?*

MODELO E1: *Me fascinan mis dos hermanastros. Cuando los conocí, me cayeron mal, pero siempre han tenido unas personalidades interesantes. Por ejemplo…*

Paso 2 Ahora descríbele la familia de tu compañero/a a otro miembro de tu clase, usando por lo menos **cinco** oraciones. Si no recuerdas bien los detalles o si necesitas clarificación, pregúntale a tu compañero/a.

MODELO E2: *Adriana tiene dos hermanastros. Al principio le cayeron mal, pero ahora le fascinan. Uno es chistoso; el otro es callado…*

Estrategia

With situations like those in actividad **6-4**, it is not essential that *all* details be remembered. Nor is it essential in this type of scenario to repeat *verbatim* what someone has said; it is totally acceptable to express the same idea in different words.

Estrategia

Focus on using as much of the vocabulary from *Capítulo 1* as possible in your descriptions. Remember to create negative sentences as well: e.g., *A mi mamá no le gustan mucho los tatuajes.*

Estrategia

In this chapter you will encounter a variety of rubrics to self-assess how well you are doing.

All aspects of our lives benefit from self-reflection and self-assessment. Learning Spanish is an aspect of our academic and future professional lives that benefits greatly from such a self-assessment. Also coming into play is the fact that, as college students, you personally are being held accountable for your learning and are expected to take ownership for your performance. Having said that, we instructors can assist you greatly by letting you know what we expect of you. It will help you determine how well you are doing with the recycling of **Capítulo Preliminar A** and **Capítulo 1.** This rubric is meant first and foremost for you to use as a self-assessment, but you can also use it to peer-assess. Your instructor may use the rubric to assess your progress as well.

Estrategia

You and your instructor can use this rubric to assess your progress for actividades **6-1** through **6-4**.

Rúbrica

	3 Exceeds Expectations	2 Meets Expectations	1 Approaches Expectations	0 Does Not Meet Expectations
Duración y precisión	• Has at least 10 sentences and includes all the required information. • May have errors, but they do not interfere with communication.	• Has 7–9 sentences and includes all the required information. • May have errors, but they rarely interfere with communication.	• Has 4–7 sentences and includes some of the required information. • Has errors that interfere with communication.	• Supplies fewer sentences and little of the required information in *Approaches Expectations.* • If communicating at all, has frequent errors that make communication limited or impossible.
Gramática nueva del *Capítulo 1*	• Makes excellent use of **gustar**-like verbs and **haber + -ado/-ido.** • Uses a variety of verbs when appropriate.	• Makes good use of **gustar**-like verbs and **haber + -ado/-ido.** • Uses a variety of verbs when appropriate.	• Makes use of some **gustar**-like verbs and **haber + -ado/-ido.** • Uses a limited variety of verbs when appropriate.	• Uses few, if any, of the **gustar**-like verbs or **haber + -ado/-ido.**
Vocabulario nuevo del *Capítulo 1*	• Uses many new **physical and personality descriptions.**	• Uses a variety of the new **physical and personality descriptions.**	• Uses some of the new **physical and personality descriptions.**	• Uses little, if any, new vocabulary.
Gramática y vocabulario del repaso/reciclaje del *Capítulo 1*	• Does an excellent job using review grammar (such as the **preterit and object pronouns**) and vocabulary to support what is being said. • Uses a wide array of review verbs. • Uses some review vocabulary but predominantly focuses on new vocabulary.	• Does a good job using review grammar (such as the **preterit and object pronouns**) and vocabulary to support what is being said. • Uses an array of review verbs. • Uses some review vocabulary but predominantly focuses on new vocabulary.	• Does an average job using review grammar (such as the **preterit and object pronouns**) and vocabulary to support what is being said. • Uses a limited array of review verbs. • Uses mostly review vocabulary and some new vocabulary.	• Almost solely uses the present tense. • If speaking at all, relies almost completely on vocabulary from beginning Spanish course.
Esfuerzo	• Clearly the student made his/her best effort.	• The student made a good effort.	• The student made an effort.	• Little or no effort went into the activity.

Capítulo 2.

SAM

6-7 to 6-10

Capítulo 2

6-5 Vamos de vacaciones y...

¡Tu compañero/a y tú van a tener diez gloriosos días de vacaciones después de los exámenes! ¿Qué van a hacer? Túrnense para crear oraciones usando **los mandatos de nosotros/as** y **el vocabulario de los deportes y los pasatiempos.** Sigan el modelo.

MODELO E1: *¡Estamos de vacaciones! Juguemos al voleibol.*
E2: *Muy bien. Juguemos al voleibol y patinemos en monopatín.*
E1: *Muy bien. Juguemos al voleibol, patinemos en monopatín, y buceemos.*
E2: ...

6-6 ¿Qué tenemos en común?

¿Qué hacían tu compañero/a de clase y tú durante sus años de la escuela secundaria? Túrnense para hacerse **diez preguntas** para ver qué deportes y pasatiempos tienen en común. Escriban sus respuestas en un diagrama de Venn.

Estrategia

Before doing actividad **6-6,** review the formation and uses of *el pretérito* and *el imperfecto,* pp. 44 and 118.

MODELO E1: *¿Comentabas en un blog?*
E2: *Sí, comenté en un blog por lo menos una vez… quizás dos veces. ¿y tú? ¿Comentabas en un blog?*
E1: *Sí, comentaba mucho en un blog. Lo tenemos en común.*

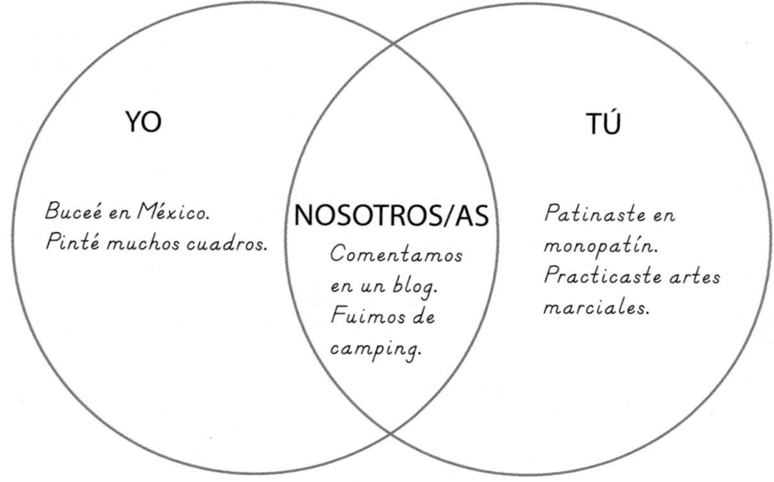
YO
Buceé en México.
Pinté muchos cuadros.
NOSOTROS/AS
Comentamos en un blog.
Fuimos de camping.
TÚ
Patinaste en monopatín.
Practicaste artes marciales.

6-7 Artuditu, quiero que...

¡Ah... el mundo moderno! ¡Tienes un robot que hace todo lo que tu familia y tú quieran! Dile por lo menos **ocho** cosas, con **ocho verbos diferentes,** que tu familia y tú quieren que haga. Usen **el subjuntivo.** Túrnense.

MODELO *Robot, por favor, quiero que me traigas las cartas para jugar al póquer. Van a venir diez amigos a la casa para jugar. Entonces, también necesito que prepares unos sándwiches. Luego, mi mamá dice que es necesario que limpies la cocina...*

Estrategia

After doing actividad **6-7** using the subjunctive, practice with the *tú* and *usted* commands: e.g., *Robot, trae las cartas por favor* or *traiga las cartas* or *tráemelas* or *tráigamelas.*

Rúbrica

Estrategia

You and your instructor can use this rubric to assess your progress for actividades **6-5** through **6-7.**

	3 Exceeds Expectations	2 Meets Expectations	1 Approaches Expectations	0 Does Not Meet Expectations
Duración y precisión	• Has at least 8 sentences and includes all the required information. • May have errors, but they do not interfere with communication.	• Has 5–7 sentences and includes all the required information. • May have errors, but they rarely interfere with communication.	• Has 4 sentences and includes some of the required information. • Has errors that interfere with communication.	• Supplies fewer sentences and little of the required information in *Approaches Expectations.* • If communicating at all, has frequent errors that make communication limited or impossible.
Gramática nueva del *Capítulo 2*	• Makes excellent use of the **subjunctive.**	• Makes good use of the **subjunctive.**	• Makes use of the **subjunctive.**	• Uses little, if any, of the **subjunctive.**
Vocabulario nuevo del *Capítulo 2*	• Uses many new **sports and pastimes.**	• Uses a variety of the new **sports and pastimes.**	• Uses some of the new **sports and pastimes.**	• Uses little if any of the new vocabulary.
Gramática y vocabulario del repaso/reciclaje del *Capítulo 2*	• Does an excellent job using review grammar and vocabulary to support what is being said. • Uses some review vocabulary but predominantly focuses on new vocabulary.	• Does a good job using review grammar and vocabulary to support what is being said. • Uses some review vocabulary but predominantly focuses on new vocabulary.	• Does an average job using review grammar and vocabulary to support what is being said. • Uses mostly review vocabulary and some new vocabulary.	• Uses grammar almost solely from beginning Spanish course. • If speaking at all, relies almost completely on vocabulary from beginning Spanish course.
Esfuerzo	• Clearly the student made his/her best effort.	• The student made a good effort.	• The student made an effort.	• Little or no effort went into the activity.

6-11 to 6-15 • **Capítulo 3** •

6-8 Mi casa favorita

Mira los dibujos y descríbele tu casa favorita a un/a compañero/a. Dile por qué te gusta la casa y explica por qué no te gustan las otras casas. En tu descripción, incluye información sobre los materiales con los que han construido la casa y los alrededores de la casa. Utiliza por lo menos **ocho** oraciones. Usa **el subjuntivo** cuando sea necesario. Túrnense.

MODELO *Me encanta la casa de adobe. Quizás sea difícil de construir y dudo que sea barata, pero ¡me fascina la piscina!...*

6-9 Adivina

Trae unas revistas o páginas de unas revistas que tengan fotos de casas y sus interiores. Describe una de las casas detalladamente para que tu compañero/a adivine cuál estás describiendo. Túrnense.

6-10 Y aquí recomiendo...

¡Qué emoción! ¡Acabas de ganar $75.000,00 US para arreglar la cocina y el dormitorio de tus sueños! Dibuja tus planes y descríbeselos en detalle a tu compañero/a. Túrnense.

MODELO *Empiezo en la cocina con alacenas y mostradores nuevos. Quiero que las alacenas sean de madera y los mostradores de color café...*

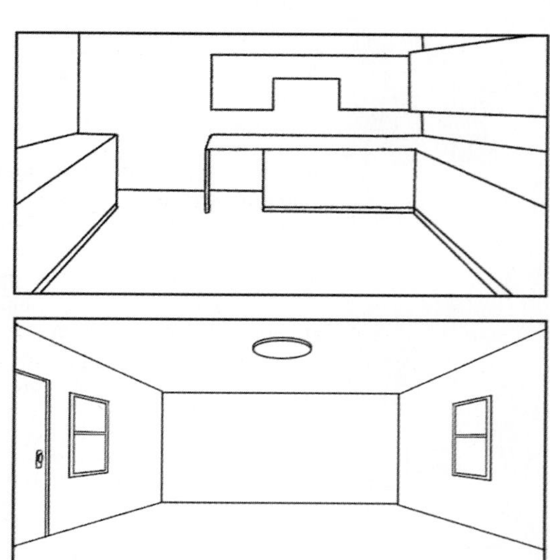

6-11 En venta

Estás trabajando en una compañía de ventas de casas. Escoge una de las siguientes situaciones. Escribe una descripción donde incluyas por lo menos **diez** detalles. Busca algunas fotos en el Internet para incluir con tu descripción.

SITUACIÓN 1: Tienes que vender tu propia casa.

SITUACIÓN 2: Tienes que vender dos casas: una que vale quince millones de dólares y la otra que vale setenta y cinco mil dólares.

FOTO

Dirección ______________________

Descripción ______________________

____

____

Precio ______________________

Teléfono ______________________

Estrategia

You may wish to incorporate review vocabulary from *¡Anda! Curso elemental, Capítulo 11, El medio ambiente, Appendix 2* in actividad **6-12.**

Estrategia

For actividad **6-12,** consider the following emotions: *tener miedo, dudar, temer, esperar, no creer.* Also consider as suggestions the following categories of uncertainty: *dinero, trabajo, matrimonio, hijos, jubilación,* etc.

6-12 Mis dudas

El futuro no es siempre seguro.

Paso 1 Expresa **ocho** dudas, sentimientos y emociones que tus amigos, tus parientes y tú tengan sobre el futuro. Usa **el subjuntivo.**

MODELO *Dudo que haya menos contaminación del aire y del agua en el futuro. Mis padres tienen miedo de no tener suficiente dinero para sus jubilaciones. Mi hermano teme que su mujer gaste demasiado dinero para reparar su casa…*

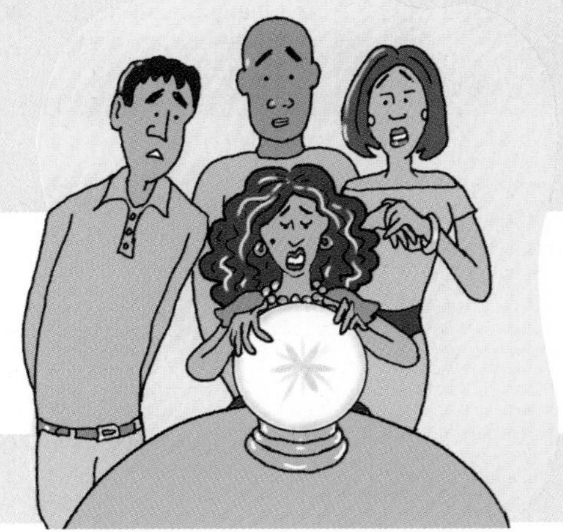

Paso 2 Menciona por lo menos **cuatro** sentimientos, emociones y dudas de tu compañero/a.

MODELO *Mi compañera Mandy duda que su hermano y su cuñada tengan suficiente dinero para reparar su casa…*

Estrategia

Being a good listener is an important life skill. Repeating what your classmate said gives you practice in demonstrating how well you listened.

Rúbrica

Estrategia

You and your instructor can use this rubric for actividades **6-8** through **6-12**.

	3 Exceeds Expectations	2 Meets Expectations	1 Approaches Expectations	0 Does Not Meet Expectations
Duración y precisión	• Has at least 8 sentences and includes all the required information. • May have errors, but they do not interfere with communication.	• Has 5–7 sentences and includes all the required information. • May have errors, but they rarely interfere with communication.	• Has 4 sentences and includes some of the required information. • Has errors that interfere with communication.	• Supplies fewer sentences and little of the required information in *Approaches Expectations.* • If communicating at all, has frequent errors that make communication limited or impossible.
Gramática nueva del *Capítulo 3*	• Makes excellent use of the **subjunctive.**	• Makes good use of the **subjunctive.**	• Makes use of the **subjunctive.**	• Uses little, if any, of the **subjunctive.**
Vocabulario nuevo del *Capítulo 3*	• Uses many new **household vocabulary.**	• Uses a variety of the new **household vocabulary.**	• Uses some of the new **household vocabulary.**	• Uses little, if any, of the new vocabulary.
Gramática y vocabulario del repaso/reciclaje del *Capítulo 3*	• Does an excellent job using review grammar and vocabulary to support what is being said. • Uses some review vocabulary but predominantly focuses on new vocabulary.	• Does a good job using review grammar and vocabulary to support what is being said. • Uses some review vocabulary but predominantly focuses on new vocabulary.	• Does an average job using review grammar and vocabulary to support what is being said. • Uses mostly review vocabulary and some new vocabulary.	• Uses grammar almost solely from beginning Spanish course. • If speaking at all, relies almost completely on vocabulary from beginning Spanish course.
Esfuerzo	• Clearly the student made his/her best effort.	• The student made a good effort.	• The student made an effort.	• Little or no effort went into the activity.

Capítulo 4

6-16 to 6-20

Capítulo 4.

Estrategia

Although you are focusing on the Chapter 4 grammar review in actividad **6-13,** for maximum success, review vocabulary from *Capítulo 2, Algunos deportes*, p. 68; *Algunos pasatiempos*, p. 81; *Capítulo 3, Los materiales de la casa y sus alrededores*, p. 106; *Dentro del hogar*, p. 117.

6-13 Adivina

Formen grupos de cuatro.

Paso 1 Una persona sale del grupo y los otros tres estudiantes dicen y escriben si creen que su compañero/a ha hecho cada una de las cosas de la lista.

Paso 2 El/La compañero/a regresa al grupo para confirmar.

MODELO

E1: *Angie, ¡es imposible que hayas cosido algo!*
E2 (ANGIE): *Es cierto que no he cosido nada.*
E3: *Angie, dudamos que hayas reparado la casa.*
E2 (ANGIE): *No tienen razón. Sí he reparado la casa… un poco.*
E1: *Angie,…*

Estrategia

Note the use of the *perfect tenses (haber + -ado/-ido)* in the modelo of actividad **6-13:** e.g., *que hayas cosido, he cosido, que hayas reparado, he reparado.* Actividad **6-13** was created to help you use those tenses.

	ESTUDIANTE 1 Angie		ESTUDIANTE 2		ESTUDIANTE 3		ESTUDIANTE 4	
	DUDAMOS	CREEMOS	DUDAMOS	CREEMOS	DUDAMOS	CREEMOS	DUDAMOS	CREEMOS
1. coser algo	Es imposible que haya cosido algo.							
2. reparar la casa	Dudamos que haya reparado la casa.							
3. …								
4. …								

6-14 Observándolos

Imagina que has estado observando a las siguientes personas. Una cosa que notaste fue lo que comían. Descríbele a tu compañero/a las personas que aparecen en las fotos (su personalidad, sus características físicas, lo que (no) comían, etc.). Usa por lo menos **ocho oraciones.** Túrnense.

6-15 ¡Fiesta!

¡Qué emoción! Todos tus amigos y tu familia vienen para festejar (*celebrate*) contigo.

Paso 1 Decide qué festejas.

Paso 2 Planea el menú.

Paso 3 Escribe una receta para algo que vas a servir.

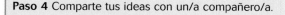

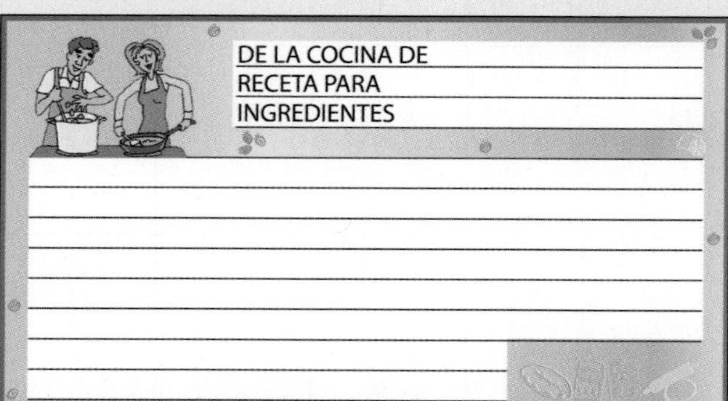

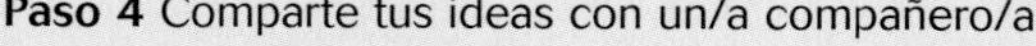

Paso 4 Comparte tus ideas con un/a compañero/a.

Estrategia

Note that in **6-16** you will need to use the *preterit* and *imperfect* tenses to report what happened.

6-16 ¡Luces, cámara, acción!

¡Te invitaron a informar sobre la fiesta del siglo en Hollywood! Haz un reportaje, incluyendo por lo menos **diez** detalles. Puedes empezar con información sobre qué tiempo hacía aquella noche. Hazle tu reportaje oralmente a un/a compañero/a de clase o a toda la clase.

Rúbrica

Estrategia

You and your instructor can use this rubric for actividades **6-14** through **6-16**.

	3 Exceeds Expectations	2 Meets Expectations	1 Approaches Expectations	0 Does Not Meet Expectations
Duración y precisión	• Has at least 8 sentences and includes all the required information. • May have errors, but they do not interfere with communication.	• Has 5–7 sentences and includes all the required information. • May have errors, but they rarely interfere with communication.	• Has 4 sentences and includes some of the required information. • Has errors that interfere with communication.	• Supplies fewer sentences and little of the required information in *Approaches Expectations*. • If communicating at all, has frequent errors that make communication limited or impossible.
Gramática nueva del *Capítulo 4*	• Makes excellent use of the **present perfect subjunctive.**	• Makes good use of the **present perfect subjunctive.**	• Makes use of the **present perfect subjunctive.**	• Uses little, if any, of the **present perfect subjunctive.**
Vocabulario nuevo del *Capítulo 4*	• Uses many new **celebration and food vocabulary.**	• Uses a variety of the new **celebration and food vocabulary.**	• Uses some of the new **celebration and food vocabulary.**	• Uses little, if any, of the new vocabulary.
Gramática y vocabulario del repaso/reciclaje del *Capítulo 4*	• Does an excellent job using review grammar and vocabulary to support what is being said. • Uses some review vocabulary but predominantly focuses on new vocabulary.	• Does a good job using review grammar and vocabulary to support what is being said. • Uses some review vocabulary but predominantly focuses on new vocabulary.	• Does an average job using review grammar and vocabulary to support what is being said. • Uses mostly review vocabulary and some new vocabulary.	• Uses grammar almost solely from beginning Spanish course. • If speaking at all, relies almost completely on vocabulary from beginning Spanish course.
Esfuerzo	• Clearly the student made his/her best effort.	• The student made a good effort.	• The student made an effort.	• Little or no effort went into the activity.

6-21 to 6-25

Capítulo 5

Capítulo 5.

6-17 ¿Adónde vamos?

Planea tus vacaciones ideales. Expresa tus ideas usando por lo menos **diez** oraciones. Usa **el subjuntivo** en por lo menos **dos** de las oraciones.

MODELO *Vamos a hacer un crucero. Busco un crucero que no sea muy caro porque no tengo mucho dinero en este momento. Quiero visitar varios puertos. Mis hermanos van a venir y espero que no se pierdan…*

6-18 Busco ayuda...

En el mundo digital, las cosas no siempre funcionan. Tienes que llamar a un teléfono de ayuda (*help line*). Crea un diálogo con un/a compañero/a. Usen **el subjuntivo** cuando puedan.

MODELO E1: *¿En qué puedo servirle?*

E2: *Busco a alguien que me pueda ayudar. Mi computadora ha borrado todos mis archivos.*

E1: *¿Cómo? Necesito que mi gerente me ayude. No sé nada de impresoras.*

E2: *¿Impresoras? ¡No necesito que me hable de impresoras! ¡Necesito a alguien que sepa algo sobre computadoras!*

E2: ...

Estrategia

You and your instructor can use this rubric for actividades **6-17** and **6-18.**

Rúbrica

	3 Exceeds Expectations	2 Meets Expectations	1 Approaches Expectations	0 Does Not Meet Expectations
Duración y precisión	• Has at least 8 sentences and includes all the required information. • May have errors, but they do not interfere with communication.	• Has 5–7 sentences and includes all the required information. • May have errors, but they rarely interfere with communication.	• Has 4 sentences and includes some of the required information. • Has errors that interfere with communication.	• Supplies fewer sentences and little of the required information in *Approaches Expectations*. • If communicating at all, has frequent errors that make communication limited or impossible.
Gramática nueva del *Capítulo 5*	• Makes excellent use of **subjunctive to express the possibility that something is *uncertain* or *nonexistent*.**	• Makes good use of the **subjunctive to express the possibility that something is *uncertain* or *nonexistent*.**	• Makes use of the **subjunctive to express the possibility that something is *uncertain* or *nonexistent*.**	• Uses little, if any, of the **subjunctive to express the possibility that something is *uncertain* or *nonexistent*.**
Vocabulario nuevo del *Capítulo 5*	• Uses many new **travel and technology vocabulary.**	• Uses a variety of the new **travel and technology vocabulary.**	• Uses some of the new **travel and technology vocabulary.**	• Uses little, if any, of the new vocabulary.
Gramática y vocabulario del repaso/reciclaje del *Capítulo 5*	• Does an excellent job using review grammar and vocabulary to support what is being said. • Uses some review vocabulary but predominantly focuses on new vocabulary.	• Does a good job using review grammar and vocabulary to support what is being said. • Uses some review vocabulary but predominantly focuses on new vocabulary.	• Does an average job using review grammar and vocabulary to support what is being said. • Uses mostly review vocabulary and some new vocabulary.	• Uses grammar almost solely from beginning Spanish course. • If speaking at all, relies almost completely on vocabulary from beginning Spanish course.
Esfuerzo	• Clearly the student made his/her best effort.	• The student made a good effort.	• The student made an effort.	• Little or no effort went into the activity.

6-26 to 6-29

Un poco de todo

6-19 Tengo talento

Escribe un poema en verso libre o una canción sobre uno de los siguientes temas.

TEMAS

- Mi mejor amigo
- Mi tiempo libre
- Hogar, dulce hogar
- El viaje
- La tecnología: ¿amiga o enemiga?
- Una de las selecciones de literatura: *A Julia de Burgos*, *Fútbol a sol y sombra*, *La casa en Mango Street*, *Nouvelle cuisine* o *He andado muchos caminos*

6-20 ¿Lo quiere?

Celia, de *Laberinto peligroso*, le escribe un correo electrónico a un hombre que conoció durante sus días en el FBI. ¿de qué le escribe? ¿del pasado?, ¿de sus días trabajando con él en el FBI o del presente?, ¿de sus días participando en el seminario de Javier? ¿de sus planes para su casa ideal? ¿de unas vacaciones? ¿de su relación con él? Escribe ese mensaje por Celia en por lo menos **diez** oraciones.

Episodio 6

6-21 El juego de la narración

Túrnense para crear una narración oral sobre *Laberinto peligroso*. ¡Incluyan muchos detalles!

MODELO E1: ***Laberinto peligroso** es un misterio muy imaginativo.*
E2: *Hay tres protagonistas que se llaman…*
E1: …

6-22 Su versión

En la actividad **6-21**, narraron una versión del cuento *Laberinto peligroso*. Ahora es su turno como escritores. Sean muy creativos y creen su propia versión imaginativa. Su profesor/a les va a explicar cómo hacerlo. Empiecen con la oración del modelo. ¡Diviértanse!

> **Estrategia**
>
> Another way to approach actividad **6-22** is to hypothesize what *will happen* to the characters of *Laberinto peligroso*. You will need to use the construction form of **ir + a +** *infinitive*, for example, *Cisco y Celia van a pelearse mucho porque los dos van a querer escribir sobre el mismo tema.*

MODELO *Javier conocía a otros dos periodistas, Celia y Cisco, y los invitó a participar en un seminario que él enseñaba.*

6-23 Tu propia película

Eres director/a de cine y puedes crear tu propia versión de **Laberinto peligroso.** Primero, pon las fotos en el orden correcto y entonces escribe el diálogo para la película. Luego, puedes filmar tu versión.

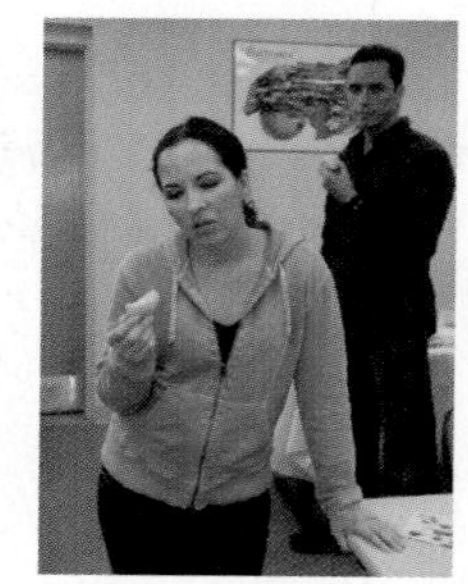

6-24 ¡A jugar!

En grupos de tres o cuatro, preparen las respuestas para las siguientes categorías de *Jeopardy* y después las preguntas correspondientes. Sugieran valores de dólares, pesos, euros, etc. Su instructor/a va a ser Alejandro/a Trebek. ¡Buena suerte!

CATEGORÍAS

VOCABULARIO	VERBOS	CULTURA
Algunas características físicas y algunas personalidades	Verbos como **gustar**	Personas importantes
La familia	Los tiempos perfectos	Países
Los deportes y los pasatiempos	**Que** y **quien**	
Los materiales de la casa y sus alrededores	El subjuntivo	
Dentro del hogar		
Algunas celebraciones		

MODELOS

VOCABULARIO

CATEGORÍA: CARACTERÍSTICAS FÍSICAS

Respuesta: pelo en el mentón

Pregunta: *¿Qué es "una barba"?*

VERBOS

CATEGORÍA: SUBJUNTIVO

Respuesta: Es importante que tú _____(venir)

Pregunta: *¿Qué es "vengas"?*

CULTURA

CATEGORÍA: PERSONAJES

Respuesta: Pío Pico

Pregunta: *¿Quién es un hispano importante de California que es mestizo?*

¿LO SABES?

¿LO SABES? DOBLE

Estrategia

You have read numerous cultural notes throughout the first five chapters. To help you organize the material, make a chart in your notes of the most important information, or dedicate a separate page for each country and write down the unique cultural items of that particular country.

6-25 ¿Cómo eres?

Conoces un poco a los estudiantes y a los profesionales de los países que hemos estudiado en *Vistazo cultural*. ¿Qué más quieres saber de ellos? Escribe por lo menos **diez** preguntas que quieras hacerles. Sé creativo/a. Escribe por lo menos **tres preguntas** usando el **presente o pasado perfecto (haber + -ado/ido)** y **tres preguntas** usando **el subjuntivo.**

MODELO
1. *¿Dónde ha vivido usted?*
2. *¿Le gusta leer libros de deportes?*
3. *¿Necesita viajar mucho para su trabajo?...*

6-26 Aspectos interesantes

Escribe por lo menos **tres** cosas interesantes sobre cada uno de los siguientes países.

MÉXICO	ESPAÑA	HONDURAS	GUATEMALA

EL SALVADOR	NICARAGUA	COSTA RICA	PANAMÁ

6-27 Un agente de viajes

Durante el verano, tienes la oportunidad de trabajar en una agencia de viajes. Tienes unos clientes que quieren visitar un país hispanohablante. Escoge uno de los países que estudiamos y recomiéndales el país, usando por lo menos **seis** oraciones.

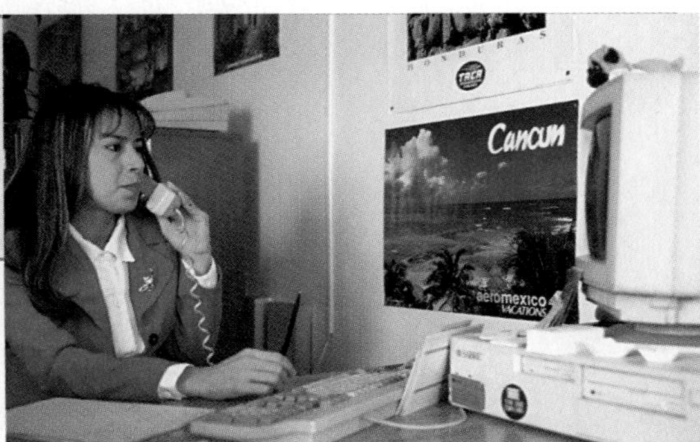

6-28 Mis favoritos

Describe tu país favorito (de *Vistazo cultural*) o tu persona favorita (de *Perfiles*) de los *Capítulos 1* a *5*. En por lo menos **diez** oraciones, explica por qué te gusta y lo que encuentras interesante e impresionante de ese país o persona.

6-29 Compáralos

Escoge dos de los países que estudiamos y escribe las diferencias y semejanzas entre los dos.

MODELO *En México y en Nicaragua se practican deportes acuáticos porque los dos países tienen costas…*

6-30 ¿Qué opinan?

Tu compañero/a y tú fueron al teatro para ver la obra *La vida es sueño*. Después, fueron a un café para discutir lo que vieron. Túrnense para compartir sus opiniones.

1. Para ti, ¿qué es la vida?
2. ¿Por qué dice Calderón que "la vida es sueño (*dream*)"? ¿Qué puede significar?
3. ¿En qué aspecto(s) puede ser la vida "un frenesí"? Da ejemplos de tu vida.
4. ¿Cuándo se puede comparar la vida a una sombra (*shadow*)? ¿y a una ficción?

6-31 Querido/a autor/a...

Escríbele una carta a uno de los autores de las selecciones de *Letras*. Dile lo que más te gusta de su obra y posiblemente lo que no te gusta o lo que no entiendes muy bien. Compara su escritura con la de otro/a autor/a que leíste.

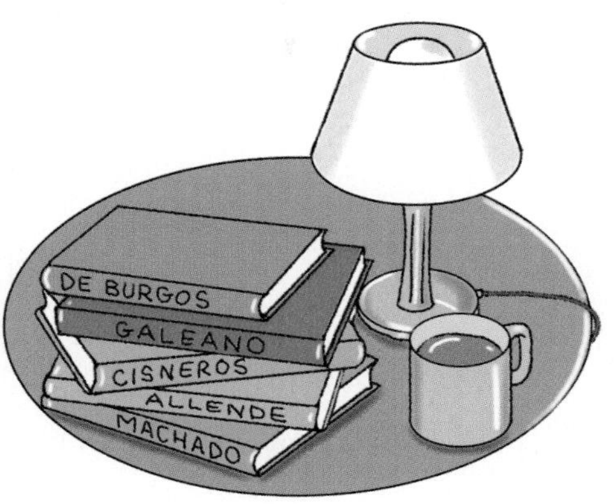

Y por fin, ¿cómo andas?

Having completed this chapter, I now can...

	Feel Confident	Need to Review
• describe myself, my family, and others.	❑	❑
• discuss sports and pastimes.	❑	❑
• describe in detail homes and their surroundings.	❑	❑
• plan a celebration.	❑	❑
• share about travel.	❑	❑
• describe technology scenarios.	❑	❑
Cultura		
• share information about famous people.	❑	❑
• compare and contrast the countries I learned about in *Capítulos 1–5*.	❑	❑
Laberinto peligroso		
• recreate *Laberinto peligroso*.	❑	❑

APPENDIX 1

CAPÍTULO PRELIMINAR A

8. Los verbos con cambio de raíz

1. What is a rule that you can make regarding all four groups (**e → ie, e → i, o → ue,** and **u → ue**) of stem-changing verbs and their forms?

   Nosotros/vosotros **look like the infinitive. All the other forms have a spelling change.**

2. With what group of stem-changing verbs would you place the following verbs?

demostrar	**o → ue**	**encerrar**	**e → ie**
devolver	**o → ue**	**perseguir**	**e → i**

10. Un repaso de *ser* y *estar*

Compare the following sentences and answer the questions below.

Su hermano **es** simpático.

Su hermano **está** enfermo.

1. Why do you use a form of **ser** in the first sentence?

   It is a characteristic that remains relatively constant.

2. Why do you use a form of **estar** in the second sentence?

   It describes a physical condition that can change.

11. El verbo *gustar*

1. To say you like or dislike one thing, what form of **gustar** do you use? **gusta**
2. To say you like or dislike more than one thing, what form of **gustar** do you use?

   gustan

3. Which words in the examples mean *I?* **(me)** *you?* **(te)** *he/she* **(le)**?
4. If a verb is needed after **gusta/gustan,** what form of the verb do you use?

   You use the infinitive form of the verb.

CAPÍTULO 1

Repaso: El pretérito

1. What are the endings for regular **-ar** verbs in the preterit?

   é, aste, ó, amos, asteis, aron

2. What do you notice about the endings for regular **-er** and **-ir** verbs?

   They are the same.

3. What forms require written accent marks?

   Accent marks are needed on the ***yo*** **and** ***él/ella/Ud.*** **forms.**

CAPÍTULO 2

2. Los mandatos de *nosotros/as*

1. Where are object pronouns placed when used with affirmative commands?

   They follow, and are attached to, the command.

2. Where are object pronouns placed when used with negative commands?

   They precede the command.

3. When do you need to add a written accent mark?

   Add a written accent mark when pronunciation would change without it.

4. El subjuntivo para expresar pedidos (*requests*), mandatos y deseos

1. In **Part A** above, how many verbs are in each sentence?

   There are two verbs in each sentence.

2. Which verb is in the present indicative, the verb in blue or the one in red?

   The verb in blue is in the present indicative.

3. Which verb is in the present subjunctive, the verb in blue or the one in red?

   The verb in red is in the present subjunctive.

4. Is there a different subject for each verb?

   Yes

5. What word joins the two distinct parts of the sentence?

   the conjunction ***que***

6. State a rule for the use of the subjunctive in the sentences from **Part A.**

   The present subjunctive is used when the verb in the present indicative requests or suggests something. There must be a change of subject also.

7. State a rule for the sentences in **Part B.**

   If the subject does not change, the infinitive is used.

CAPÍTULO 3

4. El subjuntivo para expresar sentimientos, emociones y dudas

Having studied the previous presentation on the subjunctive, answer the following questions:

1. In which part of the sentence do you place the verb that expresses feelings, emotions, or doubts; to the right or the left of **que**?

   To the left of ***que.***

2. Where do you put the subjunctive form of the verb, to the right or the left of **que**?

   To the right of ***que.***

3. What word joins the two parts of the sentence?

   the conjunction *que*

4. When you have only one subject/group of people and you are expressing **feelings, emotions, doubt,** or **probability,** do you use a subjunctive sentence?

   No, the infinitive is used.

5. *Estar* + el participio pasado

Based on the examples above, what rule can you state with regard to what determines the endings of the past participles **(ado/ido)** when used as adjectives?

When used as an adjective, the past participle must agree in number and gender with the noun it modifies.

CAPÍTULO 4

2. El pasado perfecto (pluscuamperfecto)

1. How do you form the past perfect tense?

   The past perfect tense is formed with *haber* in the imperfect and the past participle.

2. How does the form compare with the present perfect tense (**he hablado, has comido, han ido,** etc.)?

   It is similar, but *haber* must be in the imperfect (a past) tense.

3. To make the sentence negative in the past perfect, where does the word **no** go?

   It goes in front of/to the left of the form of *haber*.

4. Which verbs have irregular past participles?

   Several verbs: e.g., abrir, decir, escribir, hacer, morir, poner, volver, ver.

5. El presente perfecto de subjuntivo

1. How is the present perfect subjunctive formed?

   It is formed with the present subjunctive of *haber* and the past participle.

2. When is it used?

   It is used when the subjunctive mood is needed in a sentence.

APPENDIX 2

CAPÍTULO PRELIMINAR A DE ¡ANDA! CURSO ELEMENTAL

Los saludos	*Greetings*
Bastante bien.	*Just fine.*
Bien, gracias.	*Fine, thanks.*
Buenos días.	*Good morning.*
Buenas noches.	*Good evening.; Good night.*
Buenas tardes.	*Good afternoon.*
¿Cómo está usted?	*How are you?* (formal)
¿Cómo estás?	*How are you?* (familiar)
¡Hola!	*Hi!; Hello!*
Más o menos.	*So-so.*
Muy bien.	*Really well.*
¿Qué tal?	*How's it going?*
Regular.	*Okay.*
¿Y tú?	*And you?* (familiar)
¿Y usted?	*And you?* (formal)

Las despedidas	*Farewells*
Adiós.	*Good-bye.*
Chao.	*Bye.*
Hasta luego.	*See you later.*
Hasta mañana.	*See you tomorrow.*
Hasta pronto.	*See you soon.*

Las presentaciones	*Introductions*
¿Cómo te llamas?	*What is your name?* (fam.)
¿Cómo se llama usted?	*What is your name?* (formal)
Encantado/a.	*Pleased to meet you.*
Igualmente.	*Likewise.*
Me llamo...	*My name is...*
Mucho gusto.	*Nice to meet you.*
Quiero presentarte a...	*I would like to introduce you to...* (familiar)
Quiero presentarle a...	*I would like to introduce you to...* (formal)
Soy...	*I am...*

Expresiones útiles para la clase	*Useful classroom expressions*
Preguntas y respuestas	*Questions and answers*
¿Cómo?	*What?; How?*
¿Cómo se dice... en español?	*How do you say... in Spanish?*
¿Cómo se escribe... en español?	*How do you write... in Spanish?*
(No) comprendo.	*I (don't) understand.*
Lo sé.	*I know.*
No lo sé.	*I don't know.*
No.	*No.*
Sí.	*Yes.*
¿Qué es esto?	*What is this?*
¿Qué significa?	*What does it mean?*
¿Quién?	*Who?*

Expresiones de cortesía	*Polite expressions*
De nada.	*You're welcome.*
Gracias.	*Thank you.*
Por favor.	*Please.*

Mandatos para la clase	*Classroom instructions (commands)*
Abra(n) el libro en la página...	*Open your book to page...*
Cierre(n) el/los libros.	*Close your book/s.*
Conteste(n).	*Answer.*
Escriba(n).	*Write.*
Escuche(n).	*Listen.*
Lea(n).	*Read.*
Repita(n).	*Repeat.*
Vaya(n) a la pizarra.	*Go to the board.*

Las nacionalidades	*Nationalities*
alemán/alemana	*German*
canadiense	*Canadian*
chino/a	*Chinese*
cubano/a	*Cuban*
español/a	*Spanish*
francés/francesa	*French*
inglés/inglesa	*English*
japonés/japonesa	*Japanese*
mexicano/a	*Mexican*
nigeriano/a	*Nigerian*
estadounidense (norteamericano/a)	*American*
puertorriqueño/a	*Puerto Rican*

Los números 0–30	*Numbers 0–30*
cero	*0*
uno	*1*
dos	*2*
tres	*3*
cuatro	*4*
cinco	*5*
seis	*6*
siete	*7*
ocho	*8*
nueve	*9*
diez	*10*
once	*11*
doce	*12*
trece	*13*
catorce	*14*
quince	*15*
dieciséis	*16*
diecisiete	*17*
dieciocho	*18*
diecinueve	*19*
veinte	*20*
veintiuno	*21*
veintidós	*22*

veintitrés	*23*
veinticuatro	*24*
veinticinco	*25*
veintiséis	*26*
veintisiete	*27*
veintiocho	*28*
veintinueve	*29*
treinta	*30*

La hora	*Telling time*
A la.../A las...	*At... o'clock.*
¿A qué hora...?	*At what time...?*
... de la mañana	*... in the morning*
... de la noche	*... in the evening*
... de la tarde	*... in the afternoon*
¿Cuál es la fecha de hoy?	*What is today's date?*
Es la.../Son las...	*It's... o'clock.*
Hoy es...	*Today is...*
Mañana es...	*Tomorrow is...*
la medianoche	*midnight*
el mediodía	*noon*
¿Qué día es hoy?	*What day is today?*
¿Qué hora es?	*What time is it?*

Los días de la semana	*Days of the week*
lunes	*Monday*
martes	*Tuesday*
miércoles	*Wednesday*
jueves	*Thursday*
viernes	*Friday*
sábado	*Saturday*
domingo	*Sunday*

Los meses del año	*Months of the year*
enero	*January*
febrero	*February*
marzo	*March*
abril	*April*
mayo	*May*
junio	*June*
julio	*July*
agosto	*August*
septiembre	*September*
octubre	*October*
noviembre	*November*
diciembre	*December*

Las estaciones	*Seasons*
el invierno	*winter*
la primavera	*spring*
el otoño	*autumn; fall*
el verano	*summer*

Expresiones del tiempo	*Weather expressions*
Está nublado.	*It's cloudy.*
Hace buen tiempo.	*The weather is nice.*
Hace calor.	*It's hot.*
Hace frío.	*It's cold.*
Hace mal tiempo.	*The weather is bad.*
Hace sol.	*It's sunny.*
Hace viento.	*It's windy.*
Llueve.	*It's raining.*
la lluvia	*rain*
Nieva.	*It's snowing.*
la nieve	*snow*
la nube	*cloud*
¿Qué tiempo hace?	*What's the weather like?*
el sol	*sun*
la temperatura	*temperature*
el viento	*wind*

Unos verbos	*Some verbs*
gustar	*to like*
ser	*to be*

CAPÍTULO 1 DE *¡ANDA! CURSO ELEMENTAL*

La familia	*Family*
el/la abuelo/a	*grandfather/grandmother*
los abuelos	*grandparents*
el/la esposo/a	*husband/wife*
el/la hermano/a	*brother/sister*
los hermanos	*brothers and sisters; siblings*
el/la hijo/a	*son/daughter*
los hijos	*sons and daughters; children*
la madrastra	*stepmother*
la madre/la mamá	*mother/mom*
el padrastro	*stepfather*
el padre/el papá	*father/dad*
los padres	*parents*
el/la primo/a	*cousin*
los primos	*cousins*
el/la tío/a	*uncle/aunt*
los tíos	*aunts and uncles*

La gente	*People*
el/la amigo/a	*friend*
el/la chico/a	*boy/girl*
el hombre	*man*
el/la joven	*young man/young woman*
el/la muchacho/a	*boy/girl*
la mujer	*woman*
el/la niño/a	*little boy/little girl*
el/la novio/a	*boyfriend/girlfriend*
el señor (Sr.)	*man; gentleman; Mr.*
la señora (Sra.)	*woman; lady; Mrs.*
la señorita (Srta.)	*young woman; Miss*

Los adjetivos	*Adjectives*
La personalidad y otros rasgos	*Personality and other characteristics*
aburrido/a	*boring*
antipático/a	*unpleasant*
bueno/a	*good*
cómico/a	*funny; comical*

inteligente	*intelligent*
interesante	*interesting*
malo/a	*bad*
paciente	*patient*
perezoso/a	*lazy*
pobre	*poor*
responsable	*responsible*
rico/a	*rich*
simpático/a	*nice*
tonto/a	*silly; dumb*
trabajador/a	*hard-working*

Las características físicas	*Physical characteristics*
alto/a	*tall*
bajo/a	*short*
bonito/a	*pretty*
débil	*weak*
delgado/a	*thin*
feo/a	*ugly*
fuerte	*strong*
gordo/a	*fat*
grande	*big; large*
guapo/a	*handsome/pretty*
joven	*young*
mayor	*old*
pequeño/a	*small*

Los números 31–100	*Numbers 31–100*
treinta y uno	*31*
treinta y dos	*32*
treinta y tres	*33*
treinta y cuatro	*34*
treinta y cinco	*35*
treinta y seis	*36*
treinta y siete	*37*
treinta y ocho	*38*
treinta y nueve	*39*
cuarenta	*40*
cuarenta y uno	*41*
cincuenta	*50*
cincuenta y uno	*51*
sesenta	*60*
setenta	*70*
ochenta	*80*
noventa	*90*
cien	*100*

Los verbos	*Verbs*
tener	*to have*

Otras palabras útiles	*Other useful words*
muy	*very*
(un) poco	*(a) little*

Vocabulario útil	*Useful vocabulary*
más	*plus*
menos	*minus*
son	*equals*
por ciento	*percent*
por	*times; by*
dividido por	*divided by*

CAPÍTULO 2 DE *¡ANDA! CURSO ELEMENTAL*

Las materias y las especialidades	*Subjects and majors*
la administración de empresas	*business*
la arquitectura	*architecture*
el arte	*art*
la biología	*biology*
las ciencias (*pl.*)	*science*
el derecho	*law*
el idioma	*language*
los idiomas (*pl.*)	*languages*
la informática	*computer science*
la literatura	*literature*
las matemáticas (*pl.*)	*mathematics*
la medicina	*medicine*
la música	*music*
la pedagogía	*education*
el periodismo	*journalism*
la psicología	*psychology*

Los deportes y los pasatiempos	*Sports and pastimes*
bailar	*to dance*
caminar	*to walk*
escuchar música	*to listen to music*
hacer ejercicio	*to exercise*
ir de compras	*to go shopping*
jugar al básquetbol	*to play basketball*
jugar al béisbol	*to play baseball*
jugar al fútbol	*to play soccer*
jugar al fútbol americano	*to play football*
jugar al golf	*to play golf*
jugar al tenis	*to play tennis*
montar en bicicleta	*to ride a bike*
nadar	*to swim*
patinar	*to skate*
tocar un instrumento	*to play an instrument*
tomar el sol	*sunbathe*
ver la televisión	*to watch TV*

En la sala de clase	*In the classroom*
los apuntes (*pl.*)	*notes*
el bolígrafo	*ballpoint pen*
el borrador	*eraser*
el/la compañero/a de clase	*classmate*
la composición	*composition*
el cuaderno	*notebook*
el escritorio	*desk*
el/la estudiante	*student*
el examen	*exam*
el lápiz	*pencil*
el libro	*book*

el mapa *map*
la mesa *table*
la mochila *book bag; knapsack*
el papel *paper*
la pared *wall*
la pizarra *chalkboard*
el/la profesor/a *professor*
la puerta *door*
la sala de clase *classroom*
la silla *chair*
la tarea *homework*
la tiza *chalk*
la ventana *window*

Emociones y estados — *Emotions and states of being*

aburrido/a *bored (with* **estar***)*
cansado/a *tired*
contento/a *content; happy*
enfermo/a *ill; sick*
enojado/a *angry*
feliz *happy*
nervioso/a *upset; nervous*
preocupado/a *worried*
triste *sad*

Los números 100–1.000 — *Numbers 100–1,000*

cien *100*
ciento uno *101*
ciento dos *102*
ciento dieciséis *116*
ciento veinte *120*
doscientos *200*
doscientos uno *201*
trescientos *300*
cuatrocientos *400*
quinientos *500*
seiscientos *600*
setecientos *700*
ochocientos *800*
novecientos *900*
mil *1,000*

Los verbos — *Verbs*

abrir *to open*
aprender *to learn*
comer *to eat*
comprar *to buy*
comprender *to understand*
contestar *to answer*
correr *to run*
creer *to believe*
enseñar *to teach; to show*
escribir *to write*
esperar *to wait for; to hope*
estar *to be*
estudiar *to study*
hablar *to speak*
leer *to read*
llegar *to arrive*
necesitar *to need*
preguntar *to ask (a question)*
preparar *to prepare; to get ready*
recibir *to receive*
regresar *to return*
terminar *to finish; to end*
tomar *to take; to drink*
trabajar *to work*
usar *to use*
vivir *to live*

Los lugares — *Places*

el apartamento *apartment*
la biblioteca *library*
la cafetería *cafeteria*
el centro estudiantil *student center; student union*
el cuarto *room*
el edificio *building*
el estadio *stadium*
el gimnasio *gymnasium*
el laboratorio *laboratory*
la librería *bookstore*
la residencia estudiantil *dormitory*
la tienda *store*

Las palabras interrogativas — *Interrogative words*

¿Adónde? *To where?*
¿Cómo? *How?*
¿Cuál? *Which (one)?*
¿Cuáles? *Which (ones)?*
¿Cuándo? *When?*
¿Cuánto/a? *How much?*
¿Cuántos/as? *How many?*
¿Dónde? *Where?*
¿Por qué? *Why?*
¿Qué? *What?*
¿Quién? *Who?*
¿Quiénes? *Who?*

La residencia — *The dorm*

la calculadora *calculator*
el/la compañero/a de cuarto *roommate*
la computadora *computer*
el despertador *alarm clock*
el dinero *money*
el disco compacto (el CD) *compact disk*
el DVD *DVD*
el horario (de clases) *schedule (of classes)*
el radio/la radio *radio*
el reloj *clock; watch*
el reproductor de CD/DVD *CD/DVD player*
el televisor *TV set*

Otras palabras útiles — *Other useful words*

a menudo *often*
a veces *sometimes; from time to time*
ayer *yesterday*

cerca (de)	*close; near*
con	*with*
el curso	*course*
difícil	*difficult*
el equipo	*team*
fácil	*easy*
hasta	*until*
hay	*there is; there are*
hoy	*today*
lejos (de)	*far (from); far away*
mañana	*tomorrow*
más	*more*
menos	*less*
mucho	*a lot*
nunca	*never*
la pelota	*ball*
pero	*but*
poco	*a little; few*
el semestre	*semester*
también	*too; also*
y	*and*

CAPÍTULO 3 DE *¡ANDA! CURSO ELEMENTAL*

La casa	*The house*
el altillo	*attic*
el balcón	*balcony*
el baño	*bathroom*
la cocina	*kitchen*
el comedor	*dining room*
el cuarto	*room*
el dormitorio	*bedroom*
la escalera	*staircase*
el garaje	*garage*
el jardín	*garden*
la oficina	*office*
el piso	*floor; story*
la planta baja	*ground floor*
el primer piso	*second floor*
la sala	*living room*
el segundo piso	*third floor*
el sótano	*basement*
el suelo	*floor*
el techo	*roof*
el tercer piso	*fourth floor*

Los verbos	*Verbs*
conocer	*to be aquainted with; to know*
dar	*to give*
decir	*to say; to tell*
hacer	*to do; to make*
oír	*to hear*
poder	*to be able to*
poner	*to put; to place*
querer	*to want; to love*
salir	*to leave; to go out*
traer	*to bring*
venir	*to come*
ver	*to see*

Los muebles y otros objetos de la casa	*Furniture and other objects in the house*
La sala y el comedor	*The living room and dining room*
la alfombra	*rug; carpet*
el estante de libros	*bookcase*
la lámpara	*lamp*
el mueble	*piece of furniture*
los muebles	*furniture*
el sillón	*armchair*
el sofá	*sofa*

La cocina	*The kitchen*
la estufa	*stove*
el lavaplatos	*dishwasher*
el microondas	*microwave*
el refrigerador	*refrigerator*

El baño	*The bathroom*
la bañera	*bathtub*
el bidet	*bidet*
la ducha	*shower*
el inodoro	*toilet*
el lavabo	*sink*

El dormitorio	*The bedroom*
la almohada	*pillow*
el armario	*armoire; closet; cabinet*
la cama	*bed*
la colcha	*bedspread; comforter*
la manta	*blanket*
las sábanas	*sheets*
el tocador	*dresser*

Otras palabras útiles en la casa	*Other useful words in the house*
amueblado/a	*furnished*
la cosa	*thing*
el cuadro	*picture; painting*
el objeto	*object*
la planta	*plant*

Los quehaceres de la casa	*Household chores*
arreglar	*to straighten up; to fix*
ayudar	*to help*
cocinar, preparar la comida	*to cook*
guardar	*to put away; to keep*
hacer la cama	*to make the bed*
lavar los platos	*to wash dishes*
limpiar	*to clean*
pasar la aspiradora	*to vacuum*
poner la mesa	*to set the table*
sacar la basura	*to take out the garbage*
sacudir el polvo	*to dust*

Los colores	*Colors*
amarillo	*yellow*
anaranjado	*orange*
azul	*blue*
beige	*beige*
blanco	*white*
gris	*gray*
marrón	*brown*
morado	*purple*
negro	*black*
rojo	*red*
rosado	*pink*
verde	*green*

Expresiones con *tener*	*Expressions with* tener
tener... años	*to be... years old*
tener calor	*to be hot*
tener cuidado	*to be careful*
tener éxito	*to be successful*
tener frío	*to be cold*
tener ganas de + (*infinitive*)	*to feel like + (verb)*
tener hambre	*to be hungry*
tener miedo	*to be afraid*
tener prisa	*to be in a hurry*
tener razón	*to be right*
tener sed	*to be thirsty*
tener sueño	*to be sleepy*
tener suerte	*to be lucky*
tener vergüenza	*to be embarrassed*

Los números 1.000–100.000.000	*Numbers 1,000–100,000,000*
mil	*1,000*
mil uno	*1,001*
mil diez	*1,010*
dos mil	*2,000*
treinta mil	*30,000*
cien mil	*100,000*
cuatrocientos mil	*400,000*
un millón	*1,000,000*
dos millones	*2,000,000*
cien millones	*100,000,000*

Otras palabras útiles	*Other useful words*
a la derecha (de)	*to the right (of)*
a la izquierda (de)	*to the left (of)*
al lado (de)	*beside*
antiguo/a	*old*
la calle	*street*
el campo	*country*
la ciudad	*city*
contemporáneo/a	*contemporary*
desordenado/a	*messy*
encima (de)	*on top (of)*
humilde	*humble*
limpio/a	*clean*
moderno/a	*modern*
nuevo/a	*new*
la ropa	*clothes; clothing*
siempre	*always*
sucio/a	*dirty*
tener que + (*infinitive*)	*to have to + (verb)*
tradicional	*traditional*
viejo/a	*old*

CAPÍTULO 4 DE *¡ANDA! CURSO ELEMENTAL*

Los lugares	*Places*
el almacén	*department store*
el banco	*bank*
el bar; el club	*bar; club*
el café	*cafe*
el cajero automático	*ATM machine*
el centro	*downtown*
el centro comercial	*mall; business/shopping district*
el cibercafé	*Internet café*
el cine	*movie theater*
el club campestre	*country club*
la iglesia	*church*
el mercado	*market*
el museo	*museum*
la oficina de correos; correos	*post office*
el parque	*park*
la plaza	*town square*
el restaurante	*restaurant*
el supermercado	*supermarket*
el teatro	*theater*
el templo	*temple*

Unos verbos	*Some verbs*
buscar	*to look for*
estar de acuerdo	*to agree*
mandar una carta	*to send/mail a letter*

Otras palabras útiles	*Other useful words*
detrás (de)	*behind*
enfrente (de)	*in front (of)*
el/la mejor	*the best*
el/la peor	*the worst*
la ciudad	*city*
la cuenta	*bill; account*
la película	*movie; film*
el pueblo	*town; village*

Trabajos y servicios voluntarios	*Volunteer opportunities*
apoyar a un/a candidato/a	*to support a candidate*
la artesanía	*arts and crafts*
el campamento de niños	*summer camp*
la campaña política	*political campaign*
la canoa	*canoe*
circular una petición	*to circulate a petition*
el/la consejero/a	*counselor*
deber	*ought to; should*

hacer una caminata	*to take a walk*
la hoguera	*campfire*
ir de excursión	*to take a short trip*
llevar a alguien al médico	*to take someone to the doctor*
trabajar como voluntario/a	*to volunteer*
organizar	*to organize*
las personas mayores, los mayores	*elderly people*
repartir comidas	*to hand out/deliver food*
la residencia de ancianos	*nursing home/assisted living facility*
la tienda de campaña	*tent*
trabajar como voluntario/a	*to volunteer*

¿Qué tienen que hacer? (Verbos con cambio de raíz)	*What do they have to do? (Stem-changing verbs)*
almorzar (ue)	*to have lunch*
cerrar (ie)	*to close*
comenzar (ie)	*to begin*
costar (ue)	*to cost*
demostrar (ue)	*to demonstrate*
devolver (ue)	*to return (an object)*
dormir (ue)	*to sleep*
empezar (ie)	*to begin*
encerrar (ie)	*to enclose*
encontrar (ue)	*to find*
entender (ie)	*to understand*
jugar (ue)	*to play*
mentir (ie)	*to lie*
morir (ue)	*to die*
mostrar (ue)	*to show*
pedir (i)	*to ask for*
pensar (ie)	*to think*
perder (ie)	*to lose; to waste*
perseguir (i)	*to chase*
preferir (ie)	*to prefer*
recomendar (ie)	*to recommend*
recordar (ue)	*to remember*
repetir (i)	*to repeat*
seguir (i)	*to follow; to continue (doing something)*
servir (i)	*to serve*
volver (ue)	*to return*

Otros verbos	*Other verbs*
ir	*to go*
saber	*to know*

Otras palabras útiles	*Other useful words*
el deber	*obligation; duty*
el voluntariado	*volunteerism*

Expresiones afirmativas y negativas	*Affirmative and negative expressions*
a veces	*sometimes*
algo	*something; anything*
alguien	*someone*
algún	*some; any*
alguno/a/os/as	*some; any*
jamás	*never; not ever* (emphatic)
nada	*nothing*
nadie	*no one; nobody*
ni... ni	*neither... nor*
ningún	*none*
ninguno/a/os/as	*none*
nunca	*never*
o... o	*either... or*
siempre	*always*

CAPÍTULO 5 DE *¡ANDA! CURSO ELEMENTAL*

El mundo de la música	*The world of music*
el/la artista	*artist*
la batería	*drums*
el/la baterista	*drummer*
el/la cantante	*singer*
el concierto	*concert*
el conjunto	*group; band*
el/la empresario/a	*agent; manager*
la gira	*tour*
las grabaciones	*recordings*
la guitarra	*guitar*
el/la guitarrista	*guitarist*
el/la músico/a	*musician*
la música	*music*
la orquesta	*orchestra*
el/la pianista	*pianist*
el piano	*piano*
el tambor	*drum*
el/la tamborista	*drummer*
la trompeta	*trumpet*
el/la trompetista	*trumpet player*

Unos géneros musicales	*Some musical genres*
el jazz	*jazz*
la música clásica	*classical music*
la música popular	*pop music*
la ópera	*opera*
el rock	*rock*
la salsa	*salsa*

Unas características	*Some characteristics*
apasionado/a	*passionate*
cuidadoso/a	*careful*
fino/a	*fine; delicate*
lento/a	*slow*
suave	*smooth*

Unos verbos	*Some verbs*
dar un concierto	*to give/perform a concert*
ensayar	*to practice/rehearse*
grabar	*to record*
hacer una gira	*to tour*

sacar un CD	*to release a CD*
tocar	*to play (a musical instrument)*

Otras palabras útiles	*Other useful words*
el/la aficionado/a	*fan*
la fama	*fame*
el género	*genre*
la habilidad	*ability; skill*
la letra	*lyrics*
el ritmo	*rhythm*
el sabor	*flavor*
la voz	*voice*

El mundo del cine	*The world of cinema*
el actor	*actor*
la actriz	*actress*
la entrada	*ticket*
la estrella	*star*
la pantalla	*screen*
una película...	*a... film; movie*
de acción	*action*
de ciencia ficción	*science fiction*
documental	*documentary*
dramática	*drama*
de guerra	*war*
de humor	*funny; comedy*
de misterio	*mystery*
musical	*musical*
romántica	*romantic*
de terror	*horror*

Otras palabras útiles	*Other Useful Words*
el estreno	*opening*
la película	*film; movie*
una película...	*a... movie*
aburrida	*boring*
animada	*animated*
conmovedora	*moving*
creativa	*creative*
emocionante	*moving*
entretenida	*entertaining*
épica	*epic*
espantosa	*scary*
estupenda	*stupendous*
imaginativa	*imaginative*
impresionante	*impressive*
pésima	*heavy; depressing*
sorprendente	*surprising*
trágica	*tragic*

Los números ordinales	*Ordinal numbers*
primer, primero/a	*first*
segundo/a	*second*
tercer, tercero/a	*third*
cuarto/a	*fourth*
quinto/a	*fifth*
sexto/a	*sixth*
séptimo/a	*seventh*
octavo/a	*eighth*
noveno/a	*ninth*
décimo/a	*tenth*

Unos verbos	*Some verbs*
estrenar una película	*to release a film/movie*
presentar una película	*to show a film/movie*

Vocabulario útil	*Useful vocabulary*
el idioma/la lengua	*language*
la paz	*peace*
respetar	*to respect*

CAPÍTULO 7 DE *¡ANDA! CURSO ELEMENTAL*

Las carnes y las aves	*Meat and poultry*
las aves	*poultry*
el bistec	*steak*
la carne	*meat*
la hamburguesa	*hamburger*
el jamón	*ham*
el perro caliente	*hot dog*
el pollo	*chicken*

El pescado y los mariscos	*Fish and seafood*
el atún	*tuna*
los camarones (*pl.*)	*shrimp*
el pescado	*fish*

Las frutas	*Fruit*
la banana/el plátano	*banana*
el limón	*lemon*
la manzana	*apple*
el melón	*melon*
la naranja	*orange*
la pera	*pear*
el tomate	*tomato*

Las verduras	*Vegetables*
la cebolla	*onion*
el chile	*chili pepper*
la ensalada	*salad*
los frijoles (*pl.*)	*beans*
la lechuga	*lettuce*
el maíz	*corn*
la papa /la patata	*potato*
las papas fritas (*pl.*)	*french fries; potato chips*
la verdura	*vegetable*

Los postres	*Desserts*
los dulces	*candy; sweets*
las galletas	*cookies; crackers*
el helado	*ice cream*
el pastel	*pastry; pie*
el postre	*dessert*
la torta	*cake*

Las bebidas	*Beverages*
el agua (con hielo)	*water (with ice)*
el café	*coffee*
la cerveza	*beer*
el jugo	*juice*
la leche	*milk*
el refresco	*soft drink*
el té (helado/caliente)	*tea (iced/hot)*
el vino	*wine*

Más comidas	*More foods*
el arroz	*rice*
el cereal	*cereal*
el huevo	*egg*
el pan	*bread*
el queso	*cheese*
la sopa	*soup*
la tostada	*toast*

Las comidas	*Meals*
el almuerzo	*lunch*
la cena	*dinner*
la comida	*food; meal*
el desayuno	*breakfast*
la merienda	*snack*

Verbos	*Verbs*
almorzar (ue)	*to have lunch*
andar	*to walk*
beber	*to drink*
cocinar	*to cook*
conducir	*to drive*
cenar	*to have dinner*
desayunar	*to have breakfast*
merendar (ie)	*to have a snack*

Los condimentos y las especias	*Condiments and spices*
el aceite	*oil*
el azúcar	*sugar*
la mantequilla	*butter*
la mayonesa	*mayonnaise*
la mermelada	*jam; marmalade*
la mostaza	*mustard*
la pimienta	*pepper*
la sal	*salt*
la salsa de tomate	*ketchup*
el vinagre	*vinegar*

Unos términos de cocina	*Cooking terms*
a la parrilla	*grilled*
al horno	*baked*
asado/a	*roasted; grilled*
bien cocido/a	*well done*
bien hecho/a	*well cooked*
caliente	*hot (temperature)*
cocido/a	*boiled; baked*
crudo/a	*rare; raw*
duro/a	*hard-boiled*
fresco/a	*fresh*
frito/a	*fried*
helado/a	*iced*
hervido/a	*boiled*
picante	*spicy*
poco hecho/a	*rare*
término medio	*medium*

En el restaurante	*In the restaurant*
el/la camarero/a	*waiter/waitress*
el/la cliente/a	*customer; client*
el/la cocinero/a	*cook*
la cuchara	*soup spoon; tablespoon*
la cucharita	*teaspoon*
el cuchillo	*knife*
la especialidad de la casa	*specialty of the house*
el mantel	*tablecloth*
el menú	*menu*
el plato	*plate; dish*
la propina	*tip*
la servilleta	*napkin*
la tarjeta de crédito	*credit card*
la taza	*cup*
el tenedor	*fork*
el vaso	*glass*

Verbos	*Verbs*
pagar	*to pay*
pedir (i)	*to order*
reservar una mesa	*to reserve a table*

Otras palabras útiles	*Other useful words*
anoche	*last night*
anteayer	*the day before yesterday*
el año pasado	*last year*
ayer	*yesterday*
barato/a	*cheap*
¡Buen provecho!	*Enjoy your meal!*
caro/a	*expensive*
cerca (de)	*near*
debajo (de)	*under; underneath*
encima (de)	*on top (of); above*
el fin de semana pasado	*last weekend*
el... (jueves) pasado	*last... (Thursday)*
La cuenta, por favor.	*The check, please.*
la semana pasada	*last week*
más tarde que	*later than*
más temprano que	*earlier than*

CAPÍTULO 8 DE *¡ANDA! CURSO ELEMENTAL*

La ropa	*Clothing*
el abrigo	*overcoat*
la bata	*robe*
la blusa	*blouse*
el bolso	*purse*
las botas (*pl.*)	*boots*

los calcetines (*pl.*)	*socks*
la camisa	*shirt*
la camiseta	*T-shirt*
la chaqueta	*jacket*
el cinturón	*belt*
el conjunto	*outfit*
la corbata	*tie*
la falda	*skirt*
la gorra	*cap*
los guantes	*gloves*
el impermeable	*raincoat*
los jeans (*pl.*)	*jeans*
las medias (*pl.*)	*stockings; hose*
los pantalones (*pl.*)	*pants*
los pantalones cortos (*pl.*)	*shorts*
el paraguas	*umbrella*
el pijama	*pajamas*
la ropa interior	*underwear*
las sandalias (*pl.*)	*sandals*
el sombrero	*hat*
la sudadera	*sweatshirt*
el suéter	*sweater*
los tenis (*pl.*)	*tennis shoes*
el traje	*suit*
el traje de baño	*swimsuit; bathing suit*
el vestido	*dress*
las zapatillas (*pl.*)	*slippers*
los zapatos (*pl.*)	*shoes*

Las telas y los materiales	*Fabrics and materials*
el algodón	*cotton*
el cuero	*leather*
la lana	*wool*
el poliéster	*polyester*
la seda	*silk*
la tela	*fabric*

Unos adjetivos	*Some adjectives*
ancho/a	*wide*
atrevido/a	*daring*
claro/a	*light (colored)*
cómodo/a	*comfortable*
corto/a	*short*
de cuadros	*checked*
de lunares	*polka-dotted*
de rayas	*striped*
elegante	*elegant*
estampado/a	*print; with a design or pattern*
estrecho/a	*narrow; tight*
formal	*formal*
informal	*casual*
largo/a	*long*
liso/a	*solid-colored*
oscuro/a	*dark*

Unos verbos	*Some verbs*
llevar	*to wear; to take; to carry*
llevar puesto	*to wear; to have on*
quedar bien/mal	*to fit well/poorly*

Otras palabras útiles	*Other useful words*
la moda	*fashion; style*
el/la modelo	*model*

Unos verbos como *gustar*	*Verbs similar to* gustar
encantar	*to love; delight*
fascinar	*to fascinate*
hacer falta	*to need; to be lacking*
importar	*to matter; to be important*
molestar	*to bother*

Unos verbos reflexivos	*Some reflexive verbs*
acordarse de (o → ue)	*to remember*
acostarse (o → ue)	*to go to bed*
afeitarse	*to shave*
arreglarse	*to get ready*
bañarse	*to bathe*
callarse	*to get/keep quiet*
cepillarse (el pelo, los dientes)	*to brush (one's hair, teeth)*
despertarse (e → ie)	*to wake up; to awaken*
divertirse (e → ie → i)	*to enjoy oneself; to have fun*
dormirse (o → ue → u)	*to fall asleep*
ducharse	*to shower*
irse	*to go away; to leave*
lavarse	*to wash oneself*
levantarse	*to get up; to stand up*
llamarse	*to be called*
maquillarse	*to put on makeup*
peinarse	*to comb one's hair*
ponerse (la ropa)	*to put on (one's clothes)*
ponerse (nervioso/a)	*to get (nervous)*
quedarse	*to stay; to remain*
quitarse (la ropa)	*to take off (one's clothes)*
reunirse	*to get together; to meet*
secarse	*to dry off*
sentarse (e → ie)	*to sit down*
sentirse (e → ie → i)	*to feel*
vestirse (e → i → i)	*to get dressed*

CAPÍTULO 9 DE ¡ANDA! CURSO ELEMENTAL

El cuerpo humano	*The human body*
la boca	*mouth*
el brazo	*arm*
la cabeza	*head*
la cara	*face*
la cintura	*waist*
el corazón	*heart*
el cuello	*neck*
el cuerpo	*body*
el dedo (de la mano)	*finger*
el dedo (del pie)	*toe*
el diente	*tooth*
la espalda	*back*

el estómago *stomach*
la garganta *throat*
la mano *hand*
la nariz *nose*
el oído *inner ear*
el ojo *eye*
la oreja *ear*
el pecho *chest*
el pelo *hair*
el pie *foot*
la pierna *leg*

Unos verbos *Some verbs*

doler (ue) *to hurt*
estar enfermo/a *to be sick*
estar sano/a; saludable *to be healthy*
ser alérgico/a (a) *to be allergic (to)*

Otras palabras útiles *Other useful words*

la salud *health*
la sangre *blood*

Unas enfermedades y tratamientos médicos *Illnesses and medical treatments*

el antiácido *antacid*
el antibiótico *antibiotic*
la aspirina *aspirin*
el catarro/el resfriado *cold*
la curita *adhesive bandage*
el/la doctor/a *doctor*
el dolor *pain*
el/la enfermero/a *nurse*
el estornudo *sneeze*
el examen físico *physical exam*
la farmacia *pharmacy*
la fiebre *fever*
la gripe *flu*
la herida *wound; injury*
el hospital *hospital*
la inyección *shot*
el jarabe *cough syrup*
el/la médico/a *doctor*
la náusea *nausea*
las pastillas *pills*
la receta *prescription*
la sala de urgencias *emergency room*
la tos *cough*
la venda/el vendaje *bandage*

Unos verbos *Some verbs*

acabar de + (infinitive) *to have just finished + (doing something)*
cortar(se) *to cut (oneself)*
curar *to cure*
curar(se) *to be cured*
enfermar(se) *to get sick*
estornudar *to sneeze*
evitar *to avoid*
guardar cama *to stay in bed*
lastimar(se) *to get hurt*
mejorar(se) *to improve; to get better*
ocurrir *to occur*
quemar *to burn*
quemar(se) *to get burned*
romper(se) *to break*
tener...
  alergia (a) *to be allergic (to)*
  (un) catarro, resfriado *to have a cold*
  (la/una) gripe *to have the flu*
  una infección *to have an infection*
  tos *to have a cough*
  un virus *to have a virus*
tener dolor de... *to have a...*
  cabeza *headache*
  espalda *backache*
  estómago *stomachache*
  garganta *sore throat*
toser *to cough*
tratar de *to try to*
vendar(se) *to bandage (oneself); to dress (a wound)*

CAPÍTULO 10 DE *¡ANDA! CURSO ELEMENTAL*

El transporte *Transportation*

el autobús *bus*
el avión *airplane*
la bicicleta *bicycle*
el camión *truck*
el carro/el coche *car*
el metro *subway*
la moto(cicleta) *motorcycle*
el taxi *taxi*
el tren *train*

Otras palabras útiles *Other useful words*

la autopista *highway; freeway*
el boleto *ticket*
la calle *street*
la cola *line (of people)*
la estación de servicio *gas station*
el estacionamiento *parking*
la licencia (de conducir) *driver's license*
la multa *traffic ticket; fine*
la parada *bus stop*
el peatón *pedestrian*
el policía *policeman*
el ruido *noise*
el semáforo *traffic light*
el tráfico *traffic*

Unas partes de un vehículo *Parts of a vehicle*

el aire acondicionado *air conditioning*
el baúl *trunk*
la calefacción *heat*
el limpiaparabrisas *windshield wiper*

la llanta	*tire*
la llave	*key*
el motor	*motor; engine*
el parabrisas	*windshield*
el tanque	*gas tank*
el volante	*steering wheel*

Unos verbos útiles	*Some useful verbs*
arreglar/hacer la maleta	*to pack a suitcase*
bajar (de)	*to get down (from); to get off (of)*
cambiar	*to change*
caminar, ir a pie	*to walk; to go on foot*
dejar	*to leave*
doblar	*to turn*
entrar	*to enter*
estacionar	*to park*
funcionar	*to work; to function*
ir de vacaciones	*to go on vacation*
ir de viaje	*to go on a trip*
irse del hotel	*to leave the hotel; to check out*
llenar	*to fill*
manejar/conducir	*to drive*
prestar	*to loan; to lend*
registrarse (en el hotel)	*to check in*
revisar	*to check; to overhaul*
sacar la licencia	*to get a driver's license*
salir	*to leave; to go out*
subir (a)	*to go up; to get on*
viajar	*to travel*
visitar	*to visit*
volar (o → ue)	*to fly; to fly away*

El viaje	*The trip*
el aeropuerto	*airport*
la agencia de viajes	*travel agency*
el/la agente de viajes	*travel agent*
el barco	*boat*
el boleto de ida y vuelta	*round-trip ticket*
la estación (de tren, de autobús)	*(train, bus) station*
el extranjero	*abroad*
la maleta	*suitcase*
el pasaporte	*passport*
la reserva	*reservation*
el sello	*postage stamp*
la tarjeta postal	*postcard*
las vacaciones	*vacation*
los viajeros	*travelers*
el vuelo	*flight*

El hotel	*The hotel*
el botones	*bellman*
el cuarto doble	*double room*
el cuarto individual	*single room*
la recepción	*front desk*

Unos lugares	*Some places*
el lago	*lake*
las montañas	*mountains*
el parque de atracciones	*theme park*
la playa	*beach*

CAPÍTULO 11 DE *¡ANDA! CURSO ELEMENTAL*

Unos animales	*Some animals*
el caballo	*horse*
el cerdo	*pig*
el conejo	*rabbit*
el elefante	*elephant*
la gallina	*chicken, hen*
el gato	*cat*
la hormiga	*ant*
el insecto	*insect*
el león	*lion*
la mosca	*fly*
el mosquito	*mosquito*
el oso	*bear*
el pájaro	*bird*
el perro	*dog*
el pez (*pl.*, los peces)	*fish*
la rana	*frog*
la rata	*rat*
el ratón	*mouse*
la serpiente	*snake*
el toro	*bull*
la vaca	*cow*

Unos verbos	*Some verbs*
cuidar	*to take care of*
montar (a caballo)	*to ride a horse*
preocuparse por	*to worry about; to concern oneself with*

Las cuestiones políticas	*Political issues*
el bienestar	*well-being; welfare*
la defensa	*defense*
la delincuencia	*crime*
el desempleo	*unemployment*
la deuda (externa)	*(foreign) debt*
el impuesto	*tax*
la inflación	*inflation*

Otras palabras útiles	*Other useful words*
un animal doméstico	*a domesticated animal; pet*
un animal en peligro de extinción	*an endangered species*
un animal salvaje	*a wild animal*
el árbol	*tree*
el bosque	*forest*
la cueva	*cave*
la finca	*farm*
la granja	*farm*

el hoyo	*hole*
el lago	*lake*
la montaña	*mountain*
el océano	*ocean*
peligroso/a	*dangerous*
el río	*river*
la selva	*jungle*

El medio ambiente — *The environment*

el aluminio	*aluminum*
la botella	*bottle*
la caja (de cartón)	*(cardboard) box*
la contaminación	*pollution*
el derrame de petróleo	*oil spill*
el huracán	*hurricane*
el incendio	*fire*
la inundación	*flood*
la lata	*can*
el papel	*paper*
el periódico	*newspaper*
el plástico	*plastic*
el sunami	*tsunami*
el terremoto	*earthquake*
la tormenta	*storm*
el tornado	*tornado*
el vidrio	*glass*

Unos verbos — *Some verbs*

apoyar	*to support*
botar	*to throw away*
combatir	*to fight; to combat*
contaminar	*to pollute*
cuidar	*to take care of*
elegir (i → i)	*to elect*
estar en huelga	*to be on strike*
evitar	*to avoid*
hacer daño	*to (do) damage; to harm*
llevar a cabo	*to carry out*
luchar	*to fight; to combat*
matar	*to kill*
meterse en política	*to get involved in politics*
plantar	*to plant*
preocuparse por	*to worry about; to concern oneself with*
proteger	*to protect*
reciclar	*to recycle*
reforestar	*to reforest*
rehusar	*to refuse*
resolver (o → ue)	*to resolve*
sembrar (e → ie)	*to sow*
volver	*to return*
votar	*to vote*

La política — *Politics*

el alcalde/la alcaldesa	*mayor*
el/la candidato/a	*candidate*
el/la dictador/a	*dictator*
el/la diputado/a	*deputy; representative*
el/la gobernador/a	*governor*
la guerra	*war*
la huelga	*strike*
el/la presidente/a	*president*
el rey/la reina	*king/queen*
el/la senador/a	*senator*

Las preposiciones — *Prepositions*

a	*to; at*
a la derecha de	*to the right of*
a la izquierda de	*to the left of*
acerca de	*about*
(a)fuera de	*outside of*
al lado de	*next to*
antes de	*before (time/space)*
cerca de	*near*
con	*with*
de	*of; from; about*
debajo de	*under; underneath*
delante de	*in front of*
dentro de	*inside of*
desde	*from*
después de	*after*
detrás de	*behind*
en	*in*
encima de	*on top of*
enfrente de	*across from; facing*
entre	*among; between*
hasta	*until*
lejos de	*far from*
para	*for; in order to*
por	*for; through; by; because of*
según	*according to*
sin	*without*
sobre	*over; about*

Las administraciones y los regímenes — *Administrations and regimes*

el congreso	*congress*
la democracia	*democracy*
la dictadura	*dictatorship*
el estado	*state*
el gobierno	*government*
la ley	*law*
la monarquía	*monarchy*
la presidencia	*presidency*
la provincia	*province*
la región	*region*
el senado	*senate*

Las elecciones — *Elections*

la campaña	*campaign*
el discurso	*speech*
la encuesta	*survey; poll*
el partido político	*political party*
el voto	*vote*

Otras Palabras útiles — *Other useful words*

el aire	*air*
la basura	*garbage*
la calidad	*quality*

la capa de ozono	*ozone layer*	**puro/a**	*pure*
el cielo	*sky; heaven*	**el recurso natural**	*natural resource*
el desastre	*disaster*	**la selva tropical**	*jungle; (tropical) rain forest*
la destrucción	*destruction*	**la Tierra**	*Earth*
la ecología	*ecology*	**la tierra**	*land; soil*
el efecto invernadero	*global warming*	**la tragedia**	*tragedy*
la lluvia ácida	*acid rain*	**el vertedero**	*dump*
la naturaleza	*nature*	**vivo/a**	*alive; living*
el planeta	*planet*		

APPENDIX 3

CAPÍTULO PRELIMINAR A DE *¡ANDA! CURSO ELEMENTAL*

El alfabeto

The Spanish alphabet is quite similar to the English alphabet except in the ways the letters are pronounced. Learning the proper pronunciation of the individual letters in Spanish will help you pronounce new words and phrases.

LETTER	LETTER NAME	EXAMPLES	LETTER	LETTER NAME	EXAMPLES
a	a	**a**diós	**n**	ene	**n**oche
b	be	**b**uenos	**ñ**	eñe	ma**ñ**ana
c	ce	**c**lase	**o**	o	c**ó**m**o**
ch	che	**Ch**ile	**p**	pe	**p**or favor
d	de	**d**ía	**q**	cu	**q**ué
e	e	**e**spañol	**r**	ere o erre	seño**r**a, ca**rr**o
f	efe	por **f**avor	**s**	ese	**s**aludos
g	ge	lue**g**o	**t**	te	**t**arde
h	hache	**h**ola	**u**	u	**u**sted
i	i	señor**i**ta	**v**	ve o uve	nue**v**e
j	jota	**j**ulio	**w**	doble ve o uve doble	**W**ashington
k	ka	**k**ilómetro	**x**	equis	e**x**amen
l	ele	**l**uego	**y**	i griega	**y**o
ll	elle	Sevi**ll**a	**z**	zeta	pi**z**arra
m	eme	**m**adre			

Los pronombres personales

The chart below lists the subject pronouns in Spanish and their equivalents in English. As you will note, Spanish has several equivalents for *you*.

yo	*I*	**nosotros/as**	*we*
tú	*you* (familiar)	**vosotros/as**	*you* (plural, Spain)
usted	*you* (formal)	**ustedes**	*you* (plural)
él	*he*	**ellos**	*they* (masculine)
ella	*she*	**ellas**	*they* (feminine)

Generally speaking, **tú** (you, singular) is used for people with whom you are on a first-name basis, such as family members and friends.

Usted, abbreviated **Ud.,** is used with people you do not know well, or with people with whom you are not on a first-name basis. **Usted** is also used with older people, or with those to whom you want to show respect.

Spanish shows gender more clearly than English. **Nosotros** and **ellos** are used to refer to either all males or to a mixed group of males and females. **Nosotras** and **ellas** refer to an all-female group.

El verbo *ser*

Consider the verb *to be* in English. The *to* form of a verb, as in *to be* or *to see* is called an *infinitive*. Note that *to be* has different forms for different subjects.

to be

I	**am**	we	**are**
you	**are**	you (all)	**are**
he, she, it	**is**	they	**are**

Verbs in Spanish also have different forms for different subjects.

ser (*to be*)

Singular			Plural		
yo	**soy**	*I am*	nosotros/as	**somos**	*we are*
tú	**eres**	*you are*	vosotros/as	**sois**	*you are*
él, ella, Ud.	**es**	*he/she is, you are*	ellos/as, Uds.	**son**	*they are, you are*

- In Spanish, subject pronouns are not required but rather used for clarification or emphasis. Pronouns are indicated by the verb ending. For example:

  Soy means *I am*.

  Es means either *he is*, *she is*, or *you* (formal) *are*.

- If you are using a subject pronoun, it will appear first, followed by the form of the verb that corresponds to the subject pronoun, and then the rest of the sentence, as in the examples:

  Yo **soy** Mark. — **Soy** Mark.
  Él **es** inteligente. — **Es** inteligente.

CAPÍTULO 1 DE *¡ANDA! CURSO ELEMENTAL*

El verbo *tener*

A very common verb in Spanish is **tener** (*to have*). The present tense forms of the verb **tener** follow.

tener (*to have*)

Singular			Plural		
yo	**tengo**	*I have*	nosotros/as	**tenemos**	*we have*
tú	**tienes**	*you have*	vosotros/as	**tenéis**	*you have*
él, ella, Ud.	**tiene**	*he/she has, you have*	ellos/as, Uds.	**tienen**	*they have, you have*

CAPÍTULO 2 DE *¡ANDA! CURSO ELEMENTAL*

La formación de preguntas y las palabras interrogativas

Asking yes/no questions

Yes/no questions in Spanish are formed in two different ways:

a. Adding question marks to the statement.

Antonio habla español. → ¿Antonio habla español?
Antonio speaks Spanish. — *Does Antonio speak Spanish?* or *Antonio speaks Spanish?*

As in English, your voice goes up at the end of the sentence. Remember that written Spanish has an upside-down question mark at the beginning of a question.

b. Inverting the order of the subject and the verb.

Antonio habla español. → ¿Habla Antonio español?
SUBJECT + VERB — VERB + SUBJECT
Antonio speaks Spanish. — *Does Antonio speak Spanish?*

Answering yes/no questions

Answering questions is also like English.

¿Habla Antonio español?	*Does Antonio speak Spanish?*
Sí, habla español.	*Yes, he speaks Spanish.*
No, no habla español.	*No, he does not speak Spanish.*

Notice that in the negative response to the question above, both English and Spanish have two negative words.

Information questions

Information questions begin with interrogative words. Study the list of question words below and remember, accents are used on all interrogative words and also on exclamatory words: **¡Qué bueno!** (*That's great!*).

Las palabras interrogativas	***Interrogative words***
¿Adónde?	*To where?*
¿Cómo?	*How?*
¿Cuál?	*Which (one)?*
¿Cuáles?	*Which (ones)?*
¿Cuándo?	*When?*
¿Cuánto/a?	*How much?*
¿Cuántos/as?	*How many?*
¿Dónde?	*Where?*
¿Por qué?	*Why?*
¿Qué?	*What?*
¿Quién?	*Who?*
¿Quiénes?	*Who?*

El verbo *estar*

Another verb that expresses *to be* in Spanish is **estar.** Like **tener** and **ser, estar** is not a regular verb; that is, you cannot simply drop the infinitive ending and add the usual **-ar** endings.

estar (*to be*)

Singular		**Plural**	
yo	**estoy**	nosotros/as	**estamos**
tú	**estás**	vosotros/as	**estáis**
él, ella, Ud.	**está**	ellos/as, Uds.	**están**

Ser and **estar** are not interchangeable because they are used differently. Two uses of **estar** are:

1. To describe the location of someone or something.

Manuel **está** en la sala de clase.	*Manuel is in the classroom.*
Nuestros padres **están** en México.	*Our parents are in Mexico.*

2. To describe how someone is feeling or to express a change from the norm.

Estoy bien. ¿Y tú?	*I'm fine. And you?*
Estamos tristes hoy.	*We are sad today. (Normally we are upbeat and happy.)*

CAPÍTULO 3 DE *¡ANDA! CURSO ELEMENTAL*

Algunos verbos irregulares

Look at the present tense forms of the verbs below. Notice that they all follow the same patterns that you learned to form the present tense of regular verbs, *except* in the **yo** form.

	dar (*to give*)	**conocer** (*to be acquainted with*)	**hacer** (*to do; to make*)	**poner** (*to put; to place*)
yo	d**oy**	cono**zco**	ha**go**	pon**go**
tú	das	conoces	haces	pones
él, ella, Ud.	da	conoce	hace	pone
nosotros/as	damos	conocemos	hacemos	ponemos
vosotros/as	dais	conocéis	hacéis	ponéis
ellos/as, Uds.	dan	conocen	hacen	ponen

	salir (*to leave; to go out*)	**traer** (*to bring*)	**ver** (*to see*)
yo	sal**go**	tra**igo**	v**eo**
tú	sales	traes	ves
él, ella, Ud.	sale	trae	ve
nosotros/as	salimos	traemos	vemos
vosotros/as	salís	traéis	veis
ellos/as, Uds.	salen	traen	ven

Two additional groups of very common irregular verbs follow. Note that **venir** is formed like **tener.**

	decir (*to say; to tell*)	**oír** (*to hear*)	**venir** (*to come*)
yo	**digo**	**oigo**	ven**go**
tú	**di**ces	o**y**es	v**ie**nes
él, ella, Ud.	**di**ce	o**y**e	v**ie**ne
nosotros/as	decimos	oímos	venimos
vosotros/as	decís	oís	venís
ellos/as, Uds.	**di**cen	o**y**en	v**ie**nen

	poder (*to be able to*)	**querer** (*to want; to love*)
yo	p**ue**do	qu**ie**ro
tú	p**ue**des	qu**ie**res
él, ella, Ud.	p**ue**de	qu**ie**re
nosotros/as	podemos	queremos
vosotros/as	podéis	queréis
ellos/as, Uds.	p**ue**den	qu**ie**ren

Algunas expresiones con *tener*

The verb **tener,** besides meaning *to have*, is used in a variety of expressions.

tener... años	*to be... years old*
tener calor	*to be hot*
tener cuidado	*to be careful*
tener éxito	*to be successful*
tener frío	*to be cold*
tener ganas de + (*infinitive*)	*to feel like* + (*verb*)
tener hambre	*to be hungry*
tener miedo	*to be afraid*
tener prisa	*to be in a hurry*
tener razón	*to be right*
tener sed	*to be thirsty*
tener sueño	*to be sleepy*
tener suerte	*to be lucky*
tener vergüenza	*to be embarrassed*

Hay

To say *there is* or *there are* in Spanish you use **hay.** The irregular form **hay** comes from the verb **haber.**

Hay un baño en mi casa.	*There is one bathroom in my house.*
Hay cuatro dormitorios también.	*There are also four bedrooms.*
—¿**Hay** tres baños en tu casa?	*Are there three bathrooms in your house?*
—No, no **hay** tres baños.	*No, there aren't three bathrooms.*

CAPÍTULO 4 DE ¡ANDA! CURSO ELEMENTAL

Saber y *conocer*

Both **conocer** and **saber** mean *to know*.

saber (*to know*)

Singular		Plural	
yo	**sé**	nosotros/as	**sabemos**
tú	**sabes**	vosotros/as	**sabéis**
él, ella, Ud.	**sabe**	ellos/as, Uds.	**saben**

The verbs are not interchangeable. Note when to use each.

*Use **conocer** to express ***being familiar or acquainted with people, places, and things.***

Ellos **conocen** los mejores restaurantes de la ciudad.	*They know the best restaurants in the city.*
Sí, **conozco** a tu hermano, pero no muy bien.	*Yes, I know your brother, but not very well.*

Note:

1. When expressing that *a person* is known, you must use **a.** For example, *Conozco **a** tu hermano...*
2. When **a** is followed by **el, a + el = al.** For example, **Conozco *al* señor (a + el señor)...**

* Use **saber** to express ***knowing facts, pieces of information,*** or ***how to do something.***

¿Qué **sabes** sobre la música de Guatemala?	*What do you know about Guatemalan music?*
Yo **sé** tocar la guitarra.	*I know how to play the guitar.*

Los verbos con cambio de raíz

Change e → ie
cerrar (*to close*)

Singular		Plural	
yo	cierro	nosotros/as	cerramos
tú	cierras	vosotros/as	cerráis
él, ella, Ud.	cierra	ellos/as, Uds.	cierran

Other verbs like **cerrar** (**e → ie**) are:

comenzar	*to begin*	**pensar**	*to think*
empezar	*to begin*	**perder**	*to lose; to waste*
entender	*to understand*	**preferir**	*to prefer*
mentir	*to lie*	**recomendar**	*to recommend*

Change e → i
pedir (*to ask for*)

Singular		Plural	
yo	pido	nosotros/as	pedimos
tú	pides	vosotros/as	pedís
él, ella, Ud.	pide	ellos/as, Uds.	piden

Other verbs like **pedir** (**e → i**) are:

repetir	*to repeat*	**servir**	*to serve*
seguir*	*to follow; to continue (doing something)*		

*Note: The **yo** form of **seguir** is **sigo.**

Change o → ue
encontrar (*to find*)

Singular		Plural	
yo	encuentro	nosotros/as	encontramos
tú	encuentras	vosotros/as	encontráis
él, ella, Ud.	encuentra	ellos/as, Uds.	encuentran

Other verbs like **encontrar** (**o → ue**) are:

almorzar	*to have lunch*	**mostrar**	*to show*
costar	*to cost*	**recordar**	*to remember*
dormir	*to sleep*	**volver**	*to return*
morir	*to die*		

Change u → ue
jugar (*to play*)

Singular		Plural	
yo	juego	nosotros/as	jugamos
tú	juegas	vosotros/as	jugáis
él, ella, Ud.	juega	ellos/as, Uds.	juegan

El verbo *ir*

Another important verb in Spanish is **ir.** Note its irregular present tense forms below.

ir (*to go*)

Singular		Plural	
yo	voy	nosotros/as	vamos
tú	vas	vosotros/as	vais
él, ella, Ud.	va	ellos/as, Uds.	van

Voy al parque. ¿**Van** ustedes también? — *I'm going to the park. Are you all going too?*

No, no **vamos** ahora. Preferimos **ir** más tarde. — *No, we're not going now. We prefer to go later.*

Ir + *a* + infinitivo

You can use a present tense form of **ir + a +** an infinitive to talk about actions that will take place in the future.

Voy a mandar esta carta. ¿Quieres ir conmigo? — *I'm going to mail this letter. Do you want to come with me?*

Sí. Luego, **¿vas a almorzar?** — *Yes. Then, are you going to have lunch?*

Sí, **vamos a comer** comida guatemalteca en el restaurante Tikal. — *Yes, we are going to eat Guatemalan food at Tikal Restaurant.*

¡Perfecto! Ya sé que **voy a pedir** unas empanadas. — *Perfect! I already know that I am going to order some empanadas.*

Muy bien. Pero, primero, tengo que ir al banco. **¡Vamos a necesitar** dinero! — *OK. But first I have to go to the bank. We are going to need money!*

Las expresiones afirmativas y negativas

Unlike English, Spanish can have two or more negatives in the same sentence. A double negative is actually quite common. For example, **No tengo nada que hacer** is *I don't have anything to do.*

Expresiones afirmativas		Expresiones negativas	
a veces	*sometimes*	jamás	*never; not ever* (emphatic)
algo	*something/ anything*	nada	*nothing*
alguien	*someone*	nadie	*no one, nobody*
algún	*some/any*	ningún	*none*
alguno/a/os/as	*some/any*	ninguno/a/os/as	*none*
siempre	*always*	nunca	*never*
o… o	*either… or*	ni… ni	*neither… nor*

1. **Nadie, nunca,** and **jamás** can go before or after the verb, but when the word **no** is used in the same sentence, **no** goes before the verb and the negative word goes after the verb.

No viene **nadie** para tomarle la presión. — *No one is coming to take his blood pressure.*

Nadie viene para tomarle la presión.

No vienes **nunca** a la clínica con nosotras. — *You never come to the clinic with us.*

Nunca vienes a la clínica con nosotras.

2. **Algún** and **ningún**
   a. Forms of **algún** and **ningún** need to agree in gender and number with the noun they modify.
   b. **Algún** and **ningún** are used when followed by masculine singular nouns.
   c. When no noun follows, use **alguno** or **ninguno** when referring to masculine singular nouns, and **alguna** or **ninguna** when referring to feminine singular nouns.

¿Tienes a **algún** paciente que se haya curado de esa enfermedad?

No, no tengo a **ninguno.** La verdad es que **ninguna** enfermedad de los pulmones es fácil de curar.

Un repaso de *ser* y *estar*

You have learned two Spanish verbs that mean ***to be*** in English. These verbs, **estar** and **ser,** are contrasted below.

***Estar** is used:

- **To describe physical or personality characteristics that can change, or to indicate a change in condition**

Esos dependientes **están** enfermos y por eso no pudieron venir a trabajar hoy. — *Those salesclerks are sick and therefore could not come to work today.*

Jorge y Julia **están** tristes. — *Jorge and Julia are sad.*

La cocina **está** sucia. — *The kitchen is dirty.*

- **To describe the location of people or places**

El cine Rialto **está** en la Calle Ochoa. — *The Rialto movie theatre is on Ochoa Street.*

Estamos en el centro comercial. — *We're at the mall.*

¿Dónde **estás** tú? — *Where are you?*

- **With the present participle (-ando, -iendo) to create the presente progresivo**

Estoy comiendo en el Restaurante Río Viejo con mis padres ahora mismo. Después te llamo. — *I'm eating at the Río Viejo Restaurant with my parents right now. I'll call you later.*

* **Ser** is used:

- **To describe physical or personality characteristics that remain relatively constant**

Este banquero **es** muy listo. — *This banker is really clever.*

Yanina **es** guapa. — *Yanina is pretty.*

Su tienda de campaña **es** amarilla. — *Their tent is yellow.*

Las casas **son** grandes. — *The houses are large.*

- **To explain what or who someone or something is**

La Sra. García **es** la dueña de la cadena de tiendas Mucha Moda. — *Mrs. García es the owner of the Mucha Moda chain of stores.*

Marisol **es** mi hermana. — *Marisol is my sister.*

- **To tell time, or to tell when or where an event takes place**

El concierto de Juanes **es** en el Teatro Coliseo y **es** a las ocho de la tarde. — *The Juanes concert is at the Coliseo Theater at 8:00 P.M.*

Son las ocho. — *It's eight o'clock.*

Mi clase de español **es** a las las ocho y **es** en Peabody Hall. — *My Spanish class is at eight o'clock and is in Peabody Hall.*

- **To tell where someone is from and to express nationality**

Todos los meseros **son** de Guadalajara. **Son** mexicanos, no guatemaltecos. — *All the servers/waiters are from Guadalajara. They are Mexican, not Guatemalan.*

Somos hondureños.	*We are Honduran.*
Ellos **son** de Guatemala.	*They are from Guatemala.*
Son guatemaltecos.	*They are Guatemalan.*

CAPÍTULO 5 DE *¡ANDA! CURSO ELEMENTAL*

Los adjetivos demostrativos

When you want to point out a specific person, place, thing, or idea, you use a *demonstrative adjective*. In Spanish, they are:

Demonstrative Adjectives	Meaning	Referring to...
este, esta, estos, estas	*this, these*	something nearby
ese, esa, esos, esas	*that, those over there*	something farther away
aquel, aquella, aquellos, aquellas	*that, those (way) over there*	something even farther away in distance and/or time... perhaps not even visible

Because forms of **este, ese,** and **aquel** are adjectives, they must agree in gender and number with the nouns they modify. Note the following examples.

Este sueldo es muy bajo y **esos** beneficios son terribles.	*This salary is very low and those benefits are terrible.*
Esas destrezas son necesarias para una maestra competente.	*Those skills are necessary for a competent teacher.*
Aquella aspirante no tiene la formación que requiere **este** trabajo.	*That applicant does not have the training that this job requires.*

Los pronombres demostrativos

Demonstrative pronouns take the place of nouns. They are identical in form and meaning to the demonstrative adjectives, with the exception of the ***accent mark***.

Masculino	Femenino	Meaning
éste	**ésta**	*this one*
éstos	**éstas**	*these*
ése	**ésa**	*that one*
ésos	**ésas**	*those*
aquél	**aquélla**	*that one (way over there/not visible)*
aquéllos	**aquéllas**	*those (way over there/not visible)*

A demonstrative pronoun must agree in gender and number with the noun it replaces. Observe how demonstrative adjectives and demonstrative pronouns are used in the following sentences.

Yo quiero comprar **este CD** pero mi hermana quiere comprar **ése.**	*I want to buy this CD but my sister wants to buy that one.*
—¿Te gusta **esa guitarra**?	*Do you like that guitar?*
—No, a mí me gusta **ésta.**	*No, I like this one.*
Estos instrumentos son interesantes, pero prefiero tocar **ésos.**	*These instruments are interesting, but I prefer to play those.*
En **esta** calle hay varios cines. ¿Quieres ir a **aquél**?	*There are several movie theaters on this street. Do you want to go to that one over there?*

Los adverbios

Many Spanish adverbs end in **-mente,** which is equivalent to the English *-ly*. They describe a verb and usually answer the question *how*. These Spanish adverbs are formed as follows:

1. Add **-mente** to the *feminine singular* form of an *adjective.*

ADJETIVOS				ADVERBIOS
Masculino		**Femenino**		
rápido	→	*rápida* + -mente	→	**rápidamente**
lento	→	*lenta* + -mente	→	**lentamente**
tranquilo	→	*tranquila* + -mente	→	**tranquilamente**

2. If an *adjective* ends in a *consonant* or in **-e,** simply add **-mente.**

ADJETIVOS				ADVERBIOS
Masculino		**Femenino**		
fácil	→	*fácil* + -mente	→	**fácilmente**
suave	→	*suave* + -mente	→	**suavemente**

*Note that if an adjective has a written accent, it is retained when **-mente** is added.

El presente progresivo

If you want to emphasize that an action is occurring at the moment—that it is in progress—you can use the **present progressive** instead of the simple present.

1. The English *present progressive* is made up of a form of the verb *to be* + *present participle* (*-ing*). The form is the same in Spanish: *estar* + present participle (*-ando, -iendo*).

¿Qué **estás** compr**ando**?	*What are you buying?*
¿Estás com**iendo** helado?	*Are you eating ice cream?*
Tu novio **está** mir**ando** los anillos.	*Your boyfriend is looking at rings.*
¿Están consider**ando** los zapatos con los tacones altos?	*Are they considering the shoes with the high heels?*
Me **estoy** afeit**ando./ Estoy** afeit**ándo**me.	*I'm shaving.*

2. The following verbs have irregular present participles.

creer	creyendo	perseguir	persiguiendo
leer	leyendo	repetir	repitiendo
ir	yendo	seguir	siguiendo
decir	diciendo	servir	sirviendo
mentir	mintiendo	dormir	durmiendo
pedir	pidiendo	morir	muriendo
preferir	prefiriendo		

3. Object pronouns as well as reflexive pronouns can either be placed before the form of **estar** or attached to the *present participle*. Attaching them to the participle will necessitate an accent mark.

Se está durmiendo *o* Está durmiéndose.	*She's falling asleep.*
Se los estamos dando *o* Estamos dándoselos.	*We are giving it to them.*

Los números ordinales

The first ten ordinal numbers in Spanish are listed below. They are the most commonly used.

primer, primero/a	*first*
segundo/a	*second*
tercer, tercero/a	*third*
cuarto/a	*fourth*
quinto/a	*fifth*
sexto/a	*sixth*
séptimo/a	*seventh*
octavo/a	*eighth*
noveno/a	*ninth*
décimo/a	*tenth*

1. Ordinal numbers are adjectives and agree in number and gender with the nouns they modify.

el **cuarto** año	*the fourth year*
la **octava** sinfonía	*the eighth symphony*

2. Before a masculine singular noun, **primero** and **tercero** are shortened to **primer** and **tercer.**

el **primer** concierto	*the first concert*
el **tercer** curso de español	*the third Spanish course*

3. As seen in the examples above, ordinal numbers usually *precede* the noun.

Hay que + infinitivo

The expression **hay que** + *infinitive* is used to communicate responsibility, obligation, or the importance of something. **Hay que** + *infinitive* means:

It is necessary to…
You must…
One must/should…

Para ser un músico bueno **hay que** ensayar mucho.	*To be a good musician one must rehearse a lot.*
Hay que estudiar mucho para sacar buenas notas.	*It is necessary to study a lot to receive good grades.*
Hay que ver la nueva película de Almodóvar.	*You must see the new Almodóvar film.*

Los pronombres de complemento directo y la "a" personal

Direct objects receive the action of the verb and answer the questions *What?* or *Whom?*

*Note the following examples of *direct objects* in Spanish.

María toca **dos instrumentos** muy bien.	*María plays two instruments very well.*
Sacamos **un CD** el primero de septiembre.	*We are releasing a CD the first of September.*
¿Tienes **las entradas**?	*Do you have the tickets?*
No conozco a **Antonio Banderas.**	*I do not know Antonio Banderas.*
Siempre veo a **Shakira** en la televisión.	*I always watch Shakira on TV.*

Now that you have learned about direct objects, a more global way of stating the rule is: when direct objects refer to *people*, you must use the personal **a.** Review the following examples.

People	Things
¡Veo **a** *Cameron Díaz*!	¡Veo *el coche* de Cameron Díaz!
Hay que ver **a** *mis padres*.	Hay que ver *la película*.
¿**A** qué *actores* conoces?	¿Qué *ciudades* conoces?

As in English, we can replace direct objects nouns with *direct object pronouns.* Note the following examples.

María **los** toca muy bien.	*María plays them very well.*
Lo sacamos el primero de septiembre.	*We are releasing it the first of September.*
¿**Las** tienes?	*Do you have them?*
No **lo** conozco.	*I do not know him.*
Siempre **la** veo en la televisión.	*I always see her on TV.*

In Spanish, direct object pronouns *agree in gender and number with the nouns they replace.* The chart below lists the direct object pronouns.

SINGULAR		PLURAL	
me	*me*	**nos**	*us*
te	*you*	**os**	*you all*
lo, la	*him, her, it, you*	**los, las**	*them, you all*

Placement of direct object pronouns

Direct object pronouns are:

1. Placed before the verb.
2. Attached to *infinitives* or to the *present participle* (**-ando, -iendo**).

¿Tienes los discos compactos?	→	Sí, **los** tengo.
Tengo que traer los instrumentos.	→	**Los** tengo que traer. / Tengo que traer**los.**
Tiene que llevar su guitarra.	→	**La** tiene que llevar. / Tiene que llevar**la.**

—¿Por qué estás preparando la comida para tu madre?
—**La** estoy preparando porque mi madre está enferma. / Estoy preparándo**la** porque mi madre está enferma.

CAPÍTULO 7 DE *¡ANDA! CURSO ELEMENTAL*

El pretérito

To express something you did or something that occurred in the past, you can use the **pretérito** (*preterit*).

Los verbos regulares

*Note the endings for regular verbs in the **pretérito** below.

	-ar: comprar	-er: comer	-ir: vivir
yo	compr**é**	com**í**	viv**í**
tú	compr**aste**	com**iste**	viv**iste**
él, ella, Ud.	compr**ó**	com**ió**	viv**ió**
nosotros/as	compr**amos**	com**imos**	viv**imos**
vosotros/as	compr**asteis**	com**isteis**	viv**isteis**
ellos/as, Uds.	compr**aron**	com**ieron**	viv**ieron**

Pablo se **afeitó** la barba y el bigote. — *Pablo shaved his beard and mustache.*

¿Ah, sí? Su novia **llegó** ayer y seguramente **se quejó.** — *Oh yeah? His girlfriend arrived yesterday and she must have complained.*

Precisamente. **Empezó** a llamarlo "Oso". — *Exactly. She started to call him "Bear".*

Algunos verbos irregulares en el pretérito

Remember that the following verbs are irregular in the **pretérito;** they follow a pattern of their own. Study the verb charts to refresh your memory regarding the similarities and differences among the forms.

	andar	estar	tener
yo	and**uve**	est**uve**	**tuve**
tú	and**uviste**	est**uviste**	**tuviste**
él, ella, Ud.	and**uvo**	est**uvo**	**tuvo**
nosotros/as	and**uvimos**	est**uvimos**	**tuvimos**
vosotros/as	and**uvisteis**	est**uvisteis**	**tuvisteis**
ellos/as, Uds.	and**uvieron**	est**uvieron**	**tuvieron**

El verano pasado **anduvimos** mucho por la playa. — *Last summer we walked on the beach a lot.*

¿En qué bar **estuvieron** Uds.? — *In which bar were you all?*

Juan **tuvo** muy buena suerte¡ **ganó** la lotería! — *Juan was really lucky—he won the lottery!*

	conducir	traer	decir
yo	condu**je**	tra**je**	**dije**
tú	condu**jiste**	tra**jiste**	**dijiste**
él, ella, Ud.	condu**jo**	tra**jo**	**dijo**
nosotros/as	condu**jimos**	tra**jimos**	**dijimos**
vosotros/as	condu**jisteis**	tra**jisteis**	**dijisteis**
ellos/as, Uds.	condu**jeron**	tra**jeron**	**dijeron**

Conduje el coche nuevo de mi padre anoche. — *I drove my father's new car last night.*

Rubén **trajo** a su madre a la fiesta. — *Rubén brought his mother to the party.*

¿**Dijeron** la verdad sobre el accidente? — *Did they tell the truth about the accident?*

	ir	ser
yo	fui	fui
tú	fuiste	fuiste
él, ella, Ud.	fue	fue
nosotros/as	fuimos	fuimos
vosotros/as	fuisteis	fuisteis
ellos/as, Uds.	fueron	fueron

Ayer **cené** con Ana. — *I had dinner with Ana yesterday.*

La cena **fue** deliciosa. — *The dinner was delicious.*

Fuimos al mercado para comprar mariscos. — *We went to the market to buy seafood.*

La gente del mercado **fue** muy amable. — *The people at the market were very kind.*

	dar	ver	venir
yo	**di**	**vi**	v**ine**
tú	diste	viste	v**i**niste
él, ella, Ud.	**dio**	**vio**	v**ino**
nosotros/as	dimos	vimos	v**i**nimos
vosotros/as	disteis	visteis	v**i**nisteis
ellos/as, Uds.	**dieron**	vieron	v**i**nieron

	hacer	querer
yo	**hice**	**quise**
tú	h**i**ciste	qu**is**iste
él, ella, Ud.	**hizo**	**quiso**
nosotros/as	h**i**cimos	qu**is**imos
vosotros/as	h**i**cisteis	qu**is**isteis
ellos/as, Uds.	h**i**cieron	qu**is**ieron

	poder	poner	saber
yo	**pude**	**puse**	**supe**
tú	**pu**diste	**pus**iste	**sup**iste
él, ella, Ud.	**pudo**	**puso**	**supo**
nosotros/as	**pu**dimos	**pus**imos	**sup**imos
vosotros/as	**pu**disteis	**pus**isteis	**sup**isteis
ellos/as, Uds.	**pu**dieron	**pus**ieron	**sup**ieron

Juan me **dio** un regalo. — *Juan gave me a gift.*

Vimos a mucha gente rara en la fiesta. — *We saw many strange people at the party.*

¿**Vinieron** sus tíos también?	*Did his aunt and uncle come as well?*
No **pudieron. Tuvieron** que trabajar.	*They couldn't. They had to work.*
¿Qué **hizo** Juan después de la fiesta?	*What did Juan do after the party?*

Verbos con cambio de raíz

1. With **stem-changing verbs,** the first letters in parentheses after the infinitives represent the *present-tense* spelling changes. **Most stem-changing verbs (o-ue) and (e-ie) are regular in the preterit.**

Common stem-changing verbs are:

(e → ie)

cerrar *to close*
despertar(se) *to wake up*
entender *to understand*
recomendar *to recommend*

(o → ue)

perder *to lose*
sentar(se) *to sit, sit down*
costar *to cost*
encontrar *to find*
mostrar *to show*
recordar *to remember*
volver *to return*

2. The **-ir** stem changing verbs are irregular in the **él** and **ellos** forms of the **pretérito.** Note in the following chart how the spelling change is indicated.

	dormir (o → ue → u)	**pedir** (e → i → i)	**preferir** (e → ie → i)
yo	dormí	pedí	preferí
tú	dormiste	pediste	preferiste
él, ella, Ud.	d**u**rmió	p**i**dió	pref**i**rió
nosotros/as	dormimos	pedimos	preferimos
vosotros/as	dormisteis	pedisteis	preferisteis
ellos/as, Uds.	d**u**rmieron	p**i**dieron	pref**i**rieron

(o → ue → u)

morir *to die*

(e → i → i)

repetir *to repeat*
servir *to serve*
seguir *to follow*
vestir(se) *to dress, get dressed*

(e → ie → i)

divertirse *to have a good time*
mentir *to lie*
sentir(se) *to feel*

Anoche los niños **durmieron** por primera vez en su dormitorio nuevo.	*Last night the children slept in their new bedroom for the first time.*
Mi madre nos **sirvió** la comida en el comedor y usó los platos especiales.	*My mother served us the meal in the dining room and used the special dishes.*
Mis primos hicieron la fiesta en el jardín y todos **se divirtieron** mucho.	*My cousins had the party in the garden and everyone had a great time.*

3. Verbs that end in **-car** (buscar, sacar), **-zar** (comenzar, almorzar, empezar), and **-gar** (pagar, jugar) have spelling changes in the **yo** form of the preterit.

	bus**car** c → qu	comen**zar** z → c	pa**gar** g → gu
yo	bus**qué**	comen**cé**	pa**gué**
tú	buscaste	comenzaste	pagaste
él, ella, Ud.	buscó	comenzó	pagó
nosotros/as	buscamos	comenzamos	pagamos
vosotros/as	buscasteis	comenzasteis	pagasteis
ellos/as, Uds.	buscaron	comenzaron	pagaron

Note:

- **c** changes to **qu** to preserve the sound of the hard **c** of the infinitive
- **g** changes to **gu** to preserve the sound of the hard **g** (**g** before **e** or **i** sounds like the **j** sound in Spanish)

Te **busqué** en la cocina pero no te encontré.	*I looked for you in the kitchen but didn't find you.*
Pagué $500 por el sofá.	*I paid $500 for the sofa.*
Ayer **comencé** a redecorar el comedor.	*Yesterday I began to redecorate the dining room.*

4. Verbs that end in **-eer** (creer, leer) and **-uir** (construir, contribuir) have a *y* in the **él** and **ellos** forms.

	creer	**construir**
yo	creí	construí
tú	creiste	construiste
él, ella, Ud.	cre**yó**	constru**yó**
nosotros/as	creimos	construimos
vosotros/as	creisteis	construisteis
ellos/as, Uds.	cre**yeron**	constru**yeron**

Mis hermanos **leyeron** las instrucciones para montar el estante pero no las **pudieron** comprender.	*My brothers read the directions for putting together the bookcase but could not understand them.*

CAPÍTULO 8 DE *¡ANDA! CURSO ELEMENTAL*

Los pronombres de complemento indirecto

The indirect object indicates *to whom* or *for whom* an action is done. Note these examples:

Los pronombres de complemento indirecto

me	*to/for me*
te	*to/for you*
le	*to/for him, her, you* (Ud.)
nos	*to/for us*
os	*to/for you all* (vosotros)
les	*to/for them, you all* (Uds.)

Mi madre	**me**	compra mucha ropa.
Mi madre	**te**	compra mucha ropa.
Mi madre	**le**	compra mucha ropa a mi hermano.
Mi madre	**nos**	compra mucha ropa.
Mi madre	**os**	compra mucha ropa.
Mi madre	**les**	compra mucha ropa a mis hermanos.

¿**Me** traes la falda de rayas?	*Will you bring me the striped skirt?*
Su novio **le** regaló la chaqueta de cuero.	*Her boyfriend gave her the leather jacket.*
Mi hermana **me** compró la blusa de seda.	*My sister bought me the silk blouse.*
Nuestra compañera de cuarto **nos** lavó la ropa.	*Our roommate washed our clothes for us.*

Some things to remember:

1. Like direct object pronouns, indirect object pronouns *precede* the verb and can also be *attached to infinitives and present participles* (**-ando, -iendo**).

¿**Me** quieres dar el dinero? ¿Quieres dar**me** el dinero?	*Do you want to give me the money?*
¿**Me** vas a dar el dinero? ¿Vas a dar**me** el dinero?	*Are you going to give me the money?*
¿**Me** estás dando el dinero? ¿Estás dándo**me** el dinero?	*Are you giving me the money?*
Manolo **te** puede comprar la gorra en la tienda. Manolo puede comprar**te** la gorra en la tienda.	*Manolo can buy you the hat at the store.*
Su hermano **le** va a regalar una camiseta. Su hermano va a regalar**le** una camiseta.	*Her brother is going to give her a T-shirt.*

2. To clarify or emphasize the indirect object, a prepositional phrase (**a** + *prepositional pronoun*) can be added, as in the following sentences. Clarification of **le** and **les** is especially important because they can refer to different people (*him, her, you, them, you all*).

Le presto el abrigo **a él** pero no **le** presto nada **a ella.**	*I'm loaning him my coat but I'm not loaning her anything.* (clarification)
¿**Me** preguntas **a mí**?	*Are you asking me?* (emphasis)

3. As you have seen, indirect object pronouns are used without the indirect object noun when the person to/for whom the action is being done is known.

Gustar y verbos como *gustar*

As you already know, the verb **gustar** is used to express likes and dislikes. **Gustar** functions differently from other verbs.

- The person, thing, or idea that is liked is the *subject* (S) of the sentence.
- The person who likes the other person, thing, or idea is the *indirect object* (IO).

Consider the chart below:

(A mí)	**me**	gusta el traje.	*I like the suit.*
(A ti)	**te**	gusta el traje.	*You like the suit.*
(A él)	**le**	gusta el traje.	*He likes the suit.*
(A ella)	**le**	gusta el traje.	*She likes the suit.*
(A Ud.)	**le**	gusta el traje.	*You like the suit.*
(A nosotros/as)	**nos**	gusta el traje.	*We like the suit.*
(A vosotros/as)	**os**	gusta el traje.	*You (all) like the suit.*
(A ellos/as)	**les**	gusta el traje.	*They like the suit.*
(A Uds.)	**les**	gusta el traje.	*You (all) like the suit.*

Note:

1. The construction **a** + *pronoun* (**a mí, a ti, a él,** etc.) or **a** + *noun* is optional most of the time. It is used for clarification or emphasis. Clarification of **le gusta** and **les gusta** is especially important because the indirect object pronouns **le** and **les** can refer to different people (*him, her, you, them, you all*).

A él le gusta llevar ropa cómoda. (clarification)	*He likes to wear comfortable clothes.*
A Ana le gusta llevar ropa cómoda. (clarification)	*Ana likes to wear comfortable clothes.*
Me gustan esos pantalones de lunares.	*I like those pants with the polka dots.*
A mí me gustan más ésos de rayas (emphasis).	*I like those striped ones even more.*

2. Use the plural form **gustan** when what is liked (the subject of the sentence) is plural.

Me gusta **el traje.**	→	Me gusta**n los trajes.**
I like the suit.		*I like the suits.*

3. To express the idea that one likes *to do* something, **gustar** is followed by an infinitive. In that case you always use the singular **gusta,** even when you use more than one infinitive in the sentence:

Me gusta ir de compras por la mañana.	*I like to go shopping in the morning.*
A Pepe **le gusta leer** revistas de moda y **llevar** ropa atrevida.	*Pepe likes to read fashion magazines and wear daring clothing.*
Nos gusta hacer ejercicio y **andar** antes de ir a clase.	*We like to exercise and walk before going to class.*

The verbs listed below function in the same way as **gustar:**

encantar	*to love; delight*
fascinar	*to fascinate*
hacer falta	*to need; be lacking*
importar	*to matter; be important*
molestar	*to bother*

Me encanta ir de compras.	*I love to go shopping. (Shopping delights me.)*
A Doug y a David **les fascina** la tienda de ropa Rugby.	*The Rugby clothing store fascinates (is fascinating to) Doug and David.*
¿**Te hace falta** dinero para comprar el vestido?	*Do you need (are you lacking) money to buy the dress?*
A Juan **le importa** el precio de la ropa, no la moda.	*The price of the clothing, not the style, matters (is important) to Juan.*
Nos molestan las personas que llevan sandalias en invierno.	*People who wear sandals in the winter bother us.*

Los pronombres de complemento directo e indirecto usados juntos

Note how direct and indirect object pronouns are used together in the same sentence. In the following sample sentences, the indirect object pronoun precedes the direct object pronoun.

La profesora **nos** está devolviendo **los exámenes.**	→ La profesora **nos los** está devolviendo.
The professor is giving us back the exams.	*The professor is giving them back to us.*
¡Ella no **nos** regala **las notas**!	→ ¡Ella no **nos las** regala!
She does not give away grades!	*She does not give them to us!*
Tatiana **me** pide **dinero** ahora.	→ Tatiana **me lo** pide ahora.
Tatiana is asking me for money now.	*Tatiana is asking me for it now.*
Mi novio **me** trae **la comida.**	→ Mi novio **me la** trae.
My boyfriend brings me food.	*My boyfriend brings it to me.*

¡Ojo! A change occurs when you use **le** or **les** along with a direct object pronoun that begins with **l: (lo, la, los, las)**: **le** or **les** changes to **se.**

le → se

Tatiana **le** pide **un favor a él.**	→ Tatiana **se lo** pide a él.
Memo **le** lleva **comida a su novia.**	→ Memo **se la** lleva a su novia.
La profesora no **le** regala **la nota al estudiante.**	→ La profesora no **se la** regala al estudiante.

les → se

La profesora **les** devuelve **los exámenes a ellos.**	→ La profesora **se los** devuelve a ellos.
Ella **les** da **buenas notas a todos los estudiantes.**	→ Ella **se las** da a todos los estudiantes.
Yo no **le** pido **un favor al profesor.**	→ Yo no **se lo** pido al profesor.

Direct and indirect object pronouns may also be attached to infinitives and present participles. Note that when the pronouns are attached, an accent is placed over the final vowel of the infinitive and the next-to-last vowel of the participle.

¿Aquel abrigo? Mi madre **me lo** va a comprar.	*That coat over there? My mother is going to buy it for me.*
¿Aquel abrigo? Mi madre va a comprár**melo.**	
Me lo está comprando ahora.	*She is buying it for me now.*
Está comprándo**melo** ahora.	

Las construcciones reflexivas

Los verbos reflexivos

When the subject both performs and receives the action of the verb, a reflexive verb and pronoun are used. Look at the chart that follows; the reflexive pronouns are boldfaced.

	despertarse	***to wake up***
yo	**me** despierto	*I wake (myself) up*
tú	**te** despiertas	*you wake (yourself) up*
él, ella, Ud.	**se** despierta	*he/she/you wake (him/her/yourself) up*
nosotros/as	**nos** despertamos	*we wake (ourselves) up*
vosotros/as	**os** despertáis	*you all wake (yourselves) up*
ellos/as, Uds.	**se** despiertan	*they/you wake (themselves/yourselves) up*

Reflexive pronouns follow the same rules for position as other object pronouns.

Reflexive pronouns:

1. precede a conjugated verb.
2. can be attached to infinitives and present participles (**-ando, -iendo**).

Te vas a **duchar.**	*You are going to shower.*
Vas a **ducharte.**	
¿Se van a **duchar** esta noche?	*Are they going to shower tonight?*
¿Van a **ducharse** esta noche?	
¿Se están **duchando** ahora?	*Are they showering now?*
¿Están **duchándose** ahora?	

* Note that some verbs change their meaning slightly between non-reflexive and reflexive forms, for example: *dormir* (to sleep) and *dormirse* (to fall asleep); *ir* (to go) and *irse* (to leave).

El imperfecto

The **imperfecto** expresses habitual or ongoing past actions, provides descriptions, and describes conditions.

	pintar	componer	construir
yo	pint**aba**	compon**ía**	constru**ía**
tú	pint**abas**	compon**ías**	constru**ías**
él, ella, Ud.	pint**aba**	compon**ía**	constru**ía**
nosotros/as	pint**ábamos**	compon**íamos**	constru**íamos**
vosotros/as	pint**abais**	compon**íais**	constru**íais**
ellos/as, Uds.	pint**aban**	compon**ían**	constru**ían**

Mis hermanos y yo **pintábamos** la cerca todos los veranos. — *My brothers and I used to paint the fence every summer.*

Mi padres **componían** los juguetes que rompíamos. — *My father would repair the toys that we broke.*

Construía castillos en la arena y pescaba en la orilla. — *I built castles in the sand and fished on the shore.*

There are *only three irregular verbs* in the imperfect: **ir, ser,** and **ver.**

	ir	ser	ver
yo	iba	era	veía
tú	ibas	eras	veías
él, ella, Ud.	iba	era	veía
nosotros/as	íbamos	éramos	veíamos
vosotros/as	ibais	erais	veíais
ellos/as, Uds.	iban	eran	veían

Todos los viernes **íbamos** a fiestas en casa de nuestros primos. — *Every Friday we would go to parties at our cousins' house.*

Eran siempre magníficas con mucha música, comida increíble y buenos amigos. — *They were always magnificent/great, with a lot of music, incredible food, and good friends.*

No nos **veíamos** mucho durante la semana pero **nos divertíamos** juntos los fines de semana. — *We did not see each other much during the week but we had fun together on the weekends.*

1. **provide background information, set the stage, or express a condition that existed.**

Llovía mucho. — *It was raining a lot.*

Era una noche oscura y nublada. — *It was a dark, cloudy night.*

Estábamos en el segundo año de la universidad. — *We were in the second year of college.*

2. **describe habitual or often repeated actions.**

Trabajábamos en la construcción de casas todos los veranos. — *We worked (used to work) in construction every summer.*

Cuando **era** pequeña Cristina **diseñaba** ropa para sus muñecas. — *When she was little Cristina designed (used to design) clothing for her dolls.*

Cada año mi padre **hacía** un presupuesto para la familia. — *Every year my father made a budget for the family.*

Some words or expressions for describing habitual and repeated actions are:

a menudo	*often*
casi siempre	*almost always*
frecuentemente	*frequently*
generalmente	*generally*
mientras	*while*
muchas veces	*many times*
mucho	*a lot*
normalmente	*normally*
siempre	*always*
todos los días	*every day*

3. **express *was* or *were* ___ *ing*.**

¿**Reparabas** la puerta? — *Were you repairing the door?*

Hablaban con el arquitecto cuando yo llegué. — *They were talking to the architect when I arrived.*

Alberto **pagaba** las facturas mientras Alicia **guardaba** los libros. — *Alberto was paying bills while Alicia was putting away books.*

4. **tell time in the past**

Era la una y yo todavía **buscaba** los azulejos perfectos. — *It was 1:00 and I was still looking for the perfect tiles.*

Eran las siete y media y el contratista **hablaba** con sus obreros. — *It was 7:30 and the contractor was talking to his workers.*

CAPÍTULO 9 DE *¡ANDA! CURSO ELEMENTAL*

Un resumen de los pronombres de complemento directo, indirecto y reflexivos

Here is a summary of the forms, functions, and positioning of the *direct* and *indirect object pronouns*, as well as the *reflexive pronouns:*

LOS PRONOMBRES DE COMPLEMENTO **DIRECTO**		LOS PRONOMBRES DE COMPLEMENTO **INDIRECTO**		LOS PRONOMBRES **REFLEXIVOS**	
Direct object pronouns tell *what* or *who* receives the action of the verb. They replace direct object nouns and are used to avoid repetition.		Indirect object pronouns tell *to whom* or *for whom* something is done or given.		Reflexive pronouns indicate that the *subject* of a sentence or clause *receives the action of the verb.*	
me	*me*	**me**	*to/for me*	**me**	*myself*
te	*you*	**te**	*to/for you*	**te**	*yourself*
lo, la	*him/her/you/it*	**le (se)**	*to/for him/her/you*	**se**	*himself/herself/yourself*
nos	*us*	**nos**	*to/for us*	**nos**	*ourselves*
os	*you (all)*	**os**	*to/for you (all)*	**os**	*yourselves*
los, las	*them/you*	**les (se)**	*to/for them/you*	**se**	*themselves/yourselves*

Felipe va a comprar un Porche hoy. **Lo** compra por cincuenta mil dólares. Dice que quiere regalárse**lo** a su esposa. *Felipe is buying a Porche today. He is buying it for $50,000. He says that he wants to give it to his wife.*	**Le** compra el coche ahora. **Le** va a regalar el coche para su cumpleaños; es muy gastador. *He is buying her the car now. He is going to give her the car for her birthday; he is very extravagant.*	**Se** afeita el bigote y la barba. Ahora **se** parece a Matt Damon. *He is shaving his moustache and beard. Now he looks like Matt Damon.*

Position

- **Object pronouns and reflexive pronouns come *before* the verb.**

Su esposo **le** compra una peluca nueva.	*Her husband is buying her a new wig.*
Después **se la** va a poner antes de maquillar**se.**	*Then she is going to put it on before she puts on her makeup.*

- **Object pronouns and reflexive pronouns can also be attached to the end of:**

infinitives

La peluquera **le** va a cortar el pelo a las cuatro.	*The hairdresser is going to cut his hair at four o' clock.*
La peluquera va a cortar**le** el pelo a las 4.	
Después **se** va a reunir con sus amigos.	*Then he will meet with his friends.*
Después va a reunir**se** con sus amigos.	

present participles (-ando, -iendo)

La está leyendo ahora.	*He is reading it now.*
Está leyéndo**la** ahora.	
Se está poniendo histérico.	*He is becoming hysterical.*
Está poniéndo**se** histérico.	

Sequence

- **When a direct (DO) and indirect object (IO) pronoun are used together, the *indirect object precedes the direct object.***
- **If both the direct and the indirect object pronoun begin with the letter *l*,** the indirect object pronoun changes from **le** or **les** to **se,** as in the example below.

Quiero mandar la carta al director ahora mismo.	*I want to send the letter to the director right now.*
Se la quiero mandar ahora mismo.	*I want to send it to him right now.*
Quiero mandár**sela** ahora mismo.	

La "a" personal

You may recall that **a** is known as the **personal a.** When direct objects refer to *people*, you must use the personal **a.** Review the following examples.

PEOPLE	THINGS
Veo **a** *Jorge*, el chico callado.	Veo *el coche* de Jorge, el chico callado.
Tenemos que ver **a** *nuestros padres*.	Tenemos que ver *el tatuaje de mi padre*.
¿**A** qué *actores* conoces?	¿Qué *ciudades* conoces?

¡Qué! y *¡cuánto!*

You have used **qué** and **cuánto** as interrogative words, but these words can also be used in exclamatory sentences.

—Felipe, **¡qué** anillo!	*Felipe, what a ring!*
—María, **¡cuánto** te quiero!	*María, I love you so much!*
—Mi cabeza, **¡qué** dolor!	*My head—what pain!*
—**Cuánto** lo siento.	*I'm so sorry. (How sorry I am.)*
—¡**Qué** susto! ¡Se cortó el dedo!	*What a scare! He cut his finger!*
—Se ve muy mal. ¡**Qué** feo!	*It looks really bad. How awful! (It looks awful/ugly.)*
—¡**Qué** doctor! Le salvó la vida. —**Cuánto** se lo agradezco.	*What a doctor! He saved his life. I'm so thankful. (How grateful I am.)*

* Note that in the examples above, **cuánto** accompanies *verbs* and is masculine and singular. When **cuánto** accompanies *nouns* it must agree with them in gender and number:

—¡**Cuántas** recetas y todavía estoy tosiendo!	*So many prescriptions and I am still coughing!*
—Sí, y **¡cuántos** estudiantes con la misma cosa!	*Yes, and so many students with the same thing!*

El pretérito y el imperfecto

The preterit and the imperfect are two past tenses that are not interchangeable. The point of view of the speaker is important in choosing between the two. If the speaker views a particular action as *completed*, then the *preterit* is needed. If, for the speaker, the action is *incomplete*, *in progress*, or *ongoing*, the *imperfect* is needed. The uses of the two tenses are contrasted below.

PRETÉRITO	IMPERFECTO
1. To relate an event or occurrence that refers to **one specific time in the past.** **Fuimos** a una boda en Santiago el año pasado. *We went to a wedding in Santiago last year.* El día antes de la boda **comimos** en el restaurante La Puerta del Sol y nos gustó mucho. *The night before the wedding we ate at La Puerta del Sol restaurant and we liked it a lot.*	1. To express **habitual** or often **repeated actions.** **Íbamos** a Santiago todos los veranos. *We used to go to Santiago every summer.* **Comíamos** en el restaurante La Puerta del Sol todos los lunes. *We used to eat at La Puerta del Sol restaurant every Monday.*

2. To relate an act **begun or completed in the past.** **Empezó** a llover. *It started to rain.* **Se casaron** el sábado pasado. *They got married last Saturday.* La boda **comenzó** a las cinco. *The wedding began at 5:00.*	2. To express ***was* or *were* ______*-ing.*** **Llovía** sin parar. *It rained without stopping.* En la Capilla del Mar las bodas **ocurrían** todos los sábados. *In the Capilla del Mar weddings occurred every Saturday.* **Comenzaba** la boda cuando llegamos. *The wedding was beginning when we arrived.*
3. To relate a **sequence of events**, each completed and each one moving the narrative along toward its conclusion El novio **llegó** tarde, se vistió rápidamente y entró en la capilla. *The groom arrived late, dressed quickly, and entered the chapel.* Al día siguiente **salieron** en su luna de miel. *The next day they left on their honeymoon.* **Fueron** a Macchu Picchu y allí **vieron** muchos ejemplos de la magnífica arquitectura inca. Después **anduvieron** un poco por el camino de los incas. Se **divirtieron** mucho. *They went to Macchu Picchu, and there they saw many examples of the magnificent Incan architecture. Afterward they walked a bit on the Incan road. They had a great time.*	3. To provide **background** information, set the stage, or express a pre-existing condition **Era** un día magnífico. El sol **brillaba** en un cielo azul claro. *It was a magnificent day. The sun was shining in a bright blue sky.* Los recién casados **llevaban** pantalones cortos y lentes de sol. *The newlyweds were wearing shorts and sunglasses.* El camino **era** estrecho y **había** muchos turistas. *The path was narrow and there were many tourists.*
4. To relate an action that took place within a **specified or specific amount (segment) of time.** Aquella noche **bailaron** (por) dos horas. *That night they danced for two hours.* **Celebramos** (por) cinco horas. *We celebrated for five hours.* Después **estuvieron** en la playa por tres días. *Afterwards they were at the beach for three days.* **Vivimos** en Punta Arenas (por) seis años. *We lived in Punta Arenas for six years.*	4. To **tell time** in the past **Era** la una. *It was 1:00.* **Eran** las tres y media. *It was 3:30.* **Era** muy tarde. *It was very late.* **Era** la medianoche. *It was the middle of the night (midnight).*
WORDS AND EXPRESSIONS THAT COMMONLY SIGNAL:	
PRETERITE	**IMPERFECT**
anoche anteayer ayer de repente (*suddenly*) el fin de semana pasado el mes pasado el lunes pasado/el martes pasado, etc. esta mañana una vez, dos veces, etc. siempre (when an end point is obvious)	a menudo cada semana/mes/año con frecuencia de vez en cuando (*once in a while*) muchas veces frecuentemente todos los lunes/martes/etc. todas las semanas todos los días/meses/años siempre (when an event is repeated with no particular end point)

* Note that the preterit and imperfect can be used in the same sentence:

Cantaban cuando **llegaron** los novios.	*They were singing when the bride and groom arrived.*
Terminaba la ceremonia cuando ella **se despidió.**	*He was finishing the ceremony when she said good-bye.*

What follows are additional uses of the preterit and the imperfect: preterit versus the imperfect in simultaneous and recurrent actions.

- When recurrent actions or conditions are described, the preterit indicates that the actions or conditions have already taken place and are viewed as completed; the imperfect emphasizes habitual or repeated past actions or conditions.

El verano pasado **fuimos** a la playa, donde **tomamos** el sol en la orilla y **descansamos** bajo una sombrilla.	*Last summer we went to the beach where we sunbathed by the shore and rested underan umbrella.*
En el verano **íbamos** a la playa donde **tomábamos** el sol en la orilla y **descansábamos** bajo una sombrilla.	*In the summer we would go to the beach where we used to sunbathe by the shore and rest under an umbrella.*

Cuando **estuvimos** en el extranjero **cambiamos** mucho el itinerario y **visitamos** lugares que no habíamos pensado visitar antes.	*When we were abroad we changed the itinerary a lot and visited places we hadn't planned on visiting before/ previously.*
Cuando **estábamos** en el extranjero **cambiábamos** mucho el itinerario y **visitábamos** lugares que no **pensábamos** visitar antes.	*When we were abroad we would change the itinerary a lot and would visit places that we didn't plan on visiting before.*

- When two or more past events or conditions are mentioned together, it is common to use the imperfect in one clause to describe the setting, conditions, or actions in progress while using the preterit in the other to tell what happened.

Cuando el avión **aterrizó** en San Juan **eran** las cinco de la tarde y **llovía** a cántaros.	*When the plane landed in San Juan it was five o'clock and raining cats and dogs.*
El recepcionista **hablaba** con el portero cuando **llegamos** al hotel.	*The receptionist was talking to the doorman when we arrived at the hotel.*
El huésped **buscaba** sus llaves cuando **entró** la camarera.	*The guest was looking for his keys when the maid entered.*

Expresiones con *hacer*

The verb **hacer** means *to do* or *to make*. It also appears in idiomatic expressions dealing with weather.

There are some additional special constructions with **hacer** that deal with time. **Hace** is used:

1. to discuss an action that began in the past but is still going on in the present.

hace + *period of time* + **que** + *verb in the present tense*

Hace diez años **que** no como carne.	*I haven't eaten meat in ten years.*
Hace un mes **que** busco esos ingredientes exóticos.	*I've been looking for those exotic ingredients for a month.*
Hace dos semanas **que** tengo el nuevo libro de recetas.	*I've had the new cookbook for two weeks.*

2. to ask how long something has been going on.

cuánto (tiempo) + hace + que + *verb in present tense*

¿Cuántos años **hace que** coleccionas estas recetas?	*How many years have you been collecting these recipes?*
¿Cuánto tiempo **hace que** buscan un nuevo cocinero?	*How long have they been looking for a new cook?*
¿Cuántas semanas **hace que** trabajas en este restaurante?	*How many weeks have you been working in this restaurant?*

3. in the preterit to tell how long ago something happened.

hace + *period of time* + **que** + *verb in the preterit*

Hace un mes **que** empecé a preparar panqueques para mis hijos ¡y les encantan!	*I began to make pancakes for my children a month ago, and they love them!*
Hace dos días **que** fuimos al mercado de aire libre.	*We went to the open-air market two days ago.*
Hace dos semanas **que** vi el programa.	*I saw the program two weeks ago.*

or

verb in the preterit + **hace** + *period of time*

Empecé a preparar panqueques para mis hijos **hace** un mes ¡y les encantan!	*I began to make pancakes for my children a month ago, and they love them!*
Fuimos al mercado de aire libre **hace** dos días.	*We went to the open-air market two days ago.*
Vi el programa **hace** dos semanas.	*I saw the program two weeks ago.*

* Note that in this construction **hace** can either precede or follow the rest of the sentence. When it follows, **que** is not used.

4. to ask how long ago something happened.

cuánto (tiempo) + hace + que + *verb in preterit*

¿Cuánto tiempo **hace que** empezaste a preparar panqueques para tus hijos?	*How long ago did you begin to make pancakes for your children?*
¿Cuánto tiempo **hace que** limpiaste la cocina?	*How long has it been since you cleaned the kitchen?*

CAPÍTULO 10 DE *¡ANDA! CURSO ELEMENTAL*

Los mandatos informales

When you need to give instructions, advise, or ask people to do something, you use commands. If you are addressing a friend or someone you normally address as **tú,** you use informal commands.

1. The affirmative *tú* command form is the same as the *él, ella, Ud.* form of the present tense of the verb:

Infinitive		Present tense	Affirmative *tú* command
llenar	él, ella, Ud.	llena	llena
leer	él, ella Ud.	lee	lee
pedir	él, ella Ud.	pide	pide

Llena el tanque.	*Fill the tank.*
Dobla a la derecha.	*Turn right.*
Conduce con cuidado.	*Drive carefully.*
Pide permiso.	*Ask permission.*

There are eight common verbs that have irregular affirmative tú commands:

decir	**di**	ir	**ve**	salir	**sal**	tener	**ten**
hacer	**haz**	poner	**pon**	ser	**sé**	venir	**ven**

Sé respetuoso con los peatones.	*Be respectful of pedestrians.*
Ten cuidado al conducir.	*Be careful when driving.*
Ven al aeropuerto con tu pasaporte.	*Come to the airport with your passport.*
Pon las llaves en la mesa.	*Put the keys on the table.*

2. To form the negative *tú* commands:
   a. Take the **yo** form of the present tense of the verb.
   b. Drop the **-o** ending.
   c. Add ***-es*** for **-ar** verbs, and add ***-as*** for **-er** and **-ir** verbs.

Infinitive	**Present tense**		**Negative *tú* command**
llenar	yo llenø	+ es	no llenes
leer	yo leø	+ as	no leas
pedir	yo pidø	+ as	no pidas

No llen**es** el tanque.	*Don't fill the tank.*
No dobl**es** a la derecha.	*Don't turn right.*
No conduzc**as** muy rápido.	*Don't drive very fast.*
No pid**as** permiso.	*Don't ask permission.*

Verbs ending in **-car, -gar,** and **-zar** have a spelling change in the negative **tú** command. These spelling changes are needed to preserve the sound of the infinitive ending.

Infinitive	**Present tense**		**Negative *tú* command**
sacar	yo saco	**c → qu**	no saques
llegar	yo llego	**g → gu**	no llegues
empezar	yo empiezo	**z → c**	no empieces

3. Object and reflexive pronouns are used with *tú* commands in the following ways.
   a. They are *attached* to the end of *affirmative* commands. When the command is made up of more than two syllables after the pronoun(s) is/are attached, a written accent mark is placed over the stressed vowel.

Se pinchó una llanta. **¡Cámbiamela!**	*I got a flat tire. Change it for me!*
Tu bicicleta no funciona. **Revísala.**	*Your bike does not work. Check it.*
Me gusta tu coche. **Préstamelo.**	*I like your car. Loan it to me.*
Llegamos tarde. ¡**Estaciónate,** por favor!	*We are late. Park, please!*

   b. They are placed *before negative* **tú** commands.

No se nos pinchó una llanta.	*We don't have a flat tire.*
¡No **me la** cambies!	*Don't change it for me!*
Tu bicicleta funciona.	*Your bicycle works.*
No **la** vendas.	*Don't sell it.*
No me gusta ese coche.	*I don't like that car.*
No **me lo** compres.	*Don't buy it for me.*
Llegamos tarde.	*We are late.*
No **te** estaciones aquí, por favor.	*Do not park here, please.*

Los mandatos formales

When you need to influence others by making a request, giving advice, or giving orders to people you normally treat as **Ud.** or **Uds.**, you use formal commands. The forms of these commands are similar to the negative **tú** command forms.

1. To form the **Ud.** and **Uds.** commands:
   a. Take the **yo** form of the present tense of the verb.
   b. Drop the **-o** ending.
   c. Add **-e(n)** for **-ar** verbs, and add **-a(n)** for **-er** and **-ir** verbs.

INFINITIVE	PRESENT TENSE	UD. COMMANDS	UDS. COMMANDS
limpiar	yo limpiø + e(n)	(no) limpie	(no) limpien
leer	yo leø + a(n)	(no) lea	(no) lean
pedir	yo pidø + a(n)	(no) pida	(no) pidan

Limpie los palos de golf para mí, por favor. **Límpiemelos,** por favor.	*Please clean the golf clubs. Please clean them.*
No compre esa bicicleta roja.	*Don't buy that red bicycle.*
No la compre.	*Don't buy it.*
No patinen en la calle y **no dejen** sus monopatines en la calle. **No los dejen**en la calle.	*Don't skate on the street and don't leave your skateboards on the street. Don't leave them on the street.*
Lean las direcciones cuidadosamente sobre los nuevos artículos deportivos. **Léanlas** cuidadosamente.	*Read the directions for the new sporting equipment carefully. Read them carefully.*

2. Verbs ending in **-car, -gar,** and **-zar** have a spelling change in the **Ud.** and **Uds.** commands. These spelling changes are needed to preserve the sound of the infinitive ending.

INFINITIVE	PRESENT TENSE		UD./UDS. COMMANDS
sacar	yo saco	**c → q**	saque(n)
llegar	yo llego	**g → gu**	llegue(n)
empezar	yo empiezo	**z → c**	empiece(n)

3. These verbs also have irregular forms for the **Ud./Uds.** commands:

dar	**dé(n)**
estar	**esté(n)**
ir	**vaya(n)**
saber	**sepa(n)**
ser	**sea(n)**

4. Finally, compare the forms of the **tú** and **Ud./Uds.** commands:

	TÚ COMMANDS		UD./UDS. COMMANDS	
	AFFIRMATIVE	NEGATIVE	AFFIRMATIVE	NEGATIVE
hablar	habla	no habl**es**	habl**e(n)**	no habl**e(n)**
comer	come	no com**as**	com**a(n)**	no com**a(n)**
pedir	pide	no pid**as**	pid**a(n)**	no pid**a(n)**

Otras formas del posesivo

You have learned how to say *my, your, his, ours,* etc. (**mi/s, tu/s, su/s, nuestro/a/os/as, vuestro/a/os/as, su/s**). In Spanish you can also show possession with the long (or stressed) forms, the equivalent of the English *of mine, of yours, of his, of hers, of ours,* and *of theirs.*

Singular		Plural		
Masculine	**Feminine**	**Masculine**	**Feminine**	
mío	**mía**	**míos**	**mías**	*mine*
tuyo	**tuya**	**tuyos**	**tuyas**	*yours* (fam.)
suyo	**suya**	**suyos**	**suyas**	*his, hers, yours, theirs* (form.)
nuestro	**nuestra**	**nuestros**	**nuestras**	*ours*
vuestro	**vuestra**	**vuestros**	**vuestras**	*yours* (fam.)

Mi coche funciona bien.	**El coche mío** funciona bien.	**El mío** funciona bien.
Nuestros boletos cuestan mucho.	**Los boletos nuestros** cuestan mucho.	**Los nuestros** cuestan mucho.
¿Dónde están **tus** llaves?	¿Dónde están **las llaves**? **tuyas**	¿Dónde están **las tuyas**?
Su multa es de $100.	**La multa suya** es de $100.	**La suya** es de $100.

* Note that the third person forms (**suyo/a/os/as**) can have more than one meaning. To avoid confusion, you can use:

article + *noun* + de + *subject pronoun:*

el coche suyo — el coche de él/ella
el coche de Ud.
el coche de ellos/ellas
el coche de Uds.

El comparativo y el superlativo

El comparativo

1. The formula for comparing unequal things follows the same pattern as in English:

más + *adjective/adverb/noun* + **que**
menos + *adjective/adverb/noun* + **que**

La exhibición de escultura es **más** interesante **que** la exhibición de pintura.	*The sculpture exhibit is more interesting than the exhibit of paintings.*
Hay **menos** obras maestras **que** en años pasados.	*There are **fewer** masterpieces **than** in years past.*
La acuarela se vendió **más** rápido **que** el óleo.	*The watercolor sold faster **than** the oil painting.*

• When comparing numbers, **de** is used instead of **que:**

El museo tiene **más de** doscientos cuadros.	*The museum has **more than** two hundred paintings*

2. The formula for comparing two or more *equal* things also follows the same pattern as in English:

tan + *adjective/adverb* + **como**	*as... as*
tanto(a/os/as) + *noun* + **como**	*as much/many... as*
Este pintor no es **tan** innovador **como** aquél.	*This painter is not **as** innovative **as** that one (over there).*
Me parece que el artista no tiene **tanta** habilidad **como** él cree.	*It seems to me that the artist does not have **as much** ability **as** he thinks.*
Los cuadros de Manuel no tienen **tanto** valor **como** los cuadros de su padre.	*Manuel's paintings are not **as** valuable **as** his father's.*

El superlativo

1. To compare three or more people or things, use the superlative. The formula for expressing the superlative is:

el, la, los, las (*noun*) + **más/menos** + *adjective* (+ **de)**

Éste es el coro **más grande del** mundo.	*This is the largest choir in the world.*
¿Cuál es la sinfonía **más reconocida de** Beethoven?	*Which is Beethoven's most recognized symphony?*
El Teatro Colón es **el más antiguo de** la ciudad.	*The Colón Theaetr is the oldest in the city.*

2. The adjectives *bueno/a, malo/a, grande,* and *pequeño/a* are irregular in the comparative and the superlative.

		Comparative		Superlative	
bueno/a	*good*	**mejor**	*better*	**el/la mejor**	*the best*
malo/a	*bad*	**peor**	*worse*	**el/la peor**	*the worst*
grande	*big*	**mayor**	*bigger*	**el/la mayor**	*the biggest*
pequeño/a	*small*	**menor**	*smaller*	**el/la menor**	*the smallest*

En mi opinión, Paco de Lucía es **el mejor** guitarrista del flamenco.	*In my opinión Paco de Lucía is the best flamenco guitarrist.*
Esta obra de teatro tiene que ser **la peor** que he visto en mi vida.	*This play has to be the worst I have seen in my life.*
Aunque Julia es **la menor** tiene la voz más fuerte de la familia.	*Although Julia is the youngest she has the strongest voice in the family.*

CAPÍTULO 11 DE *¡ANDA! CURSO ELEMENTAL*

El subjuntivo

In Spanish, *tenses* such as the present, past, and future are grouped under two different moods, the **indicative** mood and the **subjunctive** mood.

Indicative mood	**Subjunctive mood**
Present	Present
Past	Past
Future	Future

- The ***indicative*** mood reports what happened, is happening, or will happen.
- The ***subjunctive*** mood, on the other hand, is used to express doubt, insecurity, influence, opinion, feelings, hope, wishes, or desires that can be happening now, have happened in the past, or will happen in the future.

Present subjunctive

To form the subjunctive, take the **yo** form of the present indicative, drop the final **-o,** and add the following endings.

Present indicative	***yo* form**		**Present subjunctive**
estudiar	estudiø	+ e	**estudie**
comer	comø	+ a	**coma**
vivir	vivø	+ a	**viva**

	estudiar	comer	vivir
yo	estudie	coma	viva
tú	estudies	comas	vivas
él, ella, Ud.	estudie	coma	viva
nosotros/as	estudiemos	comamos	vivamos
vosotros/as	estudiéis	comáis	viváis
ellos/as, Uds.	estudien	coman	vivan

Es probable que los entrenadores **estudien** bien el video del partido para saber cómo mejorar el equipo.	*It is likely that the coaches study the video of the game carefully to know how to improve the team.*
Es necesario que todos los jugadores **coman** bien antes del partido.	*It is necessary that all the players eat well before the game.*
Es importante que **vivamos** una vida sana.	*It is important that we live a healthy life.*

Irregular forms

- Verbs with irregular **yo** forms mantain this irregularity in all forms of the present subjunctive. Note the following examples.

	conocer	hacer	poner	venir
yo	conozca	haga	ponga	venga
tú	conozcas	hagas	pongas	vengas
él, ella, Ud.	conozca	haga	ponga	venga
nosotros/as	conozcamos	hagamos	pongamos	vengamos
vosotros/as	conozcáis	hagáis	pongáis	vengáis
ellos/as, Uds.	conozcan	hagan	pongan	vengan

Ojalá que **conozcamos** a los nuevos jugadores antes de empezar la temporada.	*I hope we meet the new players before the season begins.*
Es necesario que **pongamos** todo el equipaje deportivo en nuestro carro porque ellos no lo pueden llevar.	*It is necessary that we put all the sports equipment in our car because they can't take it.*

- Verbs ending in **-car, -gar,** and **-zar** have a spelling change in all present subjunctive forms, in order to maintain the sound of the infinitive.

		Present indicative	**Present subjunctive**
buscar	**c → qu**	**yo** busco	bus**que**
pagar	**g → gu**	**yo** pago	pa**gue**
empezar	**z → c**	**yo** empiezo	empie**ce**

	buscar	pagar	empezar
yo	busque	pague	empiece
tú	busques	pagues	empieces
él, ella, Ud.	busque	pague	empiece
nosotros/as	busquemos	paguemos	empecemos
vosotros/as	busquéis	paguéis	mepecéis
ellos/as, Uds.	busquen	paguen	empiecen

Es bueno que te **busquemos** un casco ahora si piensas jugar en el equipo de la universidad.	*It's good that we're looking for you a helmet now if you are planning to playon the university team.*
Es muy importante que **empieces** a entrenar todos los días si quieres tener éxito.	*It is very important that you begin to practice every day if you want to be successful.*

Stem-changing verbs

In the present subjunctive, stem-changing **-ar** and **-er** verbs make the same vowel change that they do in the present indicative: **e → ie** and **o → ue.**

	pensar (e → ie)	poder (o → ue)
yo	piense	pueda
tú	pienses	puedas
él, ella, Ud.	piense	pueda
nosotros/as	pensemos	podamos
vosotros/as	penséis	podáis
ellos/as, Uds.	piensen	puedan

Ojalá que **piensen** en nosotros cuando sean atletas famosos.	*I hope they think about us when they are famous athletes.*
Es improbable que **puedan** ser buenos atletas de pista y campo porque no les gusta correr.	*It's unlikely that they can be good track and field athletes because they don't like to run.*
Es malo que siempre **perdamos** cuando jugamos contra Real Madrid.	*It's bad that we always lose when we play against Real Madrid.*

The pattern is different with the **-ir** stem-changing verbs. In addition to their usual changes of **e → ie, e → i,** and **o → ue,** in the **nosotros** and **vosotros** forms the stem vowels change **ie → i** and **ue → u.**

	sentir (e → ie, i)	dormir (o → ue, u)
yo	sienta	duerma
tú	sientas	duermas
él, ella, Ud.	sienta	duerma
nosotros/as	sintamos	durmamos
vosotros/as	sintáis	durmáis
ellos/as, Uds.	sientan	duerman

Es imprescindible que nosotros **durmamos** por lo menos ocho horas si queremos ganar el partido mañana.	*It's essential that we sleep at least eight hours if we want to win the game tomorrow.*
Es triste que **se sientan** tan mal cuando nosotros **nos sintamos** tan bien.	*It's sad that they feel so bad when we feel so well.*

The **e → i** stem-changing verbs keep the change in all forms.

	pedir (e → i, i)
yo	pida
tú	pidas
él, ella, Ud.	pida
nosotros/as	pidamos
vosotros/as	pidáis
ellos/as, Uds.	pidan

Ojalá que nos **pidan** nuestras opiniones sobre el partido—¡fue horrible!	*I hope they ask us for our opinions about the game—it was horrible!*
Es dudoso que esta cancha nos **sirva** para entrenar—es muy pequeña.	*It is doubtful that this court will work for us to practice on—it is really small.*

Irregular verbs in the present subjunctive

- The following verbs are irregular in the subjunctive.

	dar	**estar**	**saber**	**ser**	**ir**
yo	dé	esté	sepa	sea	vaya
tú	des	estés	sepas	seas	vayas
él, ella, Ud.	dé	esté	sepa	sea	vaya
nosotros/as	demos	estemos	sepamos	seamos	vayamos
vosotros/as	deis	estéis	sepáis	seáis	vayáis
ellos/as, Uds.	den	estén	sepan	sean	vayan

Dar has a written accent on the first- and third-person singular forms **(dé)** to distinguish it from the preposition **de.**

All forms of **estar,** except the **nosotros** form, have a written accent in the present subjunctive.

¡Ojalá que **seamos** los campeones de este año!	*I hope we are this year's champions!*
Es increíble que **estén** todavía en el gimnasio—fueron allí a las ocho de la mañana.	*It is incredible that they are still at the gym—they went there at 8:00 this morning.*
Es necesario que **vaya** contigo para comprar la tabla de surf porque yo tengo el dinero.	*It is necessary that I go with you to buy the surfboard because I have the money.*

Using the subjunctive

One of the uses of the subjunctive is with fixed expressions that communicate opinion, doubt, probability, and wishes. They are always followed by the subjunctive.

Opinion

Es bueno/malo/mejor que…	*It's good/bad/better that…*
Es importante que…	*It's important that…*
Es increíble que…	*It's incredible that…*
Es una lástima que…	*It's a pity/shame that…*
Es necesario que…	*It's necessary that…*
Es preferible que…	*It's preferable that…*
Es raro que…	*It's rare/unusual that…*

Doubt and probability

Es dudoso que…	*It's doubtful that…*
Es imposible que…	*It's impossible that…*
Es improbable que…	*It's unlikely that…*
Es posible que…	*It's possible that…*
Es probable que…	*It's likely that…*

Wishes and hopes

Ojalá (que)…	*Let's hope that…/Hopefully…*

Por y *para*

Spanish has two main words to express *for:* **por** and **para.** They have distinct uses and are not interchangeable.

Por is used to express:

1. Duration of time (*during, for*)

Pensamos en el viaje **por** una semana antes de comprar los boletos.
We thought about the trip for a week before buying the tickets.

Estuve en Madrid **por** dos meses el año pasado.
I was in Madrid for two months last year.

Nos visitaron **por** varias horas anoche.
They visited us for several hours last night.

2. Movement or location (*through, along, past, around*)

Viajó **por** el campo de camino a la ciudad.
He traveled through the countryside on his way to the city.

Caminamos **por** el parque antes de ir a cenar.
We walked around the park before going to dinner.

Pasaron **por** mi casa antes de ir a la estación de tren.
They passed by my house before going to the train station.

Para is used to express:

1. Point in time or a deadline (*for, by*)

El mecánico va a revisar el coche **para** el viernes.
The mechanic is going to overhaul the car by Friday.

Necesitamos comprar los boletos de ida y vuelta **para** el doce de marzo.
We need to buy the round-trip tickets by the twelfth of March.

Van a abrir la autopista **para** las once.
They are going to open the highway by eleven o'clock.

2. Destination (*for*)

Hoy a las diez salgo **para** Cancún.
Today at 10:00 I leave for Cancún.

Manejábamos **para** el hotel cuando vimos el accidente.
We were driving to the hotel when we saw the accident.

El autobús va **para** Santiago primero.
The bus is headed for Santiago first.

3. Motive (*on account of, because of, for*)

Decidieron quedarse en un hotel de lujo **por** sus abuelos.
They decided to stay in a luxury hotel because of their grandparents.

Volamos en vez de conducir **por** falta de tiempo.
We flew instead of driving because of a lack of time.

4. Exchange (*in exchange for*)

Felipe pagó sesenta dólares **por** su pasaporte.
Felipe paid sixty dollars for his passport.

Le dimos las gracias **por** toda su ayuda con el viaje.
We thanked him for all his help with the trip.

Estacionamos al lado del aeropuerto **por** $10.00 al día.
We parked beside the airport for $10.00 a day.

5. Means (*by*)

Mis padres por fin decidieron viajar a Patagonia **por** autobús.
My parents finally decided to travel to Patagonia by bus.

Hablamos con él **por** teléfono antes de mandarle el dinero.
We talked to him by phone before we sent him the money.

En vez de ir caminando fuimos **por** metro.
Instead of walking we went by subway.

3. Recipients or intended person or persons (*for*)

Tengo una propina **para** el botones.
I have a tip for the bellhop.

Compramos el carro para nuestro hijo.
We bought the car for our son.

Trabajo **para** el agente de viajes más conocido de la ciudad.
I work for the best-known travel agent in the city.

4. Comparison (*for*)

Para un hombre que viaja tanto no le gusta volar.
For a man who travels a lot, he does not like to fly.

Tiene un sistema de trenes excelente **para** un país en desarrollo.
It has an excellent train system for a developing country.

Para un carro barato tiene todas las cosas de lujo que necesito yo.
For a cheap car it has all the luxury items that I need.

5. Purpose or goal (*to, in order to*)

Para conservar la gasolina y ahorrar dinero, decidí comprar un coche pequeño.
To conserve gas and save money, I decided to buy a small car.

Mi hermana tiene que prepararse bien **para** sacar la licencia.
My sister has to prepare herself well to get her license.

Para entrar por la puerta principal necesitamos cruzar aquí.
To enter by the main door we need to cross here.

Las preposiciones y los pronombres preposicionales

Besides the prepositions **por** and **para,** there is a variety of useful prepositions and prepositional phrases.

a	*to; at*
a la derecha de	*to the right of*
a la izquierda de	*to the left of*
acerca de	*about*
(a)fuera de	*outside of*
al lado de	*next to*
antes de	*before (time/space)*
cerca de	*near*
con	*with*
de	*of; from; about*
debajo de	*under; underneath*
delante de	*in front of*
dentro de	*inside of*
desde	*from*
después de	*after*
detrás de	*behind*
en	*in*
encima de	*on top of*
enfrente de	*across from; facing*
entre	*among; between*
hasta	*until*
lejos de	*far from*
para	*for; in order to*
por	*for; through; by; because of*
según	*according to*
sin	*without*
sobre	*over; about*

El centro de reciclaje está **a la derecha del** supermercado.	*The recycling center is to the right of the supermarket.*
La alcadesa va a hablar **acerca de** los problemas que tenemos con la protección del cocodrilo cubano.	*The mayor is going to speak about the problems we are having with the protection of the Cuban crocodile.*
Vimos un montón de plástico **encima del** papel.	*We saw a mountain of plastic on top of the paper.*
Quieren sembrar flores **enfrente del** vertedero.	*They want to plant flowers in front of the dump.*
El proyecto no puede tener éxito **sin** el apoyo del gobierno local.	*The project cannot be successful without the support of the local government.*

Los pronombres preposicionales

The following pronouns follow prepositions.

mí	*me*	**nosotros/as**	*us*
ti	*you*	**vosotros/as**	*you*
él	*him*	**ellos**	*them*
ella	*her*	**ellas**	*them*
usted	*you*	**ustedes**	*you*

Para mí, es muy importante resolver el problema de la lluvia ácida.	*For me, it's really important to solve the problem of acid rain.*
¿Qué candidato está sentado **enfrente de ti**?	*Which candidate is seated in front of you?*
Se fueron de la huelga **sin nosotros.**	*They left the strike without us.*
Trabajamos **con ellos** para proteger el medio ambiente.	*We work with them to protect the environment.*

* Note that **con** has two special forms:

1. con + mí = **conmigo** *with me*
2. con + ti = **contigo** *with you*

—¿Vienes **conmigo** al discurso?	*Are you coming with me to listen to the speech?*
—Sí, voy **contigo.**	*Yes, I'm going with you.*

El infinitivo después de preposiciones

In Spanish, if you need to use a verb immediately after a preposition, it must always be in the **infinitive** form. Study the following examples:

Antes de reciclar las latas debes limpiarlas.	*Before recycling the cans, you should clean them.*
Después de pisar la hormiga la niña empezó a llorar.	*After stepping on the ant, the little girl began to cry.*
Es fácil decidir **entre reciclar** y **botar.**	*It is easy to decide between recycling and throwing away.*
Necesitamos trabajar con personas de todos los países **para proteger** mejor la Tierra.	*We need to work with people from all countries in order to better protect the Earth.*
Ganaste el premio **por estar** tan interesado en el medio ambiente.	*You won the prize for being so interested in the environment.*
No podemos vivir **sin trabajar** juntos.	*We cannot live without working together.*

APPENDIX 4

Regular Verbs: Simple Tenses

Infinitive Present Participle Past Participle	Indicative					Subjunctive		Imperative
	Present	Imperfect	Preterit	Future	Conditional	Present	Imperfect	
hablar hablando hablado	hablo hablas habla hablamos habláis hablan	hablaba hablabas hablaba hablábamos hablabais hablaban	hablé hablaste habló hablamos hablasteis hablaron	hablaré hablarás hablará hablaremos hablaréis hablarán	hablaría hablarías hablaría hablaríamos hablaríais hablarían	hable hables hable hablemos habléis hablen	hablara hablaras hablara habláramos hablarais hablaran	habla (tú), no hables hable (usted) hablemos hablen (Uds.)
comer comiendo comido	como comes come comemos coméis comen	comía comías comía comíamos comíais comían	comí comiste comió comimos comisteis comieron	comeré comerás comerá comeremos comeréis comerán	comería comerías comería comeríamos comeríais comerían	coma comas coma comamos comáis coman	comiera comieras comiera comiéramos comierais comieran	come (tú), no comas coma (usted) comamos coman (Uds.)
vivir viviendo vivido	vivo vives vive vivimos vivís viven	vivía vivías vivía vivíamos vivíais vivían	viví viviste vivió vivimos vivisteis vivieron	viviré vivirás vivirá viviremos viviréis vivirán	viviría vivirías viviría viviríamos viviríais vivirían	viva vivas viva vivamos viváis vivan	viviera vivieras viviera viviéramos vivierais vivieran	vive (tú), no vivas viva (usted) vivamos vivan (Uds.)

Vosotros **Commands**					
hablar	hablad, no habléis	comer	comed, no comáis	vivir	vivid, no viváis

Regular Verbs: Perfect Tenses

Indicative										Subjunctive			
Present Perfect		Past Perfect		Preterit Perfect		Future Perfect		Conditional Perfect		Present Perfect		Past Perfect	
he has ha hemos habéis han	hablado comido vivido	había habías había habíamos habíais habían	hablado comido vivido	hube hubiste hubo hubimos hubisteis hubieron	hablado comido vivido	habré habrás habrá habremos habréis habrán	hablado comido vivido	habría habrías habría habríamos habríais habrían	hablado comido vivido	haya hayas haya hayamos hayáis hayan	hablado comido vivido	hubiera hubieras hubiera hubiéramos hubierais hubieran	hablado comido vivido

Irregular Verbs

Infinitive Present Participle Past Participle	Indicative					Subjunctive		Imperative
	Present	Imperfect	Preterit	Future	Conditional	Present	Imperfect	
andar andando andado	ando andas anda andamos andáis andan	andaba andabas andaba andábamos andabais andaban	anduve anduviste anduvo anduvimos anduvisteis anduvieron	andaré andarás andará andaremos andaréis andarán	andaría andarías andaría andaríamos andaríais andarían	ande andes ande andemos andéis anden	anduviera anduvieras anduviera anduviéramos anduvierais anduvieran	anda (tú), no andes ande (usted) andemos anden (Uds.)
caer cayendo caído	caigo caes cae caemos caéis caen	caía caías caía caíamos caíais caían	caí caíste cayó caímos caísteis cayeron	caeré caerás caerá caeremos caeréis caerán	caería caerías caería caeríamos caeríais caerían	caiga caigas caiga caigamos caigáis caigan	cayera cayeras cayera cayéramos cayerais cayeran	cae (tú), no caigas caiga (usted) caigamos caigan (Uds.)
dar dando dado	doy das da damos dais dan	daba dabas daba dábamos dabais daban	di diste dio dimos disteis dieron	daré darás dará daremos daréis darán	daría darías daría daríamos daríais darían	dé des dé demos deis den	diera dieras diera diéramos dierais dieran	da (tú), no des dé (usted) demos den (Uds.)

Irregular Verbs (continued)

Infinitive Present Participle Past Participle	Indicative					Subjunctive		Imperative
	Present	Imperfect	Preterit	Future	Conditional	Present	Imperfect	
decir diciendo dicho	digo dices dice decimos decís dicen	decía decías decía decíamos decíais decían	dije dijiste dijo dijimos dijisteis dijeron	diré dirás dirá diremos diréis dirán	diría dirías diría diríamos diríais dirían	diga digas diga digamos digáis digan	dijera dijeras dijera dijéramos dijerais dijeran	di (tú), no digas diga (usted) digamos decid (vosotros), no digáis digan (Uds.)
estar estando estado	estoy estás está estamos estáis están	estaba estabas estaba estábamos estabais estaban	estuve estuviste estuvo estuvimos estuvisteis estuvieron	estaré estarás estará estaremos estaréis estarán	estaría estarías estaría estaríamos estaríais estarían	esté estés esté estemos estéis estén	estuviera estuvieras estuviera estuviéramos estuvierais estuvieran	está (tú), no estés esté (usted) estemos estad (vosotros), no estéis estén (Uds.)
haber habiendo habido	he has ha hemos habéis han	había habías había habíamos habíais habían	hube hubiste hubo hubimos hubisteis hubieron	habré habrás habrá habremos habréis habrán	habría habrías habría habríamos habríais habrían	haya hayas haya hayamos hayáis hayan	hubiera hubieras hubiera hubiéramos hubierais hubieran	
hacer haciendo hecho	hago haces hace hacemos hacéis hacen	hacía hacías hacía hacíamos hacíais hacían	hice hiciste hizo hicimos hicisteis hicieron	haré harás hará haremos haréis harán	haría harías haría haríamos haríais harían	haga hagas haga hagamos hagáis hagan	hiciera hicieras hiciera hiciéramos hicierais hicieran	haz (tú), no hagas haga (usted) hagamos haced (vosotros), no hagáis hagan (Uds.)
ir yendo ido	voy vas va vamos vais van	iba ibas iba íbamos ibais iban	fui fuiste fue fuimos fuisteis fueron	iré irás irá iremos iréis irán	iría irías iría iríamos iríais irían	vaya vayas vaya vayamos vayáis vayan	fuera fueras fuera fuéramos fuerais fueran	ve (tú), no vayas vaya (usted) vamos, no vayamos id (vosotros), no vayáis vayan (Uds.)

Irregular Verbs (continued)

Infinitive Present Participle Past Participle	Indicative					Subjunctive		Imperative
	Present	Imperfect	Preterit	Future	Conditional	Present	Imperfect	
oír oyendo oído	oigo oyes oye oímos oís oyen	oía oías oía oíamos oíais oían	oí oíste oyó oímos oístes oyeron	oiré oirás oirá oiremos oiréis oirán	oiría oirías oiría oiríamos oiríais oirían	oiga oigas oiga oigamos oigáis oigan	oyera oyeras oyera oyéramos oyerais oyeran	oye (tú), no oigas oiga (usted) oigamos oigan (Uds.)
poder pudiendo podido	puedo puedes puede podemos podéis pueden	podía podías podía podíamos podíais podían	pude pudiste pudo pudimos pudisteis pudieron	podré podrás podrá podremos podréis podrán	podría podrías podría podríamos podríais podrían	pueda puedas pueda podamos podáis puedan	pudiera pudieras pudiera pudiéramos pudierais pudieran	
poner poniendo puesto	pongo pones pone ponemos ponéis ponen	ponía ponías ponía poníamos poníais ponían	puse pusiste puso pusimos pusisteis pusieron	pondré pondrás pondrá pondremos pondréis pondrán	pondría pondrías pondría pondríamos pondríais pondrían	ponga pongas ponga pongamos pongáis pongan	pusiera pusieras pusiera pusiéramos pusierais pusieran	pon (tú), no pongas ponga (usted) pongamos pongan (Uds.)
querer queriendo querido	quiero quieres quiere queremos queréis quieren	quería querías quería queríamos queríais querían	quise quisiste quiso quisimos quisisteis quisieron	querré querrás querrá querremos querréis querrán	querría querrías querría querríamos querríais querrían	quiera quieras quiera queramos queráis quieran	quisiera quisieras quisiera quisiéramos quisiérais quisieran	quiere (tú), no quieras quiera (usted) queramos quieran (Uds.)
saber sabiendo sabido	sé sabes sabe sabemos sabéis saben	sabía sabías sabía sabíamos sabíais sabían	supe supiste supo supimos supisteis supieron	sabré sabrás sabrá sabremos sabréis sabrán	sabría sabrías sabría sabríamos sabríais sabrían	sepa sepas sepa sepamos sepáis sepan	supiera supieras supiera supiéramos supiérais supieran	sabe (tú), no sepas sepa (usted) sepamos sepan (Uds.)

Irregular Verbs (continued)

Infinitive Present Participle Past Participle	Indicative					Subjunctive		Imperative
	Present	Imperfect	Preterit	Future	Conditional	Present	Imperfect	
salir saliendo salido	salgo sales sale salimos salís salen	salía salías salía salíamos salíais salían	salí saliste salió salimos salisteis salieron	saldré saldrás saldrá saldremos saldréis saldrán	saldría saldrías saldría saldríamos saldríais saldrían	salga salgas salga salgamos salgáis salgan	saliera salieras saliera saliéramos salierais salieran	sal (tú), no salgas salga (usted) salgamos salgan (Uds.)
ser siendo sido	soy eres es somos sois son	era eras era éramos erais eran	fui fuiste fue fuimos fuisteis fueron	seré serás será seremos seréis serán	sería serías sería seríamos seríais serían	sea seas sea seamos seáis sean	fuera fueras fuera fuéramos fuerais fueran	sé (tú), no seas sea (usted) seamos sed (vosotros), no seáis sean (Uds.)
tener teniendo tenido	tengo tienes tiene tenemos tenéis tienen	tenía tenías tenía teníamos teníais tenían	tuve tuviste tuvo tuvimos tuvisteis tuvieron	tendré tendrás tendrá tendremos tendréis tendrán	tendría tendrías tendría tendríamos tendríais tendrían	tenga tengas tenga tengamos tengáis tengan	tuviera tuvieras tuviera tuviéramos tuvierais tuvieran	ten (tú), no tengas tenga (usted) tengamos tened (vosotros), no tengáis tengan (Uds.)
traer trayendo traído	traigo traes trae traemos traéis traen	traía traías traía traíamos traíais traían	traje trajiste trajo trajimos trajisteis trajeron	traeré traerás traerá traeremos traeréis traerán	traería traerías traería traeríamos traeríais traerían	traiga traigas traiga traigamos traigáis traigan	trajera trajeras trajera trajéramos trajerais trajeran	trae (tú), no traigas traiga (usted) traigamos traed (vosotros), no traigáis traigan (Uds.)
venir viniendo venido	vengo vienes viene venimos venís vienen	venía venías venía veníamos veníais venían	vine viniste vino vinimos vinisteis vinieron	vendré vendrás vendrá vendremos vendréis vendrán	vendría vendrías vendría vendríamos vendríais vendrían	venga vengas venga vengamos vengáis vengan	viniera vinieras viniera viniéramos vinierais vinieran	ven (tú), no vengas venga (usted) vengamos venid (vosotros), no vengáis vengan (Uds.)

Irregular Verbs (continued)

Infinitive Present Participle Past Participle	Indicative					Subjunctive		Imperative
	Present	Imperfect	Preterit	Future	Conditional	Present	Imperfect	
ver viendo visto	veo ves ve vemos véis ven	veía veías veía veíamos veíais veían	vi viste vio vimos visteis vieron	veré verás verá veremos veréis verán	vería verías vería veríamos veríais verían	vea veas vea veamos veáis vean	viera vieras viera viéramos vierais vieran	ve (tú), no veas vea (usted) veamos ved (vosotros), no veáis vean (Uds.)

Stem-Changing and Orthographic-Changing Verbs

Infinitive Present Participle Past Participle	Indicative					Subjunctive		Imperative
	Present	Imperfect	Preterit	Future	Conditional	Present	Imperfect	
almorzar (z, c) almorzando almorzado	almuerzo almuerzas almuerza almorzamos almorzáis almuerzan	almorzaba almorzabas almorzaba almorzábamos almorzabais almorzaban	almorcé almorzaste almorzó almorzamos almorzasteis almorzaron	almorzaré almorzarás almorzará almorzaremos almorzaréis almorzarán	almorzaría almorzarías almorzaría almorzaríamos almorzaríais almorzarían	almuerce almuerces almuerce almorcemos almorcéis almuercen	almorzara almorzaras almorzaras almorzáramos almorzarais almorzaran	almuerza (tú) no almuerces almuerce (usted) almorcemos almorzad (vosotros) no almorcéis almuercen (Uds.)
buscar (c, qu) buscando buscado	busco buscas busca buscamos buscáis buscan	buscaba buscabas buscaba buscábamos buscabais buscaban	busqué buscaste buscó buscamos buscasteis buscaron	buscaré buscarás buscará buscaremos buscaréis buscarán	buscaría buscarías buscaría buscaríamos buscaríais buscarían	busque busques busque busquemos busquéis busquen	buscara buscaras buscara buscáramos buscarais buscaran	busca (tú) no busques busque (usted) busquemos buscad (vosotros) no busquéis busquen (Uds.)

Stem-Changing and Orthographic-Changing Verbs (continued)

Infinitive Present Participle Past Participle	Indicative					Subjunctive		Imperative
	Present	Imperfect	Preterit	Future	Conditional	Present	Imperfect	
corregir (g, j) corrigiendo corregido	corrijo corriges corrige corregimos corregís corrigen	corregía corregías corregía corregíamos corregíais corregían	corregí corregiste corrigió corregimos corregisteis corrigieron	corregiré corregirás corregirá corregiremos corregiréis corregirán	corregiría corregirías corregiría corregiríamos corregiríais corregirían	corrija corrijas corrija corrijamos corrijáis corrijan	corrigiera corrigieras corrigiera corrigiéramos corrigierais corrigieran	corrige (tú) no corrijas corrija (usted) corrijamos corregid (vosotros) no corrijáis corrijan (Uds.)
dormir (ue, u) durmiendo dormido	duermo duermes duerme dormimos dormís duermen	dormía dormías dormía dormíamos dormíais dormían	dormí dormiste durmió dormimos dormisteis durmieron	dormiré dormirás dormirá dormiremos dormiréis dormirán	dormiría dormirías dormiría dormiríamos dormiríais dormirían	duerma duermas duerma durmamos durmáis duerman	durmiera durmieras durmiera durmiéramos durmierais durmieran	duerme (tú), no duermas duerma (usted) durmamos dormid (vosotros), no durmáis duerman (Uds.)
incluir (y) incluyendo incluido	incluyo incluyes incluye incluimos incluís incluyen	incluía incluías incluía incluíamos incluíais incluían	incluí incluiste incluyó incluimos incluisteis incluyeron	incluiré incluirás incluirá incluiremos incluiréis incluirán	incluiría incluirías incluiría incluiríamos incluiríais incluirían	incluya incluyas incluya incluyamos incluyáis incluyan	incluyera incluyeras incluyera incluyéramos incluyerais incluyeran	incluye (tú), no incluyas incluya (usted) incluyamos incluid (vosotros), no incluyáis incluyan (Uds.)
llegar (g, gu) llegando llegado	llego llegas llega llegamos llegáis llegan	llegaba llegabas llegaba llegábamos llegabais llegaban	llegué llegaste llegó llegamos llegasteis llegaron	llegaré llegarás llegará llegaremos llegaréis llegarán	llegaría llegarías llegaría llegaríamos llegaríais llegarían	llegue llegues llegue lleguemos lleguéis lleguen	llegara llegaras llegara llegáramos llegareis llegaran	llega (tú) no llegues llegue (usted) lleguemos llegad (vosotros) no lleguéis lleguen (Uds.)
pedir (i, i) pidiendo pedido	pido pides pide pedimos pedís piden	pedía pedías pedía pedíamos pedíais pedían	pedí pediste pidió pedimos pedisteis pidieron	pediré pedirás pedirá pediremos pediréis pedirán	pediría pedirías pediría pediríamos pediríais pedirían	pida pidas pida pidamos pidáis pidan	pidiera pidieras pidiera pidiéramos pidierais pidieran	pide (tú), no pidas pida (usted) pidamos pedid (vosotros), no pidáis pidan (Uds.)

Stem-Changing and Orthographic-Changing Verbs (continued)

Infinitive Present Participle Past Participle	Indicative					Subjunctive		Imperative
	Present	Imperfect	Preterit	Future	Conditional	Present	Imperfect	
pensar (ie) pensando pensado	pienso piensas piensa pensamos pensáis piensan	pensaba pensabas pensaba pensábamos pensabais pensaban	pensé pensaste pensó pensamos pensasteis pensaron	pensaré pensarás pensará pensaremos pensaréis pensarán	pensaría pensarías pensaría pensaríamos pensaríais pensarían	piense pienses piense pensemos penséis piensen	pensara pensaras pensara pensáramos pensarais pensaran	piensa (tú), no pienses piense (usted) pensemos pensad (vosotros), no penséis piensen (Uds.)
producir (zc) produciendo producido	produzco produces produce producimos producís producen	producía producías producía producíamos producíais producían	produje produjiste produjo produjimos produjisteis produjeron	produciré producirás producirá produciremos produciréis producirán	produciría producirías produciría produciríamos produciríais producirían	produzca produzcas produzca produzcamos produzcáis produzcan	produjera produjeras produjera produjéramos produjerais produjeran	produce (tú), no produzcas produzca (usted) produzcamos pruducid (vosotros), no produzcáis produzcan (Uds.)
reír (i, i) riendo reído	río ríes ríe reímos reís ríen	reía reías reía reíamos reíais reían	reí reíste rio reímos reísteis rieron	reiré reirás reirá reiremos reiréis reirán	reiría reirías reiría reiríamos reiríais reirían	ría rías ría riamos riáis rían	riera rieras riera riéramos rierais rieran	ríe (tú), no rías ría (usted) riamos reíd (vosotros), no riáis rían (Uds.)
seguir (i, i) (ga) siguiendo seguido	sigo sigues sigue seguimos seguís siguen	seguía seguías seguía seguíamos seguíais seguían	seguí seguiste siguió seguimos seguisteis siguieron	seguiré seguirás seguirá seguiremos seguiréis seguirán	seguiría seguirías seguiría seguiríamos seguiríais seguirían	siga sigas siga sigamos sigáis sigan	siguiera siguieras siguiera siguiéramos siguierais siguieran	sigue (tú), no sigas siga (usted) sigamos seguid (vosotros), no sigáis sigan (Uds.)
sentir (ie, i) sintiendo sentido	siento sientes siente sentimos sentís sienten	sentía sentías sentía sentíamos sentíais sentían	sentí sentiste sintió sentimos sentisteis sintieron	sentiré sentirás sentirá sentiremos sentiréis sentirán	sentiría sentirías sentiría sentiríamos sentiríais sentirían	sienta sientas sienta sintamos sintáis sientan	sintiera sintieras sintiera sintiéramos sintierais sintieran	siente (tú), no sientas sienta (usted) sintamos sentid (vosotros), no sintáis sientan (Uds.)

Stem-Changing and Orthographic-Changing Verbs (continued)

Infinitive Present Participle Past Participle	Indicative					Subjunctive		Imperative
	Present	Imperfect	Preterit	Future	Conditional	Present	Imperfect	
volver (ue) volviendo vuelto	vuelvo vuelves vuelve volvemos volvéis vuelven	volvía volvías volvía volvíamos volvíais volvían	volví volviste volvió volvimos volvisteis volvieron	volveré volverás volverá volveremos volveréis volverán	volvería volverías volvería volveríamos volveríais volverían	vuelva vuelvas vuelva volvamos volváis vuelvan	volviera volvieras volviera volviéramos volvierais volvieran	vuelve (tú), no vuelvas vuelva (usted) volvamos volved (vosotros), no volváis vuelvan (Uds.)

APPENDIX 5

SPANISH–ENGLISH GLOSSARY

A

a bordo on board (5)
a causa de because of (5)
a continuación following (2)
a la parrilla grilled; barbecued (**4**)*
a lo largo de along (2)
a menudo often (PA)
a propósito by the way (4)
a través de through (5)
abajo below (2)
abrazar to hug (2)
abrir to open (PA, **1**)
acá here (1)
acabar to end (2)
acabar de to have just (3)
aceituna, la olive (**4**)
acelerador, el accelerator; gas pedal (**5**)
aceptar una invitación to accept an invitation (**3**)
acera, la sidewalk (**3**)
acerca de about (3)
aclarar to clarify (5)
acogedor/a cozy (4)
aconsejar to recommend; to advise (1, **2**)
acordarse de (ue) to remember (PA)
acostarse (ue) to go to bed (4)
actualizar to update (**5**)
acuarela, la watercolor (4)
acuerdo, el compromise (2)
adentro inside (3)
adivinar to guess (PA)
adobe, el adobe (**3**)
adolescencia, la adolescence (**1**)
aduana, la customs (**5**)
aficionado/a, el/la fan (1)
afirmativamente affirmatively (1)
afuera outside (2)
agencia de viajes, la travel agency (6)
agotado/a exhausted (**1**)
agradable agreeable; pleasant (**1**)
agradecer to thank (5)
agradecido/a grateful (3)
agua corriente, el running water (3)
agua dulce, el fresh water (5)
aguacate, el avocado (**4**)
ahijado/a, el/la godson/daughter (**1**)
aire acondicionado, el air conditioning (**3**)
ajo, el garlic (**4**)
al aire libre, in the open air (2)
al final at the end (**4**)
Al llegar a..., doble/n... When you get to..., turn... (**4**)
al principio at first; first; in the beginning (3, **4**)
alacena, la cupboard (**3**)
alcachofa, la artichoke (4)
alegrarse de to be happy (about) (**3**)
alegre happy; cheerful (**1**)
alfombra, la rug (4)
alma, el soul (2)
almacén, el store (3)
almohada, la pillow (**3**)
almorzar (ue) to have lunch (PA)
alquilar to rent (**3**)
alquilar un coche to rent a car (**5**)
alquiler, el rent (2, **3**)
alrededores, los surroundings (**3**)
altar, el altar (4)
altura, la height (5)
aludir to allude (4)
amable nice (**1**)
amplio/a ample (3)
anaranjado/a orange (4)
anciano/a elderly (**1**)
andar to walk (1)
animar to encourage (2)
aniversario de boda, el wedding anniversary (**4**)
anteayer the day before yesterday (5)
antes (de) before (**4**)
antiguo/a old (3)
antorcha, la torch (4)
anuncio, el advertisement (PA)
añadir to add (PA, **3**, **4**)
apagar to turn off (2)
aparato, el apparatus (5)
aparecer to appear (PA)
apariencia, la appearance (**1**)
apartar to separate (3)
apio, el celery (**4**)
aplicado/a applied (5)
apoyar to support (3)
apoyo, el support (1)
apreciar to appreciate (5)
aprender to learn (PA)
apropiado/a appropriate (1, **2**)
apuntar to note (4)
árbitro, el/la referee; umpire (**2**)
árbol, el tree (3)
archivo adjunto, el attachment (**5**)
archivo, el file (**5**)
arena, la sand (**5**)
arma, el weapon (4)
armario, el armoire; closet; cabinet (3)
arquitecto/a, el/la architect (**3**)
arrancar to boot up; to start up (**5**)
arreglar to straighten up (1)
arreglo, el arrangement (5)
arrepentirse de (ie, i) to repent; to regret (4)
arriba above; up (5)
arroba, la at (in a URL) (**5**)
artes marciales, las martial arts (2)
asado/a grilled (**4**)
asar to roast; to broil (**4**)
asegurar to ensure (2)
aserrín, el sawdust (4)
así thus (**2**)
asistir a to attend (5)
asociar to associate (4)
aspecto físico, el physical appearance (**1**)
asqueado/a disgusted (**1**)
asunto, el subject (3)
asustado/a frightened (**1**)
asustar to frighten (3)
atasco, el traffic jam (**5**)
atleta, el/la athlete (**2**)
atlético/a athletic (**2**)
atletismo, el track and field (**2**)
aunque although (1)
austral southern (5)
autopista, la turnpike; highway; freeway (5)
avanzar to advance (4)
avaro/a miserly (4)
ave, el bird (5)
avergonzado/a embarrassed; ashamed (**1**)
avergonzarse de (ue) to feel (to be) ashamed of (**3**)
averiguar to find out (PA)
aves, las poultry; birds (**4**)
ayuda, la help (3)
azulejos, los ceramic tiles (**3**)

B

bailar to dance (PA)
baile, el dance (**4**)
bajar de to get off (2)
bandera, la flag (4)
banquito, el little stool (4)
baño de vapor, el steam bath (2)
barba, la beard (**1**)
barbacoa, la barbeque (3)
barra, la slash (in a URL) (**5**)
barrer to sweep (3)
barrio, el neighborhood (2, **3**)
basar to base (3)

* Chapter numbers that are boldfaced indicate that the word is active vocabulary in that particular chapter.

bastante enough (2)
bastón de esquí, el ski pole (**2**)
bate, el bat (**2**)
batido, el milkshake (**4**)
batidora, la hand-held beater; mixer; blender (**3**)
batir to beat (**4**)
bautizo, el baptism (**4**)
bebé, el baby (**4**)
beber to drink (PA)
beneficioso/a beneficial (5)
besito, el little kiss (2)
beso, el kiss (4)
bibliotecario/a, el/la librarian (5)
bien hecho/a well done (5)
bienes raíces real estate (3)
bigote, el moustache (**1**)
billares, los billiards hall (2)
bisabuelo/a, el/la great-grandfather/ great-grandmother (**1**)
bocina, la horn (**5**)
boda, la wedding (3, **4**)
bombardear to bombard (1)
bombilla, la lightbulb (4)
bombón, el sweet; candy (**4**)
borrar to delete; to erase (**5**)
bosque, el forest (2)
boxear to box (**2**)
breve brief (5)
brisa, la breeze (4)
broma, la joke (3)
bruscamente brusquely (4)
bucear to scuba dive (**2**)
buceo, el diving (2)
búsqueda, la search (2)

C

caber to fit (3)
cabeza, la head (**1**)
cacerola, la saucepan (**3**)
cada each (PA)
cadena, la chain (3)
cadena (de televisión), la (television) station (PA)
caer bien/mal to like/dislike someone (**1**)
cafetera, la coffeemaker (**3**)
caída, la fall (3)
calabaza, la squash; pumpkin (**4**)
calavera, la skull (4)
calefacción, la heat; heating (**3**)
calentar (ie) to heat (**3, 4**)
calidad, la quality (5)
callado/a quiet (**1**)
callarse to become quiet; to keep quiet (PA)
calvo/a bald (**1**)
cámara, la camera (**5**)
cámara digital, la digital camera (**5**)
camarero/a, el/la maid (**5**)
camarones, los shrimp (**4**)
cámera web, la web camera (**5**)
caminata, la long walk (1)
camino, el route; path; dirt road (**5**)
camioneta, la van; station wagon; small truck (**5**)
campeón, el champion (male) (**2**)
campeona, la champion (female) (**2**)
campeonato, el championship (**2**)
campo, el field (**2**)
canal, el channel (5)
canas, las grey hair (**1**)
cancha, la court (sports) (**2**)
cangrejo, el crab (**4**)
cantante, el/la singer (PA)
cantar to sing (PA)
cantidad, la quantity (PA)
caña de azucar, la sugar cane (5)
captar to capture (2)
cara, la face (**1**)
características notables, las notable characteristics (**1**)
características personales, las personal characteristics (**1**)
carne de cerdo, la pork (**4**)
carne de cordero, la lamb (**4**)
carne de res, la beef (**4**)
carne molida, la ground beef (**4**)
carne, la meat (**4**)
caro/a expensive (2)
carpintero/a, el/la carpenter (**3**)
carrera, la career; race (1, **2**)
carretera, la highway (**5**)
carta, la menu (4)
casado/a married (**1**)
casarse to marry; to get married (**1**)
casco, el helmet (**2**)
casi almost (5)
castaño brown (hair) (**1**)
casualidad, la coincidence (5)
cazar to go hunting (**2**)
cejas, las eyebrows (**1**)
celebración, la celebration (**4**)
celebrar to celebrate (**4**)
celoso/a jealous (**1**)
cemento, el cement (**3**)
cenar to have dinner (3)
cerca, la fence (**3**)
cercano/a close by (5)
cereza, la cherry (**4**)
cerrar (ie) to close (PA)
césped, el grass; lawn (**3**)
cesta, la basket (2)
Chao. Bye. (**1**)
chequeo, el check (5)
chimenea, la fireplace; chimney (**3**)
chistoso/a funny (**1**)
chófer, el chauffeur (5)
chuleta, la chop (**4**)
cicatriz, la scar (**1**)
ciertas cosas, certain things (5)
cifrar to encrypt (**5**)
cinturón de seguridad, el seat belt (**5**)
circular to circulate (PA)
ciruela, la plum (**4**)
cirujano/a, el/la surgeon (2)
cita, la date (1, **4**)
claridad, la clarity (5)
¡Claro! Sure! Of course! (1, **3**)
cobrar to charge (5)
cocina, la kitchen (**3**)
cocinar to cook (PA)
cóctel, el cocktail (5)
col, la cabbage (**4**)
colaborador/a, el/la collaborator (4)
coleccionar estatuillas to collect figurines (**2**)
coleccionar sellos to collect stamps (**2**)
coleccionar tarjetas de béisbol to collect baseball cards (**2**)
colega, el/la colleague (1)
colgar (ue) to hang (**3**)
coliflor, la cauliflower (**4**)
comentar en un blog to post to a blog (**2**)
comenzar (ie) to begin (PA)
comer to eat (PA)
comestible, el food (4)
¿Cómo andas? How are you doing? (PA)
¿Cómo voy/llego a...? How do I go/ get to...? (**4**)
¿Cómo amaneció usted/amaneciste? How are you this morning? (**1**)
¿Cómo? What? (**2**)
cómodo/a comfortable (**1**)
comparar con to compare with (**3**)
compartir to share (PA)
compatible compatible (**5**)
competencia, la competition (**2**)
competición, la competition (**2**)
competir (i-i) to compete (**2**)
competitivo/a competitive (2)
cómplice, el/la accomplice (5)
componer to repair; to fix an object (**3**)
comportamiento, el behavior (4)
comprar to buy (PA)
comprender to understand (PA)
comprobar (ue) to check (PA)
compromiso, el engagement (**4**)
común common (4)
¡Con mucho gusto! It would be a pleasure! (**3**)
Con permiso. With your permission.; Excuse me. (**2**)
concluir to conclude (3)
concordancia, la agreement (5)
concurso, el contest (5)
conducir to drive; to direct (4)
conectado connected, online (**5**)

conectar to connect (**5**)
confundido/a confused (**1**)
congelar to freeze; to crash (computer) (**5**)
conocer to be acquainted with, to know (PA)
conocido/a known (1)
consejero/a, el/la counselor (1)
consejo, el advice (2)
construir to construct (**3**)
contar (ue) to tell (1)
contener (ie) to contain (5)
contestar to answer (PA)
contigo with you (2)
contraseña, la password (**5**)
contratista, el/la contractor (**3**)
contrato, el contract (2)
controvertido/a controversial (3)
convenir (ie) to agree (1)
copa, la goblet; wine glass (**3**)
corregir (i) to correct (PA)
correo de voz, el voicemail (**5**)
correo electrónico, el e-mail (4, **5**)
correr to run (PA)
cortar to cut (**5**)
cortar el césped to cut the grass (**3**)
cortina, la curtain (**3**)
coser to sew (**2**)
costar (ue) to cost (PA)
crear to create (PA)
creencia, la belief (4)
creer to believe (PA)
criarse to grow up (4)
crónica, la chronicle (5)
crucero, el cruise ship (**5**)
crudo/a raw (**4**)
cruzar to cross (5)
cuadra, la city block (1, **3**)
cuadro, el square; painting (PA, **3**)
cualidad, la quality (personal) (PA)
cuando when (**2**)
cuarto, el room (**3**)
cubrir to cover (**3, 4**)
cuchillo, el knife (1)
cueva, la cave (3)
cuidado, el care (2)
cuidadoso/a careful (**1**)
cuidarse to take care of oneself (4)
Cuídese/Cuídate. Take care. (**1**)
culpa, la blame (4)
cumpleaños, el birthday (1, **4**)
cumplir to complete (3)
cumplir... años to have a birthday; to turn... years old (**4**)
cuñado/a, el/la brother-in-law/ sister-in-law (**1**)
cura, el priest (4)
curativo/a curative (3)
curso, el class (3)
cursor, el cursor (**5**)
curva, la curve (3)

D

dar to give (PA)
dar a luz to give birth (**4**)
darse cuenta de to realize (2)
darse prisa to hurry (PA)
datar de to date from (3)
datos, los data (**5**)
de mal gusto in bad taste (4)
de nuevo again (1)
de repente all of a sudden (5)
deber (+inf.) should; must (PA)
débil weak (2)
decir to say; to tell (PA, **1**)
decorar to decorate (**2**)
decreto, el decree (4)
dejar to leave (2)
delante up front (PA)
demás, los the others (2)
demasiado/a/os/as too much/many (1)
demostrar (ue) to demonstrate (PA)
deportes, los sports (**2**)
deportista sporty; sports-loving person (**2**)
deportivo sports-related (**2**)
deprimido/a depressed (**1**)
derretir (i-i) to melt (**4**)
desafío, el challenge (2)
desanimar to discourage (2)
desaparición, la disappearance (2)
descanso, el rest (1)
descargar to download (**5**)
desconectado offline (**5**)
desconocido/a unknown (5)
describir to describe (PA)
descubrir to discover (1)
deseado/a desired (5)
desear to wish (**2**)
desenchufar to unplug (5)
deseo, el wish (2)
desfile, el parade (4)
deshacer to undo (**5**)
desmayarse to faint (3)
desorganizado/a disorganized (**1**)
despedida, la farewell (**1**)
despedirse (i-i) to say good bye (1)
despensa, la pantry (**3**)
desperdicios, los waste products (5)
despistado/a absentminded; scatterbrained (**1**)
después afterward (**4**)
después (de) after (**4**)
destacarse to stand out (3)
detallado/a detailed (PA)
detalle, el detail (3)
detrás in the back (PA)
devolver (ue) to return (an object) (PA)
día de la Independencia, el Independence Day (**4**)
día de la Madre, el Mother's Day (**4**)
día de las Brujas, el Halloween (**4**)
Día de los Muertos, el Day of the Dead (**4**)
día de San Valentín, el Valentine's Day (**4**)
día del Padre, el Father's Day (**4**)
diablo, el devil (5)
diálogo, el dialogue (1)
diario/a daily (PA)
diario, el diary (1)
dibujar to draw (PA)
dibujo, el drawing (PA)
difunto/a, el/la deceased (4)
digital digital (**5**)
digitalizar to digitalize (**5**)
dirección, la address (**5**)
dirigir to direct; to steer (2)
discapacitado/a physically handicapped (**1**)
disco duro, el hard drive (**5**)
discordia, la discord (3)
Disculpa/Discúlpame. Excuse me. (*fam.*) (**2**)
disculparse to apologize (2)
Disculpe/Discúlpeme. Excuse me. (*for.*) (**2**)
Disculpen/Discúlpenme. Excuse me. (*for.*) (**2**)
discutir to argue; to discuss (1, **4**)
diseñador/a, el/la designer (**3**)
diseño, el design (2)
disfrazarse to wear a costume; to disguise oneself (**4**)
disfrutar to enjoy (2)
distinto/a different; distinct (1)
distraerse to get distracted (4)
diversión, la diversion (3)
divertirse (ie, i) to enjoy oneself; to have fun (PA)
divorciado/a divorced (**1**)
divorciarse to divorce; to get divorced (**1**)
Doble/n a la derecha/izquierda. Turn right/left. (**4**)
docena, la dozen (4)
doctorado, el doctorate degree (5)
dona, la donut (**4**)
dondequiera wherever (3)
dormir (ue, u) to sleep (PA)
dormitorio, el bedroom (**3**)
dramatizar to dramatize (2)
duda, la doubt (3)
dudar to doubt (**3**)
dueño/a, el/la owner (**3**)
dulce sweet (3)
durar to last (3)
durazno, el peach (**4**)

E

edad, la age (1)
edificio, el building (PA)

educado/a polite (**1**)
egoísta selfish (**1**)
ejecutivo/a, el/la executive (5)
ejemplo, el example (3)
el the (PA)
elaborar to elaborate; to produce (1, 5)
electricista, el/la electrician (**3**)
elegir (i-i) to choose (3)
elote, el ear of corn (4)
e-mail, el e-mail (**5**)
embarazada pregnant (**1**)
emisora, la broadcasting station (PA)
emoción, la excitement (2)
emocionante exciting (5)
emocionar to move (emotionally) (4)
empate, el tie (game) (**2**)
empezar (ie) to begin (PA)
empleo, el job (1)
en absoluto absolutely not (1)
en seguida immediately (after) (**4**)
enamorado/a in love (**1**)
enamorarse (de) to fall in love (with) (**4**)
encabezado/a por headed by (1)
encantar to adore; to enchant (**1**)
encender (ie) to turn on (4)
encerrar (ie) to enclose (PA)
enchufar to plug in (**5**)
enchufe, el plug (**5**)
encima in addition (3)
encima de on top of (5)
encontrar (ue) to find (PA)
enemigo/a, el/la enemy (6)
enfocar to focus (3)
enfoque, el focus (4)
enfrente (de) in front (of) (3)
engañar to deceive (**4**)
enlace, el link (**5**)
enojado/a angry (**1**)
enseñar to teach; to show (PA)
entender (ie) to understand (PA)
entonces then; next (**4**)
entrada, la entry (5)
entre between (PA)
entre sí among themselves (1)
entregar to hand in (1)
entrenador/a, el/la coach; trainer (**2**)
entrenar to train (**2**)
entrevista, la interview (PA)
envejecer to grow old; to age (**1**)
envenenar to poison (4)
enviar to send (4)
época, la period, stage (4)
equipaje, el luggage (**5**)
equipo deportivo, el sporting equipment (**2**)
equipo, el team (2)
equivocado/a wrong (5)
Es importante (que) It is important (that) (**2**)
Es mejor (que) It's better (that) (**2**)
Es necesario (que) It's necessary (that) (**2**)
Es preferible (que) It's preferable (that) (**2**)
Es verdad. It's true. (PA)
escalar to climb (**2**)
escalera, la staircase; stairs (**3**)
escanear to scan (**5**)
escáner, el scanner (**5**)
escenario, el scenario (6)
escoger to choose (PA)
escolar school (adj.) (2)
escribir to write (PA, **1**)
escritor/a, el/la writer (3)
escuela secundaria, la high school (1)
escultura, la scuplture (PA)
esfuerzo, el effort (6)
espacio, el space (1)
espárragos, los asparagus (**4**)
especia, la spice (4)
especializarse to specialize (3)
especie, la species (4)
espejito, el little mirror (1)
espejo, el mirror (2, **3**)
espejo retrovisor, el rearview mirrow (**5**)
esperar to wait for; to hope (PA, **2**)
espinacas, las spinach (**4**)
esqueleto, el skeleton (4)
esquiar to ski (**2**)
¿Está/s/n libre/s...? Are you (all) free...? (**3**)
estación, la station (4)
estadio, el stadium (2)
estado, el state (PA)
estanque, el pond (**3**)
estante, el shelf (2)
estar to be (PA)
estar comprometido/a to be engaged (**4**)
estar de acuerdo to agree (PA)
estar de oferta to be on sale (2)
estar embarazada to be pregnant (**4**)
este, el east (**5**)
estilo, el style (1)
Estoy perdido/a. I'm lost. (**4**)
estrella, la star (4)
estrenar to show for the first time (1)
estrés, el stress (2)
estudiar to study (PA)
estudio, el studio; study (3, 5)
estufa, la stove (4)
etapa, la stage (2)
etapas de la vida, las stages of life (**1**)
evento de la vida, el life event (**4**)
exagerar to exaggerate (5)
excursionista, el/la hiker (**2**)
exigente demanding (3)
exigir to demand (**2**)
existente existing (3)
experimentar to experience (1)
explicación, la explanation (6)
explicar to explain (PA)
exposición, la exposition (5)
expresar emoción to express emotions (**5**)
extensión, la expanse (2)
extinguirse to become extinct (4)
extraer to extract (3)
extranjero, el abroad (**5**)
extraño/a strange (4)
extraterrestre otherworldly (5)
extrovertido/a extroverted (**1**)

F

fabricado/a made (5)
factura (mensual), la bill (monthly) (**3**)
faltar to need; to lack (**1**)
fama, la fame (3)
familia, la family (**1**)
faro, el headlight (**5**)
fascinar to fascinate (**1**)
fecha, la date (4)
¡Fenomenal! Phenomenal! (**5**)
festejar to celebrate (6)
figurar to figure (PA)
fijarse en to pay attention to (4)
fin, el end (5)
finalmente finally; in the end (PA, **4**)
fingir to pretend (5)
firmar (los documentos) to sign (papers) (PA, **5**)
flan, el caramel custard (**4**)
flojo/a lazy (**1**)
florero, el vase (**3**)
folleto, el brochure (4)
formación, la education; training (5)
¡Formidable! Super! (**5**)
forzar (ue) to force (4)
foto, la photo (PA)
frase, la sentence (PA)
fregadero, el kitchen sink (**3**)
freír (i) to fry (**4**)
frenesí, el frenzy (6)
frenos, los braces; brakes (**1, 5**)
frente, la forehead (**1**)
fresa, la strawberry (**4**)
frito/a fried (**4**)
frontera, la border (**5**)
fruta, la fruit (**4**)
fuego (lento, mediano, alto), el (low, medium, high) heat (**4**)
fuego, el fire (**3**)
funda (de almohada), la pillowcase (**3**)
fundado/a por founded by (1)
furioso/a furious (**1**)

G

ganar to win (**2**)
gastador/a extravagant; wasteful (**1**)
gastar to spend; to wear out; to waste (2, **3**)
gemelos, los twins (**1**)
generación, la generation (1)
generoso/a generous (**1**)
gerente, el/la manager (4)
gira, la tour (5)
glicina, la wisteria (2)
gobierno, el government (3)
gorro, el cap (4)
gozar to enjoy (1)
gracioso/a funny (2)
graduación, la graduation (**4**)
gratis free (2)
gritar to yell (6)
grosero/a rude (**1**)
guardar to put away; to keep; to save; to file (**3**, **5**)
guardia de seguridad, el/la security guard (**5**)
guía, el/la guide (**5**)
guiar to guide (4)
guisado, el stew (4)
guisantes, los peas (**4**)
gustar to like (**3**)
Gusto en verlo/la/te. Nice to see you. (**1**)
gustos, los likes (1)

H

hábil capable (3)
habilidad, la ability (2)
habitar to live in (3)
hablar to speak (PA)
hacer to do; to make (PA, **1**)
hacer artesanía to do crafts (**2**)
hacer clic to click (**5**)
hacer el papel to play the role (3)
hacer jogging to jog (**2**)
hacer juego to match (3)
hacer la conexión to log on (**5**)
hacer surf to surf (**2**)
hacer trabajo de carpintería to do woodworking (**2**)
hacer un crucero to go on a cruise (**5**)
hacerse daño to get hurt (1)
harina, la flour (**4**)
harto/a fed up (**1**)
Hasta la próxima. Till the next time. (**1**)
hay there is; there are (PA)
herencia, la heritage; inheritance (PA, **1**)
herida, la wound (4)
hermanastro/a, el/la stepbrother/stepsister (**1**)
herramienta, la tool (3)
hervido/a boiled (**4**)
hervir (ie, i) to boil (**4**)
hierba, la grass (3)
hijastro/a, el/la stepson/stepdaughter (**1**)
hijo/a único/a, el/la only child (**1**)
hipoteca, la mortgage (**3**)
hispanohablante, el Spanish speaker (PA)
historia, la story (4)
hogar, el home (**3**)
hoja, la leaf (PA)
honesto/a honest (**1**)
hongos, los mushrooms (**4**)
honradez, la honesty; integrity (4)
honrar to honor (4)
horario, el schedule (1)
horno, el oven (**3**)
hotel de lujo, el luxury hotel (**5**)
hotel, el hotel (**5**)
hoy en día today; nowadays (PA)
hoyo, el hole (2)
huésped, el/la guest (2, **5**)
humilde humble (4)

I

icono, el icon (**5**)
igual same (1)
imagen, la image (**5**)
importar to matter (**1**)
impresora, la printer (**5**)
imprimir to print (**5**)
incluso including (5)
incómodo/a uncomfortable (5)
incorporar to incorporate (3)
indicaciones, las directions (4)
indicar to indicate (PA)
indignado/a indignant (4)
infanta, la daughter of a king of Spain (1)
informática, la computer science (**5**)
informe, el report (3)
ingeniería, la engineering (3)
ingrediente, el ingredient (**4**)
inolvidable unforgettable (1)
insinuante flirtatious (1)
insistir (en) to insist (**2**)
inspirar to inspire (1)
intentar to try (1)
intento, el intention (3)
intercambiar to exchange (5)
intercambio, el exchange (5)
interesar to interest (**1**)
interiorista, el/la interior designer (3)
Internet, el Internet (**5**)
introvertido/a introverted (**1**)
investigador/a, el/la investigator (1)
invitado/a, el/la guest (4)
invitar a alguien to extend an invitation; to invite (**3**)
ir to go (PA)
ir de camping to go camping (**2**)
irse to go away; to leave (PA)
isla, la island (5)
itinerario, el itinerary (**5**)

J

jamás never (2)
jardín, el garden (3)
jardinería, la gardening (3)
jardinero/a, el/la gardener (**3**)
jarra, la pitcher (**3**)
joyería, la jewelery (4)
jubilación, la retirement (**1**)
jugar (ue) to play (PA)
jugar a hacer mímica to play charades (PA)
jugar a las cartas to play cards (**2**)
jugar a las damas to play checkers (**2**)
jugar al ajedrez to play chess (**2**)
jugar al boliche to bowl (**2**)
jugar al hockey (sobre hielo; sobre hierba) to play hockey (ice; field) (**2**)
jugar al póquer to play poker (**2**)
jugar al voleibol to play volleyball (**2**)
jugar a videojuegos to play video games (**2**)
juguete, el toy (1)
junto/a together (PA)
justificar to justify (1)
justo just; right (4)
juventud, la youth (**1**)

K

karting, el go-kart racing (5)
kilogramo, el kilogram (or 2.2 pounds) (**4**)

L

la the (PA)
laberinto, el labyrinth (1)
labios, los lips (**1**)
ladrillo, el brick (**3**)
ladrón, el thief (5)
ladrona, la thief (5)
lago, el lake (5)
langosta, la lobster (**4**)
lanzador zurdo, el left-handed pitcher (2)
las the (PA)
Lástima pero... It's a shame/pity but... (**3**)
lavadora, la washing machine (**3**)
lavarse to wash oneself (PA)

¿Le/Te importa (si...)? Do you mind (if...)? (5)
¿Le/Te parece bien? Do you like the suggestion? (5)
leer to read (PA)
leer cuentos cortos to read short stories (2)
leer libros de aventuras to read adventure books (2)
leer libros de espías to read books about spies (2)
legumbre, la vegetable (4)
lema, el slogan (3)
lengua, la language (PA)
lentes de sol, los sunglasses (5)
leproso/a, el/la leper (5)
letra, la letter (1)
letras, las letters (literature) (1)
levantar pesas to lift weights (2)
levantarse to get up; to stand up (PA)
libertad, la freedom (2)
licenciatura, la degree (academic) (5)
liga, la league (1)
ligero/a light (2)
limosina, la limousine (5)
llamada, la phone call (2)
llamarse to be called; to be named (PA)
llamativo/a striking (3)
llegar to arrive (PA)
llenar to fill (1)
Lo siento, pero no puedo esta vez/ en esta ocasión. Tengo otro compromiso. I'm sorry, but I can't this time, I have another commitment./I have other plans. (3)
localizar to find (3)
los the (PA)
luego then; next (4)
lujo, el luxury (2)
luna de miel, la honeymoon (4)
lunar, el beauty mark; mole (1)

M

madera, la wood (3)
madrina, la godmother (1)
maleducado/a impolite; rude (1)
maltratar to abuse (1)
malvado/a evil (4)
mandar to send (4)
mandato, el command (2)
mango, el mango (4)
manguera, la garden hose (3)
mano, la hand (PA)
mantener (ie) to maintain (2)
mantequilla, la butter (4)
mapa, el map (5)
maquillarse to put on makeup (PA)
máquina de fax, la fax machine (5)
maravilloso/a marvelous (3)
marca, la brand (5)
marido, el husband (1)
mariscos, los seafood (4)
marrón brown (4)
más que nunca more than ever (4)
más tarde later (4)
máscara, la mask (2)
materiales de la casa, los housing materials (3)
mayoría, la majority (2)
Me da mucha pena pero... I'm really sorry but... (3)
¿Me podría/n decir cómo se llega a...? Could you (all) tell me how to get to...? (4)
medio, el middle (1)
medio ambiente, el environment (5)
mejilla, la cheek (1)
mejor better; best (PA)
mejoramiento, el improvement (3)
mejorar to improve (2)
menos less (2)
mensaje de texto, el text message (5)
mente, la mind (4)
mentir (ie, i) to lie (PA)
mentira, la lie (2)
mentón, el chin (1)
mercado, el market (4)
meta, la goal (3)
metano, el methane (5)
meterse to get in (5)
método, el method (5)
mezcla, la mixture (1)
mezclar to mix (4)
mi/s my (PA)
microondas, el microwave (3)
miel, la honey (4)
miembro, el member (1)
mientras while (PA)
mío/a/os/as mine (PA)
mirón, el lurker (5)
mismo/a oneself (2)
mítico/a mythical (4)
mito, el myth (2)
moda, la fashion (3)
molestar to bother (1)
molesto/a annoyed (4)
montaña rusa, la roller coaster (1)
montar a caballo to go horseback riding (2)
montón, el pile (4)
monumento nacional, el national monument; monument of national importance (5)
moreno black (hair) (1)
morir (ue, u) to die (PA, 1)
mortero, el mortar (3)
mostrador, el countertop (3)
mostrar (ue) to show (PA)
moto, la motorcycle (PA)
mudanza, la move (3)
mudarse to move (3)
muerte, la death (1)
mujer, la wife (1)
multitarea, la multitasking (5)
mundial world (2)
muro, el wall (around a house) (3)
(Muy) Buenos/buenas. Good morning/afternoon. (1)

N

nacer to be born (1)
nacimiento, el birth (1, 4)
narrar to narrate (6)
navegador, el browser (5)
navegador personal, el GPS (5)
navegar to navigate; to surf (5)
Navidad, la Christmas (4)
necesitar to need (PA, 2)
negar (ie) to deny (3)
nieto/a, el/la grandson/granddaughter (1)
niñez, la childhood (1)
nivel, el level (2, 4)
no creer to not believe; to not think (3)
No es verdad. It's not true. (PA)
no estar seguro (de) to be uncertain (3)
no hay de qué you're welcome (2)
¡No me digas! You don't say!; No way! (5)
no pensar to not think (3)
¡No puede ser! This/It can't be! (5)
nombrar to name (PA)
norte, el north (5)
Nos vemos. See you. (Literally, "we'll see each other") (1)
Nos/Me encantaría (pero)... We/I would love to (but)... (3)
novicio/a novice (2)
novio/a, el/la boyfriend/girlfriend; groom/bride (4)
nuera, la daughter-in-law (1)
nuestro/a/os/as our/s (PA)

O

o or (2)
obra, la work (3)
obrero/a, el/la worker (3)
obtener (ie) to obtain (4)
obtener información to get input (5)
ocultar to hide (3)
ocupar to occupy (2)
oeste, el west (5)
oferta, la special offer (5)
oficina de turismo, la tourism office (5)
oficina, la office (3)
ofrecer to offer (2)

ofrenda, la offering (4)
oír to hear (PA)
olla, la pot (**3**)
olvidado/a forgotten (5)
opuesto/a opposite (1)
oración, la sentence (PA)
ordenar to put in order (PA)
organizado/a organized (**1**)
orgullo, el pride (5)
orgulloso/a proud (**1**)
oscuro/a dark (4)

P

padrino, el godfather (**1**)
página principal, inicial, de hogar, la home page (**5**)
país, el country (PA)
paisaje, el countryside (**5**)
pájaro, el bird (4)
palo (de golf; de hockey), el golf club; hockey stick (**2**)
palomitas de maíz, las popcorn (**4**)
pan dulce, el sweet roll (**4**)
panqueque, el pancake (**4**)
pantalla, la screen (2, **5**)
papaya, la papaya (**4**)
papel, el paper; role (5)
papelito, el little piece of paper (PA)
paquete, el package (**5**)
par, el pair (2)
para for (**5**)
parachoques, el bumper (**5**)
parada, la stop (2)
parador, el inn (3)
paraíso, el paradise (2)
pararse to stop (1)
parecer to seem; to appear (**1**)
pared, la wall (3)
pareja, la couple; partner (**1**)
pariente, el relative (**1**)
parloteo, el chat (1)
párrafo, el paragraph (1)
parte de un vehículo, la part of a car (**5**)
partido, el game (2)
pasado, el past (3)
pasar to pass (time) (2)
pasatiempos, los pastimes (**2**)
Pascua, la Easter (**4**)
pasear en barco (de vela) to sail (**2**)
paseo, el promenade (1)
pasillo, el hall (**3**)
paso, el step; stage (PA)
paso de peatones, el crosswalk (**5**)
pastel, el pastry; pie; cake (2)
patinar en monopatín to skateboard (**2**)
patines, los skates (**2**)
pavo, el turkey (**4**)
pecas, las freckles (**1**)
pedazo, el piece (**4**)
pedido, el request; order (2, 5)
pedir (i-i) to ask (for); to request (PA, **2**)
pedir clarificación to ask for clarification (**2**)
pedir perdón to excuse yourself (**2**)
pegar to hit; to paste (1, **5**)
pelar to peel (**4**)
pelear(se) to fight (**2**, **4**)
peligro, el danger (1)
peligroso/a dangerous (1)
pelirrojo/a red-haired (**1**)
pelo, el hair (**1**)
pelo canoso, el grey hair (**1**)
pelo corto, el short hair (**1**)
pelo lacio, el straight hair (**1**)
pelo largo, el long hair (**1**)
pelo rizado, el curly hair (**1**)
pelo teñido, el dyed hair (**1**)
pelota, la ball (PA, **2**)
peluca, la wig (**1**)
pensamiento, el thought (2)
pensar (ie) to think (PA)
pepino, el cucumber (**4**)
perder (ie) to lose; to waste (PA, **2**)
perderse (ie) to get lost (**5**)
Perdón, ¿sabe/n usted/ustedes llegar al...? Pardon, do you (all) know how to get to...? (**4**)
Perdón/perdóname. Pardon. (*fam.*) (**2**)
Perdóneme. Pardon. (*for.*) (**2**)
perfil, el profile (PA)
perforación del cuerpo, la body piercing (**1**)
periodista, el/la journalist (PA)
permiso, el permission (5)
pero but (**2**)
perseguir (i-i) to chase (PA)
persianas, las blinds (**3**)
personaje principal, el/la main character (1)
personalidad, la personality (**1**)
pertenecer to belong (2)
pesado/a dull, tedious (**1**)
pesas, las weights (**2**)
pescado, el fish (**4**)
pescar to fish (**2**)
peso, el weight (4)
pestañas, las eyelashes (**1**)
piedra, la stone (3)
piel, la skin (**1**)
pilates, el Pilates (**2**)
piloto de carreras, el race car driver (5)
pimiento, el pepper (**4**)
pingüino, el penguin (5)
pino, el pine tree (3)
pintado/a painted (5)
pintar to paint (**2**, **3**)
piña, la pineapple (**4**)
pirámide, la pyramid (1)
piraña, la piranha (5)
pisar to step on (2)
piscina, la swimming pool (**3**)
piso, el apartment (4)
pista, la track; rink; clue (**2**, 2)
plátano, el plantain (**4**)
platillo, el saucer (**3**)
plato hondo, el bowl (**3**)
plato, el main dish (4)
plomero/a, el/la plumber (**3**)
poder (ue) to be able to (PA)
poder, el power (PA)
poderoso/a powerful (1)
¿Podrías venir...? Could you come...? (**3**)
poner to put; to place (PA, **1**)
ponerse (la ropa) to put on (one's clothes) (PA)
ponerse (nervioso/a) to become (nervous) (PA)
ponerse de acuerdo to agree; to reach an agreement (2, **3**)
por for (**5**)
por fin, finally; in the end (PA, **4**)
por lo menos at least (PA)
por suerte luckily (PA)
¡Por supuesto! Sure!; Of course! (PA, **3**)
por último last (in a list) (**4**)
porque because (**2**)
portada, la entrance (4)
portarse bien to behave (**1**)
portarse mal to misbehave (**1**)
portero/a, el/la doorman (**5**)
postre, el dessert (**4**)
practicar artes marciales to do martial arts (**2**)
practicar ciclismo to go cycling (**2**)
practicar esquí acuático to go waterskiing (**2**)
practicar lucha libre to wrestle (**2**)
precario/a precarious (3)
predecir (i) to predict (1)
preferir (ie, i) to prefer (PA, **2**)
preguntar to ask (a question) (PA)
premio, el prize (1)
prender to start (**5**)
preparar to prepare; to get ready (PA)
préstamo, el loan (**3**)
prestar atención to pay attention (4)
presumido/a conceited; arrogant (**1**)
presupuesto, el budget (**3**)
primer día/mes, el the first day/month (**4**)
primera comunión, la First Communion (**4**)
primero at first; first; in the beginning (**4**)
primito/a, el/la little cousin (2)

princesa, la princess (1)
príncipe, el prince (1)
privado/a private (4)
probar (ue) to try (1)
prognóstico del tiempo, el weather report (2)
programa de computación, el software (5)
prohibir to prohibit (2)
pronto soon (4)
propiedad, la property (3)
propina, la tip (3)
propio/a own (PA)
proponer to suggest; to recommend (2)
propósito, el aim (5)
proteger to protect (5)
proyecto, el project (3)
¿Puede/n usted/ustedes decirme dónde está...? Can you tell me where... is? (4)
puerto, el port (5)
pues well (interjection); since (2)
puesto, el job (1)
pulsar el botón derecho to right-click (5)
punto, el dot (in a URL) (5)
puro/a pure (5)

Q

que that; who; which; whom (2)
¡Qué barbaridad! How awful! (5)
¡Qué bueno! Good! (5)
¿Qué dice/s? What do you say? (5)
¿Qué dijiste/dijo? What did you say? (2)
¡Qué emoción! How exciting!; How cool! (5)
¡(Qué) Gusto en verlo/la/te! How nice to see you! (1)
¿Qué hay de nuevo? What's new? (1)
¿Qué le/te parece? What do you think (about the idea)? (5)
Que le/te vaya bien. Take care. (1)
¿Qué me cuentas? What do you say?; What's up? (1)
¿Qué opina/s? What do you think? (5)
¡Qué pena! What a pity/shame! (5)
¿Qué quiere decir...? What does... mean? (2)
¿Qué significa...? What does... mean? (2)
¿Qué tal amaneció usted/amaneciste? How are you this morning? (1)
quedar to have something left (1)
quedarse to stay; to remain (PA)
quemar to burn (3)
querer (ie) to want; to love; to wish (PA, 2)
quien(es) that; who (2)
quinceañera, la fifteenth birthday celebration (4)
Quisiera invitarte/le/les... I would like to invite you (all)... (3)
quitarse (la ropa) to take off (one's clothes) (PA)
quizás maybe (2)

R

raíces, las roots (1)
rapidez, la speed (5)
raqueta, la racket (2)
raro/a strange (1)
rato, el little while; a while (3)
ratón, el mouse (5)
razón, la reason (PA)
reaccionar to react (5)
real royal (1)
recalentar (ie) to reheat (4)
recepcionista, el/la receptionist (5)
receptor, el catcher (1)
receta, la recipe (4)
rechazar una invitación to decline an invitation (3)
recibir to receive (PA)
reciclar to recycle (5)
recoger to pick up (1)
recomendar (ie) to recommend (PA, 2)
reconocer to recognize; to admit (PA, 4)
recordar (ue) to remember; to remind (PA, 1)
recorrido, el trip (5)
recrear to recreate (3)
recreativo/a recreational (2)
recuerdo, el memory; souvenir (1, 5)
recurso, el resource (4)
Red, la Internet (5)
reflejar to reflect (3)
reflexionar to reflect (1)
regalar to give (3)
regalo, el present (4)
regar (ie) las flores to water the flowers (3)
regresar to return (PA)
regreso, el return (5)
reina, la queen (1)
reinar to reign (2)
reiniciar to reboot (5)
reino, el kingdom (1)
relajarse to relax (2)
relleno, el filling (4)
remo, el rowing (2)
remodelar to remodel; to renovate (3)
renovar to remodel; to renovate; to renew (3)
reñir (i-i) to scold (1)
reparación, la repair (3)
reparar to repair (3)
repasar to review (5)
repaso, el review (PA)
repetir (i-i) to repeat (PA)
Repite/a, por favor. Repeat, please. (2)
reportaje, el report (1)
reproductor de CD/DVD, el CD/DVD player (5)
resolver (ue) to solve (1)
respuesta, la answer (1)
restaurar to restore (5)
resultado, el result; score (PA, 2)
resumen, el summary (1)
resumir to summarize (4)
reunirse to get together; to meet (PA)
revisar to review (2)
revista, la magazine (3)
revolver (ue) to stir (4)
rey, el king (1)
rincón, el corner (4)
rito, el rite (4)
rivalidad, la rivalry (2)
robar to rob (5)
robo, el robbery (5)
rogar (ue) to beg (2)
romper to break (1)
rosado/a pink (4)
roto/a broken (3)
rubio blond (hair) (1)
ruido, el noise (2)
ruinas, las ruins (3)
ruleta, la roulette (PA)

S

sábana, la sheet (3)
saber to know (3)
sabor, el flavor (4)
sabotear to hack (5)
sacar to obtain; take out (3)
sacar fotos to take pictures/photos (5)
sacar la mala hierba to weed (3)
sala, la living room (3)
salchicha, la sausage (4)
salir to leave (PA)
salir (con) to go out (with) (PA, 4)
salón, el living room (1)
saludable healthy (4)
saludarse to greet (1)
saludo, el greeting (1)
Saludos a (nombre)/todos por su/tu casa. Say hi to (name)/everyone at home. (1)
sandía, la watermelon (4)
sano/a healthy (2)
santo/a, el/la saint (4)
sardina, la sardine (4)
sartén, la skillet; frying pan (3)
secadora, la dryer (3)
seguir (i-i) to follow; to continue (doing something) (PA)

según according to (PA)
seguridad, la confidence (5)
seguro del coche, el car insurance (**5**)
seguro/a safe (2)
seleccionar to select (1)
selva nubosa, la cloud forest (5)
selva, la jungle (3)
semejanza, la similarity (PA)
seminario, el seminar (1)
sencillo/a modest; simple (**1**)
sendero, el path (4)
sensible sensitive; perceptive (**1**)
sentarse (ie) to sit down (PA)
sentido, el sense (2)
sentimiento, el feeling (3)
sentir (ie, i) to regret (**3**)
sentirse (ie, i) to feel (PA)
señalar to signal (3)
separarse to separate; to get separated (**1**)
ser to be (PA)
ser amado/a, el/la loved one (4)
ser buena gente to be a good person (**1**)
ser bueno/malo to be good/bad (**3**)
ser dudoso to be doubtful (**3**)
ser humano, el human being (5)
ser lástima to be a shame (**3**)
ser mala gente to be a bad person (**1**)
ser probable to be probable (**3**)
serie, la series (4)
serio/a serious (**1**)
servicio, el room service (**5**)
servidor, el server (**5**)
servir (i) to serve (PA, **4**)
si if (PA)
Siga/n derecho/todo recto. Go straight. (**4**)
siglo, el century (6)
significado, el meaning (1)
significar to mean (6)
siguiente following (PA)
sin without (4)
síntoma, el symptom (4)
sobre, el envelope (**5**)
sobre todo above all (3)
soler (ue) to be accustomed to (4)
soltero/a single (not married) (**1**)
soltero/a, el/la bachelor (1)
sombra, la shadow (6)
sombrilla, la beach umbrella (**5**)
sonar (ue) to seem familiar; to sound (2)
sonreir to smile (5)
sonrisa, la smile (2)
soñar (ue) to dream (4)
sopera, la soup bowl (**3**)
sorprendido/a surprised (**1**)
sospechoso, el suspect (4)
sótano, el basement (**3**)
su/s his/her/its/your (*for.*)/their (PA)
suavemente smoothly (2)
subir to go up (2)
subrayar to underline (1)
suceso, el event (1)
suegro/a, el/la father-in-law/ mother-in-law (**1**)
suelo, el ground (1)
sueño, el dream (3)
sufrimiento, el suffering (5)
sufrir to suffer (2)
sugerencia, la suggestion (5)
sugerido/a suggested (1)
sugerir (ie, i) to suggest (**2, 3**)
supuestamente allegedly (3)
sur, el south (1, **5**)
sustantivo, el noun (PA)
suyo/a/os/as his/hers/yours (*for.*)/theirs (PA)

T

taberna, la tavern (4)
tabla de surf, la surfboard (**2**)
tacaño/a cheap (personal trait) (**1**)
tamaño, el size (**2**)
tampoco nor; neither (PA)
tardar to be slow (5)
tatuaje, el tattoo (**1**)
teclado, el keyboard (**5**)
tecnología, la technology (**5**)
tejer to knit (**2**)
telefonista, el/la telephone operator (**5**)
teléfono celular, el cell phone (**5**)
teléfono de ayuda, el help line (6)
telenovela, la soap opera (4)
tema, el subject; theme (1)
temer to be afraid (**3**)
templo, el temple (3)
temporada, la season (2)
tener (ie) to have (PA)
tener en común to have in common (PA)
tener en cuenta to keep in mind (3)
tener éxito to be successful (2)
tener ganas de + (infinitive) to feel like + (verb) (2)
tener miedo (de) to be afraid (of) (**3**)
tener que ver con to have to do with (4)
tener razón to be right (PA)
tener una cita to have a date (**4**)
teñirse el pelo (i-i) to dye one's hair (1)
teórico/a theoretical (1)
terco/a stubborn (**1**)
terminar to finish; to end (PA)
término de la cocina, el cooking term (**4**)
término deportivo, el sports term (**2**)
ternera, la veal (**4**)
terreno, el terrain; land; field (2)
tertulia, la social gathering (3)
tiburón, el shark (5)
tímido/a shy (**1**)
tirar to throw (PA)
tirar un platillo volador to throw a frisbee; to play frisbee (**2**)
título, el title (1)
toalla, la towel (**3**)
tocador, el dresser (3)
tocino, el bacon (**4**)
tomar to take; to drink (PA)
Tome/n un taxi/autobús. Take a taxi/bus. (**4**)
tonelada, la ton (3)
tono de voz, el tone of voice (1)
torneo, el tournament (2)
toronja, la grapefruit (**4**)
trabajar to work (PA)
trabajar en el jardín to garden (**2**)
traer to bring (PA)
tranquilo/a calm (3)
transmisión, la transmission (**5**)
transporte, el transportation (**5**)
traslado, el transfer (5)
tratar to treat (4)
tratar de to try (1)
tratarse de to deal with (4)
trenza, la braid (**1**)
tu/s your (*fam.*) (PA)
tumba, la tomb (4)
turnarse to take turns (PA)
tuyo/a/os/as yours (*fam.*) (PA)

U

ubicarse to be located (4)
último/a last (1)
un/o/a one (PA)
unos/as some (PA)
usar to use (PA)
uso, el use (5)
útil useful (**1**)
utilizar to use; to utilize (1)

V

valor, el value (6)
variedad, la variety (5)
Vaya/n derecho/todo recto. Go straight. (**4**)
vecino/a, el/la neighbor (PA, **3**)
vehículo utilitario deportivo, el SUV (**5**)
vejez, la old age (**1**)
vela, la candle (**3**)
velocidad, la speed (**5**)
vendedor/a, el/la seller; vendor (2)
venir (ie) to come (PA)
venta, la sale (6)
ventanilla, la ticket window (2)

ver to see (PA, **1**)
verdura, la vegetable (**4**)
verso, el line (poetry) (4)
verter (ie) to pour (**4**)
vez, la time (2)
viajar por to tour (**5**)
viajes, los travel (**5**)
víspera, la eve (4)
vista, la view; vista (3)
vistazo, el look, glance (1)
viudo/a, el/la widower/widow (**1**)
viviendas, las living quarters (3)
vivir to live (PA)
volcán, el volcano (5)
volver (ue) to return (PA, **1**)
vuelo, el flight (5)
vuelta, la race (2)
vuestro/a/os/as your/s (*fam. pl. Spain*) (PA)

Y

y and (2)
¡Ya no lo aguanto! I can't take it anymore! (**5**)
yerno, el son-in-law (**1**)
yeso, el plaster (**3**)
yoga, el yoga (**2**)

Z

zanahoria, la carrot (**4**)

APPENDIX 6

A

ability la habilidad (2)
able to, to be poder (ue) (PA)
about acerca de (3)
above arriba (5)
above all sobre todo (3)
abroad el extranjero (**5**)*
absentminded despistado/a (**1**)
absolutely not en absoluto (1)
abuse, to maltratar (1)
accelerator el acelerador (**5**)
accept an invitation, to aceptar una invitación (**3**)
accomplice el/la cómplice (5)
according to según (PA)
accustomed to, to be soler (ue) (4)
acquainted with, to be conocer (PA)
add, to añadir (PA, **3**, **4**)
address la dirección (**5**)
admit, to reconocer (PA, 4)
adobe el adobe (**3**)
adolescence la adolescencia (**1**)
adore, to encantar (**1**)
advance, to avanzar (4)
advertisement el anuncio (PA)
advice el consejo (2)
advise, to aconsejar (1, **2**)
affirmatively afirmativamente (1)
afraid (of), to be temer; tener miedo (de) (**3**)
after después (de) (**4**)
afterward después (**4**)
again de nuevo (1)
age la edad (1)
age, to envejecer (**1**)
agree, to estar de acuerdo; convenir (ie); ponerse de acuerdo (PA, 1, 2, **3**)
agreeable agradable (**1**)
agreement la concordancia (5)
aim el propósito (5)
air conditioning el aire acondicionado (**3**)
allegedly supuestamente (3)
allude, to aludir (4)
almost casi (5)
along a lo largo de (2)
altar el altar (4)
although aunque (1)
among themselves entre sí (1)
ample amplio/a (3)
and y (**2**)
angry enojado/a (**1**)
annoyed molesto/a (4)
answer la respuesta (1)
answer, to contestar (PA)
apartment el piso (4)
apologize, to disculparse (2)
apparatus el aparato (5)
appear, to aparecer; parecer (PA, **1**)
appearance la apariencia (**1**)
applied aplicado/a (5)
appreciate, to apreciar (5)
appropriate apropiado/a (1, **2**)
architect el/la arquitecto/a (**3**)
Are you (all) free…? ¿Está/s/n libre/s…? (**3**)
argue, to discutir (1, **4**)
armoire el armario (3)
arrangement el arreglo (5)
arrive, to llegar (PA)
arrogant presumido/a (**1**)
artichoke la alcachofa (4)
ashamed avergonzado/a (**1**)
ashamed of, to feel/be avergonzarse de (ue) (**3**)
ask (a question), to preguntar (PA)
ask (for), to pedir (i) (PA, **2**)
ask for clarification, to pedir clarificación (**2**)
asparagus los espárragos (**4**)
associate, to asociar (4)
at (in a URL) la arroba (**5**)
at first al principio; primero (3, **4**)
at least por lo menos (PA)
at the end al final (**4**)
athlete el/la atleta (**2**)
athletic atlético/a (**2**)
attachment el archivo adjunto (**5**)
attend, to asistir a (5)
avocado el aguacate (**4**)

B

baby el bebé (**4**)
bachelor el/la soltero/a (1)
bacon el tocino (**4**)
bad person, to be a ser mala gente (**1**)
bad, to be ser malo (**3**)
bald calvo/a (**1**)
ball la pelota (PA, **2**)
baptism el bautizo (**4**)
barbecued a la parrilla (**4**)
barbeque la barbacoa (3)
base, to basar (3)
basement el sótano (**3**)
basket la cesta (2)
bat el bate (**2**)
be, to estar; ser (PA)
beach umbrella la sombrilla (**5**)
beard la barba (**1**)
beat, to batir (**4**)
beauty mark el lunar (**1**)
because porque (**2**)
because of a causa de (5)
become (nervous), to ponerse (nervioso/a) (PA)
bed, to go to acostarse (ue) (4)
bedroom el dormitorio (**3**)
beef la carne de res (**4**)
before antes (de) (**4**)
beg, to rogar (ue) (**2**)
begin, to comenzar (ie); empezar (ie) (PA)
behave, to portarse bien (**1**)
behavior el comportamiento (4)
belief la creencia (4)
believe, to creer (PA)
believe, to not no creer (**3**)
belong, to pertenecer (2)
below abajo (2)
beneficial beneficioso/a (5)
best mejor (PA)
better mejor (PA)
between entre (PA)
bill (monthly) la factura (mensual) (**3**)
billiards hall los billares (2)
bird el pájaro; el ave (4, 5)
birth el nacimiento (**1**, **4**)
birthday el cumpleaños (1, **4**)
birthday, to have a cumplir… años (**4**)
black (hair) moreno (**1**)
blame la culpa (4)
blender la batidora (**3**)
blinds las persianas (**3**)
blond (hair) rubio (**1**)
body piercing la perforación del cuerpo (**1**)
boil, to hervir (ie, i) (**4**)
boiled hervido/a (4)
bombard, to bombardear (1)
boot up, to arrancar (**5**)
border la frontera (**5**)
born, to be nacer (**1**)
bother, to molestar (**1**)
bowl el plato hondo (**3**)
bowl, to jugar al boliche (**2**)
box, to boxear (**2**)
boyfriend el novio (**4**)
braces los frenos (**1, 5**)
braid la trenza (**1**)
brakes los frenos (**1, 5**)
brand la marca (5)

* Chapter numbers that are boldfaced indicate that the word is active vocabulary in that particular chapter.

break, to romper (**1**)
breeze la brisa (4)
brick el ladrillo (**3**)
bride la novia (**4**)
brief breve (5)
bring, to traer (PA)
broadcasting station la emisora (PA)
brochure el folleto (4)
broil, to asar (**4**)
broken roto/a (3)
brother-in-law el cuñado (**1**)
brown marrón (4)
brown (hair) castaño (**1**)
browser el navegador (**5**)
brunette castaño/a (**1**)
brusquely bruscamente (4)
budget el presupuesto (**3**)
building el edificio (PA)
bumper el parachoques (**5**)
burn, to quemar (**3**)
but pero (**2**)
butter la mantequilla (**4**)
buy, to comprar (PA)
by the way a propósito (4)
Bye. Chao. (**1**)

C

cabbage la col (**4**)
cabinet el armario (3)
called, to be llamarse (PA)
calm tranquilo/a (3)
camera la cámara (**5**)
camping, to go ir de camping (**2**)
Can you tell me where... is? ¿Puede/n usted/es decirme dónde está... ? (**4**)
candle la vela (**3**)
candy el bombón (**4**)
cap el gorro, (4)
capable hábil (3)
capture, to captar (2)
car insurance el seguro del coche (**5**)
caramel custard el flan (**4**)
cards, to play jugar a las cartas (**2**)
care el cuidado (2)
career la carrera (1, **2**)
careful cuidadoso/a (**1**)
carpenter el/la carpintero/a (**3**)
carrot la zanahoria (**4**)
catcher el receptor (1)
cauliflower la coliflor (**4**)
cave la cueva (3)
CD/DVD player el reproductor de CD/DVD (5)
celebrate, to celebrar; festejar (**4**, **6**)
celebration la celebración (**4**)
celery el apio (**4**)
cell phone el teléfono celular (**5**)
cement el cemento (**3**)
century el siglo (6)
ceramic tiles los azulejos (**3**)
certain things ciertas cosas (5)
chain la cadena (3)
challenge el desafío (2)
champion el campeón, la campeona (**2**)
championship el campeonato (**2**)
channel el canal (5)
charades, to play jugar a hacer mímica (PA)
charge, to cobrar (**5**)
chase, to perseguir (i) (PA)
chat el parloteo (1)
chauffeur el chófer (5)
cheap (personal trait) tacaño/a (**1**)
check el chequeo (5)
check, to comprobar (ue) (PA)
checkers, to play jugar a las damas (**2**)
cheek la mejilla (**1**)
cheerful alegre (**1**)
cherry la cereza (**4**)
chess, to play jugar al ajedrez (**2**)
childhood la niñez (**1**)
chimney la chimenea (**3**)
chin el mentón (**1**)
choose, to escoger; elegir (i) (PA, 3)
chop la chuleta (**4**)
Christmas la Navidad (**4**)
chronicle la crónica (5)
circulate, to circular (PA)
city block la cuadra (1, **3**)
clarify, to aclarar (5)
clarity la claridad (5)
class el curso (3)
click, to hacer clic (**5**)
climb, to escalar (**2**)
close by cercano/a (5)
close, to cerrar (ie) (PA)
closet el armario (3)
cloud forest la selva nubosa (5)
clue la pista (2)
coach el/la entrenador/a (**2**)
cocktail el cóctel (5)
coffeemaker la cafetera (**3**)
coincidence la casualidad (5)
collaborator el/la colaborador/a (4)
colleague el/la colega (1)
collect baseball cards, to coleccionar tarjetas de béisbol (**2**)
collect figurines, to coleccionar estatuillas (**2**)
collect stamps, to coleccionar sellos (**2**)
come, to venir (ie) (PA)
comfortable cómodo/a (**1**)
command el mandato (2)
common común (4)
common, to have in tener en común (PA)
compare with, to comparar con (**3**)
compatible compatible (**5**)
compete, to competir (i-i) (**2**)
competition la competencia; la competición (**2**)
competitive competitivo/a (2)
complete, to cumplir (3)
compromise el acuerdo (2)
computer science la informática (**5**)
conceited presumido/a (**1**)
conclude, to concluir (3)
confidence la seguridad (5)
confused confundido/a (**1**)
connect, to conectar (**5**)
construct, to construir (**3**)
contain, to contener (ie) (5)
contest el concurso (5)
continue (doing something), to seguir (i) (PA)
contract el contrato (2)
contractor el/la contratista (**3**)
controversial controvertido/a (3)
cook, to cocinar (PA)
cooking term el término de la cocina (**4**)
corner el rincón (4)
correct, to corregir (i) (PA)
cost, to costar (ue) (PA)
Could you (all) tell me how to get to...? ¿Me podría/n decir cómo se llega a...? (**4**)
Could you come...? ¿Podrías venir...? (**3**)
counselor el/la consejero/a (1)
countertop el mostrador (**3**)
country el país (PA)
countryside el paisaje (**5**)
couple la pareja (**1**)
court (sports) la cancha (**2**)
cover, to cubrir (**3**, **4**)
cozy acogedor/a (4)
crab el cangrejo (**4**)
crafts, to do hacer artesanía (**2**)
crash, to (computer) congelar (**5**)
create, to crear (PA)
cross, to cruzar (5)
crosswalk el paso de peatones (**5**)
cruise ship el crucero (**5**)
cruise, to go on a hacer un crucero (**5**)
cucumber el pepino (**4**)
cupboard la alacena (**3**)
curative curativo/a (3)
curly hair el pelo rizado (**1**)
cursor el cursor (**5**)
curtain la cortina (**3**)
curve la curva (3)
customs la aduana (**5**)
cut off, to recortar (5)
cut the grass, to cortar el césped (**3**)
cut, to cortar (**5**)
cycling, to go practicar ciclismo (**2**)

D

daily diario/a (PA)
dance el baile (**4**)
dance, to bailar (PA)
danger el peligro (1)
dangerous peligroso/a (1)
dark oscuro/a (4)
data los datos (**5**)
date la cita, la fecha (1, **4**)
date from, to datar de (3)
date, to have a tener una cita (**4**)
daughter of a king of Spain la infanta (1)
daughter-in-law la nuera (**1**)
Day of the Dead el Día de los Muertos (**4**)
deal with, to tratarse de (4)
death la muerte (**1**)
deceased el/la difunto/a (4)
deceive, to engañar (**4**)
decline an invitation, to rechazar una invitación (**3**)
decorate, to decorar (**2**)
decree el decreto (4)
degree (academic) la licenciatura (5)
delete, to borrar (**5**)
demand, to exigir (**2**)
demanding exigente (3)
demonstrate, to demostrar (ue) (PA)
deny, to negar (ie) (3)
depressed deprimido/a (**1**)
describe, to describir (PA)
design el diseño (2)
designer el/la diseñador/a (**3**)
desired deseado/a (5)
dessert el postre (**4**)
detail el detalle (3)
detailed detallado/a (PA)
devil el diablo (5)
dialogue el diálogo (1)
diary el diario (1)
die, to morir (ue, u) (PA, **1**)
different distinto/a (1)
digital digital (**5**)
digital camera la cámara digital (**5**)
digitalize, to digitalizar (**5**)
dinner, to have cenar (3)
direct, to dirigir; conducir (2, 4)
directions las indicaciones (4)
dirt road el camino (**5**)
disappearance la desaparición (2)
discord la discordia (3)
discourage, to desanimar (2)
discover descubrir (1)
discuss, to discutir (1, **4**)
disguise oneself, to disfrazarse (**4**)
disgusted asqueado/a (**1**)
dislike someone, to caer mal (**1**)
disorganized desorganizado/a (**1**)
distinct distinto/a (1)
distracted, to get distraerse (4)
diversion la diversión (3)
diving el buceo (2)
divorce, to divorciarse (**1**)
divorced divorciado/a (**1**)
divorced, to get divorciarse (**1**)
Do you like the suggestion? ¿Le/Te parece bien? (**5**)
Do you mind (if…)? ¿Le/Te importa (si…)? (**5**)
do, to hacer (PA, **1**)
doctorate degree el doctorado (5)
donut la dona (**4**)
doorman el/la portero/a (**5**)
dot (in a URL) el punto (**5**)
doubt la duda (3)
doubt, to dudar (**3**)
doubtful, to be ser dudoso (**3**)
download, to descargar (**5**)
dozen la docena (4)
dramatize, to dramatizar (2)
draw, to dibujar (PA)
drawing el dibujo (PA)
dream el sueño (3)
dream, to soñar (ue) (4)
dresser el tocador (3)
drink, to beber; tomar (PA)
drive, to conducir (4)
dryer la secadora (**3**)
dull pesado/a (**1**)
dye one's hair, to teñirse (i-i) el pelo (1)
dyed hair pelo teñido (**1**)

E

each cada (PA)
ear of corn el elote (4)
east el este (**5**)
Easter la Pascua (**4**)
eat, to comer (PA)
education la formación (5)
effort el esfuerzo (6)
elaborate, to elaborar (1, 5)
elderly anciano/a (**1**)
electrician el/la electricista (**3**)
e-mail el correo electrónico; el e-mail (4, **5**)
embarrassed avergonzado/a (**1**)
enchant, to encantar (**1**)
enclose, to encerrar (ie) (PA)
encourage, to animar (2)
encrypt, to cifrar (**5**)
end el fin (5)
end, to terminar; acabar (PA, 2)
enemy el/la enemigo/a (6)
engaged, to be estar comprometido/a (**4**)
engagement el compromiso (**4**)
engineering la ingeniería (3)
enjoy oneself, to divertirse (ie, i) (PA)
enjoy, to gozar; disfrutar (1, 2)
enough bastante (2)
ensure, to asegurar (2)
entrance la portada (4)
entry la entrada (5)
envelope el sobre (**5**)
environment el medio ambiente (5)
erase, to borrar (**5**)
eve la víspera (4)
event el suceso (1)
evil malvado/a (4)
exaggerate, to exagerar (5)
example el ejemplo (3)
exchange el intercambio (5)
exchange, to intercambiar (5)
excitement la emoción (2)
exciting emocionante (5)
Excuse me. Disculpa/Discúlpame (*fam.*); Disculpe(n)/Discúlpe(n)me (*for.*); Con permiso. (**2**, 2)
excuse yourself, to pedir perdón (**2**)
executive el/la ejecutivo/a (5)
exhausted agotado/a (**1**)
existing existente (3)
expanse la extensión (2)
expensive caro/a (2)
experience, to experimentar (1)
explain, to explicar (PA)
explanation la explicación (6)
exposition la exposición (5)
express emotions, to expresar emoción (**5**)
extend an invitation, to invitar a alguien (**3**)
extinct, to become extinguirse (4)
extract, to extraer (3)
extravagant gastador/a (**1**)
extroverted extrovertido/a (**1**)
eyebrows las cejas (**1**)
eyelashes las pestañas (**1**)

F

face la cara (**1**)
faint, to desmayarse (3)
fall la caída (3)
fall in love (with), to enamorarse (de) (**4**)
fame la fama (3)
family la familia (**1**)
fan el/la aficionado/a (1)
farewell la despedida (**1**)
fascinate to fascinar (**1**)
fashion la moda (3)
Father's Day El día del Padre (**4**)
father-in-law el suegro (**1**)
fax machine la máquina de fax (**5**)
fed up harto/a (**1**)
feel like + (verb), to tener ganas de + (infinitive) (2)

feel, to sentirse (ie, i) (PA)
feeling el sentimiento (3)
fence la cerca (**3**)
field el campo; el terreno (**2**, 4)
fifteenth birthday celebration la quinceañera (**4**)
fight, to pelear(se) (**2**, **4**)
figure, to figurar (PA)
file el archivo (**5**)
file, to guardar (**3**, **5**)
fill, to llenar (1)
filling el relleno (4)
finally por fin; finalmente (PA, **4**)
find out, to averiguar (PA)
find, to encontrar (ue); localizar (PA, 3)
finish, to terminar (PA)
fire el fuego; la quema (**3**, 4)
fireplace la chimenea (**3**)
first al principio; primero (3, **4**)
First Communion la primera comunión (**4**)
fish el pescado (**4**)
fish, to pescar (**2**)
fit, to caber (3)
fix an object, to componer (**3**)
flag la bandera (4)
flavor el sabor (4)
flight el vuelo (5)
flirtatious insinuante (1)
flour la harina (**4**)
focus el enfoque (4)
focus, to enfocar (3)
follow, to seguir (i) (PA)
following siguiente; a continuación (PA, 2)
food el comestible (4)
for para; por (**5**)
force, to forzar (ue) (4)
forehead la frente (**1**)
forest el bosque (2)
forgotten olvidado/a (5)
founded by fundado/a por (1)
freckles las pecas (**1**)
free gratis (2)
freedom la libertad (2)
freeway la autopista (5)
freeze, to congelar (**5**)
frenzy el frenesí (6)
fresh water el agua dulce (5)
fried frito/a (**4**)
frighten, to asustar (3)
frightened asustado/a (**1**)
frisbee, to play tirar un platillo volador (**2**)
fruit la fruta (**4**)
fry, to freír (i-i) (**4**)
frying pan la sartén (**3**)
fun, to have divertirse (ie, i) (PA)
funny chistoso/a; gracioso/a (**1**, 2)
furious furioso/a (**1**)

G

game el partido (2)
garden el jardín (3)
garden hose la manguera (**3**)
garden, to trabajar en el jardín (**2**)
gardener el/la jardinero/a (**3**)
gardening la jardinería (3)
garlic el ajo (**4**)
gas pedal el acelerador (**5**)
generation la generación (1)
generous generoso/a (**1**)
get for input, to obtener información (**5**)
get in, to meterse (5)
get off, to bajar (de) (2)
get together, to reunirse (PA)
get up, to levantarse (PA)
girlfriend la novia (**4**)
give birth, to dar a luz (**4**)
give, to dar; regalar (PA, 3)
glance el vistazo (1)
go away, to irse (PA)
go out (with), to salir (con) (PA, **4**)
Go straight. Siga/n derecho/todo recto; Vaya/n derecho/todo recto. (**4**)
go up, to subir (2)
go, to ir (PA)
goal la meta (3)
goblet la copa (**3**)
goddaughter la ahijada (**1**)
godfather el padrino (**1**)
godmother la madrina (**1**)
godson el ahijado (**1**)
go-kart racing el karting (5)
golf club el palo (de golf) (**2**)
Good morning/afternoon (Muy) Buenos/buenas. (**1**)
good person, to be a ser buena gente (**1**)
Good! ¡Qué bueno! (**5**)
good, to be ser bueno (**3**)
government el gobierno (3)
GPS el navegador personal (**5**)
graduation la graduación (**4**)
granddaughter la nieta (**1**)
grandson el nieto (**1**)
grapefruit la toronja (**4**)
grass la hierba; el césped (3, **3**)
grateful agradecido/a (3)
great-grandfather el bisabuelo (**1**)
great-grandmother la bisabuela (**1**)
greet, to saludarse (1)
greeting el saludo (**1**)
grey hair las canas; el pelo canoso (**1**)
grilled a la parrilla; asado/a (**4**)
groom el novio (**4**)
ground el suelo (1)
ground beef la carne molida (**4**)
grow old, to envejecer (**1**)
grow up, to criarse (4)
guess, to adivinar (PA)
guest el/la huésped; el/la invitado/a (2, 4, **5**)
guide el/la guía (**5**)
guide, to guiar (4)

H

hack, to sabotear (**5**)
hair el pelo (**1**)
hall el pasillo (**3**)
Halloween el día de las Brujas (**4**)
hand la mano (PA)
hand in, to entregar (1)
hand-held beater la batidora (**3**)
handicapped (physically or psychologically) discapacitado/a (**1**)
hang, to colgar (ue) (**3**)
happy alegre (**1**)
happy (about), to be alegrarse de (**3**)
hard drive el disco duro (**5**)
have to do with, to tener que ver con (4)
have, to tener (ie) (PA)
head la cabeza (**1**)
headed by encabezado/a por (1)
headlight el faro (**5**)
healthy sano/a; saludable (2, 4)
hear, to oír (PA)
heat la calefacción (**3**)
heat (low, medium, high) el fuego (lento, mediano, alto) (**4**)
heat, to calentar (ie) (**3**, **4**)
heating la calefacción (**3**)
height la altura (5)
helmet el casco (**2**)
help la ayuda (3)
help line el teléfono de ayuda (6)
her su/s (PA)
here acá (1)
heritage la herencia (PA, **1**)
hers suyo/a/os/as (PA)
hide, to ocultar (3)
high school la escuela secundaria (1)
highway la autopista, la carretera (**5**)
hiker el/la excursionista (**2**)
his su/s; suyo/a/os/as (PA)
hit, to pegar (1)
hockey (ice; field), to play jugar al hockey (sobre hielo; sobre hierba) (**2**)
hockey stick el palo (de hockey) (**2**)
hole el hoyo (2)
home el hogar (**3**)
home page la página principal, inicial, de hogar (**5**)
honest honesto/a (**1**)
honesty la honradez (4)
honey la miel (**4**)

honeymoon la luna de miel (**4**)
honor, to honrar (4)
hope, to esperar (PA, **2**)
horn la bocina (**5**)
horseback riding, to go montar a caballo (**2**)
hotel el hotel (**5**)
housing materials los materiales de la casa (**3**)
How are you doing? ¿Cómo andas? (PA)
How are you this morning? ¿Cómo/Qué tal amaneció usted/amaneciste? (**1**)
How awful! ¡Qué barbaridad! (**5**)
How cool! ¡Qué emoción! (**5**)
How do I go/get to…? ¿Cómo voy/llego a…? (**4**)
How exciting ¡Qué emoción! (**5**)
How nice to see you! ¡(Qué) Gusto en verlo/la/te! (**1**)
hug, to abrazar (2)
human being el ser humano (5)
humble humilde (4)
hunting, to go cazar (**2**)
hurry, to darse prisa (PA)
hurt, to get hacerse daño (1)
husband el marido (**1**)

I

I can't take it anymore! ¡Ya no lo aguanto! (**5**)
I would like to invite you (all)… Quisiera invitarte/le/les… (**3**)
I'm lost. Estoy perdido/a. (**4**)
I'm really sorry but… Me da mucha pena pero… (**3**)
I'm sorry, but I can't this time, I have another commitment/I have other plans. Lo siento, pero no puedo esta vez/en esta ocasión. Tengo otro compromiso. (**3**)
icon el icono (**5**)
if si (PA)
image la imagen (**5**)
immediately (after) en seguida (**4**)
impolite maleducado/a (**1**)
improve, to mejorar (2)
improvement el mejoramiento (3)
in addition encima (3)
in bad taste de mal gusto (4)
in front (of) enfrente (de) (3)
in love enamorado/a (**1**)
in the back detrás (PA)
in the beginning al principio; primero (3, **4**)
in the end por fin; finalmente (PA, **4**)
in the open air al aire libre (2)
including incluso (5)
incorporate, to incorporar (3)
Independence Day el día de la Independencia (**4**)
indicate, to indicar (PA)
indignant indignado/a (4)
ingredient el ingrediente (**4**)
inheritance la herencia (PA, **1**)
inn el parador (3)
inside adentro (3)
insist, to insistir (en) (**2**)
inspire, to inspirar (1)
integrity la honradez (4)
intention el intento (3)
interest, to interesar (**1**)
interior designer el/la interiorista (3)
Internet el Internet; la Red (**5**)
interview la entrevista (PA)
introverted introvertido/a (**1**)
invite, to invitar a alguien (**3**)
investigator el/la investigador/a (1)
island la isla (5)
It is important (that) Es importante que (**2**)
It would be a pleasure! ¡Con mucho gusto! (**3**)
It's a shame/pity but… Lástima pero… (**3**)
It's better (that) Es mejor que (**2**)
It's necessary (that) Es necesario que (**2**)
It's not true. No es verdad. (PA)
It's preferable (that) Es preferible que (**2**)
It's true. Es verdad. (PA)
itinerary el itinerario (**5**)
its su/s (PA)

J

jealous celoso/a (**1**)
jewelery la joyería (4)
job el empleo; el puesto (1)
jog, to hacer jogging (**2**)
joke la broma (3)
journalist el/la periodista (PA)
jungle la selva (3)
just justo (4)
just, to have acabar de (3)
justify, to justificar (1)

K

keep, to guardar (**3, 5**)
keep in mind, to tener en cuenta (3)
keep quiet, to callarse (PA)
keyboard el teclado (**5**)
kilogram (or 2.2 pounds) el kilogramo (**4**)
king el rey (1)
kingdom el reino (1)
kiss el beso (4)
kitchen la cocina (**3**)
kitchen sink el fregadero (**3**)
knife el cuchillo (1)
knit, to tejer (**2**)
know, to saber (3)
known conocido/a (1)

L

labyrinth el laberinto (1)
lack, to faltar (**1**)
lake el lago (5)
lamb la carne de cordero (**4**)
land el terreno (2)
language la lengua; el idioma (PA)
last último/a (1)
last (in a list) por último (**4**)
last, to durar (3)
later más tarde (**4**)
lawn el césped (**3**)
lazy flojo/a (**1**)
leaf la hoja (PA)
league la liga (1)
learn, to aprender (PA)
leave, to irse; dejar; salir (PA, 2, **4**)
left-handed pitcher el lanzador zurdo (2)
leper el/la leproso/a (5)
less menos (2)
letter la letra (1)
letters (literature) las letras (1)
level el nivel (2, **4**)
librarian el/la bibliotecario/a (5)
lie la mentira (2)
lie, to mentir (ie, i) (PA)
life event el evento de la vida (**4**)
lift weights, to levantar pesas (**2**)
light ligero/a (2)
lightbulb la bombilla (4)
like someone, to caer bien (**1**)
like, to gustar (**3**)
likes los gustos (1)
limousine la limosina (**5**)
line (poetry) el verso (4)
link el enlace (**5**)
lips los labios (**1**)
little cousin el/la primito/a (2)
little kiss el besito (2)
little mirror el espejito (1)
little piece of paper el papelito (PA)
little stool el banquito (4)
little while el rato (3)
live in, to habitar (3)
live, to vivir (PA)
living quarters las viviendas (3)
living room la sala (1, **3**)
loan el préstamo (**3**)
lobster la langosta (**4**)
located, to be ubicarse (4)
log on, to hacer la conexión (**5**)
long hair el pelo largo (**1**)
long walk la caminata (1)

look el vistazo (1)
lose, to perder (ie) (PA, 2)
lost, to get perderse (ie) (5)
love, to querer (ie) (PA, 2)
loved one el/la ser amado/a (4)
luckily por suerte (PA)
luggage el equipaje (5)
lunch, to have almorzar (ue) (PA)
lurker el mirón (5)
luxury el lujo (2)
luxury hotel el hotel de lujo (5)

M

made fabricado/a (5)
magazine la revista (3)
maid el/la camarero/a (5)
main character el/la personaje principal (1)
main dish el plato (4)
maintain, to mantener (ie) (2)
majority la mayoría (2)
make, to hacer (PA, 1)
manager el/la gerente (4)
mango el mango (4)
map el mapa (5)
market el mercado (4)
married casado/a (1)
married, to get casarse (1)
marry, to casarse (1)
martial arts las artes marciales (2)
martial arts, to do practicar artes marciales (2)
marvelous maravilloso/a (3)
mask la máscara (2)
match, to hacer juego (3)
matter, to importar (1)
maybe quizás (2)
mean, to significar (6)
meaning el significado (1)
meat la carne (4)
meet, to reunirse (PA)
melt, to derretir (i-i) (4)
member el miembro (1)
memory el recuerdo (1)
menu la carta (4)
methane el metano (5)
method el método (5)
microwave el microondas, (3)
middle el medio (1)
milkshake el batido (4)
mind la mente (4)
mine mío/a/os/as (PA)
mirror el espejo (2, 3)
misbehave, to portarse mal (1)
miserly avaro/a (4)
mix, to mezclar (4)
mixer la batidora (3)
mixture la mezcla (1)
modest sencillo/a (1)
mole el lunar (1)
monument of national importance el monumento nacional (5)
more than ever más que nunca (4)
mortar el mortero (3)
mortgage la hipoteca (3)
Mother's Day el Día de la Madre (4)
mother-in-law la suegra (1)
motorcycle la moto (PA)
mouse el ratón (5)
moustache el bigote (1)
move la mudanza (3)
move (emotionally), to emocionar (4)
move, to mudarse (3)
multitasking la multitarea (5)
mushrooms los hongos (4)
must deber (+inf.) (PA)
my mi/s (PA)
myth el mito (2)
mythical mítico/a (4)

N

name, to nombrar (PA)
named, to be llamarse (PA)
narrate, to narrar (6)
national monument el monumento nacional (5)
navigate, to navegar (5)
need, to necesitar; faltar (PA, 1, 2)
neighbor el/la vecino/a (PA, 3)
neighborhood el barrio (2, 3)
neither tampoco (PA)
never jamás (2)
next luego; entonces (4)
nice amable (1)
Nice to see you. Gusto en verlo/la/te. (1)
No way! ¡No me digas! (5)
noise el ruido (2)
nor tampoco (PA)
north el norte (5)
notable characteristics las características notables (1)
note, to apuntar (4)
noun el sustantivo (PA)
novice novicio/a (2)
nowadays hoy en día (PA)

O

obtain, to sacar; obtener (ie) (3, 4)
occupy, to ocupar (2)
Of course! ¡Claro!; ¡Por supuesto! (PA, 1, 3)
offer, to ofrecer (2)
office la oficina (3)
offline desconectado (5)
often a menudo (PA)
old antiguo/a (3)
old age la vejez (1)
olive la aceituna (4)
on board a bordo (5)
on sale, to be estar de oferta (2)
on top of encima de (5)
one un/o/a (PA)
oneself mismo/a (2)
online conectado (5)
only child el/la hijo/a único/a (1)
open, to abrir (PA, 1)
opposite opuesto/a (1)
or o (2)
orange anaranjado/a (4)
order el pedido (2, 5)
organized organizado/a (1)
otherworldly extraterrestre (5)
our/s nuestro/a/os/as (PA)
outside afuera (2)
oven el horno (3)
own propio/a (PA)
owner el/la dueño/a (3)

P

package el paquete (5)
paint, to pintar (2, 3)
painted pintado/a (5)
painting el cuadro (PA, 3)
pair el par (2)
pancake el panqueque (4)
pantry la despensa (3)
papaya la papaya (4)
paper el papel (5)
parade el desfile (4)
paradise el paraíso (2)
paragraph el párrafo (1)
Pardon, do you (all) know how to get to…? Perdón, ¿sabe/n usted/ustedes llegar al…? (4)
Pardon. Perdón/perdóname. (*fam.*); Perdóneme. (*for.*) (2)
part of a car la parte de un vehículo (5)
partner la pareja (1)
pass (time), to pasar (2)
password la contraseña (5)
past el pasado (3)
paste, to pegar (5)
pastimes los pasatiempos (2)
pastry el pastel (2)
path el sendero; el camino (4, 5)
pay attention (to), to prestar atención; fijarse (en) (4)
peach el durazno (4)
peas los guisantes (4)
peel, to pelar (4)
penguin el pingüino (5)
pepper el pimiento (4)
perceptive sensible (1)
period (of time) la época (4)
permission el permiso (5)
personal characteristics las características personales (1)

personality la personalidad (**1**)
Phenomenal! ¡Fenomenal! (**5**)
phone call la llamada (2)
photo la foto (PA)
physical appearance el aspecto físico (**1**)
pick up, to recoger (1)
pie el pastel (2)
piece el pedazo (**4**)
Pilates el pilates (**2**)
pile el montón (4)
pillow la almohada (**3**)
pillowcase la funda (de almohada) (**3**)
pine tree el pino (3)
pineapple la piña (**4**)
pink rosado/a (4)
piranha la piraña (5)
pitcher la jarra (**3**)
place, to poner (PA, **1**)
plantain el plátano (**4**)
plaster el yeso (**3**)
play, to jugar (ue) (PA)
play volleyball, to jugar al voleibol (**2**)
pleasant agradable (**1**)
plug el enchufe (**5**)
plug in, to enchufar (**5**)
plum la ciruela (**4**)
plumber el/la plomero/a (**3**)
poison, to envenenar (4)
poker, to play jugar al póquer (**2**)
polite educado/a (**1**)
pond el estanque (**3**)
popcorn las palomitas de maíz (**4**)
pork la carne de cerdo (**4**)
port el puerto (**5**)
post to a blog, to comentar en un blog (**2**)
pot la olla (**3**)
poultry las aves (**4**)
pour, to verter (ie) (**4**)
power el poder (PA)
powerful poderoso/a (1)
precarious precario/a (3)
predict, to predecir (i) (1)
prefer, to preferir (ie, i) (PA, **2**)
pregnant embarazada (**1**)
pregnant, to be estar embarazada (**4**)
prepare, to preparar (PA)
present el regalo (**4**)
pretend, to fingir (5)
pride el orgullo (5)
priest el cura (4)
prince el príncipe (1)
princess la princesa (1)
print, to imprimir (**5**)
printer la impresora (**5**)
private privado/a (4)
prize el premio (1)
probable, to be ser probable (**3**)
produce, to elaborar (1, 5)
profile el perfil (PA)
prohibit, to prohibir (**2**)
project el proyecto (3)
promenade el paseo (1)
property la propiedad (3)
protect, to proteger (5)
proud orgulloso/a (**1**)
psychologically/physically handicapped discapacitado/a (**1**)
pumpkin la calabaza (**4**)
pure puro/a (5)
put, to poner (PA, **1**)
put away, to guardar (**3**, **5**)
put in order, to ordenar (PA)
put on (one's clothes), to ponerse (la ropa) (PA)
put on makeup, to maquillarse (PA)
pyramid la pirámide (1)

Q

quality la calidad (5)
quality (personal) la cualidad (PA)
quantity la cantidad (PA)
queen la reina (1)
quiet callado/a (**1**)
quiet, to become callarse (PA)

R

race la carrera; la vuelta (1, **2**)
race car driver el piloto de carreras (5)
racket la raqueta (**2**)
raw crudo/a (**4**)
reach an agreement to, ponerse de acuerdo (2, **3**)
react, to reaccionar (5)
read, to leer (PA)
read adventure books, to leer libros de aventuras (**2**)
read books about spies, to leer libros de espías (**2**)
read short stories, to leer cuentos cortos (**2**)
ready, to get preparar (PA)
real estate bienes raíces (3)
realize, to darse cuenta de (2)
rearview mirror el espejo retrovisor (**5**)
reason la razón (PA)
reboot, to reiniciar (**5**)
receive, to recibir (PA)
receptionist el/la recepcionista (**5**)
recipe la receta (**4**)
recognize, to reconocer (PA, 4)
recommend to, aconsejar; proponer; recomendar (ie) (PA, 1, **2**)
recreate, to recrear (3)
recreational recreativo/a (2)
recycle, to reciclar (5)
red (hair) pelirrojo/a (**1**)
referee el/la árbitro (**2**)
reflect, to reflexionar; reflejar (1, 3)
regret, to sentir (ie, i); arrepentirse de (ie, i) (**3**, 4)
reheat, to recalentar (ie) (**4**)
reign, to reinar (2)
relative el pariente (**1**)
relax, to relajarse (2)
remain, to quedarse (PA)
remember, to acordarse de (ue); recordar (ue) (PA, **1**)
remind, to recordar (ue) (PA, **1**)
remodel, to remodelar; renovar (**3**)
renew, to renovar (**3**)
renovate, to remodelar; renovar (**3**)
rent el alquiler (2, **3**)
rent a car, to alquilar un coche (**5**)
rent, to alquilar (**3**)
repair la reparación (3)
repair, to componer; reparar (**3**)
Repeat, please. Repite/a, por favor. (**2**)
repeat, to repetir (i-i) (PA)
repent, to arrepentirse de (ie, i) (4)
report el reportaje; el informe (1, 3)
request el pedido (2, 5)
request, to pedir (i-i) (PA, **2**)
resource el recurso (4)
rest el descanso (1)
restore, to restaurar (5)
result el resultado (PA)
retirement la jubilación (**1**)
return el regreso (5)
return (an object), to devolver (ue) (PA)
return, to regresar; volver (ue) (PA, **1**)
review el repaso (PA)
review, to revisar; repasar (2, 5)
right justo (4)
right, to be tener razón (PA)
right-click, to pulsar el botón derecho (**5**)
rink la pista (**2**)
rite el rito (4)
rivalry la rivalidad (2)
roast, to asar (**4**)
rob, to robar (5)
robbery el robo (5)
role el papel (5)
role, to play the hacer el papel (3)
roller coaster la montaña rusa (1)
room el cuarto (**3**)
room service el servicio (**5**)
roots las raíces (1)
roulette la ruleta (PA)
route el camino (**5**)
rowing el remo (**2**)
royal real (1)
rude grosero/a; maleducado/a (**1**)
rug la alfombra (4)
ruins las ruinas (3)

run, to correr (PA)
running water el agua corriente (3)

S

safe seguro/a (2)
sail, to pasear en barco (de vela) (**2**)
saint el/la santo/a (4)
sale la venta (6)
same igual (1)
sand la arena (**5**)
sardine la sardina (**4**)
saucepan la cacerola (**3**)
saucer el platillo (**3**)
sausage la salchicha (**4**)
save, to guardar (**3, 5**)
sawdust el aserrín (4)
say goodbye, to despedirse (i) (1)
Say hi to (name)/everyone at home. Saludos a (nombre)/todos por su/tu casa. (**1**)
say, to decir (PA, **1**)
scan, to escanear (**5**)
scanner el escáner (**5**)
scar la cicatriz (**1**)
scatterbrained despistado/a (**1**)
scenario el escenario (6)
schedule el horario (1)
school (adj.) escolar (2)
scold, to reñir (i) (1)
score el resultado (**2**)
screen la pantalla (2, **5**)
scuba dive, to bucear (**2**)
scuplture la escultura (PA)
seafood los mariscos (**4**)
search la búsqueda (2)
season la temporada (2)
seat belt el cinturón de seguridad (**5**)
security guard el/la guardia de seguridad (**5**)
See you. (Literally, "we'll see each other.") Nos vemos. (**1**)
see, to ver (PA, **1**)
seem familiar, to sonar (ue) (2)
seem, to parecer (**1**)
select, to seleccionar (1)
selfish egoísta (**1**)
seller el/la vendedor/a (2)
seminar el seminario (1)
send, to enviar; mandar (4)
sense el sentido (2)
sensitive sensible (**1**)
sentence la frase; la oración (PA)
separate, to separarse; apartar (**1**, 3)
separated, to get separarse (**1**)
series la serie (4)
serious serio/a (**1**)
serve, to servir (i-i) (PA, **4**)
server el servidor (**5**)
sew, to coser (**2**)
shadow la sombra (6)
shame, to be a ser lástima (**3**)
share, to compartir (PA)
shark el tiburón (5)
sheet la sábana (**3**)
shelf el estante (2)
short hair el pelo corto (**1**)
should deber (+inf.) (PA)
show for the first time, to estrenar (1)
show, to enseñar; mostrar (ue) (PA)
shrimp los camarones (**4**)
shy tímido/a (**1**)
sidewalk la acera (**3**)
sign (papers), to firmar (los documentos) (PA, **5**)
signal, to señalar (3)
similarity la semejanza (PA)
simple sencillo/a (**1**)
since pues (**2**)
sing, to cantar (PA)
singer el/la cantante (PA)
single (not married) soltero/a (**1**)
sister-in-law la cuñada (**1**)
sit down, to sentarse (ie) (PA)
size el tamaño (**2**)
skateboard, to patinar en monopatín (**2**)
skates los patines (**2**)
skeleton el esqueleto (4)
ski pole el bastón de esquí (**2**)
ski, to esquiar (**2**)
skillet la sartén (**3**)
skin la piel (**1**)
skull la calavera (4)
slash (in a URL) la barra (**5**)
sleep, to dormir (ue, u) (PA)
slogan el lema (3)
slow, to be tardar (5)
small truck la camioneta (**5**)
smile la sonrisa (2)
smile, to sonreir (i-i) (5)
smoothly suavemente (2)
soap opera la telenovela (4)
social gathering la tertulia (3)
software el programa de computación (**5**)
solve, to resolver (ue) (**1**)
some unos/as (PA)
something left, to have quedar (**1**)
son-in-law el yerno (**1**)
soon pronto (**4**)
soul el alma (2)
sound, to sonar (ue) (2)
soup bowl la sopera (**3**)
south el sur (1, **5**)
southern austral (5)
souvenir el recuerdo (**5**)
space el espacio (1)
Spanish speaker el hispanohablante (PA)
speak, to hablar (PA)
special offer la oferta (5)
specialize, to especializarse (3)
species la especie (4)
speed la rapidez; la velocidad (5, **5**)
spend, to gastar (2, **3**)
spice la especia (4)
spinach las espinacas (**4**)
sporting equipment el equipo deportivo (**2**)
sports los deportes (**2**)
sports term el término deportivo (**2**)
sports-loving person deportista (**2**)
sports-related deportivo (2)
sporty person deportista (**2**)
square el cuadro (PA, **3**)
squash la calabaza (**4**)
stadium el estadio (2)
stage el paso, la etapa; la época (PA, 2, 4)
stages of life las etapas de la vida (**1**)
staircase la escalera (**3**)
stairs la escalera (**3**)
stand out, to destacarse (3)
stand up, to levantarse (PA)
star la estrella (4)
start up, to arrancar (**5**)
start, to prender (**5**)
state el estado (PA)
station la estación (4)
station wagon la camioneta (**5**)
stay, to quedarse (PA)
steam bath el baño de vapor (2)
steer, to dirigir (2)
step el paso (PA)
step on, to pisar (2)
stepbrother el hermanastro (**1**)
stepdaughter la hijastra (**1**)
stepsister la hermanastra (**1**)
stepson el hijastro (**1**)
stew el guisado (4)
stir, to revolver (ue) (**4**)
stone la piedra (3)
stop la parada (2)
stop, to pararse (1)
store el almacén (3)
story la historia (4)
stove la estufa (4)
straight hair el pelo lacio (**1**)
straighten up, to arreglar (1)
strange raro/a; extraño/a (**1**, 4)
strawberry la fresa (**4**)
stress el estrés (2)
striking llamativo/a (3)
stubborn terco/a (**1**)
studio el estudio (3, 5)
study el estudio (3, 5)
study, to estudiar (PA)
style el estilo (1)
subject el tema; el asunto (1, 3)
successful, to be tener éxito (2)
suddenly de repente (5)

suffer, to sufrir (2)
suffering el sufrimiento (5)
sugar cane la caña de azucar (5)
suggest, to proponer; sugerir (ie, i) (**2**, **3**)
suggested sugerido/a (1)
suggestion la sugerencia (5)
summarize, to resumir (4)
summary el resumen (1)
sunglasses los lentes de sol (**5**)
Super! ¡Formidable! (**5**)
support el apoyo (1)
support, to apoyar (3)
Sure! ¡Claro! ¡Por supuesto! (**3**)
surf, to hacer surf; navegar (**2**, **5**)
surfboard la tabla de surf (**2**)
surgeon el/la cirujano/a (2)
surprised sorprendido/a (**1**)
surroundings los alrededores (**3**)
suspect el sospechoso (4)
SUV el vehículo utilitario deportivo (**5**)
sweep, to barrer (3)
sweet el bombón (**4**)
sweet dulce (3)
sweet roll el pan dulce (**4**)
swimming pool la piscina (**3**)
symptom el síntoma (4)

T

take, to tomar (PA)
Take a taxi/bus. Tome/n un taxi/autobús. (**4**)
take care of oneself, to cuidarse (4)
Take care. Cuídese/Cuídate; Que le/te vaya bien. (**1**)
take off (one's clothes), to quitarse (la ropa) (PA)
take out sacar (3)
take photos, to sacar fotos (**5**)
take pictures, to sacar fotos (**5**)
take turns, to turnarse (PA)
tattoo el tatuaje (**1**)
tavern la taberna (4)
teach, to enseñar (PA)
team el equipo (**2**)
technology la tecnología (**5**)
tedious pesado/a (**1**)
telephone operator el/la telefonista (**5**)
(television) channel la cadena (de televisión) (PA)
tell, to decir; contar (ue) (PA, **1**, 1)
temple el templo (3)
terrain terreno (**2**)
text message el mensaje de texto (**5**)
thank, to agradecer (5)
that que; quien(es) (**2**)
the el, la, los, las (PA)
the day before yesterday anteayer (5)
the first day/month el primer día/mes (**4**)
the others los demás (2)
their su/s (PA)
theirs suyo/a/os/as (PA)
theme el tema (1)
then luego; entonces (**4**)
theoretical teórico/a (1)
there is/are hay (PA)
thief el ladrón, la ladrona (5)
think, to pensar (ie) (PA)
think, to not no creer; no pensar (**3**)
This/It can't be! ¡No puede ser! (**5**)
thought el pensamiento (2)
through a través de (5)
throw, to tirar (PA)
throw a frisbee, to tirar un platillo volador (**2**)
thus así (**2**)
ticket window la ventanilla (2)
tie (game) el empate (**2**)
Till the next time. Hasta la próxima. (**1**)
time la vez (2)
tip la propina (3)
title el título (1)
today hoy en día (PA)
together junto/a (PA)
tomb la tumba (4)
ton la tonelada (3)
tone of voice el tono de voz (1)
too much/many demasiado/a/os/as (1)
tool la herramienta (3)
torch la antorcha (4)
tour la gira (5)
tour, to viajar por (**5**)
tourism office la oficina de turismo (**5**)
tournament el torneo (2)
towel la toalla (**3**)
toy el juguete (1)
track (sports) la pista (**2**)
track and field el atletismo (**2**)
traffic jam el atasco (**5**)
train, to entrenar (**2**)
trainer el/la entrenador/a (**2**)
training la formación (5)
transfer el traslado (5)
transmission la transmisión (**5**)
transportation el transporte (**5**)
travel los viajes (**5**)
travel agency la agencia de viajes (6)
treat, to tratar (4)
tree el árbol (3)
trip el recorrido (5)
try, to intentar; probar (ue); tratar de (1)
turkey el pavo (**4**)
turn off, to apagar (2)
turn on, to encender (ie) (4)
Turn right/left. Doble/n a la derecha/izquierda. (**4**)
turn… years old, to cumplir… años (**4**)
turnpike la autopista (5)
twins los gemelos (**1**)

U

umpire el/la árbitro (**2**)
uncertain, to be no estar seguro (de) (**3**)
uncomfortable incómodo/a (5)
underline, to subrayar (1)
understand, to comprender; entender (ie) (PA)
undo, to deshacer (**5**)
unforgettable inolvidable (1)
unknown desconocido/a (5)
unplug, to desenchufar (5)
up arriba (5)
up front delante (PA)
update, to actualizar (**5**)
use el uso (5)
use, to usar; utilizar (PA, 1)
useful útil (**1**)
utilize, to utilizar (1)

V

Valentine's Day el día de San Valentín (**4**)
value el valor (6)
van la camioneta (**5**)
variety la variedad (5)
vase el florero (**3**)
veal la ternera (**4**)
vegetable la legumbre; la verdura (4, **4**)
vendor el/la vendedor/a (2)
video games, to play jugar a videojuegos (**2**)
view la vista (3)
vista la vista (3)
voicemail el correo de voz (**5**)
volcano el volcán (5)
volleyball, to play jugar al voleibol (**2**)

W

wait for, to esperar (PA, **2**)
walk, to andar (1)
wall la pared (3)
wall (around a house) el muro (**3**)
want, to querer (ie) (PA, **2**)
wash oneself, to lavarse (PA)
washing machine la lavadora (**3**)
waste products los desperdicios (5)
waste, to perder (ie); gastar (PA, **2**, **3**)
wasteful gastador/a (**1**)
water the flowers, to regar (ie) las flores (**3**)
watercolor la acuarela (4)

watermelon la sandía (**4**)
waterskiing, to go practicar esquí acuático (**2**)
We/I would love to (but)… Nos/Me encantaría (pero)… (**3**)
weak débil (2)
weapon el arma (4)
wear a costume, to disfrazarse (**4**)
wear out, to gastar (2, **3**)
weather report el prognóstico del tiempo (2)
web camera la cámera web (**5**)
wedding la boda (3, **4**)
wedding anniversary el aniversario de boda (**4**)
weed, to sacar la mala hierba (**3**)
weight el peso (4)
weights las pesas (**2**)
well (interjection) pues (**2**)
well done bien hecho/a (5)
west el oeste (**5**)
What a pity/shame! ¡Qué pena! (**5**)
What did you say? ¿Qué dijiste/dijo? (**2**)
What do you say? ¿Qué me cuentas?; ¿Qué dice/s? (**1**, **5**)
What do you think (about the idea)? ¿Qué le/te parece? (**5**)
What do you think? ¿Qué opina/s? (**5**)
What does… mean? ¿Qué quiere decir…?; ¿Qué significa…? (2)
What? ¿Cómo? (**2**)
What's new? ¿Qué hay de nuevo? (**1**)
What's up? ¿Qué me cuentas? (**1**)
when cuando (**2**)
When you get to…, turn… Al llegar a…,doble/n… (**4**)
wherever dondequiera (3)
which que (**2**)
while mientras (PA)
while, a el rato (3)
who que; quien(es) (**2**)
whom que (**2**)
widow la viuda (**1**)
widower el viudo (**1**)
wife la mujer (**1**)
wig la peluca (**1**)
win, to ganar (**2**)
wine glass la copa (**3**)
wish el deseo (2)
wish, to querer (ie); desear (PA, **2**)
wisteria la glicina (2)
with you contigo (2)
With your permission. Con permiso. (**2**)
without sin (4)
wood la madera (**3**)
woodworking, to do hacer trabajo de carpintería (**2**)
work la obra (3)
work, to trabajar (PA)
worker el/la obrero/a (**3**)
world (adj.) mundial (2)
wound la herida (4)
wrestle, to practicar lucha libre (**2**)
write, to escribir (PA, **1**)
writer el/la escritor/a (3)
wrong equivocado/a (5)

Y

yell, to gritar (6)
yoga el yoga (**2**)
You don't say! ¡No me digas! (**5**)
you're welcome no hay de qué (2)
your tu/s (*fam.*); su/s (*for.*) (PA)
your/s vuestro/a/os/as (*fam. pl. Spain*) (PA)
yours tuyo/a/os/as (*fam.*); suyo/a/os/as (*for.*) (PA)
youth la juventud (**1**)

PHOTO CREDITS

Cover Pete Turner / Image Bank / Getty Images; **p. xiv (middle)** Robert Kaussner; **p. 3** Cartesia / Getty Images, Inc. - Photodisc; Blend Images / Superstock Royalty Free; Rhonda Klevansky / Getty Images Inc. - Stone Allstock; ROBIN SMITH / Photolibrary.com; **p. 8** Rufus F. Folkks / CORBIS - All Rights Reserved; NY; Odyssey Productions, Inc.; AP Wide World Photos; Nathaniel S. Butler / NBAE/Getty Images, Inc.; AP Wide World Photos; © Keith / CORBIS All Rights Reserved; Munawar Hosain / Getty Images Inc. - Hulton Archive Photos; **p. 9** © Ariel Skelley / CORBIS; © Ron Kuntz / Reuters / Corbis; **p. 12** MICHAEL KRASOWITZ / Getty Images, Inc. - Taxi; Photolibrary.com; Ariel Skelley / Corbis/Bettmann; ARTHUR TILLEY / Getty Images, Inc. - Taxi; **p. 16** Getty Images - Stockbyte, Royalty Free; **p. 18** Chad Buchanan / Getty Images, Inc.; Paolo Bosio / Getty Images, Inc - Liaison; Brian Kersey / Landov Media; Paul Hawthorne / Getty Images, Inc.; **p. 22** Steve Gorton © Dorling Kindersley; **p. 23** Getty Images - Stockbyte, Royalty Free; David A. Wagner / Phototake NYC; © Dorling Kindersley; Getty Images - Stockbyte, Royalty Free; © Dorling Kindersley; **p. 25** Getty Images - Stockbyte; **p. 28** Bob Daemmrich / The Image Works; **p. 31** Ariel Skelley / Blend/IPNstock.com; **p. 33** A/T Media Productions; **p. 36** Jennifer Graylock / AP Wide World Photos; **p. 37** Greg Huglin / Stock Connection; **p. 39** Image Network, Photolibrary.com; Fisher Thatcher / Getty Images Inc. - Stone Allstock; **p. 44** A/T Media Productions; **p. 45** GARY BUSS / Getty Images, Inc. - Taxi; **p. 49** BACHMANN, BILL / Photo Researchers, Inc.; Bill Bachmann / Creative Eye/MIRA.com; Getty Images - Stockbyte, Royalty Free; Martin Heitner / Stock Connection; **p. 51** © Dorling Kindersley; Ariel Skelley / Blend/IPNstock.com; **p. 53** Lalo Yasky / Getty Images; Hector Armando Herrera / Cemex S. A. de C. V.; © Szenes Jason / CORBIS SYGMA; **p. 54** David Young-Wolff / PhotoEdit Inc.; Photolibrary.com; Robert Frerck / Odyssey Productions, Inc.; Getty Images - Stockbyte, Royalty Free; **p. 55** Lucas Jackson / CORBIS All Rights Reserved; Skip Nall / Getty Images, Inc. - Photodisc; Robert Fried / robertfried-photography.com; Ronnie Kaufman / Corbis/Bettmann; **p. 58** Robert Fried / robertfriedphotography.com; © CORBIS All Rights Reserved; AP Wide World Photos; **p. 59** Julie Jacobson / AP Wide World Photos; Rob Carr / AP Wide World Photos; David Zalubowski / AP Wide World Photos;Wesley R. Hitt / Creative Eye/MIRA.com;Southern Stock Photos / Photolibrary.com; © Jimmy Dorantes / Latin Focus.com; **pp. 60–62** A/T Media Productions; **p. 67** © Nik Wheeler / CORBIS All Rights Reserved; **p. 70** A/T Media Productions; **p. 71** Greg Huglin / Stock Connection; **p. 72** Kathy Willens / AP Wide World Photos; **p. 73** Angelo Cavalli / AGE Fotostock America, Inc.; **p. 76** Ned Gillette / Corbis / Stock Market; **p. 77** V.C.L. / Getty Images, Inc. - Taxi; Getty Images - Stockbyte, Royalty Free; **p. 78** Philip North-Coombes / Stone / Getty Images Inc. - Stone Allstock; Carl Schneider / Creative Eye/MIRA.com; Sri Maiava Rusden / PacificStock.com; **p. 79** David Young-Wolff / PhotoEdit Inc.; **p. 82** A/T Media Productions; **p. 83** Tony Freeman / PhotoEdit Inc.; Chad Ehlers / Stock Connection; Russell, Nicolas / Getty Images Inc. - Image Bank; © Sarah Brezinsky 2000; J. W. Mowbray / Photo Researchers, Inc.; Elizabeth Crews / Elizabeth Crews Photography; David Young-Wolff / PhotoEdit Inc.; Doug Menuez / Getty Images, Inc. - Photodisc; **p. 89** Daniel BerehulakAllsport Concepts / Getty Images; / Ron Sachs / CNP; Alamy Images; Photo by Atsushi Tomura / AFLO SPORT; **p. 91** AP Wide World Photos; **p. 92** Chad Ehlers / Stock Connection; **p. 93** Images.com; Getty Images - Stockbyte, Royalty Free; SGM / Stock Connection; Jochen Tack / DAS FOTOARCHIV. / Peter Arnold, Inc.; **p. 96** Robert Fried / robert-friedphotography.com; © 2008 by Eric Futran and Odyssey Productions, Inc.; Getty Images, Inc.; David Hiser / Getty Images Inc. - Stone Allstock; **p. 97** © D. Donne Bryant Photography; Robert Fried / robertfriedphotography.com; Corbis / Bettmann; Robert Fried / robertfriedphotography.com; **pp. 98–100** A/T Media Productions; **p. 105** Gavin Hellier / Nature Picture Library; **p. 107** A/T Media Productions; **p. 112** ©Topham / The Image Works; Getty Images - Stockbyte, Royalty Free; © Wolfgang Kaehler (2005) www.wkaehlerphoto.com; **p. 113** © 2008 / Granangular / Odyssey; **p. 114** © Jimmy Dorantes / Latin Focus.com; **p. 118** A/T Media Productions; **p. 119** Francesca Yorke © Dorling Kindersley; **p. 125** Jack Parsons / Omni-Photo Communications, Inc.; **p. 126** © 2008 / Granangular / Odyssey; Robert Fried / robertfriedphotography.com; **p. 128** Lebrecht Music & Arts Photo Library; **p. 129** Yellow Dog Productions / Getty Images Inc. - Image Bank; **p. 132** KEN CHERNUS / Getty Images, Inc. - Taxi; Ian Aitken © Rough Guides; Glen Allison / Getty Images Inc. - Stone Allstock; **p. 133** Alan Kearney / Viesti Associates, Inc.; Arcaid / Alamy; Linda Whitwam © Dorling Kindersley; **pp. 134–136** A/T Media Productions; **p. 141** © David Young-Wolff / Stone / Getty Images, Inc.; **p. 143** A/T Media Productions; **p. 145** Getty Images - Robert Harding World Imagery; **p. 148** Museum of Modern Art, New York, USA / The Bridgeman Art Library; Christie's Images / SuperStock, Inc.; **p. 150** John Neubauer; **p. 153** A/T Media Productions; **p. 155** Getty Images (Photo by John Parra / WireImage); **p. 160** © Robert Frerck / Odyssey / Chicago; **p. 164** (AP Photo / Eduardo Verdugo); Per Karlsson - BKWine.com / Alamy; © Albert Gea / Reuters / Corbis; **p. 167** Robert Fried / robertfriedphotography.com; Demetrio Carrasco © Rough Guides; Najlah Feanny / Corbis/SABA Press Photos, Inc.; **p. 170** Robert Fried / robertfriedphotography.com; © Jimmy Dorantes / Latin Focus.com; AP Wide World Photos; ©Robert Frerck / Odyssey/Chicago; © Jimmy Dorantes / Latin Focus.com; **p. 171** Viesti Associates, Inc.; © Jimmy Dorantes / Latin Focus.com; Jose CABEZAS / Getty Images; **pp. 172–174** A/T Media Productions; **p. 179** © Reuters / Corbis; **p. 181** A/T Media Productions; **p. 182** Dennis MacDonald / PhotoEdit Inc.; **p. 184** ©Wolfgang Kaehler 2008 www.wkaehlerphoto.com; **p. 189** Joel Sartore / National Geographic Image Collection; **p. 187** Mauricio Lima / Getty Images, Inc.; **p. 191** Gisela Damm / eStock Photography, LLC; George Holton / Photo Researchers, Inc.; **p. 192** David W. Hamilton / AGE Fotostock America, Inc.; **p. 193** Pearson Education/PH College; **p. 196** A/T Media Productions; **p. 200** RICHARD LORD / Richard Lord Enterprises; **p. 204** © Tiziou Jacques / CORBIS Sygma; Odyssey Productions, Inc.; Courtesy of Cicaré Family; **p. 205** Photolibrary.com; **p. 207** Alex S. MacLean / Landslides Aerial Photography; Spencer Grant / PhotoEdit Inc.; **p. 210** Prentice Hall School Division; Wagtail / Creative Eye/MIRA.com; Don Goode / Photo Researchers, Inc.; Suzy Benett/ Alamy;

p. 211 © Esteban Felix / Latin Focus.com; © Paulo Friedman / Latin Focus.com; Ken Welsh / AGE Fotostock America, Inc.; Frans Lanting / Minden Pictures; **pp. 212–214** A/T Media Productions; **p. 219** © Reuters / Corbis; **p. 222** Getty Images - Stockbyte, Royalty Free; Yolanda Perez / Omni-Photo Communications, Inc.; **p. 223** Willie Maldonado / Getty Images Inc. - Stone Allstock; **p. 224** Ariel Skelley / Getty Images, Inc. - Blend Images; Richard Hutching / Photo Researchers, Inc.; **p. 232** Photolibrary.com; Ryan McVay / Photodisc/Getty Images; Jeff Greenberg / Omni-Photo Communications, Inc.; **p. 235** A/T Media Productions; **p. 236** MICHAEL SHAY / Getty Images, Inc. - Taxi; **p. 237** Photofest; Arsenault Photography, Inc., Daniel E. / Getty Images Inc. - Image Bank; **p. 239** Michael Newman / PhotoEdit Inc.; **p. 240** Pereda y Salgado, Antonio (1611-78) / Private Collection, Madrid, Spain / The Bridgeman Art Library.

INDEX

A

a, personal, 34
abstract nouns, 110
accent marks, 5
adjectives
  agreement, 7, 35
  descriptive, 7
  past participles as, 125
  possessive, 11–12
affirmative commands, 34, 70, 75
-ar verbs
  command forms, 74
  imperfect, 118
  present indicative, 13
  present perfect, 46
  preterit, 44, 107
Argentina, 76, 164, 191, 204
articles, definite and indefinite, 6, 110–111

B

Bolivia, 189
Brazil, 184

C

caer bien/mal, 38
-car verbs
  command forms, 74
  preterit, 107
cars, 185, 187, 216
celebrations, 142–143, 171, 176, 232
cell phones, 200, 203
cerrar, 18
Chile, 53, 112, 113, 191
clarification, requesting, 92–93, 224
cognates, 6, 202
colors, 158
comer, 13, 44, 82
commands
  formal, 70
  informal, 70
  negative forms, 70, 74
  nosotros/os form, 74–75
  tú commands, 70
  Ud./Uds. commands, 70
  uses, 199
communication goals
  asking for directions, 166–167
  asking for input, 206-207
  checking comprehension, 92–93
  describing home life, 106
  describing people, 32–33, 37
  expressing emotions, 206–207
  expressing pardon, 92–93
  giving directions, 166–167
  greetings and farewells, 54
  invitations, 128–129
  requesting clarification, 92–93, 224
competir, 75
componer, 118
comprar, 44
computers, 195, 197, 200, 201, 217, 235
conocer, 15, 46
construir, 107, 118
contribuir, 107
cooking, 152, 155, 164, 176, 177
Costa Rica, 204, 211
creer, 107
Cuba, 91
culture. *See* Hispanic culture

D

daily activities, 23
dar, 15
dates, 110, 187
decidir, 46
decir, 15, 74
definite article, 6, 110–111
dependent clauses, 188
descriptive adjectives, 7
direct object, 34
directions, asking for and giving, 166–167
divertirse, 107
Dominican Republic, 73, 150
dormir, 75, 107
doubt, expressing, 121, 122, 199, 229

E

e→i→i verbs, 75, 105
e→i verbs, 18
e→ie→i verbs, 107
e→ie verbs, 18, 107
El Salvador, 171
emotions
  expressing, 121, 122, 199, 206–207, 229
  vocabulary, 43, 64
empezar, 74
encontrar, 19
endearment, expressing, 72
-er verbs
  command forms, 74
  imperfect, 118
  present indicative, 13
  present perfect, 46
  preterit, 44, 107
estar
  past participle +, 125
  present indicative, 15
  uses, 24-25
estudiar, present subjunctive, 82

F

faltar, 38
family, 50, 65, 224
feminine nouns, 4
food, 152, 155, 157, 159, 164, 170–171, 176, 177
formal commands, 70

G

-gar verbs
  command forms, 74
  preterit, 107
gender, nouns, 4
glaciers, 191
greetings and farewells, 54
Guatemala, 170
gustar, using, 27, 38, 121

H

haber, perfect tenses formed with, 46, 147, 161
hablar, 13, 46
hacer, 15, 74, 153
Hispanic countries
  Argentina, 76, 164, 191, 204
  Bolivia, 189
  Brazil, 184
  Chile, 53, 112, 113, 191
  Costa Rica, 204, 211
  Cuba, 91
  Dominican Republic, 73, 150

El Salvador, 171
glaciers in, 191
Guatemala, 170
Honduras, 170, 171
Mexico, 53, 78, 96–97, 146, 150, 164
Nicaragua, 18, 210, 211
Panama, 18, 210
Peru, 184
Puerto Rico, 72
Venezuela, 79, 91
Hispanic culture
chefs, 155, 164
Día de los Muertos, 150
family, 53
foods, 159, 164, 170–171
Hispanos in the U.S., 58–59
home life, 112, 126, 132–133
Spanish language, 10, 28–29
sports, 79, 91, 96–97
technology, 204
travel, 210–211
typical Hispanics, 41
Honduras, 170, 171
home life, 106, 112, 117, 126, 132–133, 138–139, 228

I

imperfect tense, 118
vs. preterit, 143, 196
Incas, 126
indefinite articles, 6, 111
indicative, 82
vs. subjunctive, 199
indirect object, 27, 34
infinitive, 13
vamos a +, 75
vs. subjunctive, 122
informal commands, 70
interesar, 38
Internet, 201, 217, 235
invitations, 128–129
ir, 15, 74, 118
-ir verbs
command forms, 74
imperfect, 118
present indicative, 13
present perfect, 46
preterit, 44, 107
irregular past participles, 147
irregular verbs
command forms, 74
imperfect, 118
present indicative, 14–15
preterit, 107

J

jugar, 19, 74

L

languages, names of, 110
leer, 107
life and culture. *See* Hispanic culture
likes, expressing, 27
linking words, 94
listening strategies
anticipating/predicting content, 41
listening for details, 151
listening for main idea, 115
listening for specific information, 193
listening for the gist, 79

M

masculine nouns, 4
Mexico, 53, 78, 96–97, 146, 150, 164

N

negative commands, 70, 74
Nicaragua, 18, 210, 211
nosotros/os commands, 74–75
nouns, 4, 5

O

o→ue→u verbs, 75, 107
o→ue verbs, 19, 107
object pronouns, 47
oír, 15, 74
ojalá (que), 83
opinions
asking for, 206–207
expressing, 199

P

Panama, 18, 210
para, 181–182
pardon, expressing, 92–93
parecer, 38
past participle
as adjective, 125
irregular forms, 47, 147
past perfect with, 147
present perfect subjunctive with, 161
present perfect with, 46, 125, 147
past perfect, 147
pedir, 18
perfect tenses, 231
personal **a,** 34
personality, 32–33, 33, 37, 64, 222
Peru, 184
physical appearance, 32–33, 37, 39, 64
pintar, 118
plural nouns, 5
poner, 15, 74
por, 181–182
possessive adjectives, 11–12
possibility, expressing, 199
practicar, 74
prefixes, with verbs, 19
present indicative
irregular verbs, 14–15
regular verbs, 13
stem-changing verbs, 18–19
present perfect, 46, 147, 223
present perfect subjunctive, 161
present subjunctive, 82
preterit, 22
irregular verbs, 107
regular verbs, 44, 107
stem-changing verbs, 22, 107
vs. imperfect, 143, 196
probability, expressing, 85, 121, 122
pronouns
object, 47
reflexive, 21, 34, 47
Puerto Rico, 72

Q

que, 187–188
quedar, 38
quien, 187–188
quizás, 83

R

reading strategies
determining the main idea, 134
identifying details and supporting elements, 172
pre-reading: schemata, cognates, predicting and guessing, 60

scanning and skimming: reading for the gist, 98
using a dictionary, 212
recommendations, expressing, 199
recreation and hobbies, 81, 103
recurrent actions, expressing, 196
reflexive constructions, 21
reflexive pronouns, 21, 34, 47
reflexive verbs, 21, 22, 110
regular verbs. *See* **-ar** verbs; **-er** verbs; **ir** verbs
requests, expressing, 86, 87
review strategies, 220–221

S

salir, 15, 74
ser
command form, 74
descriptive adjectives with, 7
imperfect, 118
present indicative, 15
uses, 24–25
servir, 107
simultaneous actions, expressing, 196
singular nouns, 5
Spain, 53, 73, 89, 91, 105, 126, 132–133, 160, 164, 204
Spanish language, 2, 10
sports, 68–69, 79, 89, 90, 91, 102, 226
stem-changing verbs
command forms, 71, 75
e→i→i verbs, 75, 107
e→i verbs, 18
e→ie→i verbs, 107
e→ie verbs, 18, 107
o→ue→u verbs, 75, 107
o→ue verbs, 19, 107
present indicative, 18–19
preterit, 22, 107
u→ue verbs, 19
subject (of sentence), 27
subjunctive
forming, 82
infinitive vs., 122
uses, 86–87, 121–122, 199
vs. indicative, 199
suggestions, expressing, 199

T

tal vez, 83
technology, 195, 197, 200, 201, 217
tener, 15
tense. *See* verb forms
text messaging, 203
time, expressing, 110, 153, 154
titles, 110
traer, 15, 74
travel, 180, 184, 185, 190, 210–211, 216
tú commands, 70

U

u→ue verbs, 19
Ud./Uds. commands, 70
uncertainty, expressing, 199

V

vacation, 180, 182–184, 190–192, 210–211, 216, 226, 233
vamos a, + infinitive, 75
Venezuela, 79, 91
venir, 15
ver, 15, 118
verb forms
imperfect, 118, 143, 196
indicative, 82
past perfect, 147
perfect tenses, 231
present indicative, 13
present perfect, 46, 147, 223
present perfect subjunctive, 161
present subjunctive, 82
preterit, 22, 44, 107, 143, 196
subjunctive, 82, 86–87, 121–122, 199
verbs
prefixes with, 19
See also irregular verbs; regular verbs; reflexive verbs; stem-changing verbs
vivir, 13, 44
vocabulary
cars, 185, 216
celebrations, 142–143
computers, 195, 201, 217
emotions, 43, 64
family, 50, 65
food, 152, 157, 176, 177
home life, 112, 117, 138–139
personality, 33, 64
physical appearance, 32–33, 64
recreation and hobbies, 81
review strategies, 221
sports, 68–69, 102
stages of life, 65
technology, 195, 201, 217
travel, 180, 185, 190, 216

W

wishes, expressing, 87
writing strategies
linking words, 94
organizing ideas, 56
peer editing, 208
sequencing events, 168
supporting details, 130

Z

-zar verbs
command forms, 74
preterit, 107